IJS 서울대학교 일본연구소

현대일본생활세계총서 **9**

에너지혁명과
일본인의 생활세계

임채성 엮음

박문사

서울대학교 일본연구소에서는 정치외교연구실, 역사경제연구실, 사상담론연구실, 그리고 사회문화연구실 등 네 개의 기획연구실을 두고 현대 일본에 대한 인문학적 연구와 사회과학적 연구를 융합한 분석을 계속해 가고 있다. 각 연구실은 HK사업의 중심축으로 〈현대일본의 생활세계연구〉라는 대주제를 설정하고, 단계별로 집담회, 워크숍, 공개 심포지엄을 거치면서 연구 성과의 상호 검증을 통해 학제적 연구의 총체적인 발전을 도모하고 있다. 그 최종 성과물들을 〈현대일본생활세계총서〉라는 시리즈로 발간하고 있다. 이미 이 시리즈의 일환으로 8권의 총서가 출판된 바 있다. 제1권 〈전후 일본, 그리고 낯선 동아시아〉(2011. 7.), 제2권 〈도쿄 메트로폴리스〉(2012. 6.), 제3권 〈현대 일본의 전통문화〉(2012. 6.), 제4권 〈전후 일본의 지식 풍경〉(2013. 6.), 제5권 〈협조적 노사관계의 행방〉(2013. 12.), 제6권 〈일본 생활세계의 동요와 공공적 실천〉(2014. 5.), 제7권 〈전후 일본의 생활평화주의〉(2014. 5.), 제8권 〈일본, 상실의 시대를 넘어서〉(2014. 9.)가 그것이다. 이번에 출간하는 〈에너지혁명과 일본인의 생활세계〉는 제9권에 해당한다.

서울대 일본연구소는 연구 성과가 일본 전문가 및 연구자들에게만 공유되는 것을 넘어서서 사회적 공감을 확산할 수 있는 기회를 확장하고 있다. 공개세미나와 더불어 연구 성과물의 출판은 그 핵심적인 부분을 차지한다. 한국 내에서 일본에 대한 종합적이고 체계적인 이해의 확산을 도모하는 것이 연구소의 사명이라는 믿음이 있기 때문이다. 그런 의미에서 전문가뿐 아니라 일반 대중까지를 대상으로 한 학술 저널 〈일본비평〉 이외에도, 특별 강연을 읽기 쉬운 글로 엮어내는 〈Reading Japan〉 시리즈도 만들어내고 있다. 2012년 이후 발간된 〈Reading Japan〉 시리즈의 제7권 〈독도가 우리 땅인 이유〉, 제8권 〈일본의 한반도 외교〉, 제9권 〈일본 전후의 붕괴〉, 제10권 〈아베의 일본 어디로 향하고 있는가〉, 제11권 〈천황의 전쟁 책임〉, 제12권 〈한일관계의 어제와 내일을 묻다〉, 제13권 〈일본의 편의점〉, 제14권 〈일본 속의 NPO〉 등은 모두 일반 독자들이 쉽게 현대 일본을 이해할 수 있도록 엮어낸, 학술적이면서도 동시에 대중적 저작물들이다.

현대 일본에 대한 이해는 과거와 현재를 포괄하는 통시적 시각을 필요로 하는 동시에, 인문학과 사회과학이 공존할 수 있는 학제적 연구 분석을 통한 융합의 가시화가 필요하다. 아울러, 다양한 분야에 대한 종합적이고 통섭적인 분석을 통해서만 일본의 전체상에 대한 입체적인 분석이 가능해진다. 이것은 일본연구소가 네 개의 기획연구실을 운영하는 이유이자, 연구실을 학제적으로 구성하고 있는 이유이기도 하다.

일본연구소가 출판하는 다양한 연구 성과 중에서도 〈현대일본 생활세계총서〉는 연구소가 수행하는 HK사업의 핵심적인 연구 성과이자 동시에 일본연구소의 연구 방향을 담은 출판물의 의미를 가진다. 이번에 출판하는 책도 2년에 가까운 연구 활동과 반년에 걸친 출판 준비 작업을 통해 세상의 빛을 보게 되었다. 연구의 완성도 면에서는 아직 수정 보완이 요구되는 부분들도 남아 있으나, 연구의 성과를 다른 연구자들 및 일반 독자들과 공유하는 것도 사회적 책임의 일부라고 생각하여 조심스럽지만 동시에 과감하게 책으로 출판하게 되었다. 물론 미진한 부분이 있다면 연구소와 연구진의 책임이다. 이 책을 읽는 분들의 냉정한 비판과 조언을 구한다.

HK기획연구를 진행하는 동안 집담회, 워크숍, 공개 발표회 등을 통해 귀중한 의견을 주신 여러 분야의 연구자들의 조언과 도움이 없었다면 이 책은 빛을 보지 못했을 것이다. 이 기회를 빌려 연구 작업에 동참하셨던 모든 선생님들께 특별한 감사의 마음을 전하고자 한다. 또한, 일본 연구소의 연구 성과를 출판할 수 있도록 언제나 적극적으로 임해주시는 박문사 관계자들께도 심심한 사의를 표하는 바이다. 끝으로, HK 기획 연구에 참여해 주신 동료 연구자들, 세미나 보조, 자료 조사, 교정 등으로 다망했던 연구보조원들, 연구 활동 수행의 보이지 않는 조력자인 행정실 직원들에게도 그간의 노고에 진심 어린 감사를 드린다.

2014년 9월 25일
서울대학교 일본연구소장·HK사업단장
박 철 희

4부 원자력과 대중

현대일본생활세계총서 **9**

에너지혁명과 일본인의 생활세계

서 문

에너지혁명과 고도성장 그리고 대중소비사회

임채성

2011년 3월 11일 모멘트 매그니튜드 9.0에 달하는 동일본대지진이 발생한 이후 일본은 현재 심각한 에너지 부족현상을 경험하고 있다.[1] 쓰나미에 의한 후쿠시마 제1원전의 피해에 대해 일본정부와 도쿄전력의 신속한 대응은 이루어지지 않았고, 수소폭발이 발생하고 원자로압력용기 내의 노심용융(爐心溶融)이 진행되어 방사능이 방출되었다.

이로 인해 일본사회 전반에 걸쳐 원자력의 위험성이 알려지게 되었고, 시민단체가 중심이 되어 탈원전 사회로의 모색이 이루어지는 등 각지에서 원전재가동에 대한 반대가 전개되었다.[2] 그 결과, 원전 발전량의 급감으로 심각한 수급불균형이 발생하여 도쿄 등지에서는 윤번정전(계획정전) 실시와 일상적인 절전의 생활화로 이제는 더 이상 예전과 같은 밝은 밤거리를 보거나 한여름에 시원한 건물 안을 기대하기는 어렵

---

1) 한영혜 편, 『현장에서 바라본 동일본대지진: 3·11 이후의 일본 사회』, 한울, 2013.
2) 西尾漠文, 『脱原発しかない: バクとマサルのイラスト·ノート 2011·3·11のあとで』, 第三書館, 2011.

게 되었다. 아베 정권의 등장으로 탈원전정책에 대한 수정이 이루어지고 있지만, 여전히 이는 정치, 경제, 사회적 이슈가 되고 있다.

또한 화력연료와 원자력을 대체할 에너지원에 대한 관심이 증폭되면서 중소수력, 지열, 태양광, 풍력, 조력, 바이오매스(biomass) 등 재생가능에너지 혹은 신에너지가 주목을 받고 있다.[3] 물론 신기술에 관해서는 여전히 개발과 그 상용화에 따른 경비조달이 문제시되고 있으나, 원유가격이 고공행진하면서 점차 경제성을 갖게 되었다. 또한 온난화현상에 대한 국제사회의 우려가 커지고 지속가능한 환경친화적 기술의 중요성이 증대되고 있는 가운데 정기적으로는 그린 비즈니스(green business)의 전망이 밝다고 평가되고 있다. 교토협정서를 마련했던 일본은 이들 신기술부문에서도 선두주자로서 그 상용화에 노력하고 있다.

이상과 같이 에너지문제는 일본인의 생활세계와 떨어질 수 없으며 계속해서 고찰되어야 하는 현재형의 과제인 것이다. 이러한 현재적 시점을 일본의 물질문명이 급속히 발전하고 대중소비사회가 정착되던 고도성장기에 투영시켜, 서울대학교 일본연구소 '역사와 경제 연구실'은 에너지혁명에 따른 일본인의 생활양식 전환과 이로 인한 대중인식 변화를 고찰하여 왔다. 장기불황이 이어지는 현재와는 달리, 당시에는 고도경제성장으로 일본인의 소득과 생활수준이 가파르게 상승하고 있었고 일본의 국제적 위상도 크게 향상하고 있었다. 에너지 면에서는 석유가

---

3) 新エネルギー・産業技術総合開発機構, 『NEDO実用化ドキュメント』, 2013; 新エネルギー・産業技術総合開発機構, 『NEDO活動報告 アニュアルレポート2014』, 2014.

석탄을 대체하면서 일본경제의 중심적인 에너지원으로 부상하는 동시에 원자력은 선진적이고 미래지향적인 기술체계로 인식되고 있었다.

이에, 우리는 다음과 같은 의문을 제기하지 않을 수 없다. 고도성장기의 에너지혁명이라는 것은 일본인의 생활세계, 바꾸어 말해서 당시의 대중소비사회에 어떠한 영향을 주었던 것일까? 과연 일본사회는 에너지혁명이라는 것을 받아들일 준비가 되어 있었던 것인가? 혹은 이에 대한 생활세계에서의 저항이 있었던 것은 아닐까? 나아가 값싼 에너지원으로 주목을 받은 석유는 기업과 가계에 어떠한 의미를 갖는 것이었으며 어떻게 받아들여지고 있었을까? 또한 새로운 에너지원으로 부상한 원자력에 대해 히로시마와 나가사키라는 피폭 경험을 갖고 있는 일본인은 어떠한 인식을 가지고 있었고, 이를 받아들이기 위해 어떤 준비를 하였으며, 국가정책 면에서 또한 지역정치 면에서는 어떻게 대응해 왔던 것일까? 왜 그토록 방사능의 위험성을 알고 있으면서도 원자력의 이용에 적극적인 자세를 보였던 것일까?

이상과 같은 문제 제기에 대해 특정 분야의 전공자가 해답을 찾기는 대단히 곤란하다. 이러한 이유에서 역사학, 문학, 인류학, 사회학, 정치학, 경제학 등 다양한 전공의 연구자들이 모여 학제적 공동연구를 통해 해답을 구하고자 한 것이다.

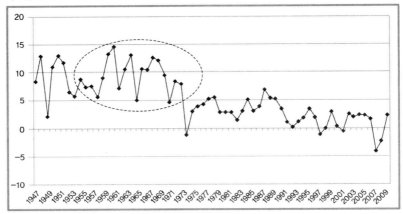

출처 : 日本統計協会, 『日本長期統計総覧』, 2006; 総理府統計局編, 『日本の統計』, 各年度版.

　　이러한 문제 제기가 갖는 의의를 이해하기 위해 에너지혁명과 고도
성장 그리고 대중소비사회에 관한 연관성을 검토할 필요가 있다. 전후
일본은 한국전쟁을 계기로 닷지라인(Dodge line) 후의 디플레이션 상태
를 급속히 벗어나 경제부흥을 달성하였다. 그러나 당시 경제기획청은
1956년도 경제백서를 통해 전전의 생산수준을 회복하였기 때문에, '이
제는 더 이상 전후가 아니다'라고 하며 앞으로 경제성장을 어떻게 이루
어나갈지에 대해 우려하고 있었다.[4] 그러나 실제로 일본경제는 〈그림
1〉과 같이 1955년에서 1973년까지 약 6,000일간 연평균 경제성장률이
10% 내외에 이르는 급속한 경제성장을 경험하였다.[5] 이러한 고성장은
이후 타이완, 한국, 아세안, 그리고 중국에서도 나타났다는 점에서 동아

---

4)　経済企画庁, 『経済白書』, 1956.
5)　吉川洋, 『高度成長: 日本を変えた6000日』, 読売新聞社, 1997.

시아의 역사적 특성이 고려되어야 하겠지만, 당시로써는 유래를 찾아보기 힘들 정도로 경이로운 성과(an amazing outcome)임이 분명하다.

현재 일본에서는 이러한 고성장이 왜 발생하였는가에 대한 경제사적 검토가 이제 막 시작된 상태이다.[6] 급속한 경제성장의 요인에 대한 설명으로서는 기술혁신, 과점적 기업 간 경쟁체제, 양질의 노동력 공급, 협조적 노사관계, 정부·기업 간 관계, 세계경제의 전후 성장 등 다양한 차원에서의 논의가 전개되고 있지만, 이에 간과할 수 없는 것이 원활한 에너지 수급체제가 이루어졌다는 사실이다.

〈그림 2〉 최종 에너지 소비와 실질GDP 추이

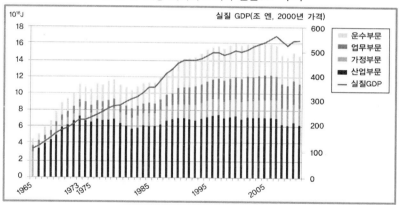

출처: 〈그림 1〉 출처; 経済産業省経済産業政策局調査統計部, 経済産業省資源エネルギー庁資源·燃料部編, 『資源·エネルギー統計年報』, 通商産業調査会, 各年度版; 通商産業大臣官房調査統計部編, 『エネルギー生産·需給統計年報』, 通商産業調査会, 各年度版.

---

6) 武田晴人, 『高度成長』, 岩波書店, 2008; 武田晴人, 『高度成長期の日本経済: 高成長実現の条件は何か』, 有斐閣, 2011; 原朗編, 『高度成長始動期の日本経済』, 日本経済評論社, 2010; 原朗編, 『高度成長展開期の日本経済』, 日本経済評論社, 2012.

〈그림 3〉 원유 가격 추이(1배럴당 2010년 기준 달러)

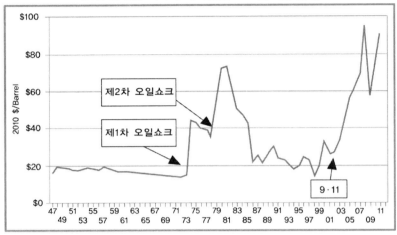

출처: Williams, James L., "Oil Price History and Analysis,"
http://www.wtrg.com/prices.htm, May, 2014.

〈그림 2〉에 주목해 보면, GDP가 증가함에 따라, 에너지 소비 또한 증가했다는 사실을 알 수 있다. 특히 고도성장기 중에는 산업부문이 급속히 다른 부문보다 빠른 속도로 증가했다. 절대량에서도 오일쇼크가 일어나는 1973년까지 증가하고 그 이후가 되면 증가세가 완화되었다는 것을 알 수 있다. 또한 보다 중요한 사실은 GDP보다 최종 에너지 소비량이 급속히 증가하였다는 것이다. 이것이 가능했던 이유는 해외에서 값싼 석유자원이 공급될 수 있었기 때문이다. 〈그림 3〉은 2010년 달러를 기준으로 표시한 1배럴당 원유가격을 표시한 것이다. 이에 따르면, 전후 원유가격은 1973년까지 장기간에 걸쳐 지속적으로 떨어지고 있다. 이후, 중동정세의 급변을 계기로 두 차례에 걸친 석유위기를 겪으면서 원유가격이 급상승하였고 이후 1980년대에서 1990년대에 걸쳐 다시금

원유가격이 안정되었다가, 현재 우리는 제3의 석유위기를 겪고 있는 것이다.

〈그림 4〉 일본의 1차 에너지 공급 실적

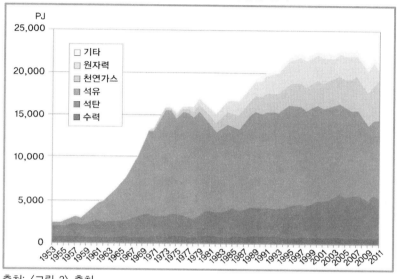

출처: 〈그림 2〉 출처.
주: 1PJ=10^{15}J)는 원유 약 25,800kl의 열량에 상당함. PJ는 Petajoule.

과연 석유는 고도성장기에 어느 정도 공급되었을까? 이를 보여주는 것이 〈그림 4〉이다. 수력 발전이 거의 증가하지 않고 기존의 대표적인 에너지원이었던 석탄 또한 약간 증가한 것에 비해, 석유는 급격한 상승세를 이어갔다. 전체에서 차지하는 비중에서 볼 때 1953년에 15%에 불과하던 석유가 1973년에는 77%에 달하고 있어 압도적인 위치를 점하게 되었음을 알 수 있다. 이러한 변화는 단순한 에너지 전환을 뛰어넘어 '에너지혁명'이라는 용어로 표현될 수밖에 없었던 것이다.[7] 석탄에 비해 대단히 저렴한 원유가 해외로부터 공급될 수 있었기 때문에 에너지 다소비형의 소재산업을 중심으로 한 경제성장이 가능하게 되었다. 그럼에도 불구하고 '유주탄종(油主炭從)'의 에너지 정책이 자리 잡기에는 석탄업계의 반발과 국내자원을 중시하는 관료들의 관성적 저항을 거치지 않으면 안 되었다.[8]

이와 더불어 주목받기 시작한 것이 천연가스와 원자력이었다. 이중 원자력발전은 1965년에 도카이발전소(東海發電所)가 상용원자력발전소로 건설된 이후 등장하기 시작하여 1971년 후쿠시마 제1원자력발전소가 건설되면서 보다 주목을 받게 되었고, 두 차례에 걸친 오일쇼크를 계기로 안정적인 에너지원으로 자리 잡게 되었다.[9] 일본이 당시로써는 세계 유일의 피폭 경험을 갖고 있었던 만큼, 사회 전반에 잠재되어 있는 심리적 저항을 무마하는 한편, 원전 지역의 사회적 합의를 도출하기 위한 인센티브 시스템의 구축이 강하게 요청되었다.

이와 같이 제1차 에너지 공급이 이루어져 그 대부분이 산업부문, 업무부문, 운수부문에서 쓰이고 그 나머지가 민생부문에서 소비되었다. 물론 전체 비중에서 보면 민생부문은 15% 내외에 불과하였지만, 각 가정에서의 '에너지혁명'은 결코 작은 것이 아니었다. 〈그림 5〉를 보면, 대표적인 가정연료였던 장작과 목탄이 고도성장기에 일관해서 급격하게 줄어들고, 석탄, 아탄, 연탄 등 석탄계 연료가 1960년대 중반까지는 늘어나

---

7) 小堀聡, 『日本のエネルギー革命: 資源小国の近現代』, 名古屋大学出版会, 2010.
8) 矢田俊文, 『戦後日本の石炭産業: その崩壊と資源の放棄』, 新評論, 1975.
9) 50周年事業企画推進委員会五十年史編さん事務局編, 『日本原子力発電五十年史』, 日本原子力発電, 2008.

다가 감소세로 접어든 것에 비해, 전등, LPG, 도시가스, 등유의 소비가
빠른 속도로 증가하였다는 사실을 알 수 있다. 과거 목재와 석탄에 의존
하던 가정 연료소비 형태가 전기와 가스 그리고 석유를 위주로 한 새로
운 생활방식으로 전환되었음을 보여주고 있다. 가정에서 일반화되어 있
던 화로가 사라지고 이제는 석유곤로와 가스 혹은 전기 난방이 일반화
되고 있었던 것이다. 과연 새로운 생활방식이란 어떤 것이었을까?

〈그림 5〉 가정용 연료 소비량

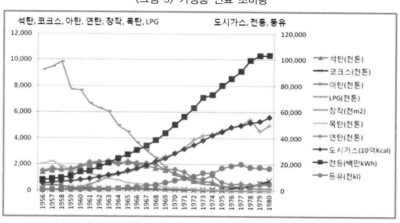

출처: 総務省統計局, 「統計データ」(http://www.stat.go.jp/data/), 2014. 5.

　　그것은 바로 대중소비사회로의 진입이었다. 1920년대 모터리제이
션을 완료한 미국에 비해 크게 뒤지긴 했지만, 일본에서도 1950년대 중
반 이후 대형 내구소비재의 등장과 더불어 '생활혁명'이 본격화한 것이
다. 〈그림 6〉과 같이 세탁기, 냉장고, 텔레비전이라고 불린 '세 가지 신기
(神器)'는 가사노동을 대폭적으로 줄인 전기세탁기를 필두로 보급되기

〈그림 6〉 내구소비재 보급률   단위: %

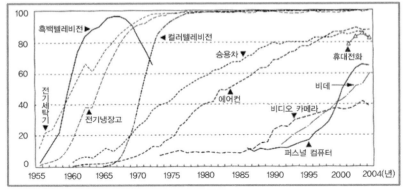

출처: 三和良一·原朗, 『近現代日本経済史要覧』, 東京大学出版会, 2007.

시작하여 고도성장기가 끝날 무렵에는 보급률이 100%에 육박하였다. 이를 승용차와 에어컨이 이어갔다. 이로써, 전후 일본은 1960~1970년대에 이르러 현대 일본의 원형이라고도 할 수 있는 대중소비사회를 구축할 수 있었다.[10] '에너지혁명'에 적극 대응함으로써, 일본은 당시로써는 세계에서 유래가 없을 정도로 짧은 시간 내에 대량생산(mass production)과 대량소비(mass consumption)에 기반을 둔 풍요로운 대중소비사회를 만들어 내었던 것이다. 또한 이를 물류 면에서 떠받힌 것이 철도를 대신하여 새롭게 전면 등장한 자동차 중심의 교통시스템이었다. 이와 더불어 센리(千里)를 필두로 한 '뉴타운(New Town)' 개발은 선진적인 생활

10) 高度成長期を考える会編, 『高度成長と日本人 1: 個人篇 誕生から死まで』, 日本エディタースクール出版部, 1985; 高度成長期を考える会編, 『高度成長と日本人 2: 家庭篇 家族の生活』, 日本エディタースクール出版部, 1985; 高度成長期を考える会編, 『高度成長と日本人 3: 社会篇 列島の営みと風景』, 日本エディタースクール出版部, 1986.

방식으로 일본인에게 인식되었다. 고성장의 물질적 풍요로움은 도쿄 올림픽, 신칸센 개통, 오사카만국박람회라는 국제적 이벤트로 표상되어 일본이 미국에 이은 경제대국으로 위치하게 하는 상징적 역할을 수행하였다.[11]

　이상과 같은 문제의식하에 본서는 공동연구진의 다양한 전공과 관심을 살려 고도성장기를 중심으로 에너지혁명과 일본의 생활세계를 고찰하고자 한 것이다. 본서의 구성과 내용은 다음과 같다.

　〈제1부〉 "석탄과 석유"에서 정진성은 석탄산업의 사양화가 산탄지역의 피폐를 초래함에 따라 일본정부가 실시한 산탄지역진흥정책을 검토하였다. 석탄산업에서 공업으로의 전환을 목표로 하는 산탄지역의 산업기반 조성, 산탄지역으로의 기업유치, 산탄지역 지자체에 대한 재정지원이 그 중요 내용이었다. 이를 통해, 산탄지역진흥정책은 처음의 의도와는 달리 산업구조조정정책에서 지역문제를 해결하기 위한 경제·사회·문화부문에 걸친 종합적 정책인 지역개발정책으로 그 성격을 변화해 갔음을 밝혔다.

　이에 비해 에너지의 주역으로 등장했던 석유에 관해서, 이은경은 석유사용을 둘러싼 갈등 및 현상을 고찰함으로써, 패전 후의 궁핍으로부터 고도성장으로 나아가는 시기의 사회변화를 엿보고자 하였다. 거시적인 관점에서 석유사를 개관함과 더불어, 『아사히신문』 기사를 중심으로 석유정책의 전개 및 그에 대한 기업과 가계의 선택을 고찰하였다. 정

---

11) 老川慶喜編, 『東京オリンピックの社会経済史』, 日本経済評論社, 2009.

부 당국은 석탄산업의 보호와 외화 절약을 위해 석유사용을 통제하는 방침을 세웠지만, 석탄 대신 중유를 선호하는 기업이나 당시 크게 유행하던 곤로와 스토브용 등유를 필요로 하는 가계의 욕구를 억제할 수는 없었다는 것이다.

〈제2부〉 "전기와 생활"에서, 김은혜는 게이힌임해공업지대 화력발전소를 둘러싼 사회경제적 변화를 역사적 시각에서 분석하였다. 전력수요 증가에 따른 화력발전소의 증설은 대용량화·고효율화를 추진하면서 태평양공업벨트지대에 석유화학콤비나트 건설과 결합되었지만, 이러한 거점개발방식의 공간적 집적이 생활세계에 근본적인 변화를 가져와, 성장지향적 정부 및 산업계와 혁신적 지자체 및 시민사회가 공해 문제의 원인과 해결과정을 두고 대립하게 되었음을 밝혔다. 분석에 있어서 도쿄 도 공해방지 각서와 요코하마 공해방지 협정, 그리고 지바 건설백지화를 그 주요사례로 검토하였다.

한편, 가계의 입장에서 전력을 비롯한 에너지 소비를 고찰한 것이 진필수이다. 이 글은 오사카 센리뉴타운을 대상으로 내구재 소비 등을 중심으로 한 대중소비사회로의 진입이 에너지 소비에 미친 영향을 검토한 것이다. 그 결과 물질적 생활수준의 향상을 통해 센리뉴타운 주민들에게서 생활의 진보는 이데올로기에 머무르지 않고 실제로 체감되어 나갔다고 보았다. '에너지를 먹는' 생활체계의 관성은 저가에너지에 대한 끝없는 욕망을 낳았는데, 이러한 생활의 진보는 저가에너지의 토대 위에서 성립될 수 있었다고 지적하였다.

〈제3부〉 "철도와 자동차"에서 임채성은 고도성장기 수송력 부족에 대해 실시되었던 국철의 수송력 증강과 그 중심프로젝트였던 신칸센의 부설과정을 경제사적으로 검토하고, 그러한 "기술혁명"이 가져온 사회경제적 영향을 고찰하였다. 이를 통해, 신칸센 건설은 일본인의 삶을 바꾸는 요인이 되었을 뿐만 아니라 하나의 기술혁명으로서의 특징이 높게 평가되어 다른 나라의 고속철도 보급에도 크게 기여하였지만, 신칸센에 대한 재원집중으로 재래노선 동력의 근대화를 늦추는 등 국철경영의 안정화 그 자체를 보장하지는 못하였다는 점을 밝혔다.

이와는 대조적으로 급속히 보급된 자동차에 관해서, 여인만은 광의의 모터리제이션을 염두에 두면서 자동차의 이용에 나타난 경영 및 생활의 변화를 살펴보았다. 자동차의 보급은 자본재로서의 트럭이 선행하였고 이후 소비재로서의 개인용 승용차가 급증하기 시작하였다. 이를 통해, 전반적으로 소비보다는 생산이 중시되고, 소비의 내용도 여가보다는 내구소비재의 소비가 중심이던 고도성장기의 특징을 자동차의 이용이라는 측면에서 확인할 수 있었다. 특히 사륜트럭보다 저렴한 삼륜트럭과, 소형승용차보다 저렴한 경승용차의 대량보급이 잠재적인 구입욕구를 실현시키는 데 기여하였다는 점을 밝혔다.

마지막 〈제4부〉 "원자력과 대중"에서는 고도성장기에 비로소 상용화되기 시작한 원자력을 고찰하였다. 임은정은 후쿠시마 원전 사고에도 불구하고, 왜 일본이 탈원전의 방향으로 갈 수 없는 "함(陷)원전 사회"가 되었는지에 관해 고찰하였다. 이를 위해, 정치경제학적 배경에 중점을 두고 고도성장기 일본이라는 특수한 사회가, 그리고 그 안의 후쿠시마라는 지역이 원자력 에너지를 받아들이게 된 역사적 경위를 분석하였다. 그 결과, 일본의 중앙과 지방이 원자력을 통해 상호의존적인 관계를 설정하여 어느 한 쪽도 극적인 개혁을 추진할 수 없게 된 역학이 드러날 수 있었다.

이를 전제로 서동주는 원자력 도입에 관한 표상과 담론을 검토하여, 일본이 피폭체험에도 불구하고 원전대국이 될 수 있었던 배경을 대중인식의 차원에서 살펴보았다. 원자력에 대한 일본인들의 인식은 "평화이용(원전)"과 "군사이용(폭탄)"을 철저하게 구분하는 것이다. 하지만 당시 일본인들은 두 가지를 완전히 별도의 것으로 생각하지는 않았고, 원자력의 군사이용이 가져오는 폐해와 위험을 잘 알고 있기에 원자력의 평화이용을 실현할 수 있는 신뢰할 만한 주체가 될 수 있다는 담론을 형성하면서, 원자력 개발을 위한 대중적 동의의 심리적 기반을 마련할 수 있었다고 보았다.

이와 같이 우리들은 저성장기 포스코 후쿠시마와 대척점에 서 있는 고성장기 에너지혁명을 객관화하고 그것이 일본인의 생활세계에서 의미하는 바를 고찰하고자 한 것이다. 이는 일본의 인국(隣國)인 우리나라와 무관한 것이 결코 아니며, 사회경제적으로 볼 때 저성장, 고유가, 계절별 전력부족, 원전 불안이라는 제반 현상을 공유하고 있는 우리 사회를 상대화하고 이들 문제에 관한 이해를 심화시킬 수 있는 계기가 될 것이다.

제1부

석탄과
석유

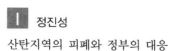

현대일본생활세계총서 **9**

에너지혁명과 일본인의 생활세계

산탄지역의 피폐와 정부의 대응

정진성

1. 에너지혁명의 그늘

1950년대 후반에서 1970년대 초에 걸친 일본의 고도경제성장은 일본경제의 에너지원을 상대적으로 고가인 국산석탄에서 상대적으로 염가인 수입 석유로 대체함으로써 가능했다.[1] 즉 에너지혁명－석유에 의한 석탄의 대체－은 일본경제의 '석세스 스토리'의 전제였던 것이다. 그러나 에너지혁명에 따른 값싼 에너지 사용의 은혜를 일본 국민 모두가 골고루 향수한 것은 아니었다. 철강산업으로 대표되는 중후장대형 산업

---

1) 물론 일본의 고도경제성장이 오로지 에너지원의 전환에 의해 달성된 것을 의미하는 것은 아니다. 그러나 일본경제가 에너지혁명에 의해 에너지 공급 면에서의 제약을 해결할 수 없었다면 고도경제성장도 불가능했을 것이다. 에너지혁명에 대한 최근의 연구성과로는 小堀聡, 『日本のエネルギー革命』, 名古屋大学出版会, 2010을 참조. 고도경제성장과 에너지문제에 관련해서는 武田晴人 編, 『高度成長期の日本経済 — 高成長実現の条件は何か』, 有斐閣, 2011 및 동서 수록의 小堀聡, 「エネルギー供給体制と産業構造」를 참조.

이 값싼 에너지 덕분에 급속도로 성장하고 그 혜택이 국민 전반의 소득 수준 상승으로 연결되는 한편, 종래의 에너지 산업의 왕자였던 석탄산업의 사양화에 따라 석탄산업에 종사했던 근로자와 산탄(産炭)지역의 주민들은 실업과 빈곤에 시달려야 했다.

이 글에서는 에너지혁명의 부의 측면, 또는 에너지혁명이 치러야 했던 비용의 측면이라고 할 수 있는 산탄지역의 피폐 상황과 이에 대한 정부의 대책에 초점을 맞추어 봄으로써 고도경제성장기의 일본에 대한 다면적이고 균형적인 이해를 얻고자 한다.

2. 석탄산업의 사양화와 산탄지역의 피폐

2.1. 석탄산업의 사양화

에너지 수요에서 국내석탄이 차지하는 비중은 1959년부터 급속히 감소했다. 고도경제성장기(1955년~1973년) 동안 일본의 1차 에너지 공급량은 6.8배 증가했으나, 국내석탄이 1차 에너지 공급량에서 차지하는 비중은 44.8%에서 3.8%로 극적으로 감소하였다(〈그림 1〉). 석탄을 대신하여 1차 에너지 공급에서의 비중을 크게 늘린 것은 석유였다. 1차 에너지 공급에서 차지하는 석유의 비중은 고도경제성장기 동안 20.2%에서 77.6%로 증가했다(수입석유만을 보면 19.6%에서 77.4%). 1차 에너지 공급에서의 석탄과 석유의 비중은 1960년부터 역전되었으며 사실상 이 시점부터 일본경제는 유주탄종(油主炭從)의 시대로 접어들었다고 할 수 있다.[2] 고도경제성장기간에 에너지혁명이라는 말 그대로 '혁명적'인 에너지원의 교체, 즉 석탄에서 석유로의 극적인 교체가 일어난 것이다.

석탄의 1차 에너지에 대한 비중의 급속한 하락과는 달리 국내석탄의 생산량은 1960년대 중반까지도 별다른 감소를 보이지 않았다. 석탄 생산량은 1961년에 전후 최대 5,541만 톤을 기록한 후 약간 감소하였지만, 1960년대 중반까지 5천만 톤 수준을 유지했다. 그러나 1960년대 후반에 들어와 급속히 감소하여 1970년에는 4천만 톤을 하회하였으며, 고도성장이 끝나는 무렵인 1973년에는 2,093만 톤으로 감소했다(〈그림 2〉). 이것은 일본경제가 1960년대 중반까지는 증대되는 에너지 수요의 증가분을 주로 수입석유로 충당하면서도 기존의 석탄 수요분은 그대로 유지하고 있었음을 의미한다. 이것은 석탄 수요의 확보를 위한 정부의 지원정책을 전제로 하면서, 철강업에서의 원료탄, 전력업에서의 저품위탄 시장을 일정 규모 확보할 수 있었기 때문이다. 그러나 1966년 말 중유보일러법의 폐지와 더불어 석탄발전의 공해 문제가 대두하면서[3] 1960년대 후반에는 석탄 수요가 다시 급감하고 이에 따라 석탄생산량도 급감했다.

---

2) 일본 정부의 1950년대 에너지 정책의 기본방침은 탄주유종(炭主油從)이었으나, 1959년의 석탄광업심의회기본문제부회의 중간보고를 계기로 유주탄종으로 전환되었다. 중간보고는 "유체 에너지의 고체 에너지에 대한 우위와 경제합리성의 지배라고 하는 굵은 선"에 따른 "수요가의 선택"이 "기술혁신 하의 세계적 조류"라고 주장했다.
3) 島西智輝, 『日本石炭産業の戦後史』, 慶應義塾大学出版会, 2011, 284~287쪽.

〈그림 1〉 1차 에너지공급에서 차지하는 석탄과 석유의 비중

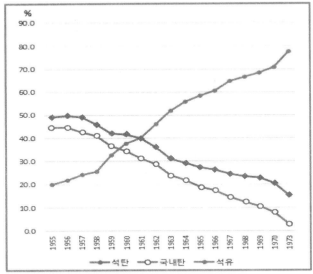

출처: 通商産業省, 『石炭・コークス統計年報』.

〈그림 2〉 석탄생산량 및 상용노무자 수

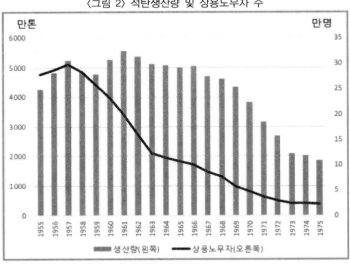

출처: 通商産業省, 『石炭・コークス統計年報』.

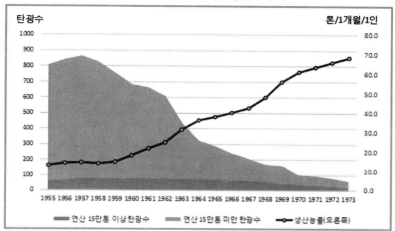

〈그림 3〉 탄광 수 및 생산능률의 추이

출처: 通商産業省, 『石炭・コークス統計年報』; 日本産業技術振興協会, 「石炭統計資料」, 1974.
주: 생산능률은 상용노무자의 1인당 1개월 평균 선탄생산량.

　　1960년대 중반까지 5천만 톤 수준을 유지했던 석탄생산량과는 달리, 탄광근로자 수는 1959년부터 급속히 감소했다(〈그림 2〉). 1955년에 27만 8천여 명이었던 탄광근로자(상용노무자) 수는 1959년은 25만 6천 명. 1965년에는 10만 7천 명, 1973년에는 불과 2만 3,500명으로 감소했다. 이와 같이 1960년대 전반에 생산량 수준의 유지에도 불구하고 광부 수가 크게 감소한 것은 생산능률이 현저히 증가했기 때문이다. 상용노무자의 1개월 평균 생산량은 1959년에 14.9톤에 불과했으나, 1965년에는 38.1톤, 1973년에는 68.2톤으로 증가했다(〈그림 3〉). 이러한 생산능률의 증가는 한편에서는 수직갱 건설을 비롯한 설비투자의 증대의 결과이지만, 다른 한편에서는 생산능률이 낮은 중소탄광의 폐산에 의한 것이었다. 1955년에 807개였던 탄광 수는 1965년에 287개, 1973년에는 57개로 감소하였으며, 이 중 15만 톤 이하의 중소탄광은 1955년의 743개에서 1965년에는 216개, 1973년에는 36개로 줄었다(〈그림 3〉).

2.2. 산탄지역의 피폐

일본의 석탄생산지는 북규슈(筑豊, 佐賀, 長崎, 筑後·有明)와 홋카이도(石狩, 釧路, 天北·留萌), 조반(常磐), 야마구치(山口) 지역 등 극히 일부 지역에 편중되어 있는데, 이들 산탄지역은 탄광의 폐산과 탄광노동자의 감소로 지역경제의 심각한 쇠퇴가 불가피했다(〈그림 4〉).

〈그림 4〉 일본의 산탄지역

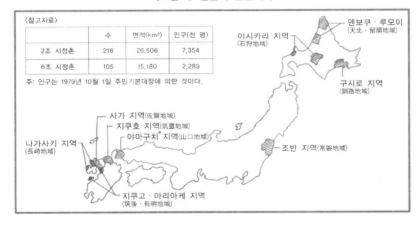

〈참고자료〉	수	면적(km²)	인구(천 명)
2조 시정촌	216	26,506	7,354
6조 시정촌	105	15,180	2,289

주: 인구는 1979년 10월 1일 주민기본대장에 의한 것이다.

산탄지역의 인구추이를 보면, 1960년과 1965년 사이에 폐산의 영향이 큰 6조 지역[4] 인구는 13.7%나 감소했다. 단 인구감소의 양상은 지역

---

4) 후술하는 산탄지역진흥임시조치법 제6조가 적용되는 산탄지역.

출처: 編集委員会,「炭労 ― 激闘あの日あの日」,『炭労 ― 激闘あの日あの
日』, 日本炭鉱労働組合, 1992.

적 차이를 보이고 있는데, 북규슈의 지쿠호(筑豊) 지역이 1960년대에 급
감한 후 1970년대에 들어와서는 큰 변화가 없는 반면, 홋카이도 지역은
70년대 전반까지도 격심한 인구감소가 계속되고 있음을 알 수 있다(〈표
1〉). 이것은 산탄지역진흥대책의 성과에 따른 면도 있으나, 기본적으로
는 폐산 시점이 다른 것을 반영하는 것이다. 즉 지쿠호(筑豊) 지역은 1960
년대 전반에 폐산이 집중된 반면 홋카이도에서는 1960년대 말에서 1970
년대 전반에 걸쳐서도 대규모 폐산이 계속적으로 일어났기 때문이다.5)

---

5) 1960년에서 1965년 사이의 폐산량(폐산에 의해 소멸된 석탄생산량)은 지쿠
호지역이 1천90만 톤, 홋카이도가 405만 톤이었으나 1966년에서 1974년 사
이의 폐산량은 각각 914톤, 1,521만 톤이었다(資源エネルギー庁石炭部産炭地
域振興課,『産炭地域の現況』, 1981. 9.(部31-S-5)). ( ) 안의 번호는 도쿄대학 다
케다 하루히토(武田晴人) 교수가 소장하고 있는 산탄지역진흥심의회 내부자
료의 번호이다.

탄광의 폐산에 따라 수많은 실직자가 발생하고 이들의 재취업을 위한 여러 시책이 시행되었지만 산탄지역의 실업자는 용이하게 줄어들지 않았다. 폐산이 급속하게 일어나고 있던 1963년에는 실업자 수(긴급취로, 산탄지역 개발취로사업취로자 수를 포함)가 5만 9천 명에 달했으며, 이후 폐산이 감소함에 따라 실업자 수도 감소하여 갔지만 1965년에는 여전히 약 2만 3천 명이란 많은 실업자가 산탄지역에 존재하고 있었다(〈표 2〉). 더구나 미취업자의 대개가 고령자, 미망인, 신체장애인 등 고용기회의 혜택을 보기 어려운 계층으로 이들은 산탄지역에 퇴적, 체류하는 경향을 보이고 있었다.

〈표 1〉 산탄지역 인구의 추이　　　　　　　　　　　　　　　　　단위: 천 명

		1960	1965	1970	1975	1980
전산탄지역		8,277	7,998	7,679	7,747	7,997
6조 지역		3,279	2,830	2,416	2,259	2,298
홋카이도 (北海道)	이시카리(石狩)	638	527	425	337	319
	구시로(釧路)	85	81	56	54	57
	덴보쿠·루모이(天北·留萌)	91	83	66	44	41
	소계	814	691	547	435	417
죠반(常磐)		469	450	431	428	446
야마구치(山口)		144	123	109	103	105
지쿠호(筑豊)		1,109	822	731	731	777
사가(佐賀)		258	208	171	162	164
나가사키(長崎)		216	195	143	124	119
지쿠고·아리아케(筑後·有明)		358	340	285	275	272

출처: 資源エネルギー庁石炭部産炭地域振興課, 『産炭地域の現況』, 1981. 9.(部31-S-5).
　　　원자료는 住民基本台帳.

산탄지역의 생활보호율[6]은 1960년에 27.7‰였으나 1965년에는

〈표 2〉 산탄지역의 실업자 수, 생활보호율, 재정력지수

연도	실업자 수(명)				생활보호율(‰)				재정력지수			
	1963	1965	1970	1975	1960	1965	1970	1975	1960	1965	1970	1975
전국					17.6	16.3	13.0	12.1	78.4	69.3	59.8	64.3
산탄지역	50,925	22,996	16,035	8,497	27.7	43.8	36.2	30.5	69.8	59.3	49.0	49.8
6조지역					38.5	69.0	62.1	51.3	62.7	40.5	33.7	33.3
지쿠호					57.9	137.3	119.2	100.2				

출처: 資源エネルギー庁石炭部産炭地域振興課, 『産炭地域の現況』, 1981. 9.(部31-S-5).

43.8‰로 크게 증가했으며, 그 후 하락하였지만 1975년에도 30.5‰로 1960년보다 높은 수준에 있다(〈표 2〉). 6조 지역만을 보면 1960년에 38.5‰, 1965년에 무려 69.0‰, 1975년에도 51.3‰라는 높은 수준에 있었다. 특히 지쿠호 6조 지역의 생활보호율은 매우 높아, 1960년대 중반부터 1970년대 중반까지 100‰을 넘어서고 있었으며, 일부 지역에서는 200‰을 넘었다.

산탄지역의 재정 역시 석탄산업의 쇠퇴로 급속히 악화되었다. 즉, 수입 면에서는 광산세, 고정자산세, 각종소비세 등의 세수가 급감했으며, 지출 면에서는 실업대책사업비, 생활보호비, 광해복구비, 중소상공업자대책비, 폐산긴급대책비 등의 증대로 산탄지역의 재정은 극도로 궁핍해졌다. 더구나 병원, 학교 등 공공시설이 인구감소로 유휴화하고 미상환기채의 잔존, 상대적인 인건비증대에 의한 재정경직화 때문에 주민서비스 저하 문제에 부딪치게 되었다.

---

6) 1,000명당의 숫자. 생활보호는 생활보호법의 규정에 따라 경제적으로 곤궁한 국민에게 정부나 지방자치제가 최저한도의 생활을 보장하기 위한 생활비를 지급하는 제도이다.

산탄지역 지방자치단체의 재정악화 정도는 재정력지수[7]를 통해 알 수 있다. 산탄지역의 재정력지수는 1960년도의 69.8에서 1965년도에는 59.3, 1970년도에는 49.0으로 하락했다(〈표 2〉). 6조 지역의 재정력지수는 더욱 낮아서 1965년도에는 40.5, 1975년도는 33.3에 불과했다.

3. 산탄지역진흥정책의 제도적 틀[8]

3.1. 제도적 틀의 정비과정

산탄지역사회의 피폐가 심각해짐에 따라 일본정부는 산탄지역대책을 석탄정책의 중요한 한 축으로서 고려하지 않을 수 없게 되었다. 정부의 산탄지역정책에 대한 최초의 명확한 언급은 1959년 12월 19일에 제출된 석탄광업심의회 기본문제부회 중간보고[9]에서 볼 수 있다. 중간답신은 석탄불황의 원인을 경기순환에 수반되는 일시적인 것이 아니라 구조적인 요인에 근거한 것임을 명확히 하였으며, 이러한 인식 위에 석탄대책의 기본을 경합재에 대해 경제적으로 대항할 수 있는 조건을 정비하는 데 두고, 구체적으로는 1963년도까지 탄가를 1,200엔 인하하는 것

---

7) 재정력지수는 기준재정수입액을 기준재정수요액으로 나눈 값이다.
8) 이 글의 제3절 산탄지역정책의 제도적 틀과 제4절 산탄지역진흥정책의 전개는 정진성, 「일본의 산탄지역진흥정책: 산업구조조정정책에서 지역개발정책으로」, 『일본비평』 8, 서울대학교 일본연구소, 2013의 내용을 수정·보완하여 작성된 것이다.
9) 「石炭鉱業審議会基本問題部会中間報告書」(部会長有沢広巳), 1959. 12. 14.

을 목표로 하여 이를 위해 스크랩 앤드 빌드(scrap and build) 정책을 더욱 강력히 추진할 것을 제언했다. 중간보고는 위와 같은 목표를 달성하기 위한 정부, 기업, 노동조합 등 관계자에 대한 요청 중에 이직자대책의 확립과 함께 "탄광이직자 다발 지대 문제의 심각성을 감안하여 지역사회의 종합적 대책을 수립하는 것이 당면한 초미의 급무"라고 하여 산탄지역진흥대책의 조속한 수립도 촉구하였다.

이에 따라 통상산업성(이하 통산성) 석탄국은 1960년 8월에 발표된 「석탄신정책」에서 산탄지역진흥정책의 필요성으로서 피폐한 산탄지경제, 지방재정의 구제, 산탄지에서의 석탄 수요 확보, 공장지방분산, 실업대책을 대신하는 효과적 구직자대책 등을 지적하고, 그 대책의 목적은 "산탄지역에 공장용지의 조성 및 산업관련시설을 정비 등에 의해 공장 건설을 유도하고 이로써 공장배치의 적정화 및 그 지역 진흥에 도움을 줌과 함께 탄광이직자의 생활 안정을 도모"하는 것으로 하고, 그 시책으로서 산탄지역진흥 기본계획을 책정함과 함께 국가가 전액 출자하는 산탄지역진흥공단을 설립하여 공장용지의 조성, 산업 관련 시설의 정비, 폐탄산[10]의 유효이용 등의 사업을 하도록 하는 것을 제시했다.[11] 통산성은 이 신정책의 선상에서 1961년도 예산편성에서 '산탄지역진흥사업단' 구상을 가지고 대장성과 절충하였지만 이 구상은 거부되었다. 그러나 그 대신 산탄지역진흥조사비 3,000만 엔을 인정받음으로써 통산성은

---

10) 폐탄산은 석탄을 채취할 때 발생하는 捨石의 집적장을 말한다. 일본에서는 폐탄을 보타(ボタ), 폐탄산을 보타산이라고 한다.
11) 石炭經濟硏究所, 『石炭鑛業の諸問題―新石炭政策の背景』, 1962, 60쪽.

산탄지역진흥정책의 제일보를 내디딜 조건을 마련할 수 있었다.[12]

한편, 일본 최대의 산별노조인 일본탄광노동조합(日本炭鑛勞動組合, 이하 탄로)[13]은 1959년에서 1960년에 걸쳐 일어났던 미이케(三池)쟁의 후 방향전환을 하여 1960년 가을부터 산탄지역진흥정책을 중요 요구 조건의 하나로 하는 석탄정책전환투쟁을 전개하였다.[14] 산탄지역대책은 전환투쟁 초기에는 이직자대책의 일부로서 제기되었으나, 곧 독립된 주요항목의 하나로서 요구되었다.[15] 이러한 탄로의 강력한 정책전환투쟁에 의해 제29회 임시국회에서 1961년 10월 31일 '석탄산업위기타개에 관한 결의'를 채택하였는데, 그중에는 조속히 산탄지역진흥정책을 확정하여 이를 강력히 추진할 것을 촉구하는 내용도 포함되었다.[16] 탄로의 정책전환투쟁은 통산성에서 준비 중이던 산탄지역진흥대책 수립을 가속화하는 역할을 했다고 할 수 있다.

---

12) 石炭経済研究所, 『石炭鉱業の諸問題』, 60쪽.
13) 탄로는 1950년에 결성된 탄광노동자의 산업별 단일조직으로서 일본노동조합총평의회(총평) 산하의 최강 조직이 되었다. 1958년 3월 15일 현재, 탄로 산하 조합원 수는 19만 8천 명이었다(『石炭労働年鑑』, 1959.).
14) 탄로의 정책전환투쟁에 대해서는 정진성, 「에너지혁명기 일본석탄산업의 노동운동―석탄정책전환투쟁을 중심으로」, 『韓日經商論集』 第56卷, 2012를 참조.
15) 1960년 12월 4일의 노동성, 통산성, 경제기획청에 대한 요청서에는 산탄지진흥대책을 별도의 항목으로 세우고 다발적 실업지역의 진흥, 산탄지 댐의 건설, 신규공업 육성 등을 요구했다(『資料労働運動史』, 1960, 580쪽).
16) 결의안 중의 제6항 산탄지진흥에 대해서 "산탄지 진흥에 필요한 토지 및 수자원의 확보, 산업도로의 개발 등 산업입지조건의 정비, 고용의 증대에 도움이 되는 제사업(諸事業)의 경영 및 이에 대한 투자, 기타 조성 등을 실시하는 산탄지사업단을 설립할 것"을, 그리고 제7항 지방자치체에의 재정조치에서 "석탄산업의 위기에 따른 시정촌 세수 감소를 보상하기 위한 조치를 강구함과 함께 실업대책사업 및 사회보장비의 지방부담에 대해 재정조치를 강화"할 것을 결의하였다.

한편, '전국광업관계시정촌연맹(全国鉱業関係市町村連盟)'은 1961년 2월 2일에 통산성의 산탄지역진흥사업단 구상이 일시 후퇴하는 가운데 그 조속한 실현을 요구하는 '산탄지시정촌진흥의 적극적 대책 요망 결의'를 하여 관계 관청과 국회에 압력을 가했다.[17]

이와 같이 산탄지역대책수립을 요구하는 소리가 높아지는 가운데, 통산성은 1961년 제38국회에서 산탄지역진흥임시조치법안을 제출함과 함께 산탄지역진흥심의회령을 제정하고(1961. 4. 1.), 통상산업대신의 자문기관으로서 산탄지역진흥심의회를 발족시켰다. 산탄지역진흥임시조치법은 같은 해 11월에 국회에서 성립되어 산탄지역진흥정책 수행을 위한 법적 근거가 마련되었다.

한편, 산탄지역진흥심의회는 1961년 7월 17일 제1회 총회를 열고, 동심의회운영규칙을 정하고, 통상산업대신이 자문한 「석탄광업 불황에 의해 피폐한 산탄지역 진흥문제에 대해 취해야 할 대책」에 대해 심의했다. 이어서 동년 12월 4일 제2회 종합부회를 개최하고 자문에 대한 중간답신을 정리하여 같은 날 통상산업대신에 답신했다. 중간답신에는 '조급히 실시해야 할 대책'의 하나로서 산탄지역진흥대책 추진모체인 산탄지역진흥사업단의 설립이 필요함을 지적했다. 통산성은 이 중간답신에 기초해서 사업단법안을 국회에 제출하여, 법안은 1962년 4월 30일에 제정·공포되었으며 석탄지역진흥사업단은 7월 20일에 전액 정부출자에 의한 특수법인으로서 설립되었다.

이상과 같은 과정을 거쳐, 일본에서는 1961년에서 1962년 사이에

---

17) 九州大学産炭地問題研究所, 『産炭地域住民の生活実態調査 報告書(1)』, 1988, 160쪽.

산탄지역진흥심의회의 설치, 산탄지역진흥임시조치법의 제정, 산탄지역진흥사업단의 설립 등 석탄지역진흥정책을 수행하기 위한 법적, 제도적 정비가 이루어졌다.

3.2. 산탄지역진흥임시조치법

1961년 11월에 제정된 산탄지역진흥임시조치법(이하 산탄법)은 "산탄지역에서의 광공업 등의 급속하고 계획적인 발전과 석탄 수요의 안정적 확대를 도모하는 것"(제1조)을 목적으로 하고 있다(제정 당시 11조와 부칙으로 구성). 이 목적을 달성하기 위해 동법은 산탄지역진흥계획의 수립, 산탄지역으로의 기업 도입, 산업기반정비 촉진, 진출기업에 대한 세제우대조치, 지방공공단체에 대한 재정 원조 등을 규정하였다. 산탄법은 5년 시한법으로 제정되었지만, 4번에 걸친 법률의 시행 연장으로 결국 2001년 11월에 실효될 때까지 40년에 걸쳐 일본 산탄지역정책의 법률적 기반으로서 기능했다.[18]

산탄법은 제2조에서 산탄지역진흥정책의 대상이 되는 산탄지역을 "석탄광업의 불황에 의한 피폐가 현저한 석탄산출 지역 및 이에 인접하는 지역 중 당해 석탄산출 지역에 있는 광공업 등의 진흥과 밀접한 관련을 가지는 지역"으로 정의하고 있다. 이 지역(2조 지역)은 산탄지역진흥계획의 대상이 되는 지역이다. 1962년 2월 26일에 2조 지역으로 지정된 시정촌은 238개에 달했다.

---

18) 산탄법은 1966년 6월에 개정되어 5년 연장된 후, 1971년, 1981년, 1991년에 각각 10년씩 다시 연장되어 2001년 11월까지 40년간 존속하였다.

동법 6조는 지방자치단체가 부동산취득세, 고정자산세를 감면한 분에 대해 지방교부세로 재원보전하는 규정으로서, 특히 피폐의 정도가 심각하여 이 규정을 적용받는 시정촌을 '6조 지역'이라고 했다. 산탄법 제정 당시는 99개의 시정촌이 6조 지역으로 지정되었다.[19]

1965년 5월에는 산탄법이 일부 개정되어 지방공공단체에 대한 재정상의 특별조치가 추가되었다. 즉 새로 추가된 10조에서 산탄지역의 공공사업을 위해 허가된 지방채에 대해 그 이자 지급의 일부를 도현(道県)에 보조하도록 하였고, 제11조에서는 제10조가 규정하는 지역 내의 시정촌에서 시행하는 17개 사업에 대해 국고보조율을 인상하도록 했다. 10조의 적용을 받는 지역을 '10조 지역'이라고 한다.

3.3. 산탄지역진흥사업단

1962년 7월에 설립된 산탄지역진흥사업단(이하 사업단)의 목적은 "석탄광업의 불황에 의해 특히 피폐가 현저한 산탄지역에서의 광공업 등의 계획적 발전을 도모하기 위해 당해 지역에서의 광공업 등 진흥에 필요한 업무를 행하는 것"으로 되어 있다. 사업단법에 규정되어 있는 업무는 대별하면 다음과 같다.[20]

　　1. 토지조성사업: 산탄지역진흥에 필요한 광공업 등을 위한 용지 조성
　　　및 조성한 용지의 양도.

19) 1972년 6월의 진흥법 개정에서 6조를 개정하여 지방세의 과세면제에 수반하는 조치에 사업세를 추가했다.
20) 産炭地域振興事業団, 『産炭地域振興事業団十年史』, 産炭地域振興事業団, 1972.

2. 융자사업: 산탄지역 내에서 생산설비의 신·증설을 하는 기업에 대한 설비자금 융자.
3. 수탁사업: 이상의 사업에 부대하는 업무나 광공업 등의 진흥에 필요한 조사의 수탁사업.

이후 사업단법은 1963년 3월, 1966년 6월에 개정되어 폐탄산 처리, 공업용 수도에 의한 공업용수의 공급, 장기운전자금의 대부, 기업에 대한 출자가 업무에 추가되었다. 이 외에 1967년도부터는 공장건물양도 및 대부업무도 시행하게 되었다.

사업단은 사업단법의 개정으로 1972년 10월 2일 공업재배치공단과 합체하여 공업재배치·산탄지역진흥공단으로 개조되고, 다시 1974년 8월 지역진흥정비공단으로 개칭되었다.

3.4. 산탄지역진흥심의회

산탄지역진흥심의회(이하 심의회)는 통산대신의 자문에 응하여 석탄산출지역의 진흥에 관한 중요사항을 조사심의하는 것을 업무로 하고 있으며('산탄지역진흥심의회령' 제1조), 산탄법에서는 산탄지역진흥계획 책정 시에 심의회의 의견을 듣도록 규정하고 있다(산탄법 제2조 2). 심의회는 위원 50명 이내로 조직하며, 위원은 관계행정기관 및 지방공공단체 직원 및 학식경험자 중에서 통산대신이 임명하도록 되어 있다. 심의회 발족 당시의 위원은 48명이었다. 또 심의회는 전문 사항을 조사하기 위해 전문위원을 둘 수 있었다.

심의회 내에는 종합부회[21]와 각 지역부회가 있어, 종합부회는 산

탄지역진흥대책에 관한 기본적 사항의 심의 및 종합조사, 그리고 지역
부회의 심의를 거쳐 올라오는 각 지역요구사항을 종합, 조정하는 기능
을 하였다.[22]

심의회가 최초로 구성될 당시 종합부회에는 부회장(部会長) 외에
관계 각성청 사무차관 7명(대장성, 운수성, 노동성, 건설성, 자치성, 경
제기획청, 홋카이도개발청), 재계 5명(재계단체 2명, 석탄업계 2명, 전력
업계 1명), 노동조합 2명(탄로, 전탄광)[23], 지방자치단체 1명, 학계 2명,
정부계 금융기관(일본개발은행) 1명으로 구성되었다.

한편, 각 지역부회는 홋카이도가 7명, 동부(常磐)지역이 6명, 서부
(山口)지역이 6명, 규슈지역이 10명이었으며, 위원의 관련분야별 구성
을 보면, 지방자치단체 관련 위원 12명, 지역 재계 및 기업 관련 위원 7명,
석탄기업 관련 5명, 학계 위원 5명이었다. 지방자치단체 및 지역의 재계
관련 위원이 압도적 비중을 차지하고 있는 반면, 노동조합 관련 위원이
참가하고 있지 않은 것이 주목된다.

이러한 심의회 구성은 심의회가 국민경제 전체의 입장보다는 지역
의 이해관계를 보다 강하게 대변하는 방향에서 심의하는 경향을 가지도
록 하였다고 추측된다. 앞서 언급한 바와 같이 종합부회는 지역부회에
서 올라오는 안건을 종합, 조정하는 역할을 부여받았지만, 종합부회의

---

21) 원래의 명칭은 총합부회(総合部会)이지만, 여기서는 한국어 용법에서 익숙
한 종합부회로 번역했다.
22) 심의회 제1회 총회에서의 기시(岸道三) 종합부회장의 발언(総1-G).
23) 全国石炭鉱業労働組合, 투쟁적이었던 탄로에 비해 전탄광은 노사협조노선을
취하고 있었다. 1958년의 전탄광 산하 조합원 수는 5만 3,500명이었다.

멤버로 참석하고 있는 자치단체장들은 자신이 행정수반으로 되어 있는 지역의 요구조건 수용을 종합부회의 장을 통해 강력히 요구하곤 했다. 이들의 요구는 대체로 지역의 산업기반 확충을 위한 공공사업에 대한 국고보조를 증대해달라는 것이었지만, 이들의 주장을 국민경제적 입장에서 조정하는 기능이 심의회에는 부족했다고 생각된다. 한편, 현재의 NGO와 같은 주민 단체는 참여하지 않고 있어, 지방자치단체 또는 기업과는 다른 관점에서 산탄지역 주민의 이익을 옹호하고자 하는 그룹의 주장이 심의회에 반영될 기회는 없었다.[24] 또 노동조합 대표는 2명만이 참여하고 있었으며 심의회에서의 발언도 초기를 제외하면 대체로 활발하지 않았다. 이것은 노동조합 자체가 산탄지역 문제에 심각하게 관여하지 않았기 때문이며, 석탄산업의 쇠퇴에 따라 노동조합의 존재감 자체가 엷어졌기 때문이라고 생각된다.

3.5. 산탄지역진흥관계 각성청연락회(各省庁連絡会)

산탄지역진흥관계 각성청 연락회는 산탄지역진흥대책의 실시 주체가 다수의 성청, 지방공공단체 등에 나뉘어 있기 때문에 이들 상호 간

---

24) 산탄지역의 발전 문제가 단순히 경제적 피폐로부터의 회복만이 아니라 문화, 사회복지 등의 분야로 확대되면서 심의회위원에 여성이나 사회활동가도 포함되었다. 그러나 NGO와 같은 지역 주민의 자발적 조직체에 관련되는 인물들은 보이지 않았다. 예를 들어 1998년 당시의 심의회위원 구성을 보면, 심의회 초기와 달리 緒方世喜子(일본 유니세프 규슈본부 부회장), 藤原房子(일본여자사회교육회 이사장), 吉田かよこ(北星学園短期大学英文学科教授), 野口郁子(福岡市 여성협회 상무이사)와 같은 여성들의 참여가 눈에 띄는데, 이들은 사회문제나 문화 분야의 전문가이기도 했다.

의 연락, 조정을 긴밀히 하여 진흥대책의 계획적, 종합적인 추진을 철저히 하기 위해 1969년 6월에 설립된 것이다. 연락회는 중앙과 규슈, 홋카이도 지역에 설치되었는데, 중앙은 각성의 과장급, 규슈와 홋카이도 지역은 성청의 지방파견기관의 부장급과 도현의 부장급으로 구성되었다.

3.6. 산탄지역진흥 기본계획 및 실시계획

산탄지역진흥 기본계획은 산탄지역진흥의 기본적 방침을 명확히 하는 것으로, 산탄법 제3조의 기본계획에는 "산탄지역에서의 광공업 등의 진흥에 관한 기본방침, 산탄지역진흥 실시계획에 관한 지역 구분, 기타 산탄지역진흥 실시계획의 기본이 되어야 할 사항"에 대해 정하도록 되어 있으며, 통상산업대신은 산탄지역진흥심의회의 의견을 청취하여 기본계획을 정하도록 되어 있다.

1963년 9월에 정해진 제1차 기본계획에서는 산탄지역진흥 목표, 광공업 등의 진흥을 위한 사업, 광공업 진흥을 위한 조치 등을 정하였는데, 산탄지역진흥 목표는 다음과 같다.[25]

1. 탄광이직자의 산탄지역에서의 고용기회를 긴급히 창출한다.
2. 산탄지역에 석탄소비형 산업을 진흥하고 석탄 수요의 안정적 확대를 도모한다.
3. 지역경제의 진흥을 추진한다.

---

25) 産炭地域振興事業団, 『産炭地域振興事業団十年史』, 35쪽.

또한 1차 기본계획에서는 전 산탄지역을 9개의 지역으로 구분하여
(〈그림 4〉 참조), 각 지역마다 실시계획을 작성하도록 하였다.[26]

실시계획은 기본계획과 달리 목표연차를 설정하고 기본계획에서
구분한 지역마다 기본계획의 실시를 위한 구체적인 산업진흥의 방향,
산업기반의 정비 방향 등을 정한다. 산탄법에 규정되어 있는 실시계획
에서 정하는 사항은 다음과 같았다(산탄법 제4조).

① 당해 지역에서의 광공업 등의 진흥에 관한 기본방침
② 당해 지역에서 진흥해야 할 광공업 등에 관한 사항
③ 당해 지역 석탄 수요의 확대에 관한 사항
④ 당해 지역 광공업 등의 진흥에 의한 고용확대에 관한 사항
⑤ 당해 지역 석탄광업에 종사하는 노동자의 직업전환에 관한 사항
⑥ 기타 당해 지역 광공업 진흥에 관한 중요 사항

1963년 11월에 정해진 실시계획은 기본계획의 기본방침에 기초하
여, 각 지역별로 지역 진흥의 방향, 광공업의 진흥, 도로, 항만, 철도, 용
지, 용수 등 산업기반의 정비 등에 대해 지역의 특성에 맞추어 진흥 수법
을 구체적으로 정하였으며, 진흥목표를 공업출하액으로 하였다.

기본계획과 실시계획은 산탄법의 연장과 더불어 수차례 개정되었
다. 1967년 8월 산탄법의 5년 연장과 함께 실시계획이 개정되었으며,
1971년 12월에는 산탄법 10년 연장에 따라 기본계획과 실시계획이 모두

---

26) 1980년 11월의 산탄법 연장 시에 시정촌별 진흥정책보다 광역적인 지역발전
을 도모해야 한다는 시각에 기초하여 지역진흥정책의 단위로서 '광역경제생
활권' 개념이 도입됨에 따라, 9개 산탄지역은 20개의 광역경제생활권으로
재편되었다.

개정되었다. 1977년 11월에는 실시계획만의 개정이 있었으며, 1982년 3월 및 1991년 6월에는 산탄법의 10년 연장에 따라 각각 기본계획과 실시계획의 개정이 이루어졌다.

4. 산탄지역진흥정책의 전개

4.1. 산탄진흥대책의 내용

산탄법의 제정과 사업단의 설립에 따라 산탄지역 진흥정책이 1962년부터 본격적으로 시행되었는데, 그 내용은 크게 세 가지로 구성된다. 첫째는 산업기반 조성, 둘째는 기업 유치, 셋째는 지방자치체에 대한 재정지원이다. 이외에 탄광 이직자 대책, 중소상공업 대책에 관한 내용도 포함하고 있다(〈표 3〉 참조).

주요한 정책수단은 정부의 보조금 및 교부세 지원, 정부계 금융기관을 통한 진출기업에 대한 융자이다. 정책주체는 통산성을 비롯한 관계 각 관청(건설성, 운수성, 문부성, 자치성 등), 지방자치단체이다.

4.2. 산탄지역진흥정책의 예산 규모

산탄지역진흥정책은 통산성뿐만 아니라 정부의 다른 여러 관청에서도 실시하고 있었기 때문에 예산의 전모를 파악하기는 곤란하다. 그러나 분명한 것은 1961년의 진흥법 제정 이후 산탄지역정책 관련 예산이 대폭 증가했다는 점이다.

<표 3> 산탄지역진흥정책의 주요 내용

항목	내용		
산업기반 조성	각 성청의 공공사업 우선채택		
	*도현 공공사업에 대한 기채 충당률 인상 및 이자보급(1965~)		
	**시정촌 공공사업에 대한 보조율 인상(자치성)(1965~)		
	공업용수 개발 보조(1965~)		
	공업용지 조성		
	조정비		
기업유치 정책	지방세 감면제도(자치성)		
	특정사업용 자산 교체구입한 경우 양도소득과세 특별조치(1970~)		
	감가상각 특례		
	특별토지보유세의 비과세		
	사업단 업무	설비자금 융자	
		장기운전자금 융자(1966~)	
		조성한 토지의 할부양도	
		출자	
		공장건물의 할부양도 또는 대부	
	정부관계 금융기관의 협조융자		
	기업유치 활동		
지방재정 원조	보통교부세의 특례		
	특별교부세의 특례		
	*도현 공공사업에 대한 기채 충당률 인상 및 이자보급(1965~)		
	**시정촌 공공사업에 대한 보조율 인상(자치성)(1965~)		
	산탄지역 임시교부금(1969~)		
	지방세 감면제도(자치성)		
	산탄지역 활성화사업 보조금(중핵적 사업주체의 기금조성지원)		
탄광 이직자 대책	사업단 업무	폐탄산 처리사업	
		융자기업에서의 탄광 이직자 관계 고용 의무화	
	산탄지역개발 취로사업(1969~)(노동성)		
중소상공업 대책	정부관계금융기관의 특별융자		
	신용보완상의 특별조치		

출처: 『産炭地域振興事業團十年史』, 산탄지역진흥심의회 자료.

주: *와 **는 같은 사업을 중복 기재한 것임.

우선 시계열적 변화를 확인할 수 있는 통산성의 산탄지역진흥정책 관련 예산[27]의 추이를 보면, 산탄지역대책 예산은 1962~1972년도에 6억 8천만 엔에서 약 80억 1,500만 엔으로 10년간에 10배가 넘게 증가하였음을 알 수 있다(〈표 4〉). 그 내용을 보면 재정투융자자금(이하 재투자금)[28]을 별도로 하면 산탄지역진흥사업단에 대한 출자금이 가장 큰 비중을 차지하고 있으며, 그다음으로는 1969년부터 시행된 산탄지역진흥임시교부금이 컸다(1972년도의 경우 산탄지역진흥대책비 중 출자금의 비율은 72%, 산탄지역진흥임시교부금의 비율은 16%).[29]

산탄지역진흥대책비에는 정부예산에서의 지출 외에 재투자금에 의한 융자도 있었다. 재투자금에 의한 융자는 주로 일본개발은행(나중에 일본정책은행)의 사업단에 대한 융자이다. 사업단은 정부로부터 재투자금을 차입하여 산탄지역의 기업에 대한 설비자금 및 장기운전자금

---

27) 종래 일반예산으로 시행되었던 석탄대책관련예산은 1967년 5월에 성립한 석탄대책특별회계법에 의해 원유·중유 관세의 일부를 재원으로 하는 석탄대책특별회계로 통합되었다. 석탄대책특별회계에는 석탄광업합리화임시조치법, 탄광이직자임시조치법, 산탄지역진흥임시조치법, 임시석탄광해복구법 등의 법률에 근거하여 집행되는 사업에 관련된 예산이 포함되어 있다. 석탄대책특별회계의 대부분은 통산성 관할 사업이 차지하고 있으나 대장성과 노동성도 일부 관여하고 있다. 〈표 4〉의 산탄지역진흥대책 예산은 석탄대책특별회계의 일부를 이룬다.

28) 재정투융자는 국가가 유상(有償)으로 마련한 자금을 이용하여 정책목적 실현을 위해 행하는 투자활동으로 그 주된 재원은 우편저금이나 연금자금을 원자로 하는 자금운용부 자금이었다.

29) 1962년도에서 2000년도까지의 산탄지역진흥대책비의 누계로 보면 최대비목은 산탄지역교부금 1,138억 엔으로 대책비 누계 2,925억 엔의 39.2%를 차지하고 있으며, 다음으로는 사업단에 대한 출자금과 보조금 816억 엔으로 대책비 누계의 28.8%를 차지했다.

<표 4> 산탄지역 진흥 관계 예산(단위: 천 엔)

	1961	1962	1963	1964	1965	1966	1967	1968	1969	1970	1971	1972
산탄지역진흥대책비	3,000	680,000	1,330,328	2,049,095	2,564,117	2,837,139	3,055,358	5,696,949	5,696,949	6,490,836	7,997,683	8,015,830
산탄지역 진흥사업단출자금	-	650,000	1,300,000	2,000,000	2,500,000	2,675,000	2,760,000	4,100,000	4,100,000	4,500,000	5,760,000	5,760,000
산탄지역 진흥조사 위탁비	26,500	27,300	27,300	37,300	38,800	34,300	34,300	31,899	31,899	31,899	31,899	31,899
산탄지역 小水來 용수 개발 사업비 보조금	-	-	-	-	3,500	76,000	164,250	121,500	355,750	469,350	492,797	564,000
기업 유치촉진사업비 보조금	-	-	-	8,040	8,040	8,040	8,040	7,477	7,477	7,477	7,477	7,477
산탄지역 진흥 임시교부금	-	-	-	-	-	-	-	-	1,000,000	1,200,000	1,400,000	1,299,503
산탄지역진흥사업체 이자보합금	-	-	-	-	10,000	39,200	82,762	133,523	195,770	274,550	297,827	344,604
사무처리비	3,500	27,00	3,028	3,755	3,777	4,599	6,006	5,654	6,053	7,560	7,683	8,347
(재투자금) 산탄지역진흥사업단융자	-	50,000	1,900,000	3,000,000	3,800,000	3,800,000	4,000,000	5,200,000	7,100,000	7,600,000	8,600,000	11,400,000
합계	30,000	730,000	3,230,328	5,049,095	6,364,117	6,364,117	7,055,358	8,900,053	12,796,949	14,090,836	16,597,683	19,415,830

출처: 『九州産炭地域の現況』, 1974. 8.

을 융자했는데, 1962년도에 5천만 엔에 불과했으나, 1972년도에는 114억 엔으로 증가했다.[30]

산탄지역진흥정책 사업추진 모체인 사업단의 사업예산은 1962~ 1963년도는 약 43억 엔이었으나, 1972년도에는 약 195억 엔으로 증가했다(〈표 5〉). 사업단의 자금은 주로 정부의 출자금과 차입금이었다(1972 년도에 각각 30%, 59%). 차입금은 재투자금을 사업단에 융자한 것이다.

이와 같이 산탄지역진흥정책 관련 예산이 크게 증가했음에도 불구하고 정부의 석탄대책관련 예산 중 통산성 관련 산탄지역진흥대책비가 차지하는 비중은 크지 않았다. 재투자금을 포함하지 않은 예산만을 보면 1972년도에도 산탄지역진흥대책비는 석탄대책특별회계를 중심으로 한 석탄대책관계예산의 8%를 차지하였을 뿐이다.[31] 석탄대책비의 절반 가까이는 석탄광업구조조정대책비(원래 명칭은 석탄광업합리화안정대책비)로서 석탄산업의 생산체제 개선이나 탄광정리 촉진을 위한 보조금 등으로 석탄기업을 위해 투하되었다.

그러나 이와 같이 석탄대책특별회계 중의 통산성 관련 산탄지역진흥대책비만을 가지고 석탄대책이 석탄기업 위주로 시행되었다고 결론을 내리는 데에는 신중할 필요가 있다. 산탄지역대책에 대해서는 통산성만이 아니라 다른 여러 관청에서도 각자 나름대로의 정책을 시행하였기 때문이다.

---

30) 1999년 1월 말까지의 융자액 누계를 보면 총 융자금 누계 3,702억 엔 중 설비자금 융자가 3,568억 엔, 장기운전자금 융자가 134억 엔이었다(総13-S-3).
31) 2001년까지의 정부의 석탄관계예산 누계는 약 4조 엔으로서 이 중 산탄지역진흥대책비가 차지하는 비중은 7.6%였다(石炭政策史編纂委員会 編, 『石炭政策史(資料編)』, 石炭エネルギーセンター, 2002.).

〈표 5〉 산탄지역진흥사업단 사업예산과 자금내역(단위: 천 엔)

		1962-63	1964	1965	1966	1967	1968	1969	1970	1971	1972
자금	출자금	1,950,000	2,000,000	1,750,000	2,675,000	2,760,000	3,400,000	4,100,000	4,500,000	5,460,000	5,760,000
	차입금	2,400,000	3,000,000	4,550,000	3,800,000	4,000,000	5,200,000	7,100,000	9,800,000	9,000,000	11,400,000
	국고보조금	0	0	0	55,000	78,750	4,500	31,500	74,700	19,260	81,050
	시정촌에서의 수입	-	-	-	-	-	-	16,500	24,500	3,540	49,065
	자기자금	12,192	200,000	500,000	700,000	36,250	5,500	578,000	1,500,000	1,800,000	2,200,000
	기타	0	0	0	0	0	0	0			
	계	4,362,192	5,200,000	6,800,000	7,230,000	6,875,000	8,610,000	11,826,000	15,899,200	16,282,800	19,490,115
사업	토지 조성 사업	2,572,912	2,500,000	2,800,000	3,200,000	2,700,000	2,700,000	3,200,000	4,000,000	4,570,000	5,070,000
	용자사업	1,750,000	2,700,000	4,000,000	3,800,000	3,800,000	5,900,000	8,200,000	11,600,000	11,400,000	14,000,000
	공업용 수도사업	0	0	0	180,000	175,000	10,000	70,000	179,200	47,800	185,115
	출자사업	0	0	0	50,000	50,000		150,000		50,000	50,000
	공장건물 대여사업	0	0	0	50,000	150,000		50,000		150,000	150,000
	기타	40,000	0	0	0	0	0	156,00	80,000	65,000	35,000
	계	4,362,912	5,200,000	6,800,000	7,230,000	6,875,000	8,610,000	11,826,000	15,859,200	16,282,800	19,490,115

출처: 『産炭地域振興事業団十年史』, 70-71쪽.
주: 1966년도까지지는 일반회계, 67년도 이후는 석탄대책특별회계

〈표 6〉은 통산성 관할이 아닌 산탄지역대책 관련 예산 중 확인할 수 있는 것만을 정리한 것이다. 우선 석탄대책특별회계에 포함되는 노동성 소관의 산탄지역개발취로사업(1969년도부터 시작)을 보면, 1969년도에는 약 25억 엔, 1972년도에는 약 39억 엔의 자금이 투입되었다. 산탄지역 개발취로사업을 산탄지역진흥대책비에 포함시키면 1972년의 산탄지역 진흥대책비는 119억 엔이 되어 석탄대책특별회계예산의 약 11%를 차지하게 된다.

석탄대책특별회계에 포함되지 않는 정부의 석탄지역지원 사업으로 중요한 것은 6조 지역에 대한 지방세 감면과 1965년의 산탄법 개정(10조, 11조)으로 새로이 시행된 산탄지역의 도현 및 시정촌에 대한 재정지원이 있다. 〈표 6〉에 따르면, 산탄지역 도현에 대한 지방채 이자보조액(예산 기준)은 1965년도에 1천만 엔에 불과했으나, 1972년도에는 약 34억 엔으로 증가했으며, 산탄지역 시정촌에 대한 국고보조금은 1965년도에 약 5억 5천만 엔, 1972년도에는 약 40억 엔이었다. 지방세 감면에 대한 시계열자료는 구하지 못했으나, 1979년도까지의 누계를 보면, 지방세경감은 114억 엔에 달했다.[32] 같은 자료에 의하면, 1979년도까지의 도부현 이자보급 누계는 73억 엔, 시정촌에 대한 국고보조금 누계는 562억 엔에 이르고 있다.

---

32) 資源エネルギー庁石炭部, 「産炭地域振興対策の現状と今後の検討事項」, 1980. 6. (部29-S-8). 1969년도에는 부동산취득세 2,800만 엔, 고정자산세 1억 3,300만 엔의 감면분에 대한 보전이 있었다(『産炭地域振興対策の概要』, 1970. 7., 30쪽(部20-S-2)). 참고로 1979년도의 지방세 보전액은 9억 엔이었다(『産炭地域振興対策の概要』, 1980. 5.(部29-S-4)).

이상에서 본 바와 같이 산탄지역에 대해 통산성 이외의 부서에서 지원하고 있는 금액을 합해서 보면, 정부의 산탄지역대책비는 반드시 적다고는 할 수 없다. 1972년도를 예로 들면, 이자보조액, 국고보조금, 산탄지역개발취로사업비의 합계만으로도 약 113억 엔에 이르러 같은 연도의 석탄대책특별회계예산 중 통산성 관련 산탄지역진흥대책비 80억 엔을 33억 엔이나 초과하고 있다. 특히 지방자치단체에 대한 재정지원금액, 그중에서도 진흥법 11조에 의한 시정촌에 대한 국고보조금 지원이 큰 비중을 차지하고 있다.[33] 산탄지역대책은 사업단 중심의 통산성 관계 대책보다도 시정촌에 대한 재정지원이 더 핵심적인 내용으로 되어 가고 있다고 할 수 있으며,[34] 그 때문에 산탄지역 시정촌은 진흥법의 존속 및 연장을 계속 강력히 요망해 왔던 것이다.[35]

---

33) 지방자치단체에 대한 재정지원은 1970년대에 더욱 증가하는데, 1979년도의 경우 산탄지 도현에 대한 지방채 이자보조는 약 12억 9천만 엔, 산탄지 시정촌에 대한 국고지원은 약 180억 엔에 이르게 된다(『産炭地域振興対策の概要』, 1980. 5.(部29-S-4)).
34) 산탄지역진흥정책은 산탄법 제정 초기에는 석탄산업의 구조조정책의 일환으로서 운용되었으나 그 운용과정에서 점차 지역개발정책적 성격으로 변화하여 갔다. 이 점에 대해서는 정진성, 「일본의 산탄지역진흥정책: 산업구조조정정책에서 지역개발정책으로」 및 石岡克俊, 「贊嘆地域振興臨時措置法の形成と展開」, 杉山伸也·牛島利明編, 『日本石炭産業の衰退 ― 戦後北海道における企業と地域』, 慶応義塾出版会, 2012를 참조.
35) 1980년의 진흥법 10년 연장 시에 산탄지역 시정촌이 진흥법의 연장을 강력히 요망하는 이유를 당시의 신문은 "동법 11조에 대한 '매력'" 때문으로 설명하고 있다(「海峽」, 『北海道新聞』, 1980. 11. 22.).

		1965	1966	1967	1968	1969	1970	1971	1972
산탄지역개발취로사업(억 엔)						25.2	31.5	35.1	39.3
산탄지역 도현에 대한 지방채 이자보조액(천 엔)	예산	10,000	39,200	82,762	133,523	195,770	274,550	297,827	344,604
	실적	0	25,530	56,506	101,347	155,730	211,702	267,964	337,522
산탄지역 시정촌에 대한 국고보조		549,629	566,054	612,429	785,278	1,283,458	1,745,678	2,596,491	4,003,850

출처: 『産炭地域振興対策の槪要』, 1980. 5.(部29-S-4)).
주: 산탄지역개발취로사업은 노동성 소관으로서 석탄대책특별회계에 포함된다.

5. 산탄지역진흥정책의 성과

산탄지역진흥정책의 성과에 대해서는 몇몇 연구자가 그 평가를 시도하고 있다. 그중에서 1960년대 초부터 1990년대 초까지를 대상으로 하여 가장 포괄적인 평가를 시도하고 있는 야다(矢田)[36]의 연구 성과에 의존하면서 진흥정책의 성과를 보도록 한다.

1992년 현재의 6조 지역으로 지정되어 있는 산탄지역의 인구, 공업출하액, 재정력지수, 생활보호율의 추이를 보면 〈표 7〉과 같다.

공업유치노력을 반영하여 공업출하액은 순조롭게 늘어나 1960년에서 1975년의 15년간에 약 12배로 증가했다. 같은 기간의 전국 증가율 8배와 비교하면 불리한 입지조건에도 불구하고 전국 평균을 상당히 상회하는 좋은 실적을 올렸다고 할 수 있다. 이후에도 이런 경향은 계속되어 1991년까지 28배로 증가하여 전국 평균 22배를 넘어서고 있다.

---

36) 矢田俊文, 「構造不況と地域政策—戦後日本の石炭産業の衰退と産炭地域政策」, 『産業学会年報』 第10号, 1995.

〈표 7〉 산탄지역(6조지역)의 인구·공업출하액 등의 추이

		1960	1965	1970	1975	1980	1985	1992
인구(만 명)	6조지역	300	254	224	213	217	218	211
	(지수)	100	85	75	71	72	73	70
	전국	9,342	9,828	10,372	11,194	11,706	12,105	12,445
	(지수)	100	105	111	120	125	130	133
공업출하액 (100억 엔)	6조지역	12.7	22.3	55.8	154.8	266.1	285.7	358.6
	(지수)	100	176	439	1219	2095	2250	2824
	전국	1,558	2,949	6,904	12,752	21,422	26,532	34,083
	(지수)	100	189	443	818	1375	1703	2188
재정력지수	6조지역	0.65	0.42	0.33	0.33	0.38	0.41	0.37
	(지수)	100	65	51	51	58	63	57
	전국	0.78	0.69	0.60	0.64	0.64	0.75	0.74
	(지수)	100	88	77	82	82	96	95
	전국 대비(%)	83	61	55	52	59	55	50
생활보호율 (‰)	6조지역	38.4	67.1	62.7	52.5	48.1	47.0	29.8
	(지수)	100	175	163	137	125	122	78
	전국	17.6	16.3	13.0	12.1	12.2	11.8	7.6
	(지수)	100	93	74	69	69	67	43
	전국 대비(%)	218	412	482	434	394	398	392

출처: 矢田俊文, 「構造不況と地域政策」. 원자료는 資源エネルギー庁産炭地域振興課, 『産業学会年報』, 1993. 9.

주: 6조지역은 1987년 산탄지역지정이 해제된 「いわき経済生活圏」을 포함.

그러나 공업출하액의 신장에도 불구하고 산탄지역 인구나 재정의 피폐를 막지는 못하였다. 1960년에서 1975년까지 6조 지역 인구는 300만 명에서 213만 명으로 약 30%의 대폭적인 감소를 한 후, 1975년 이후에는 큰 변동 없이 210만 명대에서 움직이고 있다.

재정력지수(기준재정수입액/기준재정수요액)는 1960년의 0.65에서 70년에는 0.33으로 거의 반감하였으며, 전국 평균과 비교해도 1960년의 전국 평균의 88%에서 55%로 격차가 확대되었다. 재정력지수는 1970

년 이후에도 0.30대에서 정체하고는 있지만 전체적으로 개선경향에 있으며, 80년대 후반에서 90년대 초에는 0.40 전후로 되었지만, 여전히 전국 평균의 5할 수준에 머무르고 있다.

산탄지역의 피폐를 상징하는 생활보호율은 1965년에는 67.1%로 전국 평균의 4배를 넘었지만 1970년대에 들어와 착실히 저하하여, 1980년에 48.1%, 1990년에는 29.8%로 감소했다. 그러나 전국 평균과의 격차는 여전히 커서 1992년도에도 전국 평균의 3.9배에 달했다.

야다는 산탄지역진흥정책의 전반적인 성과에 대해서 고용전환의 촉진, 실업대책사업, 다양한 생활지원정책과 같은 단기적 정책에 대해서는 반드시 충분하다고는 할 수 없어도 상당한 효과가 있었으나, 석탄산업을 대신할 산업의 정착, 산업기반 확립, 지방재정의 충실화 등과 같은 장기적 정책에서는 30년의 시간과 막대한 재정적 지원에도 불구하고 인구감소와 재정곤란에서 벗어나고 있지 못하고 있다는 점에서 정책이 실패했다고 보고 있다. 이런 정책적 실패에 대한 반성으로, 야다는 각각의 지역이 놓여 있는 조건을 고려하지 않은 채 일률적으로 신규산업의 유치와 인구정착을 도모하는 것은 산탄지역정책의 기본전략으로 바람직하지 않다고 하고 있다. 그에 의하면, 성장산업이 입지가능한 지역이나 성장지역에 인접한 지역은 적극적인 지역진흥을 도모해야겠지만, 성장산업의 입지를 바랄 수 없는 지역은 인구유출을 인정하면서 산업철퇴 후의 축소균형을 도모해야 한다고 하면서, 명분을 앞세우는 정책보다도 시장 메커니즘을 기본으로 하는 실질적인 정책이 바람직하다고 하고 있다.[37]

<그림 6> 사업단의 조성단지(福岡県直方市中泉)

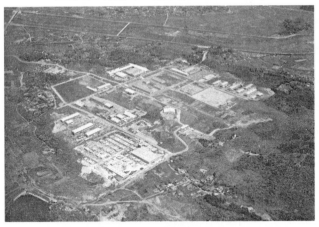

출처: 産炭地域振興事業団, 『産炭地域振興事業団十年史』, 産炭地域振興
　　事業団, 1972.

　　한편, 이와모토(岩本)[38]는 1965~1985년의 기간을 대상으로 하여,
석탄광업에서 제조업으로 산업전환을 촉진한다는 산탄지역 진흥정책
의 취지를 반영할 수 있는 3개의 지표를 설정하고 그 지표에 의한 정책효
과에 대한 정량적 분석을 시도했다.[39] 그의 분석에서 따르면, 일찍부터

---

37) 矢田俊文, 「構造不況と地域政策」, 25쪽.
38) 岩本直, 「産炭地域政策の政策効果に関する研究」, 『第32回土木計画学研究・講演
　　集』, 2005.
　　http://www.jsce.or.jp/library/open/proc/maglist2/00039/200511_no32/index.
　　html(검색일: 2013. 4. 5.)
39) 제1지표(정책달성률)는 '1960년~1985년간의 제조업 취업인구의 증가 수'를
　　'1960년~1985년간의 광업취업인구의 감소 수'로 나눈 값, 제2지표(제조업
　　취업인구의 증가비율)는 '1960년~1985년간의 제조업 취업인구의 증감 수'
　　를 '1960년의 전 취업인구'로 나눈 값, 제3지표(구조전환율)는 '1960년의 전
　　취업인구에 대한 광업취업인구의 비율'에 제1지표를 곱한 값이다.

산업전환이 시작되었으며 경제발전 지역이 인접하고 있는 지리적 이점이 있고 지역 소재의 석탄기업이 적극적인 고용전환 정책을 실시한 이와키(いわき) 지역(조반(常磐)탄전 지역)이 가장 좋은 정책효과를 올렸다고 한다. 산탄지역정책의 효과를 객관적 지표에 의해 정량적으로 제시했다는 것은 중요한 성과라고 평가되지만, 좋은 정책효과가 과연 정책 때문인지, 아니면 정책과 관계없이(혹은 정책의 실시에도 불구하고) 입지조건이나 개별 기업 혹은 지역 커뮤니티의 자구 노력의 결과인지는 여전히 판단할 수 없다.[40]

위와 같은 산탄지역정책을 직접 대상으로 하는 연구 외에 사회학을 베이스로 하는 산탄지역에 대한 사례연구들이 있다. 히라나 등(平兮·高橋·内海)의 연구[41]는 과거 일본 최대의 석탄생산지였던 규슈 지쿠호 지역의 이이즈카(飯塚) 시를 대상으로 역사·문화로부터 경제, 생활, 교육, 가족, 복지, 건강, 범죄 등 다방면에 걸친 학제적 연구로서, 다우라(田浦)가 집필한 제2장에서 산탄정책에 대한 평가를 하고 있다. 여기서 다우라는 산탄지역정책의 결과를 보여주는 3개의 자료, 즉 석탄대책관계 예산, 정부가 발표하는 산탄지역 진흥정책의 성과지표(고용창출 효과, 공업

---

40) 사와구치(澤口)는 이와키 지역이 상대적으로 지역경제의 회복이 빨리 일어난 요인을 석탄기업, 자치체, 노동조합의 대응과 상호적 연계가 중요한 역할을 했기 때문이라고 밝히고 있다. 이 연구는 산탄지역정책 자체를 분석하고 있지 않지만, 산탄지역의 활성화에는 정책 자체의 효과보다 정책적 지원을 활용할 수 있는, 기업과 노조를 포함하는 지역 커뮤니티의 존재방식이 더 중요함을 시사하고 있다. 澤口恵一, 「石炭産業の衰退と漸進的撤退の戦略―常磐炭田の事例から」, 『大正大学研究紀要』 第96輯, 2011.

41) 平兮元章·高橋薫·内海洋一 編著, 『旧産炭地の都市問題―筑豊·飯塚市の場合』, 多賀出版, 1998.

출하액 증가, 실업률, 재정력지수, 생활보호율 등), 기업유치 실적에 대한 분석을 통해 산탄지역 진흥정책의 성과에 대해 대체로 부정적 평가를 내리고 있다.

다카하시(高橋)[42] 등도 역시 지쿠호 지역, 특히 미야타 정(宮田町)을 중심으로 한 사회학적 연구를 했는데, 와카바야시(若林)가 집필한 제1부 제4장에서 지쿠호 지역의 인구동태 및 산업구조의 변화(1990년까지)를 다루고 있다. 와카바야시는 지쿠호 지역에서 석탄산업의 붕괴 후 커다란 지역사회의 변화를 겪는 가운데 산업전환이 원만하게 된 곳과 그렇지 못한 시정촌(市町村)이 존재함을 밝히고, "시정촌의 활성화에 중요한 역할을 하는 것으로 제2차산업의 동향, 특히 제조업의 성쇠가 있다"고 하면서, "이것은 산탄지역 진흥사업의 주요시책인 공업단지의 건설과 공장유치가 강력히 추진된 결과의 표상으로 볼 수 있다"고 하고 있다.[43] 그러나 이러한 판단은 산탄지역정책 효과에 대한 엄밀한 분석에 기초한 것은 아니며, 지역의 활성화가 정책에 의한 것인지, 유리한 입지조건 등 다른 요인에 의한 것인지는 이 연구에서도 명확하지 않다.

이와 같이 산탄지역진흥정책의 성과에 대해서는 연구자에 따라 긍정, 부정의 평가가 엇갈리고 있어 아직 합의점에 이르고 있지 않다. 산탄지역이 지역진흥에 설사 성공했다고 하여도 이것이 정책의 성과인지, 아니면 입지조건이나 지역 구성원의 자발적 노력에 의한 것인지 판단하

---

42) 高橋伸一 編, 『移動社会と生活ネットワーク―元炭鉱労働者の生活史研究』, 高菅出版, 2002.
43) 若林良和, 「閉山に伴う地域社会の変貌」, 高橋伸一 編, 『移動社会と生活ネットワーク』, 107~108쪽.

기는 쉽지가 않다. 그러나 이러한 연구성과를 통해서 확인할 수 있는 점은 산탄지역진흥정책의 성과가 나타나기까지는 대단히 오랜 시간이 필요하다는 점일 것이다. 앞의 〈표 7〉에 따르면, 산탄지역진흥정책이 시행된 것은 1962년부터이지만 시행 후 13년이 지난 1975년 시점에서도 인구, 재정력지수, 생활보호율 등의 지표에서 눈에 띄는 성과를 올리지 못하고 있었으며, 산탄지역 지정의 해제가 일부 지역에서나마 이루어진 것은 1994년이 되어서였다.[44]

6. 중앙정부 의존적 지역진흥

일본의 석탄산업의 사양화에 따른 산탄지역사회의 피폐와 그 대책을 살펴보면서 다음과 같은 점을 확인할 수 있었다.

첫째, 고도경제성장을 뒷받침한 에너지혁명은 산탄지역 주민의 고통 위에서 이루어졌다는 사실이다. 이것은 산업구조의 전환에 수반되는 특정 산업의 사양화가 아무런 마찰 없이 가격을 시그널로 해서 순간적으로 이루어지는 것이 아니라, 종종 지역사회의 피폐, 실업자의 발생 등 고통스러운 비용을 요구하며 오랜 기간에 걸쳐 진행되는 것임을 다시

---

44) 1991년에 개정된 기본계획에 따라 1994년 3월 말에 시리베시(後志), 이바라키(茨城) 및 야마구치 경제생활권이 지역 전체로서, 기타 권역에서는 20개의 시정촌이 지정 해제되어, 산탄지역은 16권역 171시정촌으로 축소되었다. 1997년 3월 말에 다시 8개의 경제생활권이 지정 해제되어 산탄지역은 8개 경제생활권, 102개 시정촌으로 축소되었다.

한 번 확인시켜 주는 것이다.

둘째, 피폐한 지역사회를 재건하기에는 긴 시간과 거액의 자금이 소요된다는 것이다. 5년 시한입법으로 제정된 산탄법은 결국 40년간 존속하였고 이 법을 근거로 수천억 엔의 자금이 산탄지역에 투입되었음에도 불구하고 그 성과는 여전히 미심쩍은 것이었다. 한편, 산탄지역 진흥대책에 거액의 자금이 투입될 수 있었던 배경의 하나로는 일본경제의 고도성장에 의해 정부가 그런 거액의 재정지원을 할 수 있는 여력이 있었다는 점을 지적할 수 있을 것이다.

셋째, 지역진흥정책의 성공 여부에 대해서는 의견이 갈리고 있으며, 또 지역에 따라 진흥정책의 성과도 다르게 나타나고 있다. 이것은 정책에 대한 객관적인 평가가 아직 충분히 이루어지지 못하고 있음을 보여주는 것이며, 또한 지역의 진흥은 정책만이 아닌 입지조건이나 지역주민과 지역기업의 역할 등에도 크게 좌우되기 때문이다.

넷째, 진흥정책이 주로 정부로부터의 재정지원에 의존해 이루어졌다는 점이다. 이 점의 함의에 대해서 본문에서는 따로 고찰하고 있지 않기 때문에 말미에 약간의 설명을 하고자 한다.

미쓰모토(光本)는 '진정－대응형 작법(陳情-對應型 作法)'에 따라 산탄지역사업이 형성·유지되어 자치운영이 이루어졌다고 한다.[45] 즉 산탄지역의 문제를 당사자의 동원 및 연대를 통해 정책당국에 진정함으로써 재정자금을 끌어내고 이를 법제도화한다는 것이다. 산탄법이 40년

---

45) 光本伸江, 『自治と依存 － 湯布院と田川市の自治運営のレジーム』, 敬文堂, 2007, 제3장 참조.

이란 기간 동안 존속하고 그동안 거액의 재정지원을 받아왔다는 점에서 이러한 방법은 성과를 올렸다고 할 수 있지만, 반면 이러한 방법은 중앙 정부 의존적, 지역의 자발적 의지의 부족이란 문제를 노정하여 사업의 비효율성을 가져왔다는 비판이 있다.[46] 이 점과 관련하여 조반의 사례는 시사적이다. 조반 지역의 토착자본을 기반으로 발전한 조반탄광(常磐炭礦)은 노동조합 및 지역사회(자치체)와의 밀접한 연계 속에서 다각화를 통해 지역의 고용창출에 성공하였다.[47]

중앙정부 의존적이란 점에서 일본의 사례는 미국의 경험과 극명하게 대비된다. 미국의 펜실베이니아 무연탄산지의 경우, 정부는 무연탄 산업의 사양화에 소극적 개입에 그치고 있었던 반면, 사양화를 극복하고자 하는 지역진흥정책은 지역 주민의 자발적 노력에 의해 이루어졌다.[48] 지역 엘리트들에 의해 주도된 지역개발기금의 모집에 지역 주민들이 적극 참여함에 따라 지역개발사업은 지역의 공적 프로젝트의 성격을 가지게 되었으며, 지속적으로 전개될 수 있었다. 이러한 산탄지역에서의 적극적인 지역 주민의 대응은 개척정신과 자립정신이 강한 미국 지역공동체 자치능력의 결과라고 할 수 있을 것이다.

---

46) 산탄지역진흥심의회 자료에 의하면, '내발적' 지역 진흥, 즉 지역 주민의 자발적 의지에 의한 진흥노력의 결여가 1981년 산탄지역진흥임시조치법의 연장 시부터 지적되고 있으며 이후의 자료에서도 이 점이 계속 지적되었다.
47) 澤口恵一, 「石炭産業の衰退と漸進的撤退の戦略―常磐炭田の事例から」, 『大正大学研究紀要』 第96輯, 2011 참조.
48) Dublin, Thomas and Walter Licht, *The Face of Decline: the Pennsylvania Anthracite Region in Twentieth Century*, Ithaca: Cornell University Press, 2005를 참조.

한편, 지방자치의 전통이 개무(皆無)하다시피 한 한국에서는 석탄산업합리화정책 초기에 지역사회는 거의 정책에 대해 발언하지 못했으며 정부가 제시한 폐광지역대책 또한 부실했다. 그러나 한국에서 1987년부터 민주화의 시대가 열리고 1990년대에 들어서서 직접선거에 의한 지방의회가 설치되어 지방자체단체장도 선거에 의해 선출됨에 따라 주민들은 폐광지역대책에 대해 강력한 목소리를 내기 시작했다. 주민들의 격렬한 항의시위를 동반한 주장은 정부로부터 거액의 자금지원을 획득하는 데 성공했지만, 그 사업들은 성공적이지 못했으며 주민의 활력도 오래가지 못했다. 주민들은 자신들의 지역문제에 발언할 수 있는 기회는 얻었지만, 지방자치의 역사가 짧고 훈련이 부족한 상태에서 주민들의 입장에 선 합리적이고 효율적인 정책 운영이 불가능했다.[49] 이러한 국가 간의 산탄지역정책의 상이한 전개는 산탄지역정책이 지역의 자치능력 및 지역의 구성원리와 밀접한 관련이 있음을 시사하는 것이다.[50]

49) 정진성·박기주, 『사양산업의 구조조정정책: 석탄산업의 사례를 중심으로』, 기획재정부, 2013.
50) 정진성, 「산탄지역대책에 대한 한미일 비교」, 『통합인문학연구』 제5권 2호, 한국방송통신대학교 통합인문학연구소, 2013.

석유를 둘러싼 기업과 가계의 선택*

이은경

1. 고도성장과 석유

매년 두 자리 수 경제성장을 달성했다는 전후 일본의 고도성장기에 대해 많은 사람들이 이야기하지만, 실제 당시 대중들의 생활이 어떠했는지, 즉 급격한 경제발전이 기업이나 가정의 일상에 어떠한 변화를 가져왔는지 구체적으로 이해하고 있는 것 같지는 않다. 물론 경제학 등의 분야에서는 이에 대해 매우 구체적인 수치를 제시하며 설명할 수 있겠지만, 이를 당시 대중의 일상생활과 연결시켜서 이해하려는 시도는 찾기 어려운 것이다. 이는 경제·통계학적 연구와 인문·사회학적 연구가 각자의 영역에 갇혀 서로 연결되지 못하고 있기 때문이 아닐까.

---

* 이 글은 『일본학연구』 39호(단국대 일본연구센터, 2013. 5.)에 게재된 「일본 고도성장기 석유의 사회사: 석유사용의 규제와 수요확대의 길항을 중심으로」를 수정·보완한 것이다.

이 글에서는 이러한 문제의식으로부터 고도성장기의 변화를, 바로 이를 추동한 원동력이 되었던 '석유'를 중심으로 살펴보려 한다. 고도성장기의 석유정책이나 관련 수치에 관해서는 종래의 연구성과를 최대한 활용하면서, 이것이 기업 운영이나 가정생활과 같이 대중의 일상에 어떤 식으로 영향을 미치고 또 인식되었는지를 살펴보려는 것이다. 이는 석유사용을 둘러싼 급격한 변화가 가져온 갈등의 양상을 들추어내는 작업일 수도 있다. 위로부터가 아닌 아래로부터, 즉 대중에게 초점을 맞추어 고도성장기 석유의 문제에 접근하기 위해, 당시 널리 읽히던 신문기사를 주된 텍스트로 이용할 것이다.

또한 지면상의 제약으로 인해 여러 석유제품 가운데서도 '중유'와 '등유' 두 가지 제품에 한정하여 살펴보려 한다는 점도 미리 밝혀 둔다. 중유는 주로 산업계에서 보일러 연료로 사용되어 석유 전체소비량의 50~60%를 차지할 정도로 압도적인 지위를 차지했다. 반면 등유는 비록 석유 소비량 가운데 차지하는 비율은 낮았지만(4~6%), 일반 대중의 가정생활에 가장 밀접하게 사용되었던 가정용 연료였다. 이 글은 중유·등유에 대한 소비욕구가 줄곧 큰 폭으로 증가했던 기업 및 가정과 다른 여러 이유로 인해 무제한적인 석유의 수입과 소비를 용인할 수는 없었던 당국의 대응을 축으로, 양자가 갈등하고 타협해 가는 양상을 추적하는 내용이 될 것이다. 그리고 그러한 갈등의 배경이 되었던, 석유 소비 확대에 따른 생활상의 변화에 대해서도 지면이 허락하는 한 함께 살펴보려 한다.

이를 위해서는 가장 먼저 '석유'가 무엇인지 구체적으로 고찰할 필요가 있다. 이어서 전전(戰前)과 전후에 걸친 일본 석유정책의 흐름을 개관하고, 다음으로는 전후 이른바 '에너지혁명'[1]으로 불리는 석탄과 석유의 갈등을 거쳐 석유 우위의 시대로 전환해 가는 과정을 보다 자세히 고찰할 것이다. 마지막으로는 이상에서 살핀 시대적 상황을 염두에 두면서, 중유·등유가 고도성장기 일본에 불러온 생활의 변화와 갈등의 양상을 구체적인 사례를 중심으로 살펴보고자 한다. 위로부터의 정책 추진의 내용 자체보다는 그러한 결정에 이르는 배경과 과정 혹은 그로 인한 산업계로의 영향이나 대중의 반응 등과 같이, 정부·기업·가정 등 다양한 집단의 석유문제를 둘러싼 상호작용에 관심이 있다는 점도 미리 밝혀둔다.

2. 일본 석유정책의 역사적 추이

2.1. 석유에 대한 오해와 이해

전후 일본의 신문을 넘기다 보면 심심치 않게 석유에 관련된 사건·사고 단신기사가 눈에 들어온다. 헤어진 애인 집에 석유를 끼얹고 불을

---

1) '에너지혁명'이란 일반적으로 '경제사회의 주된 에너지원이 급속히 변화되는 현상'을 지칭하는 것으로, 이를 일본사회에 적용할 경우 전후 석탄에서 석유로의 전환을 지칭하는 의미로 사용한다(『広辞苑』 5版). 나아가 일본에서의 에너지혁명은 국산에너지에서 수입에너지로의 전환, 즉 국내석탄에서 해외원유로 일차에너지의 전환이 이루어졌음을 의미하는 것이기도 하다. 이러한 해외에너지 의존은 현재까지도 이어지는 전후 일본사회의 커다란 특징으로 여겨진다(小堀聡, 『日本のエネルギー革命』, 名古屋大学出版会, 2011, 5~6쪽).

질렀다거나 스스로 석유를 뒤집어쓰고 자살을 기도했다는 식의 기사는 흥미롭기도 하고 한편으로는 끔찍하기도 하지만, 이 글에서 주목하는 내용은 아니다. 그보다는 석유가게에서 석유를 잘못 팔았다는, 즉 원래 용도와 맞지 않는 종류의 석유를 팔았다는 다소 밋밋한 기사에 주목하려 한다. 이를테면 '석유(=등유)를 사러 온 손님에게 다른 석유(=휘발유)를 팔았다'는 식이다. 예를 들어 1953년 8월 『아사히신문(朝日新聞)』에는 '안경을 쓴 40대 남자'를 찾는다는 기사가 제법 크게 실렸다. 경찰에 신고한 것은 한 석유 판매업자로, 그는 석유(등유)를 사러 온 손님에게 잘못해서 공업용 휘발유를 팔았다는 사실을 하루가 지나서야 깨달았다. 발화점이 낮은 휘발유를 햇볕 아래 두면 폭발 위험이 있기 때문에 부랴부랴 이를 사 간 손님을 찾는다는 것이었다.[2]

이처럼 당시 신문에는 석유 종류를 착각해서 잘못 팔았다, 화재 위험이 있기에 이를 사 간 손님을 찾는다는 내용이 단신이기는 하지만 종종 게재되고 있을 뿐 아니라,[3] 실제 가정용 석유곤로가 원인이 되어 화재·폭발사고가 일어났다는 기사도 드물지 않게 등장한다.[4] 석유의 오용은 단순한 우려가 아닌 실제 상황이자 당시 사회적으로 널리 인식되

---

2) 「油買った客探す　間違って爆発性揮発油売る」, 『朝日新聞』(석간) 1953. 8. 1. 이 글에서 인용된 신문자료는 대부분 『아사히신문(朝日新聞)』으로, 신문명을 특정하여 표기하지 않은 경우는 모두 『아사히신문』에서 인용한 것.
3) 「お客さんヤーイ　石油と間違えガソリン売る」(조간), 1954. 1. 17.
4) 「石油コンロから火事」(석간), 1955. 5. 9., 「石油コンロから火事」(조간) 1955. 7. 16. 곤로에 의한 화재가 잦아지자 도쿄소방청은 석유곤로를 검사해서 안전한 제품에 합격증을 붙이기로 했다(「石油コンロを検査　東京消防庁　安全なものに合格証」(조간), 1955. 10. 27.).

고 있던 문제였던 것이다. 하지만 석유에 대한 기초적인 정보조차 모르기는 현대인도 크게 다르지 않다. 석유의 안전한 사용뿐 아니라 이 글의 본격적인 전개를 위해서라도 우선은 석유에 대한 몇 가지 기초적인 지식을 확인해 둘 필요가 있다.

평소 일상에서 '석유'라는 한 단어로 통용되고 있는 '기름(oil)'이 실제로는 대개 경유·중유·등유·가솔린 등 다양한 종류의 '석유제품'에 해당한다. 때로는 석유제품이 되기 이전 상태의 원유(原油)를 칭하기도 한다. 원유는 여러 탄화수소의 혼합물로, 이를 증류(distillation)하면 어느 정도의 온도 구간에서 비슷한 종류의 탄화수소가 연속적으로 유출되는데, 이를 유출온도에 따라 구분해서 회수하는 과정을 '석유정제' 즉 '정유'라고 한다. 이러한 증류, 전화와 정제(conversion & treating), 혼합(blending)의 과정을 거쳐 만들어지는 것이 바로 휘발유·등유·경유·중유·항공유·나프타·아스팔트·윤활유·LPG(액화석유가스) 등의 '석유제품'이다.

휘발유는 비등점의 범위가 30~200℃ 정도의 휘발성 석유제품으로 가솔린이라고도 불리며, 자동차·항공기 외에 공업용으로도 사용된다. 등유는 석유제품 중 가장 오래전부터 사용되어 온 것으로, 전등이나 가정용 난방기에 주로 사용된다. 경유(diesel)는 비등점이 170~370℃ 범위에 속하며 주로 자동차와 건설기계 등 고속 디젤엔진에 사용된다. 중유는 원유로부터의 수율(收率)이 가장 높으며 점도에 따라 B-A유, B-B유, B-C유로 나뉘는데, 특히 B-C유는 주로 대형공장이나 일반 연료용으로 사용된다. 그 외에 제트엔진에 사용되는 항공유(jet oil), 다양한 연료와 원료의 재료가 되는 나프타(naphtha), 도로포장에 사용되는 아스팔트, 윤활유 등이 있다. LPG, 도시가스, LNG(액화천연가스) 등 가스류도 포함된다. 원유를 증류하면 끓는점이 낮은 순서부터 대략 LPG 2%, 휘발유 8%, 나프타 12%, 등유와 경유 35%, 중유(B-C유) 38%, 아스팔트 등 기타 5% 정도의 석유제품이 생산된다.

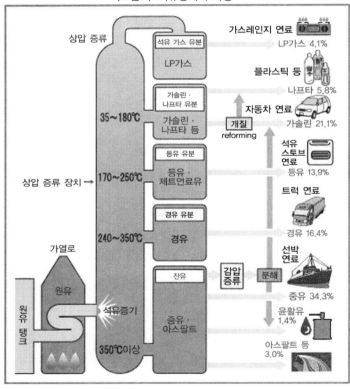

〈그림 1〉 석유정제의 과정[5]

---

5) 그림의 출처는 http://www.chiba-muse.or.jp/SCIENCE/doc/research/hp/sekiyu
   _05_sub_01.html(검색일: 2014. 5. 17.).

이처럼 '석유'라는 하나의 용어로 통칭되고 있으나 그 안에는 실제 사용에 있어 각각의 특성을 고려하여야만 하는 다양한 '석유제품'이 존재한다. 앞에서 소개했던 바와 같은 석유로 인한 사고는, 석유가 대중의 생활 속으로 급속하게 보급되는 반면 그에 대한 정보는 제대로 공급되지 않았던 까닭에, 즉 서로 다른 차이를 가진 다양한 석유제품에 대한 정보의 부족에서 기인했던 셈이다.

2.2. 전전(戰前)의 석유정책

일본에서 석유가 본격적으로 이용되기 시작한 것은 개항 후 이른바 문명개화의 바람 속에 미국에서 램프와 함께 등유가 수입되면서부터였다. 이후 니가타(新潟) 등을 중심으로 국내 유전개발이 시작됐으며 1888년에는 《(유)일본석유》가 설립되었고 다음 해에는 일본 최초의 제유소(製油所)가 건설되는 등, 점차 석유를 둘러싼 움직임이 본격화되었다. 특히 제1차 세계대전의 전쟁경기를 타고 석유 수요가 급증하는 이른바 석유붐이 일었다. 도입 초기에는 등유가 소비의 중심이었다. 그러나 램프에서 전등으로의 전환이 진행되고 선박용 디젤기관이나 발동기가 보급되면서, 등유의 수요가 감소하는 대신 중유와 경유에 대한 수요가 급격히 증가하기 시작했다. 국산원유 정제량은 1915년을 정점으로 감소로 돌아섰고, 1920년경부터는 원유 및 석유제품의 수입이 현저하게 증가하기 시작했다. 국산 원유가가 미국산 원유가의 6배에 달했던 것이다. 태평양 연안에는 수입원유를 처리하기 위한 제유소가 건설되어 수입원유의 정제량이 대폭 늘었지만, 한편으로는 경유와 휘발유를 중심으로 하는 석유제품의 수입이 급속히 증가하여 1928년에는 수입 석유제품이 국내 원유 정제량을 능가할 정도였다.[6]

석유를 둘러싼 이상과 같은 흐름 속에서 일본은 스스로 자원부족, 즉 에너지의 제약을 강하게 의식하지 않을 수 없었다. 그리고 이를 무역이 아닌 해외자원의 직접적인 개발과 확보라는 방식으로 해결하고자 했다. 일본이 만주와 사할린 등지에서 석유·석탄 등 자원의 확보를 위해 어떤 시도를 했는지, 그러한 시도가 어떠한 비극을 가져왔는지에 대해서는 굳이 설명이 필요하지 않을 것이다. 더 많은 자원을 확보하기 위한 전선(戰線)은 끝없이 확대되었고, 그만큼 전쟁에 필요한 자원의 양도 많아지는 악순환이 계속되었던 것은 이미 우리가 알고 있는 바와 같다.

이러한 상황을 배경으로, 일본 당국은 국내 석유산업에 대한 통제를 지속적으로 시도했다. 처음으로 〈석유업법〉이 만들어진 것은 일본의 침략전쟁이 한창이던 1934년의 일이었다. 군수용 석유의 확보가 주된 목적이었다. 석유사업의 허가제, 업자의 비용부담에 의한 6개월분 비축 의무가 정해졌으며, 정부가 필요에 따라 석유의 수입량이나 판매 가격을 결정하고 또 사들일 수 있게 되었다.[7] 정제부문의 석유회사들은 통합되었으며, 개발부문에서는 1942년 국내 원유 생산량의 98%가 통합된 국책회사 〈제국석유〉가 설립되었다. 판매부문에서는 1943년 석유전매법이 성립되었다.

하지만 자원의 자급화와 통제를 위한 여러 시도에도 불구하고, 일

---

6) 小堀聡, 『日本のエネルギー革命』, 6~8쪽.
7) 山崎時男, 『マルチ石油学入門』, 大空社, 1994, 181쪽.

본은 영미권에 대한 자원 의존성을 극복할 수 없었다. 중국과의 전쟁이 본격화하면서 석유 부족은 더욱 심각해졌고, 특히 군수용 석유의 필요는 급격히 증가했다. 자원 확보를 목적으로 한 일본의 공격적인 시도는 영미권과의 대립을 격화시켰고, 미국 등으로부터의 석유 수입은 불가능해졌다.[8] 이는 태평양전쟁의 개전과 동남아유전에 대한 군사점령의 한 이유가 되었지만, 그럼에도 불구하고 석유 공급은 여전히 만족스러운 정도에 이르지 못했다. 전황(戰況)이 불리해지면서 정제·저유(貯油)시설 등이 공격을 받아 석유사정은 더욱 악화되었다. 전전(戰前) 일본의 일차에너지 공급구조에서 석유의 비중은 5~10% 정도에 불과했지만,[9] 석유의 부족이 일본제국의 붕괴를 앞당기는 요인으로 작용했다는 점은 부인할 수 없는 사실이었다.

2.3. 전후(戰後) 석유정책의 변화

전전 일본이 자원의 부족을 주로 제국권의 확장과 그 내부에서의 증산이라는 방식으로 해결하려 했다면, 전후에는 주로 국제석유자본[10]

---

8) 일본은 1940년 10일 셸(Shell)과 스탠더드 바큠(Standard-Vacuum Oil)으로부터 매년 136만㎘를 수입하는 계약을 체결했다. 하지만 1941년 8월 대일석유 전면금수 조치가 취해지게 된다(山崎時男, 『マルチ石油学入門』, 182쪽).
9) 수력 20~25%, 신탄(薪炭) 10~15%(石油連盟編, 『戰後石油産業史』, 石油連盟, 1985, 81쪽).
10) 국제석유자본(the Majors)이란 자본력과 정치력을 가지고 석유의 채굴, 생산, 수송, 정제, 판매까지의 모든 단계를 수직통합적으로 운영하는 석유계 거대기업복합체의 총칭이다. 1970년대 이전에는 이른바 Seven Sisters라고 불리는 7개의 기업(Standard Oil of New Jersey(Exxon), Standard Oil of New York(Mobil), Standard Oil of California(Chevron), Texaco, Gulf Oil, Royal

이 중동에서 개발한 원유를 일본으로 수입한 후 이를 국내에서 정제해서 충당하는 방식으로 변화하게 된다.

패전 직후 점령군은 국산원유용 이외의 정제설비를 폐기하고 모든 석유제품을 수입할 방침을 세웠다. 이를 위해 1947년 석유배급공단이 설립되었고 미국의 원조에 의한 수입제품을 공정가격으로 배급하기 시작했다. 하지만 1949년 9월 석유정책은 급전환했다. 패전 후 정지되었던 태평양 연안의 제유소가 1950년부터 활동을 재개하게 되었다. 석유제품의 수입보다는 원유의 소비지 정제방식이 적당하다는 판단, 일본의 제유소가 전쟁 중에도 크게 파괴되지 않았다는 점, 무엇보다 냉전의 확대에 따라 일본경제의 자립 촉진과 주둔미군을 위한 석유의 공급 확보가 주된 이유였다. 석유배급공단이 해산되고 이를 대신하여 배급을 담당할 등록원매업자(登錄元売業者)가 민간에서 지정되었다.[11]

원유를 확보하려면 사실상 수입에 의존할 수밖에 없었던 일본의 석유사업자에게는 "일정한 품질이 보증된 것을 계속적으로 필요한 양만큼 최저의 가격"[12]으로 확보하는 것이 절대적으로 요구되었다. 하지만 해

Dutch Shell, BP)이 석유가격 결정권까지를 포함해서 세계 석유산업 전반을 좌우할 정도로 강한 영향력을 행사했으나, 국영석유회사의 출현 및 시장 형성으로 영향력이 점차 감소했다. 최근은 미국계 3개, 영국/네덜란드계 2개, 유럽계 1개 등의 6개 회사를 지칭한다(한국석유공사, 『석유산업의 이해』, 한국석유공사, 2010, 30쪽).

11) 당시 원매업자로는 일본석유, 미쓰비시(三菱)석유, 쇼와(昭和)석유, 일본광업, 이데미쓰(出光)흥산, 제네럴물산, 일본어망선구(漁網船具) 등 일본 측 7사와, 셸, 스탠더드바큠, 칼텍스(Caltex)의 외국계 3사가 지정되었다(岡部彰, 『産業の昭和社会史3 石油』, 日本経済評論社, 1986, 118쪽).

12) 岡部彰, 『産業の昭和社会史3 石油』, 119~120쪽.

외유전 개발에 직접 뛰어들 수 없는 패전 직후의 상황이었던 만큼, 일본의 석유회사들은 원유 공급력을 갖고 있는 외국회사와의 제휴를 서두르는 길을 택했다. 그리고 일본이 GHQ에 의한 점령정치로부터 벗어난 후인 1952년 7월부터는 석유제품의 배급·가격통제가 철폐되어 자유판매가 허용되었다. 이후 1962년 7월까지의 석유행정은 주로 외화할당제도를 통해 이루어지게 된다.[13]

3. 석유와 석탄의 경합과 '에너지혁명'

3.1. '탄주유종' 정책으로의 방향 전환

이상에서 살핀 바와 같이 전후 일본에서 석유 수요가 급증하는 현실, 수치적으로도 석유제품의 비중이 높아졌던 현실에도 불구하고, 정책적인 면에서는 석유가 신속하게 일본의 핵심 에너지원으로 자리매김했던 것 같지 않다. '석탄이냐 석유냐'의 선택은 전후 일본경제의 장래를 결정하는 중요한 이슈였으며, 석유 소비의 급격한 증가는 일본만이 아니라 전 세계적인 추세였다. 그러나 전전부터 압도적인 에너지 점유율을 보이던 석탄업계의 반격도 만만치 않았다. 석유가 일방적으로 압도

---

13) 외화할당제도의 시행은 원유수입 중심의 방침을 고수하고 외화할당을 위한 기준으로서 제유(製油)능력을 중시하여, 소비지 정제체제의 확립에 공헌하고 석탄산업의 보호 및 석유화학공업 육성에도 기여했다고 평가된다(岡部彰, 『産業の昭和社会史3 石油』, 130~131쪽).

할 것이라는 예상과 달리, 에너지원으로서의 위치를 두고 한동안 석탄과 석유의 밀고 당기는 상황이 계속되었다.

먼저 1946년 11월 일본 정부는 석탄특별소위원회를 설치, "시책의 중심을 석탄에 두고, 금후 반년 내지 1년간은 석탄 증산에 필요한 조치를 다른 모든 시책에 우선하는, 석탄초중점주의를 실행한다"는 내용의 〈석탄대책중간보고〉를 채택했다. 석탄을 전후 일본의 에너지원으로 삼아 경제부흥을 도모한다는 전략을 수립한 것이다.[14] 그러나 1949년 이른바 '닷지라인(Dodge line)'[15]이 실시되면서 석탄을 위한 금융지원 역시 중단되기에 이르렀고, 석탄업계는 더 이상의 증산이 아닌 '합리화'를 지향하게 되었다. 국가가 석탄을 관리하는 시대가 끝난 것이다. 1950년 한국전쟁 발발이 석탄 수요의 급증을 불러 석탄생산량은 전전 생산량(약 5,000만 톤)의 84%까지 회복되었고 탄가(炭價)도 폭등했지만, 이러한 호황은 2년 정도에 불과했다.

---

14) 일본경제의 확대재생산을 위해서는 소비재 생산을 제한해서라도 우선 생산재의 생산 확대에 전력을 기울인 후 소비재 생산 확대로 이행하는 편이 성장 실현에 유리하며, 이를 위해서는 석탄과 철을 중점적으로 생산하지 않으면 안 된다는 입장.

15) 1949년 GHQ 경제고문으로 일본에 온 미국 은행가 닷지(Joseph Morrell D. 1890~1964)가 일본의 경제재건, 특히 금융재정면에 관해 내린 지시, 혹은 그에 따른 재건 방침을 이름. 인플레이션 및 국내소비의 억제, 수출 진흥을 중심 내용으로 한다.

〈표 1〉 전후 석유제품 소비량의 추이[16]

단위: kℓ

양력	가솔린	등유	경유	중유	윤활유	계	지수[17]
1945	55,460	38,000	19,000	89,726	53,657	255,843	7.0
1946	157,493	43,651	75,577	381,485	92,256	750,462	20.4
1947	233,857	43,924	128,604	649,477	112,149	1,168,011	31.8
1948	296,843	56,888	204,940	958,385	153,458	1,670,514	45.5
1949	318,621	63,101	170,593	972,903	170,940	1,696,158	46.2
1950	413,299	76,784	208,329	1,111,135	199,453	2,009,000	54.7
1951	745,996	134,174	350,238	1,836,825	246,816	3,314,049	90.2
1952	1,442,701	116,863	413,941	3,121,164	287,054	5,381,723	146.4
1953	1,984,778	351,375	560,976	5,069,494	348,566	8,315,188	226.3

이번에는 석유의 반격이 시작되었다. 샌프란시스코강화조약 발효 후인 1952년 7월 석유제품의 배급·가격통제 철폐가 직접적 계기가 되었다. 석탄가의 고공행진에 석유제품의 자유화가 더해지면서, 석유제품 특히 중유의 수요는 급속히 증가했다. 여기에 1952년 10월부터 12월까지 이어진 석탄업계의 장기파업으로 석탄에 대한 시장의 불신이 높아졌다. 산업계는 석탄에서 석유로의 연료 전환을 본격화하기 시작했다. 그 결과 1952년의 석유제품 소비량은 전전(戰前) 최고치를 기록했던 1937년 수준(5,003,435kℓ)을 초과했다. 나아가 통산성은 1953년 1월 중유수입 외화예산을 증액함으로써 석탄에서 중유로의 전환을 장려하는 정책을 폈다. 한국전쟁 특수로 인해 외화보유고가 크게 늘어났기에 가능한 일이었다. 일본의 석유소비 증가율은 세계적으로 주목을 끌 정도로 비약적

---

16) 石油連盟編, 『戰後石油産業史』, 84쪽.
17) 1934~1935년의 평균을 100으로 함.

인 변화를 보였으며, 그중에서도 중유의 증가가 두드러졌다. 그 외에도 가솔린 소비가 1952년에 전년의 2배로 증가, 등유는 1953년에 전년의 3배로 증가하는 등, 1950년대 초반 석유제품의 소비증가는 품목을 가리지 않는 일반적 현상이었다.

같은 무렵, 석유로 판세가 결정된 것처럼 보였던 에너지원 경쟁은 다시 한 번 새로운 국면을 맞이했다. 석유소비의 급속한 증가는 당연히 석탄업계의 심각한 불황으로 직결되었고 석탄업계는 석탄과 소비분야가 주로 중복되는 중유의 수입을 삭감하도록 강력히 요청했다. 전력·철강·시멘트·제지 등 중유의 주된 소비자인 대기업과 석유업계가 반발하는 것이 당연했다. 정부와 경제계는 일본의 장래를 위해 '총합 에너지 정책의 확립이 급무'라는 인식을 같이 하게 되었다.

주목해야 할 사실은 정부가 1954년 3월 당시까지의 정책의 주된 경향이었던 '중유전환'과는 반대의, 그리고 기업과 대중의 소비추세에도 역행하는 정책으로 돌아섰다는 점이다. 정부는 〈석탄과 중유와의 조정에 관하여〉라는 각의료해(閣議了解)[18]를 행했는데, 그 내용은 "우리나라(일본-인용자)의 에너지 자원은 국내자원의 상황을 고려해서 석탄과 전력에 중점을 두어야 한다," "국제수지를 고려해서 … 중유수입을 억제해야 한다"는,[19] 이른바 '탄주유종(炭主油從)'의 방침을 강고히 하는 것

---

18) 각의(閣議)에서 주무대신 관할사항에 관해 모든 각료가 동의해서 서명하는 것. 각의결정은 내각 전체의 의사로서 결정할 필요가 있는 중요시책을 다루는 데 비해, 각의료해는 주무대신의 관할사항으로 국정 전체에 영향을 미치는 시책을 다룸.
19) 石油連盟編, 『戦後石油産業史』, 85쪽.

이었다. 결코 무시할 수 없는 값싼 수입품(=석유)으로부터 수많은 국민의 생계가 걸린 국내 산업(=석탄)을 지켜야 한다는 논리, 그리고 외화의 유출을 억제해야 한다는 논리가 보다 설득력 있게 받아들여진 것이다.

구체적인 방안으로서 중유수입을 위한 외화할당이 30% 가까이 삭감되었고, 〈중유수급조정요강〉에 기초하는 중유 소비규제를 위한 지도가 시작되었다. 그러한 결과 이듬해인 1954년에는 전후 최초로 중유 소비량이 감소세로 돌아섰다. 외화의 절약과 석탄산업 구제를 목적으로 하는 이러한 조치는 "산업활동을 마비시켜 국민경제를 혼란에 빠뜨린다"는 반발을 초래했고 곳곳에서 마찰을 일으켰다. 1955년 10월에는 중유사용 억제를 목적으로 한 〈중유보일러 설치 제한 등에 관한 임시조치에 관한 법률〉(이하 〈보일러법〉)이 시행되었으나, 이른바 '진무경기(神武景気)'[20]의 활황 속에 석탄가도 함께 상승했기 때문에 이듬해에는 이러한 제한을 다소 완화해야 했다. 정부의 정책은 전후 수년 사이에 갈팡질팡했고, 근본적인 총합에너지정책 수립을 요구하는 목소리는 점점 높아져 갔다.

3.2. 에너지혁명, 석탄에서 석유로

'탄주유종'이 정부만의 방침은 아니었다. 1955년 1월 경제단체연합

---

20) 진무(神武)경기란 1956년경의 호경기를 일컫는 말로 '일본 유사 이래'의 의미로 붙여졌다. 그 외에 이와토(岩戸)경기란 1958년부터 1961년 사이의 고율의 설비투자에 의해 선도된 호경기를 지칭하며, 이자나기(いざなぎ)경기란 1965년부터 1970년 사이 5년간의 호경기를 의미한다.

회(경단련)는 장기적으로는 석유 수요의 확대를 전망하면서도 당분간은 전력(수력)과 석탄을 에너지원으로 한다는, 따라서 중유의 신규수요는 억제해야 한다는 내용을 담은 〈종합연료대책요강〉을 발표했다. 5월에는 유사한 내용을 담은 〈종합연료대책〉의 각의료해가 이루어졌다. 석유업계는 〈총합에너지정책에 대한 의견〉을 발표하며 이에 반발했다. 합리화를 통한 탄가 인하라는 석탄정책의 방향에는 동의했지만, 일본에서도 에너지원으로서의 석유의 비중은 비약적으로 증대할 것이며 이것이 세계적 경향이라는 점을 전제로 한 후 구체적인 에너지대책을 수립하도록 요구했던 것이다.

에너지원을 둘러싼 양측의 견해 차이는 석유 수입을 위한 외화할당을 둘러싸고 노골적으로 드러났다. 전력·석탄 중심의 '탄주유종'을 견지하려는 정부는 석유 수입 외화예산을 억제하려 하지만, 늘어나는 석유 수요를 감당하지 못하고 결국은 외화를 추가로 할당하는 양상이 해마다 반복되었다. 특히 중유 소비는 1955년 580만㎘에서 1956년 730만㎘, 1959년 1,220만㎘, 1960년 1,860만㎘로 가파른 상승세를 보였고, 석탄에서 석유로 '에너지원의 전환'을 요구하거나 일본 내 석유 수요 급증을 전망하는 의견들도 잇따랐다. 정부정책과 시장요구가 불일치하는 가운데, 석유업계는 대(対)정부협상에서 유리한 고지를 점하기 위해 〈석유연맹〉을 조직하여 한목소리를 냈다.[21]

사실 정부의 탄주유종정책은 당시의 세계적인 흐름에 부합하는 것

---

21) 기존의 석유정제간화회(石油精製懇話会, 1950)에 이어 석유원매간화회(石油元売懇話会, 1954)를 설립, 이들은 1955년 11월 〈석유연맹〉으로 통합되었다.

이 아니었다. 주지하는 바와 같이 전후 특히 1960년대는 세계적으로 경제성장의 시대였으며, 서독과 일본은 그야말로 '기적'을 이루었다고 평가될 정도였다. 이러한 세계경제의 발전을 지탱한 것은 저렴한 석유가 대량생산, 대량공급, 대량소비되는 구조의 성립, 즉 저렴하고 풍부한 석유의 존재였다. 무엇보다 1950~1960년대 중동석유의 비약적 증산이 이를 가능하게 했으며,[22] 특히 1960년대에는 석유의 공급과잉으로 인해 1959년부터 1970년까지 원유의 수입가가 지속적으로 하락했다. 여기에 미국을 필두로 한, 일본을 향한 시장개방의 압박도 거세졌다. 한국전쟁 이후 눈부신 경제성장을 이룩한 일본시장은 미국의 관심을 끌었고, 일본은 압력에 굴복하여 1959년부터 점차적으로 수입자유화 품목을 늘려가기로 약속해야 했던 것이다.

석유 수입자유화를 앞두고 정부와 산업계는 다시 한 번 분주히 움직였다. 통산성은 석유 수입자유화에 따른 대책 검토에 돌입했는데 의견은 다음과 같이 둘로 갈렸다.

석유산업은 전전 1934년에 석유업법이 제정된 이래 일관해서 국가의 통제하에 놓여, 26년간에 걸쳐 자유경쟁의 기회가 없었기 때문에 산업 체질에 문제가 있다. 따라서 자유화 후에는 과감하게 일체의 규제를 철폐하고 자유로운 경쟁을 시킨다면, 경제원칙에 의해 가장 합리적이고 안정된 업계 질서가 형성되고 석유산업의 건전한 발전과 소비자 이익

---

22) 산유국이 자국의 이익을 지키려는 목적으로 OPEC를 결성한 것은 1960년이 었지만, 이후로도 1973년 제1차 오일쇼크가 발생하기 전까지 10년 이상 석유는 저렴하고 풍부하게 공급되는 상황이 지속되었다.

에 기여할 수 있지 않겠는가 … [문제발생 시] 독점금지법, 외자법, 관세할당제도, 긴급관세제도 등에 의해 사태를 해결할 수 있다.

자유화 후에 예견되는 이들 문제는 우리나라 석유업계의 문제에 기인한다기보다도, 석유산업에 공통된 특질 및 석유를 둘러싼 국제환경에 깊이 기인하는 구조적인 문제이기 때문에, 자유경쟁하에서의 석유산업 합리화나 자유조정에 의해 문제가 해결될 것이라고는 생각하기 어렵다 … 기존의 정책수단에는 모두 한계가 있기 때문에 … 국가가 어떤 형태로든 사업활동에 간여하는 것이 필요하다.[23]

통산성은 결국 후자, 즉 완전한 자유화 대신 당국이 간여하는 길을 선택했다. 이를 위해 첫째, 석유업법을 제정하여 이제까지 주로 외화할당제도에 의해 수행했던 석유정책을 이에 근거해서 수행한다, 둘째, 법률에 의한 규제보다는 국책회사를 설립해서 정책에 경제적인 협력을 수행, 산업질서의 기본구조를 실질적으로 국민경제의 이익에 입각하는 방향으로 유도한다는 두 가지가 선결과제로 검토되기 시작했다. 그 결과 1961년 12월 〈에너지 간담회〉에서 석유시장을 일정 정도 국가의 영향 아래 두는 것을 기본으로 하여 제출한 〈석유정책에 관한 중간보고〉가 이후 석유행정의 기본방침이 되었다. 1962년 5월에는 〈석유업법〉이 발포되었고 7월부터 시행에 들어갔다.[24] 석유 수입 자유화 시행을 3개월

---

23) 石油連盟編, 『戰後石油産業史』, 154쪽. 줄임은 인용자.
24) 석유업법은 '석유정제업 등의 사업활동을 조정함으로써 석유의 안정적이고 저렴한 공급의 확보를 도모'하는 것에 목적이 있었으며, 통산대신의 석유공급계획 책정, 석유정제업의 허가 및 특정설비의 신·증설 허가 등이 근간을 이루었다. 그 외에 석유제품 생산계획의 신고, 석유수입업 및 석유수입계획의 신고, 석유제품 판매업의 신고, 판매가격의 표준액 설정과 고시, 석유심의회의 설치 등이 정해졌다.

앞둔 시점이었다.

〈표 2〉 1차 에너지의 일본 국내 공급[25]   단위: Petajoules

	국내공급				에너지종별						
	계	생산	수입	수출	재고 변동	석탄	코크스 등	원유	석유 제품계	천연가스 LNG	수력 발전	신에너지 등
1953	2,548	2,066	512	-14	-15	1,206	-	251	138	5	746	202
1954	2,517	2,040	498	-10	-11	1,164	0	304	105	6	737	201
1955	2,696	2,127	557	-18	30	1,302	-1	370	79	10	731	204
1956	2,931	2,268	708	-27	-18	1,417	0	493	67	12	737	205
1957	3,218	2,390	907	-25	-55	1,546	0	586	97	18	759	211
1958	3,028	2,226	868	-54	-11	1,306	-1	677	67	22	763	193
1959	3,454	2,287	1,308	-138	-2	1,571	-0	972	-19	29	710	190
1960	3,984	2,389	1,831	-221	-15	1,761	-	1,291	37	39	661	194
1961	4,509	2,535	2,319	-305	-40	1,858	5	1,576	67	57	753	192
1962	4,686	2,369	2,696	-337	-42	1,712	-0	1,883	167	74	665	186
1963	5,279	2,381	3,335	-398	-40	1,847	0	2,446	84	86	694	122

그리하여 1962년은 전후 일본의 에너지 역사에서 하나의 커다란 분기점이 되었다. 하지만 이는 석유 수입 자유화의 시행, 그에 따른 석유업법의 시행이라는 정책상의 변화 때문만은 아니었다. 그보다는 바로 이해에 석유가 일차에너지 공급 구성 비율에서 46.1%에 육박, 36%인 석탄을 누르고 사상 처음 에너지원의 수위에 올랐다는 점이 더욱 두드러졌다. 수입자유화에 따른 소비 증가가 본격화하기도 전에 석유 소비가 석탄을 추월했다는 것은 의미심장하다. 여기에 석유자유화까지 더해지면

___

25) 〈総務省統計局〉의 웹사이트 공개자료(一次エネルギー国内供給(昭和28年度~平成12年度)) 중 일부를 편집함(http://www.stat.go.jp/english/data/chouki/10.htm) (검색일: 204. 5. 17.).

서, 설령 〈석유업법〉과 같은 당국의 간섭이 있다고 해도 석유로의 전환
은 더 이상 막을 수 없는 대세임이 명확해졌던 것이다. 이러한 의미에서
1962년은 일본에서 '에너지혁명'이 달성된 해이자 또 다른 '에너지혁명'
이 시작된 해이기도 했다.

4. 석유사용을 둘러싼 갈등과 변화

　이상에서 전후 일본에서 '탄주유종'이라는 정부의 선택이 시장과
대중의 욕구를 억제할 수 없었음을 확인했다. 이하에서는 에너지혁명의
달성이라는 이상과 같은 흐름을 배경으로, 실제 기업과 가정에서는 어
떠한 일이 벌어졌는지를 당시의 신문기사 내용을 통해 구체적으로 살펴
보고자 한다. 에너지혁명의 진전에 따른 생활의 변화를, 정부의 소비규
제와 대중의 욕구와의 괴리를 중심으로 고찰하려는 것이다. 구체적으로
는 석유제품 가운데 기업과의 관련이 깊은 중유, 일반 가정에서 주로 사
용되었던 등유를 둘러싼 움직임을 집중적으로 살필 것이다.

4.1. 〈보일러법〉을 둘러싼 갈등과 규제 완화

　앞서도 소개했던 것처럼 중유는 주로 디젤기관이나 보일러 가열용,
화력발전용으로 사용된다. 보통 원유 부피의 30~50% 정도를 중유로 얻
을 수 있는데, 석탄보다 발열량이 2배나 되고 열효율도 뛰어나다는 장점
이 있다. 저렴한 가격과 안정적 공급이 보장되기만 한다면 기업들은 언

제라도 석탄 대신 중유를 사용할 의사를 가지고 있었다. 화력발전소는 말할 것도 없거니와 유사한 방식의 열 이용이 필요한 기업, 즉 철강·유리·시멘트·화학·종이·도자기 등을 생산하는 기업들은 중유를 소비하는 주 고객이었다. 그 외에 목욕탕이나 주택 및 건물의 난방보일러도 중유 소비에 일조했다.

〈표 3〉 중유 판매량의 추이[26] 단위: 1,000㎘

회계연도	판매량		전년 대비 비율	
	중유	그중 C중유	중유	그중 C중유
1950	1,191	193	122.4	-
1951	2,171	432	182.3	223.8
1952	3,595	1,025	165.6	237.3
1953	5,560	2,103	154.7	205.2
1954	5,468	1,669	98.3	79.4
1955	5,816	1,884	106.4	112.8
1956	7,312	2,530	125.7	134.4
1957	8,948	3,554	122.4	140.5
1958	9,204	3,824	102.9	107.6
1959	12,211	5,918	132.7	154.8
1960	18,571	11,389	152.1	192.4
1961	22,753	14,584	122.5	128.1
1962	29,049	19,579	127.7	134.2

1953년에는 정부가 한국전쟁 특수로 벌어들인 외화로 중유수입을 위한 외화예산을 증액[增枠]하며, 기업들에게 석탄에서 석유로의 전환을 장려했다. 기업들로서는 마다할 이유가 없었다. 석탄업계의 파업으

---

26) 石油連盟編, 『戰後石油産業史』, 86쪽.

로 인한 공급 불안에 중유가 석탄보다 30% 가까이 저렴할 뿐 아니라 열효율과 인건비에서도 경제적이라는 점이 더해져, 중유로 전환된 에너지 수요는 이후로도 고정될 것으로 전망되었다.[27] 언론은 중유전환이 1951년 28만kℓ, 1952년 134만kℓ에 이어 1953년에는 200만kℓ를 넘을 것으로 예상했다.[28] 이는 각각 전체 중유 소비량의 13%, 40%, 50%에 해당하는 양으로, 당시 중유전환이 얼마나 급격하게 이루어졌는지를 보여준다.

그러나 한편으로는 중유의 가격 인상 및 공급 확보에 대한 우려, 저장시설 부족, 수입용 달러 조달 문제 등을 들어 중유전환정책에 대한 우려의 목소리도 높아지기 시작했다.[29] 결정적인 계기는 1953년 겨울의 심각한 석유 부족이었다. 급히 원유수입 예산의 2%(77만 달러)를 증액했음에도[30] 중유부족으로 인해 기업들이 석탄으로의 재전환을 고려할 정도였고, 정부도 외화의 추가적 할당을 고려해야 하는 사태가 벌어진 것이다.[31]

1954년 상반기(4월~9월)의 예산편성을 앞두고 종합적인 에너지대책 수립의 필요성이 관민 모두로부터 강하게 제기되었다. 하지만 중유전환에 대한 각각의 입장은 달랐다. 석탄업계는 외화를 사용해서 중유

---

27) 「石油の需要ふえる」(석간), 1952. 12. 23.
28) 「経済気象台 石油業を吟味する」(석간), 1953. 2. 6.
29) 「重油へ転換進む」(조간), 1953. 3. 1.
30) 「石油に七七万ドル追加」(조간), 1953. 11. 27.
31) 「石油輸入は困る 石炭協会」(조간), 1953. 12. 15. 중유는 연간 540만kℓ가 필요한 데 비해 공급은 470만kℓ 수준에 불과, 원매업자는 기존의 단골 거래처를 우선시했다. 이 때문에 새로이 중유로 전환한 신축빌딩이나 중소기업은 곤란을 겪어야 했으며, 주문이 쇄도해서 가격이 상승해도 제품부족으로 시장 형성이 안 되는 상황이다.

를 수입하는 것이 비용감축과 수출증진 효과로 이어지는지에 대해 의문을 제기하면서, 국내석탄의 생산력을 제고하는 방향으로 대책을 세워야 한다고 주장했다. 반면 석유업계는 지난 20년 동안 서독 20배, 이탈리아 2.8배, 스위스 2.3배 등, 세계 각국에서 석유소비량이 2.7배 가까이 증가했음을 소개하면서, 일본에서도 같은 방향으로 에너지 정책을 추진해야 한다고 주장했다. 외화부족을 이유로 석유 수입을 억제한다면 산업 전반의 비용 증가로 이어질 것이며, 중유전환에 따른 경비절감 효과가 0.1%에 불과하다는 석탄업계의 주장과 달리, 열량대비 25% 이상이라는 점을 강조하며 석탄업계와 대립했다. 반면 경단련은 중유전환에 따른 경비절감의 효과가 확실한 산업부문에 한해서만 이를 인정할 것, 난방을 비롯한 비생산적 부문의 중유와 가정용 등유는 억제할 것 등을 주장하며 중도적인 입장을 폈다.[32]

정부는 중유전환을 장려하던 기존의 입장을 변경, 외화절감을 이유로 중유 소비 억제 방침을 드러내기 시작했다. 석유수입을 위한 외화를 절약하는 대신 국내 석유자원 개발을 위한 보조금을 4배로 확대한다는 입장을 발표했다.[33] 또한 1954년의 외화예산을 편성하면서 필수품이 아닌 경우는 최대한 삭감한다는 방침을 세웠으며, 중유도 1953년 수준 (535만㎘)으로 수입을 억제하기로 했다.[34] 전후 세계적으로 이루어진 급속한 경제발전과 석유 소비의 추이를 고려한다면 1년분의 증가를 억

---

32) 「総合エネルギー対策に本腰 石炭・石油の需要調整」(조간), 1954. 1. 17.
33) 「石油採掘に五年計画」(석간), 1954. 2. 1.
34) 「石油輸入昨年度なみ」(조간), 1954. 3. 21.

제한다는 것은 간단한 일이 아니었다. 중유의 경우 소비량의 20%에 가까운 100만kℓ의 절감이 필요했다. 이를 위해 정부는 '행정지도'를 통해 기업의 중유전환을 억제하고, 10월 이후에는 난방, 취사, 목욕탕 등의 중유 사용 금지와 석탄 사용을 규정함으로써 농림수산용 중유를 우선적으로 확보하겠다는 입장을 취했다.[35)

　기업의 요구와 현실을 무시한 정책에 업계가 반발하는 것은 당연했다. 중유의 주된 소비자인 산업계에서는 1954년의 예상 중유 소비량이 680만kℓ에 달한다는 점을 들어 정부 정책의 비현실성을 지적했다. 나아가 산업계의 중유전환이 정부의 장려에 의한 것이었던 만큼 정부가 부족한 중유의 확보에 노력하는 것이 마땅한데도, 오히려 정부가 석탄업계의 일시적 어려움을 이유로 석탄으로의 재전환을 요구하는 것은 일관성을 결여한 것이라고 비판했다.[36) 철강연맹, 시멘트협회, 전기사업연합회, 화학공업협회, 종이펄프협회, 섬유협회 등 산업 8단체는 정부의 중유 소비 억제안에 반대하는 내용의 건의서를 제출했다.[37)

　중유전환이 석탄불황의 큰 이유가 된 것은 사실이었다. 그러나 철강업에서만 중유전환에 25억 엔의 자금을 투입하는 등 정부의 권유에 따라 중유전환을 위한 투자를 활발하게 진행하던 산업계로서는 다시 석탄으로 되돌리라는 요구를 따르기 어려웠다. 비단 경제성 때문만도 아니었다. 전력산업의 경우 석탄만을 사용할 경우 잦은 고장으로 정전을 유

---

35)「重油の消費抑制へ 法的措置も考慮」(조간), 1954. 3. 31.
36)「炭鉱経済と混同するな 石炭業界、消費規制に反対」(조간), 1954. 5. 16.
37)「重油規制に反対を決議 需要産業側」(조간), 1954. 5. 18.

발하는 이유가 되었고, 도기류의 경우에도 중유가 품질을 높이는 데 유리했다. '석탄에서 중유로'라는 세계적 추세를 고려해도 시장에게 중유 억제는 납득하기 어려운 선택이었다.[38] 결국 중유전환 설비비가 들어간 철강업의 가열로·균열로(均熱炉) 등은 규제대상에서 제외되었고, 보일러가 주된 규제대상이 되었다.[39]

정부에 의한 중유사용 억제 분위기 속에 아마도 가장 난처했던 것은 산업계처럼 강력한 목소리를 낼 힘이 없는 목욕탕(フロ屋) 운영자였던 듯하다. 아래의 기사는 다소 길지만, 이러한 석탄 전환정책으로 인해 목욕탕을 경영하던 이들이 겪게 된 난감한 상황을 극단적으로 보여준다.

손님이 늘어나도 그만큼 연료비는 늘어나지 않아서 평소라면 이른바 대목이어야 할 여름철 목욕탕이 올해는 부심하고 있다. 왜냐하면 전국 1만 8천 목욕탕 중 15%에 해당하는 2,700곳, 도쿄에서는 절반 이상이 한 대당 25만 엔의 거액을 들여 중유 가마로 전환하자마자, '사용금지' 호령(号令)이 내려졌기 때문이다 … 목욕탕들은 이번 가을까지 다시 한 번 석탄가마로 교체하는 데 대략 10만 엔 정도를 마련하지 않으면 목욕탕 운영을 할 수 없게 된다는 사실. 가마의 교체만으로 합계 35만 엔의 손해 … 목욕탕용 숯이 지금 운임 포함 1톤 4천 엔, 한 곳당 1일에 0.8톤은 필요하기 때문에 석탄 3,200엔, 이를 중유로 하면 드럼캔 1일 1통을 평균으로 할 때 2,450엔, 연료비만으로 [하루] 7백 엔 이상 높아진다. 성격이 급한 목욕탕은 석탄보관용 부지를 팔아치웠는데, 지금은 보관용 토지도 너무 비싸 구입이 어렵고, [중유 가마로 교체한 후] 한 번 내보낸

38) 「読者に代って問答 重油の消費規制について」(조간), 1954. 5. 23.
39) 「ボイラーに重点 重油上半期節減目標決る」(조간), 1954. 6. 8.

인부를 다시 불러와야 하는 등, 불을 피우는 것도 그야말로 '골칫덩이'인 듯하다.[40)]

중유전환에 막대한 경비를 들인 산업계가 '석탄으로의 전환'에 반발하자, 정부는 10월부터 예정했던 난방·취사용 중유에 대한 법률적 규제 대신 행정지도를 계속한다는 것으로 한 걸음 물러섰다.[41)] 그럼에도 중유 소비 억제에 대한 의지에는 변함이 없었다.[42)] 1955년에는 500만㎘를 목표로 중유 소비를 전년보다 더욱 줄이겠다는 방침을 세웠고, 성이 차지 않은 석탄업계는 그보다도 100만㎘를 더 줄여달라는 강경한 주문을 내놓았다.[43)] 통산성은 〈보일러법〉을 의회에 제출했고, 1955년 8월 의회를 통과함으로써 중유 소비에 대한 법률적 규제가 본격화했다.[44)] 〈보일러법〉은 ①중유보일러 신설의 원칙적 금지, ②혼소용(混燒用) 보일러는 중유전용으로의 사용을 금지하고 석탄전용 사용을 권고, ③기존의 중유보일러도 석탄보일러로 개조를 권고하고, 이에 대한 자금을 보조하는 것 등을 주된 내용으로 했다.[45)]

그런데 〈보일러법〉이 5년의 한시법으로 제정된 것으로부터도 알

---

40) 「重油転換とフロ屋」(조간), 1954. 7. 6. 줄임은 인용자.
41) 「法的規正は当分見合せ 重油行政指導で消費抑制」(조간), 1954. 9. 3.
42) 1955년 5월, 통산성은 경제6개년계획(경제자립정책)의 일환으로 〈총합연료대책〉 각의료해를 했는데, 이 또한 탄주유종정책을 총합에너지정책의 근간으로 하는 것이었다(石油連盟編, 『戦後石油産業史』, 81쪽).
43) 「重油の消費規制強化 来年度法的措置に及ぶか」(조간), 1954. 11. 7.
44) 「重油消費規正を立法化 通産省、今国会へ提出」(조간), 1955. 3. 29, 「重油ボイラー新設制限 通産省で臨時措置法案」(조간), 1955. 5. 20, 「重油ボイラー設置制限の例外許可基準決る」(조간), 1955. 10. 15.
45) 「重油ボイラー新設制限 通産省で臨時措置法案」(조간), 1955. 5. 20.

수 있는 것처럼 장래 일본산업의 중유 의존도가 높아질 것이라는 전망에는 이견이 없었다. 중유를 규제한다고 해서 석탄 위기가 해소되는 것은 아니었으며[46] 소비증가의 속도를 다소 늦출 수는 있을지라도 중유에 대한 욕구를 없앨 수 있는 것도 아니었다. 〈보일러법〉의 시한이 1년 앞으로 다가오자 정부는 탄주유종정책의 유지 여부에 대한 검토를 시작했다.[47] 산업계는 〈보일러법〉이 기한 만료 후에도 존속되는 것에 반대하는 요청서를 제출했으며,[48] 26개 소비자단체도 대책위를 구성해서 〈보일러법〉 폐지를 진정했다. "긴자(銀座)를 인력거로 달리는 듯한 시대착오적이고 경제성을 무시한 법률"이라는 것이었다. 어차피 중유만 쓴다는 이유로 혼소용(混燒用) 설비를 중유전용으로 개조했다가 〈보일러법〉 때문에 다시 5억 엔을 들여 석탄연소 설비를 추가해야 했던 주부(中部)전력의 한 관계자는, "중유보일러법이 폐지되면 석탄 설비는 박물관에 기증하겠다"며 〈보일러법〉 폐지에 강한 염원을 드러냈다.

하지만 분위기가 〈보일러법〉 폐지로 기울었다고 단정하기는 일렀다. 석탄업계는 〈보일러법〉의 5년 연장을 신청했으며,[49] 경단련도 〈보일러법〉의 3년 연장을 지지하는 의견을 냈다. 장기적으로는 경제적 합

---

46) 「深まる石炭危機 貯炭千百万トン越す 安い重油に押される」(석간), 1959. 5. 28.
47) 「経済的に検討 重油か石炭か エネルギー部会研究会」(조간), 1959. 6. 5. 정부는 중유와 석탄을 두고 '경제적' 관점에서 검토하고자 관련연구회를 개최했는데, 경제적 관점에서 접근하려는 자세는 '탄주유종' 사고에서 크게 진전된 것이라는 평가를 받았다.
48) 「重油ボイラーの規制に反対 産業団体要望」(조간), 1959. 7. 4., 「重油ボイラー規制法廃止を電力首脳要望」(조간), 1959. 9. 10.
49) 「真剣に攻防戦を展開 重油ボイラー法の廃止」(조간), 1959. 7. 9.

리성에 근거한 소비자의 자유로운 선택이 보장되어야 하지만, 석탄업계의 합리화 및 불황대책을 마련할 때까지 당분간은 정부와 산업계의 협조가 필요하다는 것이었다.[50] 결국 통산성은 1960년 10월로 만료되는 〈보일러법〉에 대해 규제를 완화하는 대신 3년 연장을 결정했다. 〈보일러법〉을 존속시키는 대신 ① 1톤 보일러(1시간당 증기 발생이 1톤인 것)는 규제의 대상 외로 할 것, ② 도회지 매연방지 필요지역의 중유보일러는 인정, ③ 화학공장 등이 보안용 혹은 예비용으로 설치하는 경우도 인정, ④도쿄, 간사이, 주부(中部)전력이 계획 중인 신예 화력발전 설비에는 1개씩의 중유전용 보일러 설치를 인정하는 등의 내용을 반영하는 식으로 타협했던 것이다.[51]

중유보일러에 대한 규제와 예외적 허용을 병행하는 〈보일러법〉하에서 중유의 사용 혹은 중유보일러의 보급은 지속적으로 증가했다. 앞서 〈보일러법〉의 개정에서도 언급했던 것처럼 3개 전력회사에 중유전소화력이 인정되었을 뿐 아니라, 이미 전력업계는 1959년부터 본격적인 중유전소(全燒)화력의 건설에 착수한 상태였다. 전력업계는 1960~1964년의 5개년계획을 수립했는데, 이 또한 대용량 중유전용화력 채용

---

50) 구체적으로 보면, 석탄광업계는 3~4년 내에 출탄능력을 서구 수준으로 높일 것, 국가는 이직자 지원과 합리화 자금을 확보, 저능률탄광 폐쇄 확대, 세법상 특별조치 실시, 석탄 수송시설 경비 등의 대책을 마련하며 〈보일러법〉을 연장할 것, 산업계는 구입계약의 장기화, 이직자 흡수 등의 방식으로 협조할 것 등이 요청되었다(「重油ボイラー規制延ばせ 経団連燃料対策委 石炭対策で意見発表」(조간), 1959. 12. 10.).
51) 「緩和し三年間延長 重油ボイラー規制法 通産省方針きめる」(조간), 1959. 12. 19., 「三電力に重油専焼火力認める」(조간), 1960. 5. 10.

을 골자로 하는 것이었다.52) 이처럼 〈보일러법〉에도 불구하고 전력업계의 중유 의존도는 비약적으로 상승했으며 이러한 추세는 더욱 심해지리라 예상되었다.53) 1961년 시점에서 착공 중인 화력발전 가운데 62%가 중유전소화력이었다는 사실만으로도 이후의 전개는 불을 보듯 뻔한 것이었다.54)

〈보일러법〉의 존재에도 불구하고 중유보일러의 보급이 멈추지 않았던 것은 대세를 거스르지 못한 통산성이 특례를 인정해서 중유전소를 허락하는 일이 적지 않았던 것과도 관련이 있었다. 〈보일러법〉상에서는 ①선박 또는 차량용, ②이동식, ③시험·연구용에 대해 예외적으로 중유보일러 설치를 인정하고 있었으며, 이에 더해 ④통산대신의 허가를 받은 경우라는 항목이 덧붙여졌다.55) 즉 통산대신에게는 중유전용 화력의 설치를 허가해줄 수 있는 권한이 있었던 것인데, 이는 또 다른 문제의 소지를 안고 있었다.

1964년 5월 14일 『아사히신문』에는 공무원 2명의 사진과 함께 뇌물 사건에 관한 기사가 실렸다. 뇌물공여 혐의로 체포된 2인은 후지연소(富士燃焼)공업회사라는 기업의 간부들이었다.

---

52) 「電力業界の五ヶ年計画決まる 大容量、重油専焼へ」(조간), 1960. 10. 21.
53) 1960년 시점에서, 전력업계는 당시 전력용 석탄과 중유의 비율이 2:1이지만 1963년경에는 석탄과 중유가 반반이 되고 1965년경에는 역전될 것으로 예측했다(「電力業界の五ヶ年計画決まる 大容量、重油専焼へ」(조간), 1960. 10. 21.).
54) 「行き悩むエネルギー総合政策(中)石炭から重油へ 転換、急ピッチで進む」(조간), 1961. 10. 25., 「重油専焼発電ぞくぞく大容量化 東電二基、近く火入れ」(조간), 1962. 4. 29. 〈보일러법〉은 다시 한 번 연장되어 1967년 3월말까지 존속하게 되지만, 두 번째 개정에서는 중유보일러 규제를 더욱 완화했다.
55) 「重油ボイラー規制法 読者応接室から」(석간), 1962. 10. 25.

두 사람은 지난 1962년경부터 당시 상공부 중유보일러 계장이었던 사이토 계장, 이에 오우치 계장에게 현금 수십만 엔씩을 주고 석탄보일러를 중유보일러로 개조할 때 편의를 받은 혐의다. … [보일러법이 시행된 이휘] 석탄보일러를 중유보일러로 간단하게 개조하거나 신설하는 것은 불가능해졌다. 이 때문에 각 업계는 보일러업자를 통해 석탄보일러를 중유보일러로 교체하는 '운동'을 시작, 통산성 당국에도 상당히 강한 압력이 있었다고 조사 2과는 보고 있다 … 단골 거래처나 다른 공업회사로부터 석탄보일러를 중유보일러로 개조해달라는 주문을 받고, 개조신청의 '사실상' 결정권을 가지고 있던 당시 중유보일러 계장 사이토 세이지와 오우치 계장에게 현금을 주고 영향력을 행사한 혐의다.[56]

이 사건은 중유보일러 사용을 규제한 〈보일러법〉과 석유를 선호하는 시장 사이에서 당시에 어떠한 일들이 벌어지고 있었을 것인지를 짐작하게 한다. 〈보일러법〉이 존재함에도 불구하고 중유 소비가 걷잡을 수 없이 확대된 배경에는 이러한 사정이 감추어져 있었던 것이다. 특히 사건에 대한 통산국장의 다음 발언을 통해 유명무실한 〈보일러법〉과 시장의 요구 사이에서 고민하던 실무자의 현실을 어느 정도 이해할 수 있다. "보일러 관계에 관해서는 도쿄통산국은 전국에서도 가장 심사가 엄중하다고 들었다. 다만 중유보일러계(係)는 오해를 부르기 쉬운 부서여서 가능한 빨리 포스트를 교체하도록 하고 있으며 사이토 계장도 1년 2개월 만에 교체했을 정도였다."

---

56) 「東京通産局 ボイラー汚職で捜索 係長二人に逮捕状」(석간), 1964. 5. 14. 생략은 인용자.

4.2. 가정에서의 석유기기 사용 확대와 그 영향

등유는 가장 오래 전부터 일상생활에서 사용되어 오던 석유제품으로, '등유(灯油)'라는 이름에서 알 수 있듯 주로 등을 켜는 데 사용되다가 점차 곤로·난로 등으로 사용이 확대되었다. 특히 1952년 석유의 배급통제가 철폐된 이후 석유곤로가 가정에서 큰 인기를 끌면서 등유소비량도 덩달아 요동치게 된다. 참고로 덧붙이자면, 패전 후 약 5~6년밖에 지나지 않은 1950년대 초기까지는, 아직 이렇다 할 '가전제품'이 보급되지 않은 상황이었다.

〈표 4〉 주택 내 가전전기기구 보급률[57]

항목	보급률	항목	보급률
라디오	67.6%	전축라디오	5.3%
다리미	38.0%	선풍기	2.8%
곤로	23.5%	재봉용인두	1.8%
스탠드	9.2%	오븐	1.2%
고타쓰	6.9%	냉장고	1.0%
펌프	5.6%		

일본 신문지상에 석유곤로라는 용어가 등장하기 시작하는 것은 1952년 10월경부터의 일로, 석유통제가 철폐되면서 갑작스레 석유곤로가 대중에게 한 걸음 다가왔음을 보여주는 것이었다.

---

57) 간사이(関西)전력의 1951년 조사 수치(青山芳之, 『産業の昭和社会史4 家電』, 日本経済評論社, 1991, 72쪽).

석유통제 철폐 이후 오토바이와 석유곤로가 크게 선전되고 있다. 전국의 제조사는 대략적으로 20개 사, 남는 석유에 힘겨워하던 N, S 등의 대형 석유회사도 조만간 제품을 발매할 예정으로, 가격도 내려가는 추세다. [도쿄] 도내에서는 15일에 정가 5,000엔의 제품을 3,800엔으로, 나아가 내년 봄에는 다시 한 번 가격을 내리고 게다가 품질도 점점 향상될 것이기에 기다리면 쥐구멍에도 볕들 날이 있을 듯하다.[58]

석유곤로의 보급을 위해 기업들이 적극적으로 움직인 때문인지, 이 무렵부터 석유곤로의 선전뿐 아니라 용도와 장단점, 사용법 등이 신문지상에 소개되기 시작했다. 당시 석유곤로의 장점은 다음과 같은 표현으로 선전되었다.

가스가 없는 가정, 여러 가족이 동거하고 있으나 부엌이 하나밖에 없는 집, 아파트 생활 등에 최근 등장한 석유곤로는 어떠신지? 2층으로도 간단하게 옮길 수 있고, 불을 피우는 수고나 연기, 그을음의 걱정도 없다. 결점은 손에서 조금 석유냄새가 날 뿐.[59]

석유곤로를 소개하는 위 기사에는 석유곤로에는 기름이 들어가는 탱크의 위치에 따라 곤로형과 상자형으로 나뉜다는 설명과 더불어, 각각에 들어가는 크기와 중량, 석유탱크의 용량과 시간에 따른 석유소비량과 효율 등이 자세히 소개되고 있다. 연료에 대해서도 다음과 같은 소개가 더해진다. "막연하게 '석유'가 아니라 석유에서 정제된 '등유'를 사

---

58) 「買物帳 石油コンロ」(석간), 1952. 10. 28.
59) 「手軽で徳用な石油コンロ ガスの三分の一」(석간), 1952. 11. 11.

용한다. 가솔린은 위험하기에 절대로 사용하면 안 된다 … 등유는 성냥불로 불이 붙지 않는다. 등유에 종이나 천조각 등을 대고 성냥불을 붙여야 타기 시작한다." 흥미로운 내용은 그다음에 이어진다. "5인 가족으로 매월 취사에 가스대 1,500엔이 든다고 한다면, 석유는 8되(升)에서 1말(斗)이 들어 400엔에서 500엔, 1/3이기에 경제적이다." 매달 들어가는 취사비를 매달 1,000엔 정도 줄일 수 있다면, 석유곤로의 구입가격이 대개 3,500백~5,000엔 정도임을 감안해도 충분히 매력적인 선택이었다.

〈그림 2〉 석유곤로의 광고와 '문화적'인 이미지[60]

1952년 겨울을 기점으로 석유곤로는 폭발적 인기를 끌어 그야말로 '쟁탈전'이 벌어질 정도였다. 1개월 평균 7만 대씩이 팔려나가자 이에 따른 등유의 신수요도 1개월 1,400㎘ 가까이 늘어났다. 그로 인한 등유의 가격상승 가능성이 있었지만 여전히 목탄이나 가스의 가격상승에는 비

---

60) 왼쪽은 『요미우리신문』에 게재되었던 광고. 오른쪽 사진의 출처는 다이니치(ダイニチ)의 홈페이지(http://www.dainichi-net.co.jp/company/dk_history/rekisi-1.htm, 검색일: 2014. 5. 17.).

할 바가 아니었고, 석유곤로의 판매전망도 밝았기 때문에 등유는 석유업자들의 기대상품으로 주목을 받았다.[61] 이와 같은 갑작스러운 석유곤로의 인기는 기업의 노력뿐 아니라 1952년 말 석탄업계 파업의 여파이기도 했다.[62]

석유곤로가 갑작스럽게 인기를 끌었지만 그에 대한 염려가 없는 것은 아니었다. "뭔가 당장이라도 폭발할 것 같아서 무섭다", "사용해도 무슨 사고가 날 걱정은 없는 것인가"라며 불안을 느끼는 주부들이 적지 않았다. 이는 당연한 반응이기도 했는데, 본래 석유는 바로 얼마 전까지도 전쟁의 필수품으로 그야말로 '피 한방울(血の一滴)'과 같이 취급받던 귀중품이었기 때문이다. 주부들이 부엌에서 음식조리를 위해 석유를 사용한다는, 이전에는 도저히 상상조차 할 수 없었던 낯선 상황에 적응하기가 쉬운 것만은 아니었다.

이 때문에 석유곤로를 소개하는 글에는 등유의 안전성을 강조하는 내용이 빠지지 않았다. "곤로에 넣어 쓰는 것은 등유인데, 그 인화점은 섭씨 50도 이상(불면서 겨우 마실 수 있는 차의 온도)이기 때문에 보통상태라면 절대로 안전하다."[63] 화재의 염려가 없는 좋은 등유를 고르는 방법에 대한 설명도 더해졌다.

[석유곤로에 급유하는 중에 불이 나던 시절의 등유는] 요즘 사용하는 등유와 다르다. 당시는 가솔린 수요가 적어서 석유회사가 가솔린을 등유

---

61) 「石油の需要ふえる 炭労、電産ストの影響で」(석간), 1952. 12. 23.
62) 「石油コンロ売行きがガタ落ち 重油消費規制も響く?」(조간), 1954. 7. 4.
63) 「石油の見分け方・使い方」(석간), 1953. 2. 3. 괄호는 원문대로임.

에 섞어 팔기도 했다, 위험한 등유가 유통되었던 것 … 인화점도 물론 훨씬 낮아서 섭씨 20도에서 25도 정도(상온)였기에 불이 붙을 수도 있었다. 지금은 가솔린이 가격이 더 비싸기도 하고 그런 바보스러운 짓을 할 석유회사도 있을 리 없지만, 등유보다 값이 싼 경유를 섞은 불량등유는 조금씩 보이기는 한다 … 불량등유나 경유를 섞은 것은 불을 붙여보면 이른바 석유냄새가 특히 강해서 코를 찔러 자극한다. 좋은 등유는 같은 석유냄새라도 '달착지근한 듯한 느낌의 나쁘지 않은' 냄새가 나며, 자극성이 적어 금방 분별할 수 있다.[64]

〈그림 3〉 초기의 석유곤로 모습: 왼쪽은 가압식, 오른쪽은 낙차식[65]

그 외에도 불꽃이 파랗다면 일산화탄소가 발생하지 않지만 냄비 바닥이 검게 그을린다면 불완전연소라는 증거이므로 주의해야 한다거나 튀김 중에 기름에 불이 붙으면 야채를 넣어 온도를 낮출 것, 시원한 곳에 녹슬지 않게 두터운 깔개를 놓고 그 위에 둘 것 등과 같은 내용들도

---

64) 「石油の見分け方・使い方」(석간), 1953. 2. 3. 줄임은 인용자.
65) 왼쪽 그림은 다이니치(ダイニチ)의 홈페이지(http://www.dainichi-net.co.jp /company/dk_history/rekisi-1.htm). 오른쪽 그림의 출처는 http://kakaku.com /article/pr/11/10_toyotomi/p1.html(검색일: 2014. 5. 17.).

덧붙여졌다. 바야흐로 가정의 주부들조차 한때는 귀중한 군수품이었던 '석유'의 특징과 사용법에 대해 상당한 지식을 가져야 하는 시대가 된 것이다.

1953년 여름 일시적으로 주춤했던 석유곤로의 판매는 가을과 함께 회복되었다. 1952년 석유의 배급통제 폐지 이후 약 1년 동안 대략 80~90만 대 이상이 판매되고 50여 개 이상의 제조사가 생겨난 것으로 추정되었으며, 이후로도 월 10만 대의 판매고를 올릴 것으로 예측되었다. 도시의 가정뿐 아니라 삼림법 등으로 나무나 목탄을 자유롭게 땔감으로 쓸 수 없게 된 농·산촌에서의 사용이 확대되었고, 업자들은 앞으로 전체 가정의 약 15%, 대략 250만 가정은 석유곤로를 사용하게 될 것이라고 낙관했다. 이제 기업이 석유곤로를 팔기 위해 선전하는 것이 아니라, 석유곤로를 찾아 주부들이 나서는 형세가 되었다. 석유시장에서도 석유곤로용 등유로 25만kℓ를 별도로 책정할 정도였으며, 등유의 공급이나 가격에도 문제가 없으리라는 낙관이 주를 이루었다.[66] 이전에 비해 제품의 결점을 개량시킨, 특히 안전성을 강화한 신제품이 속속 등장한 것은 석유업자들의 기대를 더욱 높였다.[67]

그러나 관계자들의 낙관과는 달리 같은 해 겨울부터 등유를 둘러싸고 심상치 않은 조짐이 보이기 시작했다. 신문에는 등유를 사기가 어렵고, 사더라도 한두 되밖에 살 수 없으며, 가격도 점점 오르기 때문에 불안

---

66) 「「石油コンロ」は強気 農山村をめざす 灯油の値段横ばい」(석간), 1953. 9. 7.
67) 이 즈음 석유곤로 개량의 핵심은, 모양이 스마트하고 기름탱크를 밖에 노출시키지 않게 하며, 내용물이 넘쳐 검은 연기가 나는 것을 방지하는 것이었다(「石油コンロ新型三つ」(석간), 1953. 10. 9.).

하다는 기사가 나오기 시작했다. 석유곤로가 편리하고 연료비가 싼 문화적 상품이라는 선전에 호감을 느꼈던 주부들은 등유의 공급에 대해 불안을 느끼기 시작했다. 이에 대해 언론은 다음과 같은 두 가지를 주된 이유로 내놓았다.

> ①은 원유의 수입할당이 업계에서 예상하던 이상으로 크게 삭감된 것, ②는 계절적으로 등유의 수요가 대폭 증가, 대단한 기운으로 늘어난 석유곤로를 감당할 수 없게 된 때문일 것이다 … 원유가 줄면 등유도 줄 것이라는 걱정을 소비자나 거리의 석유가게에 일으키는 것은 사실. 또한 계절적이라는 것은, 농업용 등유가 10월부터 12월에 걸쳐 월 1만 5천 kℓ가 필요하다. 지금 100만 대 이상으로 추정되는 석유곤로가 1대당 1개월에 30ℓ 쓴다고 하면 월 3만kℓ, 농업용 기본소비의 약 2배가 되는 '주객전도'인 셈이다. 석유회사가 전부 합해 9월 중에 내놓은 등유는 약 3만 6천kℓ이니까, 수치상으로도 등유가 부족해지는 것은 당연한 것인지도 모른다.[68]

수치상의 부족뿐 아니라, 석유곤로를 사용하는 백만 대중이 등유부족을 염려해서 평소보다 더 사게 된다는 점도 상황을 악화시켰다. 석유곤로의 등장이 예상치 못한 양의 등유수요를 창출한 탓에, 줄곧 중유 소비의 주된 고객이었던 농촌의 불만을 야기한 것도 사정을 더욱 어렵게 만들었다. "사치스러운 곤로 따위에 등유를 공급하느라 쌀을 만드는 곳에 공급하지 않는 것은 이상하지 않은가"라는 불만 때문에, 석유회사는 고래(古來)부터의 고객인 농촌에 우선적으로 등유를 공급해야 했고, 곤

---

68) 「来春はやや緩和 経済の底の浅さを示す」(석간), 1953. 11. 26.

로용 석유의 부족은 더 심해질 수밖에 없었다.[69] 여러 석유제품 가운데 공급이 가장 원활했던 등유가, 석유곤로 보급으로 일시적으로나마 가장 부족한 제품이 된 것은 특기할 만한 일이었다.[70]

석유곤로의 뜨거운 인기는 1953년 10월 월간 45만 개 판매를 정점으로 11월부터는 급감 추세를 보였다. 중유 소비 규제도 영향을 미쳐 1954년 7월 시점에서 판매는 월 10만 개 수준, 160여 곳에 육박했던 제조업자도 25개 수준으로 감소했으며, 전국적으로 약 200만 대가 사용되고 있는 것으로 추정되었다.[71] 석유곤로의 인기에 제동이 걸린 것은, 앞서 3장 1절에서 보았던 것처럼, 1954년을 기점으로 정부가 '탄주유종' 정책으로 전환하면서 석유사용을 규제한 것과 관련이 있었다. 당시의 신문에는 정부의 정책에 대해 다음과 같은 불만의 소리가 실렸다. 다소 길지만 당시의 석유정책에 대한 대중의 반응이 적나라하게 드러나기에, 그대로 소개하고자 한다.

◇ 본지에 따르면 통산성은 1954년도 난방, 취사용 중유, 경유의 사용을 금지한다는 방침을 결정했다고 합니다. 심지어 그 이유가 '석탄의 불황 대책'이라니 기가 막힙니다. 그렇다면 한국전쟁에서 호황일 때는 정부는 석탄업자에게 초과이윤에 대한 리베이트를 받아 우리에게 배급이라도 했단 말입니까. 그러기는커녕 물가의 상승으로 가장 곤란을 겪은 것

---

69) 「来春はやや緩和　経済の底の浅さを示す」(석간), 1953. 11. 26.
70) 「石油輸入は困る　石炭協会、苦情申入れ」(조간), 1953. 12. 15.
71) 「石油コンロ売行きがガタ落ち　重油消費規制も響く?」(조간), 1954. 7. 4. 등유 부족으로 석유곤로의 판매가 부진하자, 업계는 오키나와 타이완, 홍콩, 이란 등으로의 수출에 힘을 기울여 호평을 받기도 했다.

이 국민대중이었습니다.

◇ 대개 석유곤로든 석유스토브든 우리들의 곤란한 가계(家計)에서 적지 않은 희생을 치르고 입수한 것입니다. 가스를 설치할 전망이 없는 우리들로서는 최고의 문화시설입니다. 그런데 거리에 늘어선 고급차에는 어떤 소비억제도 하지 않으면서, 곤로나 스토브는 '사용금지'랍니다. 그리고 석유는 지금 세계적으로 남아돌아서 가격도 저렴합니다.

◇ 그것이 국민대중의 행복을 위한 경제정책이라면 우리는 기쁘게 협력하지 않으면 안 될 것입니다. 그러나 그 동기를 보든 하는 짓을 보든, 이처럼 이해할 수 없는 서민의 주름을 깊게 하는 정책에 우리는 입을 다물고 있어야 하는 것입니까.72)

이러한 대중의 불만과는 별개로 어쨌든 등유의 공급의 측면에서 보자면 특별한 문제는 없을 것으로 여겨졌다. 1954년 겨울을 앞두고는 석유곤로의 판매가 월 2만 5천 대 수준으로 더욱 떨어졌기 때문에, 이미 사용 중인 석유곤로의 수를 더해도 전년보다 10%가 증가한 월 4만 2천㎘를 확보한 등유의 공급에는 문제가 없을 것이라고 예측되었다.73) 전년도의 경험으로부터 판매점이 평소 물량확보에 힘을 기울였을 뿐 아니라 석유 생산량 자체가 늘었고, 곤로의 인기가 주춤해졌다는 판단 때문이었다. 따라서 겨울을 앞두고 물량부족을 대비한 사재기는 불필요하며 가격도 크게 오르지 않을 것이라고 소비자들을 안심시키려는 기사가 지속적으로 지면에 등장했다.74)

---

72) 「声 石油コンロの危機」(조간), 1954. 5. 19. 이러한 대중의 인식과는 별개로 석유곤로 사용 자체를 금지한 것은 아니었으며, 다만 중유를 중심으로 석유사용을 규제한 것이 등유의 확보와 가격에 대한 심리적 동요를 가져왔다.

73) 「盛返す?石油コンロ」(조간), 1954. 9. 29.

〈그림 4〉 당시의 석유곤로 전문점 모습[75]

　　등유는 주로 일반 가정의 생활에 밀접한 상품이었던 만큼, 이후로
도 겨울이 올 때마다 등유의 확보와 가격의 안정, 그리고 소비자를 안심
시키려는 노력이 반복되었다. 1956년 겨울 수에즈동란의 영향으로 석유
제품의 가격이 상승했을 때는 전국석유업협동조합연합회가 특히 가격
상승폭이 큰 가정용 등유에 대해 이른바 '소매표준가격'을 책정·공시함
으로써 소비자를 안심시키려 했다.[76] 이후 석유곤로는 판매가 폭발적으
로 증가하지는 않았지만, 한번 사용하기 시작하면 신제품으로 교체해가
며 사용할 정도로 가정주부들에게 꾸준히 인기를 끌었다.[77] 등유의 공
급도 다른 석유제품에 비해 큰 문제가 될 정도는 아니었다.

---

74) 「燃料の見通しと買い方 石油、大量買だめは無用」(석간) 1954. 10. 12.; 「灯油
　　不足の心配なし　通産省見通し　デフレで値段も安く」(조간), 1954. 11. 4.

75) 다이니치(ダイニチ)의 홈페이지(http://www.dainichi-net.co.jp/company/dk_
　　history/rekisi-1.htm, 검색일: 2014. 5. 17.).

76) 「灯油に小売標準価格　石油業共組が自粛措置」(조간), 1956. 12. 16.

77) 「石油コンロ使ってみたら　主婦五一人にアンケート」(석간), 1958. 1. 31.

<그림 5> 석유스토브의 광고: "따듯하게 방안을 감싼다"[78]

　　이후 등유가 다시 한 번 관심을 끌게 된 것은 석유스토브의 인기가
높아진 1961년 겨울의 일이었다.[79] 이름 있는 연료기구회사들이 일제히
석유스토브에 손을 대면서 인기가 급상승, 곤로와 스토브의 등유 소비
비율이 6:4에 이를 정도가 되었다. 이미 중유 소비가 늘어나고 있던 시점
이었기에 그에 비례해서 추출되는 등유의 확보는 우려할 일이 아니었으
나, 가격경쟁이 심해지면서 불량품이 많아진 탓인지 등유의 우량제품
선별법에 관한 기사가 늘어났다. 예를 들면 회사명이 크게 박힌, 기왕이
면 단골 정유소에서 화장캔 등에 밀폐된 제품을 사도록 권하는 내용이

---

78) 그림은 당시 『요미우리신문』에 실렸던 광고.
79) 「プロパンガスと灯油」(조간), 1962. 1. 14. 석유스토브는 1963년까지 전국 보
　　급률 27%에 이르렀으며, 1964년에는 30% 육박이 기대될 정도로 폭발적 인
　　기를 끌었다(「灯油 店を決めて安く買う 量や品質もよく見る」(조간), 1964.
　　11. 18.).

었다.[80] 석유스토브의 보급과 그에 따른 등유소비 증가는 급속히 이루어져 1962년 말에는 스토브와 곤로의 등유소비량이 각 1/3씩으로 대등해졌고, 이 해의 등유소비량은 약 250만kℓ를 넘어설 것으로 예상되었다.

석유스토브가 크게 유행하면서 10년 전 석유곤로가 유행했던 당시와 마찬가지로 한겨울 등유의 가격상승 및 매점 가능성에 대한 불안이 확산되었다. 1962년 겨울 또 다시 석유스토브의 보급으로 인해 17만kℓ 정도의 등유부족이 예상되면서, 석유연맹은 원유 분해 시 등유의 수율(收率)을 높이는 방식을 통해 대응하기로 했다.[81] 12월이 되면서 석유스토브의 이상 붐으로 인해 등유재고량에 적신호가 켜졌다. 재고가 1개월분도 남지 않게 되면서 원유가 아닌 등유제품의 긴급수입이 고려되었다. 언제나 그렇듯, 겨울을 앞두고 등유의 부족에 대비했음에도 이러한 사태가 재현된 것은 급격한 한파로 인해 스토브 판매가 폭발적으로 증가, 통산성과 업계의 예상을 웃돌았기 때문이었다. 여기에 평소 여름에 사재기해서 겨울에 비싸게 파는 버릇이 있는 땔감업자가 등유소매업을 주도하는 등의 다양한 원인이 겹쳐 1962년 겨울 등유 사정은 다시 한 번 나빠졌다.[82] 통산성은 긴급대책으로서 등유제품 5만kℓ를 수입해야 했지만 가격상승을 막을 수는 없었다.[83]

1963년 초겨울, 그리고 그 이듬해의 초겨울에도 여전히 이번 겨울

---

80) 「灯油 良品は悪臭なく透明 安心して使える化粧カン入り」(조간), 1962. 1. 14.
81) 「灯油不足は収率向上で解消 石油連盟、通産省と協議」(조간), 1962. 12. 11.
82) 「足りぬ灯油 石油ストーブ・ブーム異変 増産や緊急輸入」(조간), 1962. 12. 18.
83) 「灯油を緊急輸入 5万kℓ」(석간), 1962. 12. 25. 1년 전 1캔(18ℓ)에 430엔 정도였던 것이 이 무렵에는 500~550엔에 이를 정도로 상승했다.

에는 '이전 해와 달리' 등유 확보에 문제가 없다는 내용의 기사가 실리고 있다. 이 시기에는 겨울마다 이전 해의 시행착오를 반복하지 않고자 통산성과 석유업계가 석유확보에 힘을 쓰며 수급을 낙관하지만, 석유스토브 등 석유사용 기기의 인기로 인해 등유소비가 급격히 증가함으로써 소비자들이 등유부족과 가격상승 등으로 어려움을 겪는, 그리고 그에 대한 대책으로서 정부가 석유제품을 긴급 수입하는 상황이 반복되었던 것이다.

〈표 5〉 소비자 대상 등유 판매량의 추이[84]　　　　　　　　　단위: 1,000㎘

연도	1956	1957	1958	1959	1960	1961	1962	1963	1964	1965	1966
판매량	262	386	465	593	753	906	824	997	1,604	2,207	2,641
연도	1967	1968	1969	1970	1971	1972	1973	1974	1975	1976	1977
판매량	3,867	4,496	6,096	7,516	9,369	10,870	13,324	13,174	16,979	18,800	19,924

　　마지막으로 1952년부터 급속히 보급되며 인기를 끌었던 석유곤로, 그보다 약 10년경이 지난 1960년대 초반 급속히 인기를 모았던 석유스토브가 당시 대중들에게 '편리'하지만 여전히 '위험'한 물건으로 각인되고 있었다는 사실을 덧붙이고자 한다. 이들 석유곤로와 석유스토브는 해당 시기에 새로이 발명된 것이 아니라, 이전부터 존재하던 아이템을 대기업들이 중심이 되어 경쟁적으로 성능을 개선한 제품들을 잇달아 내놓으면서 시장을 이끌고 있었다. 이는 당시 신문에 실린 수많은 광고들을 통

---

84) 〈総務省統計局〉의 웹사이트 공개자료(家庭用燃料消費量(昭和31年～平成9年, 平成10年度～12年度)) 중 일부를 편집함(http://www.stat.go.jp/english/data/chouki/10.htm, 검색일: 2014. 5. 17.).

해 확인할 수 있는 바다. 그뿐만 아니라 주거나 생활과 관련하여 이들 제품의 편리함과 안전함에 대해 소개하거나 설명하는 기사가 1~2년에 한 번 꼴로 게재되고 있었다. 그러나 압도적인 수를 차지하는 것은 오히려 석유곤로나 석유스토브로 인한 화재사건에 관한 것이었다. 편리함이나 안전한 사용에 대한 기사는 대중들의 관심을 끌기 시작하던 초반에 잠시 등장하지만, 이로 인한 사건·사고 기사는 너무도 빈도가 높아서 대중들이 정말 이를 안심하고 살 수 있었을까 의심이 들 정도다.

1962년 12월 27일 자 『요미우리신문』 기사에 따르면 26일 하루 동안 도쿄 도 내에서 66건의 화재가 발생하였고, 1962년 1년 동안 9천 건을 넘을 것으로 전망되었다. 그 원인 중에 "석유스토브의 붐으로 석유스토브가 두드러지게 늘어나고 있다"는 점이 지적될 정도였다.[85] 석유스토브로 인한 화재발생의 수는 전체 화재발생 원인 가운데 담배꽁초, 성냥으로 인한 화재에 이어 세 번째로 많았다.[86] 급속한 화재 증가는 사설로도 다루어질 정도였고, 여기에서도 석유스토브의 보급과 사용에 대한 지적은 빠지지 않았다.[87] 특히 1963년 도쿄 도에서는 석유스토브로 인해 겨울에만 300건이 넘는 화재가 발생, 전년 동기간 대비 거의 두 배 가까운 증가를 보였으며 6명의 사망자를 냈다.[88] 이렇게 시민들이 '화재의 공포에 떪(火事におびえる)' 정도였고, 가정에서 사용하는 기구로서는 화재의 가장 큰 원인이 되고 있었음에도, 석유스토브가 꾸준히 대

85) 「火事きのう66件 都で、この冬最高を記録」, 『読売新聞』(석간), 1962. 12. 27.
86) 「火事におぼえる都民」, 『読売新聞』(조간), 1963. 2. 24.
87) 「社説 毎年一割もふえる火事」, 『読売新聞』(조간), 1963. 11. 28.
88) 「石油ストーブの火事 この冬300件越す」, 『読売新聞』(조간), 1963. 2. 11.

중의 인기를 끈 이유는 무엇일까. 굳이 이유를 찾자면 석유스토브 자체가 화재의 원인을 제공한 것은 아니었기 때문이다. 석유스토브로 인해 화재가 발생한 경우, 그 원인을 좀 더 자세히 구분해 보면 다음과 같다.

원인별로는 스토브의 '경사, 전도(轉倒)'에 의한 것이 가장 많은 73건, 이어서 '불을 붙인 채로 급유, 기름이 샌 경우'가 48건, '주전자의 끓어 넘침, 바람 등에 의한 이상연소'와 '잘못된 사용방법에 의한 경우'가 각 47건, '기름 등 타기 쉬운 물건을 옆에 둔 경우'가 46건 등 부주의에 의한 것이 대부분. '파손, 구조불량'도 30건이 있지만, 이것도 거의 '파손'된 물건을 무리하게 사용한 경우.[89]

결국은 제품의 결함보다 대중들이 석유스토브의 사용에 익숙하지 않아서, 혹은 부주의한 실수로 인한 것이었음을 확인할 수 있다. 화재가 급속히 증가함에 따라 이를 억제하기 위해 다양한 노력을 기울이게 되지만, 그럼에도 주된 관심과 노력은 석유스토브 제품 자체보다 다음과 같이 올바르고 안전한 제품의 사용법 및 화재방지를 위한 대책마련에 두어지는 경향이 있었다. 아래의 두 기사 중 위는 석유곤로의 안전한 사용, 아래는 석유스토브의 안전한 사용에 관한 내용으로, 두 기사는 비슷한 내용이면서도 다소 강조점이 다르다.

▽ 좁은 곳에서는 절대 사용하지 말 것 ▽ 석유를 넣을 때는 완전하게 불을 끌 것 ▽ 불을 켠 채 이동시키지 말 것 ▽ 끈 후에 심에 불이 남아 있는 경우가 많으므로 주의할 것 ▽ 연료저장소는 사용장소에서 떨어

---

89) 「石油ストーブの火事 この冬300件越す」, 『読売新聞』(조간), 1963. 2. 11.

진 곳에 둘 것 ▽ 사용상 주의서를 잘 읽고 커다란 냄비, 솥을 얹으면 불이 번지기 쉬우니 주의할 것 ▽ 곤로의 청소와 점검을 꼼꼼히 하고 고장이 있으면 바로 수리할 것 ▽ 만일 화재가 나면 당황하지 말고 이불 등을 덮어서 초기 진화에 노력할 것.[90]

스토브를 사용할 때는 설명서를 읽고 사용법을 숙지할 것. 스토브를 구입할 때는 소화기를 함께 구비할 것. 만일 불이 났을 경우에는 당황해서 물을 붓거나 하지 말고, 우선 모포를 덮고 그 위에 이불, 그리고서 물을 뿌리도록 주의할 필요가 있다 … '양동이 물 한 가득'을 가정에 구비할 것 … 또 하나는 방재가족회의를 열어, 방화책임자를 정하고 취침 전에는 반드시 불단속을 할 것 ….[91]

　　이러한 주의사항은 지금의 우리에게도 결코 낯선 것이 아니다. 하지만 양쪽 모두 화재 발생시 '물을 붓거나' 하지 말고 '모포를' 덮어야 한다는 내용을 강조하고 있는 것을 보면, 전후 가정에서 석유사용이 시작된 지 10여 년이 지난 시점에도 여전히 '석유의 사용'이 대중에게 익숙한 것이 아니었음을 엿볼 수 있다. 석유사용의 이러한 낯섦이 작은 인화가 화재로 번지는 큰 이유가 되었던 셈이다. 이처럼 전후~고도성장기 일반 가정에서의 급속한 석유사용 확대는 석유곤로나 석유스토브와 같이 '편리'한 생활로 나아가게 했지만, 이는 항시 '화재의 공포'로 인한 불편함을 동반하는 모순된 상황을 연출했음을 확인할 수 있다.

---

90)「ご注意! 石油コンロ 冬場は原因の第一位」(조간), 1961. 12. 26.
91)「火事におぼえる都民」, 『読売新聞』(조간), 1963. 2. 24.

5. 일본 '에너지혁명'의 특징

　　지금까지 전후 일본에서 주된 에너지원이 석탄에서 석유로 전환되는 이른바 '에너지혁명'이 실현되는 과정과 내용을, 석유의 사용을 둘러싼 정책의 변화, 그리고 그에 대응하는 시장과 가정의 반응을 중심으로 살펴보았다. 흔히 전후 일본의 부흥, 특히 한국전쟁을 계기로 한 급속한 경제성장이나 고도성장기의 발전에 대해 단선적으로 이해하기 쉽다. 하지만 석유라는 하나의 항목에 한정하여 살펴보아도, 그 안에 정부와 기업, 일반가정의 이해와 관심이 엇갈리면서 복잡한 양상이 자리하고 있음을 확인할 수 있다. 즉, 에너지효율과 경제성만을 중시하는 방향으로 일관하지 않고, 상호 충돌과 견제, 타협을 반복하면서 점진적으로 에너지혁명의 방향으로 나아갔던 것이다. 이러한 모습을 규명하는 것이야말

---

92)　每日新聞社 編, 『高度成長の軌跡 : 昭和35年-39年 一億人の昭和史〈7〉』, 每日新聞社, 1976.

로 전후 일본인들이 살아가는 생활세계의 실제에 한 걸음 더 가까워지는 것이라 할 것이다.

덧붙여 설명하자면 '에너지혁명'은 전후 일본에 국한되지 않는 전 세계적 현상이었지만 일본의 경우에 대해서는 다음과 같은 특징이 지적된다. 첫째, 고도성장기(특히 1950년대 후반~1960년대 초반)의 원유의 존도·수입에너지 의존도가 타국에 비해 월등히 높았다. 둘째, 석유제품의 구성비율이 중유에 편중되어 있었다. 이것은 당시 전체 에너지 소비량 가운데 제조업 비율이 높고 가정용 수요가 낮다는 점, 석탄과 경합하는 부분이 크다는 점을 시사하는 것이었다. 셋째, 화력발전 분야에서 석탄에서 중유·원유로의 전환, 즉 유주탄종화(油主炭從化)가 이루어졌다는 점이다. 그리고 이상과 같은 석유수요의 급증을 가능하게 했던 것은 원유수입가의 저하였다. 고도성장기 일본은 바로 '원유수요의 세계 최고수준의 급증과 원유 수입가격의 세계 최고수준의 저하'라는 양립관계 속에서 에너지제약을 해결하려 했으며, 이러한 변화가 특히 1950년대에 급속했다는 점은 또 하나의 특징이라 할 수 있다.[93]

마지막으로 전후 일본에서 석유사용을 둘러싸고 이러한 갈등이 나타났던 것이나 혹은 '에너지혁명'이 일본 나름의 특징을 가졌던 원인 및 배경과 관련하여 다음과 같은 점을 지적함으로써 이 글을 마치고자 한다.

첫째, 무엇보다 전후 일본의 석유정책이 원유를 수입한 후에 일본

---

93) 小堀聡, 『日本のエネルギー革命』, 8~16쪽.

국내에서 정제함으로써 석유제품을 생산·공급하는 '소비지 정제주의'를 기본으로 하고 있었던 것이 이상과 같은 상황을 연출하는 데 영향을 미쳤다. 소비지 정제주의를 채용했던 이유는, ①제품보다 원유가 관리하기 쉽고, 국내에서 정제하는 편이 안정적인 공급에 유리하다는 점, ②원유가 석유제품보다 싸기 때문에 해외에 지불하는 외화를 줄일 수 있다는 점, ③원유의 탱커(tanker=유조선)가 제품 탱커보다 대형이어서 수송비용이 저렴하다는 점, ④공장설립에 따른 경제효과를 기대할 수 있고 국내산업의 진흥에 기여할 수 있다는 점, ⑤고용증가에 기여한다는 점 등이다.[94)]

〈표 6〉 제품수율과 수요구성의 추이[95)]　　　　　　　　　　　　단위: %

연도	가솔린		등유		경유		중유	
	수요	수율	수요	수율	수요	수율	수요	수율
1952	24.4	29.5	2.3	2.4	7.1	9.0	61.1	49.4
1953	23.7	28.1	4.6	5.9	6.6	8.2	61.1	47.6
1954	24.9	26.6	5.1	6.8	7.3	8.8	58.7	47.4
1955	25.9	28.2	5.3	5.9	8.1	8.4	56.6	46.6
1956	26.1	25.5	6.0	6.5	7.4	7.5	56.5	50.2
1957	23.4	25.7	6.6	7.3	6.6	6.8	56.7	49.8
1958	25.1	25.9	7.2	7.4	8.1	7.6	56.1	47.6
1959	22.6	23.3	7.4	7.1	7.8	7.7	58.1	49.6
1960	20.0	20.1	6.5	7.0	7.3	7.7	63.4	53.5

둘째, 소비지 정제주의 채택에 따라 석유제품의 공급은 '수율'의 범위 안에서 조정이 가능했다. 경제적·사회적 이유로부터 원유를 수입하

---

94) http://www.tocom.or.jp/jp/nyumon/textbook/oil/oil3.html(검색일: 2013. 2. 8.).
95) 岡部彰 『産業の昭和社会史3 石油』, 131쪽.

는 소비지 정제주의를 채택한 결과, 필요한 석유제품만을 생산할 수 없이 항상 일정 정도 다른 제품까지 함께 생산·소비해야 했다. 즉 산업계는 중유에 대한 소비욕구가 높았지만 중유필요량에 맞추어 원유를 수입할 경우 여타 석유제품의 과잉생산을 초래할 수 있었다. 아무리 원한다고 해도 원유로부터 얻어낼 수 있는 중유의 비율에는 한계가 있었기 때문이다. 따라서 〈표 3〉에서 확인할 수 있는 것처럼, 항상 시장의 중유에 대한 욕구의 비율과 원유로부터 생산되는 중유의 비율에는 상당한 차이가 발생했던 것이다.

원유의 종류에 의해 얻어지는 각 제품의 비율, 즉 '수율'은 앞서 각 제품에 대한 소개에서도 확인할 수 있는 것처럼 '어느 정도' 차이가 있었다. 이는 원유의 종류에 따라 다르기에 업자는 수요구조 등을 고려하여 선택했고, 같은 원유로부터도 업자의 의도에 따라서 각 제품의 수율을 어느 정도는 조정할 수 있었지만, 그 범위에는 한계가 있었다. 석탄업계에 대한 배려 혹은 외화수급에 대한 고려 등을 제외하더라도, 이러한 소비지 정제주의의 채택은 중유에 대한 높은 수요에도 불구하고 이에 대한 섬세한 대응을 어렵게 하는 하나의 요인이 되었다. 그리고 이로 말미암아 다양한 종류의 석유를 사용하는 편리한 기기사용을 원하는 대중과 시장은 필요한 만큼의 석유를 확보하지 못한 채 상당한 불편을 겪어야 했던 것이다.

제2부

전기와
생활

현대일본생활세계총서 9

에너지혁명과 일본인의 생활세계

게이힌임해공업지대와 화력발전소*

김은혜

1. 고도성장기 화력발전소의 의의

일본 고도성장기 실질경제 성장률은 1950년대 후반 평균 8.8%, 1960년대 전반 9.3%, 1960년대 후반에 12.4%로 상승해 갔다. 1955~1964 년 10년 사이 에너지 소비량을 석유로 환산하면, 1955년 5,130만 톤에서 1965년은 14,580만 톤으로 약 3배나 증가했으며, 1955년 무렵부터 약 7배 까지 에너지 수요는 급증해 갔다. 이처럼 일본 고도성장기(1955~1973 년) 중화학공업화와 대중소비사회로의 이행을 위한 안정적 전력공급은 시급한 당면 과제로 부상하게 된다.

전후 초반 일본의 전력설비는 수력·화력(석탄) 병용으로 발전 원가

---

* 이 글은 『공간과 사회』 49호(한국공간환경학회, 2014. 9)에 게재된 「일본 고 도성장기, 게이힌임해공업지대의 화력발전소: 다중스케일적 관점에서 본 사 회-경제적 변화」를 수정·보완한 것이다.

를 절감하는 '수주화종(水主火從)'의 형태였다. 그러나 수력발전은 공급량이 불안정했고, 도심에 위치한 (석탄)화력은 대기오염의 주범이라 비판받게 되었다. 이 시기 에너지원의 주역도 석탄에서 석유로 변화되는 이른바 '에너지혁명'을 경험하게 되었다. 일본 정부는 '화주수종(火主水從)'으로 전환을 위해서 대용량·고효율의 화력발전소 건설의 움직임을 본격화하게 되었다.

주요 에너지별 사용량을 보면, 1955년 석탄 49.2%, 석유 19.2%가 1965년은 석탄 27.3%, 석유 58.0%로 전환되어 갔다. 1950년대 전력수요의 폭증에 대응하기 위한 전력생산을 위해서 화력발전소는 전국으로 증설되어 갔다. 그 결과 총 발전 전력량에서 수력의 비율은 1955년 78.7%에서 1962년에는 46.1%로 수력-화력의 비율이 역전되었다. 즉 이 시기 전력공급은 대형 화력발전소의 건설을 통한 발전 설비의 신뢰성과 경제성이 향상된 '합리화과정'이었다.

흔히 이 시기 중화학공업화는 '태평양공업벨트지대(the Pacific industrial belt)'에서 진행된 공간적 집적의 산물이라 평가된다.[1] 1962년 제1차 전국총합개발계획은 태평양공업벨트의 공업과 서비스산업과 함께 인구의 집적을 유도하는 도시 연결체를 형성해 갔다. 즉, 중화학공업화는 도시부의 공업을 재배치함과 동시에 지방에 대한 산업 분산 형태로 진행되었다. 이는 전국적으로 산업과 생활 인프라의 정비를 진전시키는 결과를 낳게 되었다. 다시 말해서 이 과정은 공업화를 위한 기업입지가

---

1) 4대 공업지대란 게이힌(京浜: 중공업), 주쿄(中京: 기계·자동차), 한신(阪神: 전기·기계), 기타규슈(北九州: 제철)를 일컫는다.

어느 정도는 전국적으로 평준화된 계기가 된 것이다.

한편으로는 태평양벨트 중심의 산업화는 고도성장의 촉진을 위한 산업인프라 투자에만 편중되는 한계도 보였다. 생활 인프라에 대한 투자는 매우 협소했으며, 공해[2]의 확대는 1960년대 중반부터 가장 큰 도시문제로 대두되었다. 또한 격심한 콤비나트 유치경쟁을 뚫고 개발지역의 지정을 획득했다 해도, 공업화 과정에서 곧 '외부불경제'가 표면화되었다. 이러한 도시문제들이 주민들의 인식 변화를 가져오면서, 이른바 '태평양벨트'를 따라서 생활 쟁점을 중시하는 '혁신자치체'가 탄생하게 된 것이다.

그런데 소재공급형 중화학공업(철강, 석유정제, 석유화학, 알루미늄 제련, 전력, 기타 조선, 자동차, 전기 등을 포함) 중심의 거점산업은 '지방의 산업'과의 산업연관보다는 중심부 경제와의 연결이 훨씬 컸다. 거점개발 방식은 지역 내의 산업네트워크가 상당히 약했기에 지역의 입장에서는 집적의 메리트 역시 매우 약했다. 결국 1970년대 중반 이후 산업구조의 고도화가 요청될 때에는 이러한 산업구조 자체가 큰 걸림돌이 되었다. 즉 소재형 산업이 성숙산업으로 이행하면서 이 지역들의 번영도 한계를 가질 수밖에 없었던 것이다.

---

2) 흔히 말하는 공해(pollution)란 '공익(公益)'의 대립개념이자, 영국법의 '공적 불법 방해(public nuisance)'의 번역어이다. 공업화와 도시화 과정에서 인간의 생활환경이 침해되거나 파괴되는 것으로, 대기오염과 소음, 진동, 수질오염, 지반침하, 악취, 쓰레기, 농약 등도 포함되는 폭넓은 개념이다. 그러나 본질적으로 공해란 공유적 자원(common property resources)이 공유되지 않고 있다는 표상과 인식이 포함된 용어이다(쓰루 시게토 저, 조흥섭·이필렬 역, 『공해의 정치경제학』, 풀빛, 1983, 35~39쪽).

게이힌(京浜)공업지대(혹은 대(大)도쿄권공업지대)는 도쿄 만 해안선 50km를 따라 도쿄(東京), 요코하마(横浜), 가와사키(川崎)와 지바(千葉)를 포함한 거대한 임해(臨海) 공장군이자, 일본 전국의 인구, 산업, 경제활동의 70~80%가 집중된 지역이다. 또한 민영(民營) '9전력체제'[3] 하에서 '㈜도쿄전력'이 경쟁적으로 사업을 확대한 지역이었다. 또한 화력발전소에 공급되는 에너지원의 변화(석탄→중유→원유→LNG)는 전력산업을 둘러싼 일본사회의 집합의식이 전환되는 과정을 이해하는 '핵심적 연결고리'라 할 수 있다. 따라서 고도성장기 게이힌임해공업지대와 화력발전소를 둘러싼 사회-경제적 변화를 살펴보기 위해서, 기업-중앙정부와 지자체-시민사회의 대응 사례들을 역사적 시각에서 고찰해 보고자 한다.

---

3) 일본의 '9전력체제(nine electric power company system)'란 1951년에 전국 9개 지역에서 민간 일반전기사업자에 의한 전력공급체제를 말한다. 홋카이도(北海道), 도호쿠(東北), 도쿄(東京), 주부(中部), 호쿠리쿠(北陸), 간사이(関西), 주고쿠(中国), 시코쿠(四国), 규슈(九州)의 각 전력회사들에 의해 수직통합에 의해 일관된 전력공급체제를 의미한다(1972년 오키나와(沖縄) 반환으로 오키나와전력이 발족한 뒤 '10전력체제'로 운용됨). 전전부터 통일된 발전·송전분야와 소매분야를 구분해서 1938년 전력관리법이 성립되면서 일시적으로 국가통제의 전력공급체제였다. 그러나 전후 GHQ 통제하에서 전기사업재편성을 통해서 9전력체제로 발족한 뒤, 전국 발전설비·발전전력량의 3/4을 담당한다. 사실상 전기를 독점 공급하므로 지역독점의 상징처럼 통용되나, 전국단위에서 본다면 '민영' 경쟁체제이다. 이러한 '민영 9전력체제'는 고도성장기 폭증하는 에너지 수요에 대응하기 위해서 각 전력회사들 간의 '성과주의적 경쟁'을 통해 진행되었다고 할 수 있다(橘川武郎, 『日本電力業の發展と松永安左ヱ門』, 名古屋大學出版會, 1995).

2. 에너지원과 생활세계의 변화

전후 일본의 산업 – 직업구조의 변화는 사회생활의 변용과정과 결합해서 고찰해야 한다. 1945년대 이후 10년간 산업부흥기는 GHQ점령정책의 제약과 변용 속에서 석탄 – 철강업 – 전력업이 주축인 '경사생산방식'이었다. 1955년 이후 10년간 산업성장기는 1950년대 한국전쟁 특수와 중화학공업화를 견인차로 제조업의 급성장과 소비수준의 고도화를 동반한 유통혁명으로 생활수준은 크게 향상되었다. 그러나 농촌의 황폐화와 대도시의 인구집중과 도시문제(공해·주택·교통 등)의 막대한 피해를 가져왔다. 1970년대 산업전환기는 1973년 제1차 오일쇼크 이후 원료의 수입의존적 경제구조(제조업)로부터 '서비스경제화'로 변화되었다.[4]

그렇다면 기존 선행연구들은 1955년 이후 산업성장기를 지탱했던 화력발전소를 둘러싼 변화를 어떻게 다루고 있는가를 살펴보자.

먼저 경제·경영학사는 주로 자원이 빈약한 일본이 공업화과정에서 '에너지 위기극복과정'에 초점을 맞춰서 일본공업화 모델의 특성을 규명하는 성격이 강하다.[5] 1950년대 말 당시 일본 전력수요의 증대나 1970년대 초 에너지 위기 등과 같이 새로운 사회적 생활 수요에 일본산업계의 대처방안을 분석한 것이었다. 따라서 당시 산업계가 가진 특성과 생산

---

4) 八木正, 「2 戦後日本の産業·職業構造の転換と社会生活の変容」, 北川隆吉編, 『講座社会学5 産業』, 東京大学出版会, 1999, 19~52쪽.
5) 橘川武郎, 『日本電力業の發展と松永安左門』, 名古屋大學出版會, 1995; 小堀聰, 『日本のエネルギー革命: 資源小國の近現代』, 名古屋大学出版會, 2010; 加治木紳哉ほか, 『電力中央研究所報告Y09022: わが国の一般電気事業者の火力発電所における省エネルギーの歴史』, 社会経済研究所, 2010.

에 초점을 맞추고 있다. 반면 환경경제학은 고도성장모델의 한계를 '산업공해'라는 관점에서 점차 재구성해 갔다.[6]

다음으로 환경·도시사회학은 공해 발생의 원인 규명과 법적·행정적 해결과정에 주목했다.[7] 혁신자치체에 의한 환경조례의 제정과 관련된 정치적 변화와 함께, 1970년대 공해국회에 대한 정치적 행위자들(노동조합 등)을 종합해서 평가한다.[8] 특히 공해발생의 원인 규명과정에서 1960~1970년대의 반공해운동은 콤비나트 건설반대운동과 같이 '지역개발 방식' 자체 등 근본적인 문제제기로 확대되었다.[9]

이처럼 화력발전소를 둘러싼 사회─경제적 변화에 대한 경제·경영학사와 (환경)사회학·행정학의 연구들은 연구영역의 경계를 확장하는 계기로 작용해 왔다. 경제학의 성과는 '공해처리시설의 개발'을 통해서 새로운 산업영역을 발굴·육성해 가려던 산업계의 관심이 반영된 것이다. 반면 환경·도시사회학은 전전·전후의 내핍 기조에서 번영을 구가하는 전후고도성장기의 물질만능주의, 그리고 삶의 질(quality of life: QOL)

---

6) 淸水嘉治, 『現代日本の經濟政策と公害』, 汐文社, 1973; 淸水嘉治ほか編, 『京浜公害地帶』, 新評論, 1971.
7) 舩橋晴俊·飯島伸子編, 『講座社会学12 環境』, 東京大学出版会, 1998; 舩橋晴俊, 「第2章 環境問題の社会学的研究」, 飯島伸子ほか編, 『講座環境社会学1 環境社会学の視点』, 有斐閣, 2001, 29~62쪽.
8) 이시재, 「환경오염개선에 있어서 일본의 혁신자치체의 역할에 관한 연구: Kawasaki. 川崎市의 사례연구」, 『국제지역연구』 6(1)호, 서울대학교 지역종합연구소, 1997, 81~102쪽; 홍성태, 「일본 반공해주민운동의 전개와 성과: 1960년대 고도성장기를 중심으로」, 『경제와 사회』 19호, 한국비판사회학회, 1993, 276~290쪽.
9) 庄司光·宮本憲一, 『恐るべき公害』, 岩波書店, 1964; 庄司光·宮本憲一, 『日本の公害』, 岩波書店, 1975.

을 모색하는 가치관으로 일본사회의 집합의식이 변화했음을 제시했다. 그렇다면 이제 일본 고도성장기 화력발전소의 변화에 대해서, 생산의 관점에서 진행된 경제학과 생활세계의 변화에 주목해 보자.

3. 화력발전소의 증설과 게이힌임해공업지대의 변화

3.1. 정부-산업계: 사회-경제적 요인들

고도성장기 일본에서 민간설비투자의 연평균신장률은 개인소비 지출의 2배 이상이었으며, 주로 중화학공업 부문을 중심으로 전개되었다. 산업구조의 중심축이었던 중화학공업은 전력업·철강업·석유 화학 공업 세 영역에서 막대한 설비투자가 진행되었다.[10] 특히 1950년대 전력의 수요폭증에 대한 대응은 용량의 확대와 경제성 향상을 중시하면서 진행되었다. 일반전기사업용(즉, 9전력체제) 화력발전소는 대용량화·고효율화를 도모했던 합리화 과정이었던 것이다.

그런데 1952년은 만화 철완 아톰(鉄腕アトム)이 연재되는 등 1950년대는 원자력의 대중적 붐이 확산되던 시기였다. 1953년 12월 8일 UN 총회에서 미국 아이젠하워(D. D. Eisenhower) 대통령의 연설인 "평화를

---

10) 橘川武郎, 「経済成長のエンジンとしての設備投資競争: 高度成長期の日本企業」, 東京大学社会科学研究所, 『社會科學研究』 55(2), 2004, 155~177쪽; 임채성, 「일본의 경기순환과 경기대책: 고도성장기 경험의 시사점」, 『동북아경제연구』 22(2)호, 한국동북아경제학회, 2010, 269~301쪽.

위한 원자력(Atoms for Peace)" 이후, 1954년 3월 일본은 원자력 예산 2억 5천만 엔으로 구성된 예산안을 국회 제출해서 결정했다. 일본 정부와 산업계는 저장성이 강한 원자력의 특성이 화석연료의 에너지 수입에 따른 비용과 위험을 대체하리라는 기대가 매우 강했다.

1954년 3월 1일 미국 비키니환초 수폭실험으로 약 160km 떨어진 곳에서 조업하던 일본 참치어선 제5후쿠류마루(第五福竜丸) 승조원 23명이 피폭되었다. 이 사건은 일본에서 원수폭금지운동의 기폭제가 되었다고 평가되곤 한다. 그러나 한편으로는 히로시마·나가사키의 피폭 기억과 제5후쿠류마루 사건은 일본이야말로 '원자력을 선용'할 자격이 있다는 대중의식을 확산시킨 계기로도 작용했다. 즉, 전후 일본의 피폭 기억은 진보와 성장을 위한 원자력의 꿈과 접속해가는 기묘한 역설로 전개된 것이었다.[11] 그러나 1950년대 후반 석유의 효율성과 경제성이 크게 대두하게 되었다. 그러나 당시 대중적 붐과 상업적 활용 가능성이라는 기대를 모았던 것과 달리, 원자력의 기술적-상업적 가능성은 입증되지 못했다. 결국 원자력 붐은 1950년대 말 후퇴하는 양상을 보이게 되었다.

반면 1950년대 중반 이후 석유의 경제성은 점차 사회적으로 인정되기 시작한다. 먼저 에너지원과 세계정세를 살펴보자. 저렴하고 안정적인 석유의 수입과 최신예 설비를 갖춘 화력발전소는 수력보다 훨씬 가격경쟁력이 있었다.[12] 일본은 1952년 세계은행(World Bank)에 가입한

---

11) 山本昭宏, 『核エネルギー言説の戦後史 1945～1960: 「被爆の記憶」と「原子力の夢」』, 人文書院, 2012.

12) 井口治夫, 「鮎川義介の戦後電源開発構想と米国: 1950年～1952年」, 『同志社アメリカ研究』 37号, 同志社大学アメリカ研究所, 2001, 79～85쪽.

다음 해인 1953년 10월 15일 최초로 차관 대출을 승인받게 되었다. 대출이율 5%, 상환기한 20년(거치기간 3.5년)의 조건으로 승인받은 대출이 바로 오사카만의 간사이전력 다나가와(多奈川), 이세만(伊勢湾)의 주부전력 욧카이치(四日市), 규슈전력 가리타(苅田)의 화력발전소였다.[13]

이 3사의 전력공급 범위는 일본 국토 총면적의 약 30%, 전체 인구의 40%를 포함하는 규모였다. 신규 건설 발전소의 합계 출력은 29만 1천kW로, 일본 화력발전능력의 10%에 이르렀다. 즉 '전후 최초의 대형 외자도입'이 바로 임해공업지대의 화력발전소였다는 점이야말로 경제부흥과정에서 전력업이 가진 경제적 위상과 우선순위를 설명해 주는 것이라 할 수 있다.[14]

석탄화력은 육송(화차(貨車))·해송(양탄(揚炭)) 모두 해당 조건(거리, 노동, 발전부하 상황 등)에 따라 1~6개월 용량의 저탄장(貯炭場: 원탄장과 직송 가능한 설비), 석탄재 용지 등이 필수적이었다.[15] 반면 소비지정제주의(消費地精製主義)에 입각한 석유화력은 해상운송량의 증대(거대 유조선의 입항)를 통해서 운송비용을 절감했다. 중유전소식(式) 화력은 석탄화력보다 취급이 용이했으며, 가격도 칼로리당 13~20%, 건설비는 약 17%, 발전 코스트도 16~20% 정도 더 저렴했다. 높은 단위당

---

13) 세계은행 대출 프로젝트 총 31건 대부분은 중화학공업화와 기간산업(도로·철도), 발전소(화력·수력) 건설에 소요되었다. 「日本が世界銀行から貸出を受けた31のプロジェクト」http://worldbank.or.jp/31project/(검색일: 2013. 3. 30.).

14) 柴田茂紀, 「世界銀行の対日火力発電借款」, 『社会科学』 64号, 同志社大学人文科学研究所, 2000, 95~123쪽.

15) 蓮香悌二, 「発電所における荷役設備(荷役および運搬機械特集)」, 『日本機械学會誌』 58号(437), 日本機械学会, 1955, 426쪽.

발열량과 연소효율뿐만 아니라 연소조작과 저장도 용이해졌다.[16]

　　그런데 석유의 수요 공급 관점에서 보면, 당시 전력회사들이 화력발전 연료로 '중유(重油)'를 사용하고자 했다. 그러나 '중유보일러규제법'(1955년 제정) 등의 영향으로 법률적인 한계가 있었다.[17] 화력발전에서 중유 소비는 원유가격은 배럴당(약 160리터) 2~3달러 정도로서, 화력발전의 경제성도 현격히 높아졌다. 결국 전력설비근대화조사위원회(이후, 전기사업근대화계획위원회로 명칭 변경)도 전력수요에 대한 예측 변경을 검토하게 된다.

　　1958년 12월 '전기요금제도조사회'('공영전기사업경영자회의' 내의 조사회)는 전기요금 상승에 대한 억제방책으로서 중유 사용을 검토할 가치가 있다고 보았다. 1960년 10월로 기한이 도래하는 '중유보일러규제법'의 존속문제에 관한 논의가 진행되었다. 거듭된 전원개발조정심의회에서 9전력의 신규화력착공지점 365만kW 중 268만kW가 중유전소화력으로 승인되었다. 1960년대 전반 '중유보일러규제법'의 개정(1967년 폐지)에 의해서 중유전소화력발전소가 전국적으로 급격히 건설되었다(〈표 1〉). 그 결과, 연료도 석탄(탄주유종: 炭主油從)에서 중유(유주탄종: 油主炭從)로 전환되게 된다.

---

16) 岡部彰, 『産業の昭和社會史3 石油』, 日本經濟評論社, 1986, 182~186쪽.
17) 이은경, 「일본 고도성장기 석유의 사회사: 석유사용의 규제와 수요확대의 길항을 중심으로」, 『일본학연구』 39호, 단국대학교 일본연구소, 2013, 123~152쪽.

〈표 1〉 1960년도 중유전소(專燒)화력 건설계획

기업명	발전소명	최대출력(천kW)	건설비(엔/kW)	운전개시 예정(년/월)
도쿄 (東京)	요코하마 ○고이(五井)	350(175*2) 530(265*2)	55,300 56,900	1962/10~11 1963/11
	소계	880	56,200	
주부 (中部)	미에(三重) 4기 신나고야(新名古屋) 4기	125 220 440(220*2)	50,400 51,800 55,500	1961/12 1962/11 1963/11~2
	소계	785	53,600	
간사이 (関西)	아마가사키(尼崎) 제3 히메지(姫路) 제2	156 575(250+325)	64,000 +53,600	1963/07 1963/11, 1964/04
	소계	731	55,800	
주고쿠 (中国)	오카야마(岡山) 2기	156	50,000	1963/11
	소계	156	50,000	
시코쿠 (四国)	신도쿠시마(新德島)	125	53,200	1963/11
	소계	125	53,200	
전국 합계(9건)		2,677	54,800	
9전력 화력 합계(22건)		3,647	57,600	

※ ○는 추가 계획분, 시미즈(淸水)공동발전로 신시미즈발전소가 추가 계획분으로 인가.
최대출력 15만kW(7.5만kW*2), kW당 건설비 52,600엔, 운전개시 예정 1963년 9월.
출처: 小堀聰, 『日本のエネルギー革命: 資源小國の近現代』, 名古屋大学出版會, 2010, 220쪽;
通商産業省公益事業局開発計画課 編, 『電源開発の現状: その計画と基礎資料』, 1960,
88~99쪽. 656~657쪽.

전력기술의 고효율화를 살펴보면, 당시 일본 전력회사들은 국내 중전기(重電機) 회사들(미쓰비시, 히타치 등)이 가진 기술에 대한 신뢰가 상당히 낮았다고 한다. 초반 전력회사들은 해외 서구의 메이커들(예컨대 WH, GE 등)에서 대부분의 전력기를 구입하곤 했다. 이처럼 해외 기술 의존도에 대한 우려가 높아지면서 1953년 4월 중전기제조 9개 회사 대표로 구성된 산업합리화심의회 기계부회의 전기기계분과회는 '중전기공업의 국제수준화방책'을 요청하게 된다.

　구체적인 요청내용을 살펴보면, ① 자금대책으로서 설비자금의 확보와 금리의 절감, ② 발주방법의 개선, ③ 조세 우대 조치, ④ 수출촉진을 위한 세제상의 조치, ⑤ 국산품애용사상의 보급 5가지 항목이었다. 당시 '신예(新鋭) 화력'이라 불리던 대형 전력기의 경우, '1호기 수입, 2호기 국산'의 형태로 설비되면서 대용량화와 고출력이 함께 진행되었다. 이처럼 1960~1970년대 전반까지 전력회사들도 적극적인 기술도입과 독자적인 기술개발도 진전을 보이게 되었다.

〈그림 1〉 발전용 연료 구입 가격(9사 평균)과 연료별 총 발전량(9사 합계)의 추이

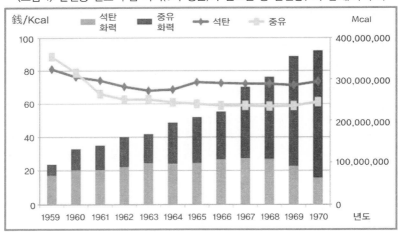

출처: 加治木紳哉ほか, 『電力中央研究所報告Y09022: わが国の一般電気事業者の火力発電所における省エネルギーの歴史』, 社会経済研究所, 2010, 23쪽; 通産省公益事業局·電気事業連合会編, 『電気事業20年の統計』, 1972, 586~587쪽을 근거로 작성.

　요컨대 〈그림 1〉은 1950년대와 비교해서 석탄과 중유의 연료가격이 역전되면서, 석탄화력이 점차 감소하는 만큼 중유화력의 비율은 확

대되었음을 보여준다. 1960년대에 걸쳐 석유소비적인 구조로 급격히 전환된 일본의 전력업계는 1970년대 오일쇼크에 상당한 타격을 입었다. 더욱이 이 시기 주된 대기오염은 주로 유황 산화물로 변화되면서 심각해졌고 오염의 범위 역시 광역화되어 갔다. 이처럼 오일쇼크와 공해 문제는 일본 전력업계가 원자력발전의 본격적인 도입·보급을 앞당기면서도, 석유대체에너지의 도입을 촉진하게 된 큰 원인들 중 하나였다.[18)]

3.2. 게이힌임해공업지대의 형성: 입지 특성과 중화학공업화

그렇다면 4대 공업지대 중에서 게이힌임해공업지대는 어떻게 형성된 것이며, 어떠한 입지 특성을 기반으로 중화학공업화가 진행된 것인가?

먼저 게이힌임해공업지대의 기원을 살펴보자. 부국강병을 도모하던 메이지(明治) 신정부는 해군업의 육성을 위해 근대항만 건설을 모색했다. 초기 공부성(工部省) 소관 관영의 군사 및 공업시설 등에서 시작되었다. 그러나 경제적 결손 때문에 이 시설들은 산업자본가들에게 매각된 후, 이들 산업자본들은 현재의 재벌들로 급성장해 나가게 되었다. 철강업, 화학, 제분, 조선, 석유 등에서 높은 생산성을 장악한 거대자본들이 이 지역의 지배력을 갖게 되었다. 이러한 성장 배경으로 인해서 이 지역의 생산기반이 급격하게 증설된 데 반해서, 생활의 기반은 상대적으

---

18) 도쿄전력은 공해대책의 일환으로 1965년 'LNG'를 발전원료로 도입했고, 1967년 초임계압을 채용한 600MW기와 1969년 연료로서 LNG를 각각 일본 최초로 도입했다.

로 취약한 상태가 지속된 한 원인이기도 했다.[19]

　또한 임해공업지대의 토지는 대부분 '항만 부근의 매립지'였다. 도쿄 항 부근의 매립사업은 에도(江戶)시대부터 시작되었다. 본래 도쿄 항은 스미다 강(墨田川) '하구항'이었으나 토사 유입으로 인해 소형선박의 출입도 원활하지 못했다. 이에 대규모 축항계획이 진행되었으나 하네다(羽田) 김 양식업자의 반대나 재원의 어려움에 부딪혔다. 더구나 요코하마 항의 축소를 우려한 가나가와 현 측의 반대로 실현되지 못했다. 그러다가 메이지 말기 스미다 강 하구공사로 시바우라(芝浦)의 매립사업이 진행되면서 현재의 원형적 형태가 형성되었다.[20]

　특히 게이힌임해공업지대의 형성은 아사노 소이치로(浅野総一郎)가 구미 제국들을 시찰하면서 런던의 도크랜드(Dockland)에 큰 영향을 받은 결과이다. 그는 이후 도쿄 - 요코하마 사이에 항만기능의 대규모 공업용지 조성계획을 세우게 된다.[21] 그가 운영하던 도쿄 후카가와(深川) 시멘트공장은 분진공해로 지역민들의 반대에 직면하게 되었다. 이후 실업가 시부사와 에이이치(渋沢栄一)와 야스다 젠지로(安田善次郎) 등과 함께 가와사키 지구의 매립 타탕성을 조사하게 되었다.

　1913년 '쓰루미매립조합'을 창립한 이후 1928년까지 쓰루미 강(鶴見川)과 앞바다까지 약 500만㎡을 불과 15년 만에 완성해 나갔다.[22] ㈜일본

19) 清水嘉治, 「特集・京浜工業地帯: 特集4-京浜工業地帯の現状と問題点」, 『調査季報』 25号, 横浜市政策局政策課, 1970, 33~34쪽.
20) 若林敬子, 『東京湾の環境問題史』, 有斐閣, 2000.
21) 東秀紀, 「浅野総一朗と京浜工業地帯」, 『東京人』編集室 編, 『都市のプランナーたち 江戸・東京を造った人々1』, 都市出版, 1993, 277~294쪽.
22) 이시이 다이스케(石井泰助, 초대 시장)은 교통・지가・노동력・자본・(석탄)전

철관과 민간의 제강·제관공장이 설립되어 1914년에 조업을 개시하면서 아사노조선소와 제철소 등도 발족하게 되었다. 1923년 관동대지진은 축항과 매립사업이 중단되는 등 육해의 운송교통시설에도 괴멸적인 피해를 남겼다. 지진 직후 도쿄 항은 구조와 부흥사업을 위한 긴급하역이 강행되면서 도쿄 항 정비의 필요성이 재인식되기도 했다.

이처럼 우여곡절 속에서 1941년 5월 20일 개항한 도쿄 항은 여전히 요코하마 항에 비해서는 태평양전쟁기의 병참기지 항구에 불과했다. 그러나 전후 1948년 '응급정비공사'로 연안 부두들이 정비되면서 본격적인 상업항구로서 급부상하게 된다. 더구나 도쿄 - 가와사키 - 요코하마의 항만 지역은 원료수입의 편리함뿐만 아니라, 근접한 수도권의 광대한 소비지역을 포함하고 있었다. 또한, 오랜 세월에 걸쳐서 진행된 매립사업은 상대적으로 저렴한 용지 가격이 형성된 것도 큰 장점이었다.

1955년경부터 진행된 중화학공업화는 적극적인 산업기반 정비를 위한 공공투자뿐만 아니라 민간설비투자나 수출확대에 의해 주도된 광범위한 변화였다. 1956~1969년 사이 일본은 6대 산업 영역(전력업·철강업·자동차공업·석유정제업·전기기계공업(전자공업 포함)·석유화학공업)에서 1조 엔 이상의 설비투자가 이뤄진다〈표 2〉. 특히 전력업에 의한

력·항만·홍수대책·수도부설·운하·경지정리 등을 통해 공장 유치활동을 전개한 것으로 유명하다. 가와사키역 주변에는 요코하마정당(1906년 이후 明治精糖), 일미축음기(1879년 이후 콜롬비아), 도쿄전기 가와사키공장(1913년 이후 시바우라제작소-도시바(東芝)전기로 변경), 스즈키상점(鈴木商店, 1913년 이후 아지노모토(味の素)), 후지가스방적(富士瓦斯紡績, 1914년) 등이 유치되면서 점차 공장지대가 되어갔다(神奈川県内務部 編, 『川崎方面ノ工業』, 神奈川県, 1916).

〈표 2〉 산업별 설비투자액(1956~1969년)(橘川武郞 2004)   단위: 억 엔(수치는 지출)

산업	설비투자액	산업	설비투자액
전력	46,398	화학비료	3,513
도시가스	4,895	합성수지	2,803
석탄	4,217	석유화학	11,142
광업	3,512	유기합성	3,573
철강	32,144	섬유	12,393
비철금속	6,266	합성섬유	5,589
석유	14,973	제지·펄프	6,777
기계	41,274	요업(ceramic)	7,892
산업기계	6,225	시멘트	4,848
전기기계	12,477	건설자재	955
자동차	17,364	잡화	821
화학	29,776	도·소매	3,163

※ 한계: 통상산업성 데이터로서 관할 외 산업(조선업·해운업·식품공업)은 누락됨.
출처: 安藤良雄 編, 『近代日本経済史要覽(第2版)』, 東京大学出版会, 1979, 167쪽.

'저렴하고 안정적인 전기공급'을 전제로 하는 ⅰ) 철강업→자동차공업→ 전기계공업과 ⅱ) 석유정제업→석유화학공업이라는 두 가지 산업연관을 주축으로 한 중화학공업화였다.[23)]

또한 에틸렌과 자동차 타이어의 합성고무 육성계획 등 가공제품 분야를 포함하는 석유화학공업도 급성장한 영역이었다. 석유화학제품을 국산화한 데 따른 '외자 절약 효과'뿐만 아니라 다양한 플라스틱 제품들

23) OECD조사단은 미국과 일본의 제철공장 입지 특성의 차이를 기술과 수송비 측면에서 비교했다. 미국은 철도로 선철·석탄을 오대호 연안의 제철공장으로 운송해서 다시 선박으로 미시시피 강을 거슬러 올라갔던 반면, 일본 임해공업지대는 세계에서 가장 질 좋고 값싼 석탄과 선철을 해외에서 수입하는 방식이었다(나카무라 마사노리 저, 유재연 역, 『일본 전후사 1945~2005』, 논형, 2006, 149~150쪽).

을 공급하기도 했다. 통산성은 '1955년 석유화학공업의 육성대책'을 통해 분해법에 의한 에틸렌 생산을 국제경쟁력을 갖춘 규모로 추진하는 회사들의 계획을 승인했다. 정부에 의해 인정된 계획은 정부의 장래 수요 규모보다 2배나 초과한 양이었다.[24]

통산성은 1957년 이후 세제상의 우대 조치, 원유 가격의 특별 적용, 정부 자금의 중점적 융자 등을 실시했다. 1960년대 10월 '당면의 석유화학공업기업화계획의 처리에 대해서'를 결정한 뒤, 외화심의회에서 각사의 사업계획을 인가했다. 대량의 신소재를 공급하는 석유화학공업을 원활하게 성장궤도에 올려놓기 위해서 1961년 '화학공업기본문제간담회'가 설치되었다. 해외의 동향과 기술적 가능성, 적정생산규모, 콤비나트화, 제조원가 비교, 수요 예측 등을 논의했다.

1964년 12월 8일 '석유화학협조간담회'가 설치되고, 12월 15일 석유화학공업협회의 요망서 〈석유화학협조간담회의 설치에 대해서〉에서는 "국제경쟁력이 없는 소규모약체 기업의 난립과 과잉 설비투자를 방지할" 필요를 호소했다. 또한 "외화법의 인가도 이러한 견지에서 실행되는 것이 바람직하다"고 투자조정을 요구했다. 특히 '외화 할당 권한'을 정책 수단으로 한 '관치적 성격'으로 개입하게 된다. 통산성이 공해 문제나 지역개발을 투자기준에 편입했다면, 기업들은 인프라 정비를 정부에 요구하는 등 이 시기 간담회는 '산업정책 조정의 장'이었다.[25]

---

24) 다케다 하루히토 저, 최우영 역, 『일본근현대시리즈8 고도성장』, 어문학사, 2013, 112~113쪽.
25) 山崎志郎, 「第9章　石油化学工業における投資調整」, 原朗編, 『高度成長始動期の日本経済』, 日本経済評論社, 2010, 255~285쪽.

공간적으로 보면, 1962년에 제1차 전국종합개발계획이 발표되었고, 1963년에는 신산업도시 건설 촉진법, 공업정비 특별지역 정비 촉진법에 근거해 신산업도시 13 지역, 공업정비 특별지역 6개 지역이 이어졌다. 재정위기에 고심하던 지자체들은 콤비나트 건설에 사활을 건 유치전을 전개했다. 당시 전국 44개현 중 참여하지 않은 현은 교토 부(京都府)와 나라 현(奈良県) 정도에 불과했을 정도로 과열 양상이 나타난 결과, 신산업도시 13지역, 공업정비 특별지역 6지역이 지정되었다.

이후 정치적인 고려를 통해서 기존의 15개소는 다시 21개 지역으로 확대되기도 했다. 이러한 콤비나트 정책으로 인해서 이미 공해지대가 형성되어 있던 욧카이치, 게이요(京葉), 미즈시마(水島), 나고야 등에 공업시설들이 증설되었다. 또한 가와사키, 아마가사키, 기타큐슈(北九州) 등 전전부터 공업지대였던 지역은 기존 제철소 등 공장군에 가세한 대규모 발전소, 석유 정제공장 등이 새롭게 입지하게 되었다. 결과적으로 이들 지역의 대기오염은 점점 더 악화될 수밖에 없었던 것이다.

4. 도쿄 만 화력발전소와 생활세계의 갈등사례들

4.1. 도쿄 도의 사례: 공해방지 각서

1954년 도쿄전력은 도쿄 도(都)로부터 면허를 취득한 지역 15만㎡ 중 10만㎡는 2년도 되지 않아 매립사업을 완료하였다. 1955년 시바우라

(芝浦) 히노데(日の出) 지역의 GHQ접수가 해제되면서, 도쿄 도와 ㈜동양부두가 석탄 부두의 운영을 담당해 갔다.[26] 특히, 1956년 2월 13일 전후 최초로 대형 '신도쿄(석탄)화력발전소'가 운전을 개시한 뒤, 1~6호기(전력량 총 48만 2천kW)가 전력을 공급했다.[27]

또한, 1953년에는 후카가와선(深川線)의 부설 이후, 하루미선(晴海線), 시바우라선(芝浦線), 히노데선(日出線)으로 증설이 이어졌다. 그 결과 도쿄 항 화물전용선의 총연장은 약 24㎞에 이르게 되었다. 1960년대 중반에는 각종 원자재와 생활용품 등 취급 화물량은 170만 톤을 상회할 정도였다. 1950년대 전후 부흥기로 접어들면서 이 지역은 가스, 철강, 석탄의 전문 부두로서 최전성기를 맞이하게 되었다.[28]

그러나 지속적으로 폭증한 에너지 수요로 인해서, 1960년 3월 25일 '시나가와(品川)화력 1호기(12만 5천kW)'가 운전을 개시한 후 점차 1-3호

---

26) 石塚裕道·成田龍一, 『県民100年史13 東京都の百年』, 山川出版社, 1986, 184~186쪽.
27) 일본 최초 화력발전소는 도쿄전등(東京電燈, 도쿄전력의 전신)이 1887년 니혼바시 가야바초(日本橋·茅場町)에 건설한 25kW의 직류식이었다. 혹자는 1955년 1월 신설된 가와사키시의 쓰루미(鶴見)석탄화력발전소(1~5호기, 석탄에서 1973년 중유전소로 전환, 1983년 폐지됨)를 전후 최초로 본다. 그러나 쓰루미발전소는 전전 도호(東邦)전력 자회사였던 '도쿄전력'이 건설한 것이기에 여기서 전후 최초 화력발전소는 도요스발전소로 보기로 한다(堀一郎, 「新東京火力発電所の建設と送電」, 『動力』 5巻 24号, 日本動力協会, 1955).
28) 1970년대 중반 이후 컨테이너선, 페리, RO/RO선의 취항 등 수송혁신이 진행되었다. 육상 화물은 철도 수송에서 자동차 수송으로 전환되면서, 철도 화물 취급량도 해마다 감소하면서 1980년대 중반 모두 폐지되었다(東京都港湾振興協会, 『写真でみる『豊洲埠頭―きのう·今日·あした』, 2008; 東京都港湾振興協会, 『東京港貨物専用鉄道のあゆみ』, 2013; 江東区編, 『江東の昭和史』, 江東区, 1991; 東京都港湾局, 『図表でみる東京臨海部』, 港湾振興協会, 1987).

(석탄→석유)로 증설되었다(2013년 현재 가동 중인 1호계열, 1-1호, 2-3호는 2001~2003년 증설, 114만kW(연료: 도시가스)의 출력). 105만kW(연료: 원유) 출력의 오이(大井)화력발전소도 1호기(1971년 8월), 2호기(1972년 2월), 3호기(1973년 12월)로 증설되었다(3·11 동일본대지진 이후 2·3호기 운전 정지, 복구작업으로 현재 가동 중). 이후 도쿄 만 연안에 화력발전소들은 도쿄 도심부의 전력 공급을 담당했다(〈부록〉참조).

그런데 스미다 강과 도쿄 만 연안에 집중된 공업시설들과 전력설비들로 인해서 '지반침하'가 심각한 문제로 부상하게 되었다. 특히 연약한 충적지(delta)에 입지한 고토(江東)공업지대의 침하속도는 1950년대 중반부터 급격히 증가하면서 최고 200mm, 조호쿠(城北) 지구는 170mm가 침하해 갔다. 이러한 지반침하의 직접적인 원인은 급증하는 공업용수의 수요에 따라 무분별하게 지하수가 양수되면서 지표면 점토층이 점차 수축했기 때문이었다.[29] 1926~1970년까지 연간 20cm씩 지반이 침하되게 되면서 이 지역은 이른바 '제로미터지대(an area lying at sea level)'라는 명칭마저 붙여졌다. 결과적으로 해마다 태풍과 호우가 찾아오면 홍수와 파고의 위험이 이 지역 주민들의 생활과 안전을 위협하곤 했던 것이다.[30]

1960년대 중반부터 일본사회에서 대기오염은 매우 심각한 상황이었다. 당시 '4대 공해병'[31]이라 불리던 공업지대의 대기오염과 공해병에

---

29) 도쿄 도립도서관 영상기록물 [지반침하와 공업용수도(地盤沈下と工業用水道) (1卷), 흑백, 16mm]에는 1964년도 조사(원인과 방지대책)를 그리고 있다.
30) 東京都, 『東京の都市計画百年』, 東京都, 1989, 75쪽.
31) 일본에서 4대 공해병이란 ⅰ)구마모토(熊本) 미나마타병(水俣病)(1953~1960

〈그림 2〉 고도성장기 도쿄의 공해 현황과 혁신자치체

#1 1970년경 고토구·도요스(江東区·豊洲)
　　東京都 環境局

#2 1968년 4월 도쿄 도 공해연구소 발족: 간판을
　　거는 미노베 지사, 東京都環境科学研究所[32]

#3 도쿄 도 내 한 학교의 칠석날, "광화학스
　　모그를 없애 주세요"라고 쓰인 종이들

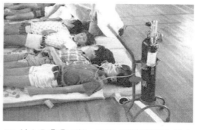

#4 산소호흡을 받는 중증 어린이들의 모습

1974년 여름 광화학 스모그 오타구(大田区, 또는 세타가야구世田谷区) 주변, 東京都 環境局
출처: http://www.kankyo.metro.tokyo.jp/i/5_l3.jpg(검색일: 2014. 4. 15.)

대한 공포가 확대되고 있었다. 〈그림 2〉의 #1은 하루미(晴海) 방향에서
도요스 부두의 임해콤비나트를 촬영한 사진으로, 배출가스에 의한 대기
오염의 영향으로 매연을 배출하고 있는 공장의 모습이다. 1970년 7월을
시작으로 1970년대 초중반에는 '광화학 스모그'가 자주 발생했다.[33] 눈

<hr />

년), ii)니가타(新潟) (제2의)미나마타병(1964년), iii)미에 현(三重県) 욧카이
　　치 시 천식(1960년경), iv)도야마(富山)의 이타이이타이병(2차대전 이후)을
　　말한다.
32) http://www.tokyokankyo.jp/kankyoken_contents/history/minobe.jpg(검색일:
　　2014. 4. 15.)
33) 1970년대 중반 이후 도쿄 도의 대기오염은 크게 개선되었기 때문에, 1976년

과 목의 따끔거림, 가슴 통증 등의 증상을 보이는 아동들로 인해서, 초중고 학교가 임시로 휴교하는 등 도시 공해에 대한 불안은 가중되었다(〈그림 2〉 #3, #4).

도쿄 도 내의 아황산가스 배출공장들 중 1·2위 모두를 화력발전소가 차지하고 있었다. 이처럼 대기오염의 주범으로 화력발전소에 대한 비판이 높아지던 민감한 시기에 도쿄전력은 '오이(大井)화력발전소' 증설 계획을 발표하게 된다. 결국 이러한 화력발전소의 증설 계획을 둘러싼 도쿄 도와 도쿄전력의 논쟁은 연일 매스컴에 공개되면서 전개되었다. 이 공개적인 증설 논쟁은 도쿄 도민뿐만 아니라, 전 국민이 주목하는 이슈가 되었다. 결과적으로 적절한 공해방지 대책 없이 도쿄전력이 화력 발전소를 증설하기는 쉽지 않은 사회적 분위기가 전개되게 되었다.

당시는 '도쿄에 푸른 하늘을'이라는 슬로건을 내건 미노베 료키치(美濃部亮吉) 혁신 도쿄 도정(1967~1979년)이 성립된 상태였다. 미노베 도정은 1968년 4월 도쿄도공해연구소가 발족했는데, 대기부, 수질부, 소음부, 지반침하부, 보건부, 서무과로 출발했다. 그런데 당시 지자체는 발전소·공장시설의 공해 문제 및 증설 등에 대한 규제 권한이 없었다. 다만, 공장군이 입지한 매립지가 도쿄 도 소유의 도유지(都有地)이기 때문에 '교섭 권한'이 발생하게 되었다. 매립지의 건설방식은 주로 국가나 지자체, 해당 사업자 등이 함께 공사를 진행한 후 산업시설을 유치하는 형태로 개발되었기 때문이다.

이후 광화학스모그 경보가 발령된 적은 한 번도 없다.

이처럼 도쿄 도가 '공해방지 조례'에 대한 정치적 교섭력을 얻게 되면서, 1968년 9월 10일 '도쿄 도 - 도쿄전력' 사이에 오이화력발전소에 대해 공해방지 각서(Tokyo Memorandum on pollution control)를 체결하게 되었다.[34] 결국 도쿄 도의 입회검사권과 공개원칙뿐만 아니라 감시역할로서 도쿄 도 공해방지위원회 설치 등에 대한 동의를 기재하는 것을 조건으로 합의하게 되었다. 도쿄전력은 기존 시설과 이후 새롭게 건설될 화력발전소 모두에서 아황산가스(SO_2)의 배출량을 삭감하면서 저유황원유 사용에 대한 의무를 부여했다. 이후 도쿄 도는 또 다른 오염원인 '도쿄가스'와도 각서를 체결하게 되었다. 오염원을 배출하는 회사와 지자체의 각서체결방식은 규제의 중요한 대상인 상대와 내용을 '선취하는 형태'였다. 이는 당시 '조례 제정 이전'의 방식들 중에서 가장 효과적인 형태라 평가할 수 있다.[35]

4.2. 요코하마의 사례: 공해방지협정

1955년~1965년 10년 사이 게이힌공업지대인 도쿄대도시권의 인구는 1,328만 명에서 1,886만 명으로 558만 명(증가율 42%)이 팽창하면서 최대 규모의 산업·인구 집적을 나타냈다. 제철·철강·기계공장 등 기간부문을 축으로 중화학공업 부문에서 자본과 노동력이 집적되었다. 그런데 도쿄 도의 환경규제가 강화될수록 공업지대는 인접 지역으로 확장

---

34) 東京都, 「第4部 環境行政の展開: 過去から未来へ」, 『東京都環境白書2000』, 東京都, 2000, 115~127쪽.
35) 「(特集)公害防止へ新しい道 東大井火力発電所の場合」, 『朝日新聞』, 1968. 9. 11.

되면서 공해 문제를 둘러싼 갈등 역시 광역화되었다.

먼저 선구적 사례로 평가되는 '요코하마방식'을 둘러싼 사회·경제적 변화를 살펴보자. 요코하마방식이란 요코하마 시(市) 네기시 혼모쿠(根岸·本牧) 지역－㈜전원개발(J-Power) 이소고(磯子)화력발전소 사이의 협정(Yokohama Pollution Control Agreement)을 일컫는다. 1959년 1월에 네기시 만(湾) 매립보상이 조인되면서, 어업종사자들로 구성된 '네기시문제협의회'가 발족하였다. '추가상정공업지역'이 확대되어 네기시선(線) 철도 건설 등 당초 도쿄전력 외 8개 회사가 진출 예정이었다.

그런데 1960년 4월 이소고구(区)의사회가 공해대책과 기업지도 실시 등을 담은 진정서를 제출한다. 시 당국은 진출기업들에게 공해방지에 힘쓴다는 회신을 받아냈으나, 공해방지기술이나 배출기준 등 구체 조항들은 빠진 상태였다. 다만 1961년 9월 매립지매각계약(시 당국-도쿄전력)에는 용도변경 시 '시의 동의'가 필요하다는 항목만 포함된 것에 불과했다. 그런데 1964년 2월 도쿄전력이 ㈜전원개발에 용지의 이양 요청을 시 당국에 제출했다. 4월 일본석유정제㈜의 제유소의 조업이 개시되면서 공해에 대한 주민들의 불안은 점차 높아져 갔다.[36]

1963년 혁신계 후보 아스카타 이치오(飛鳥田一雄, 4기 연임, 1963년 4월~1978년 3월)는 현직 시장을 누르고 당선된다. 그는 '과학적 근거를 요구'하는 공해대책을 모색하고자 했다. 위생국 공중위생과에 '공해계(係)'를 신설하고, 전담직원을 배치해서 '학자 그룹'에게 대안책 검토를

---

36) 「重油専焼発電ぞくぞく大容量化東電二基, 近く 火入れ」, 『朝日新聞』, 1962. 4. 29.

의뢰했다. 또한 ㈜전원개발의 공해대책에 대한 지도력을 발휘하는 것에 대해서 통산산업성의 양해도 얻어내었다. 1964년 7월 시장과 전원개발 부총재, 도쿄전력 상무의 회합은 기상관측 및 실험 등을 거쳐서 12월 '공해방지협정'(이하 협정)을 체결하고 '공해센터'도 설치했다.

〈그림 3〉 요코하마 시 대기오염 상황

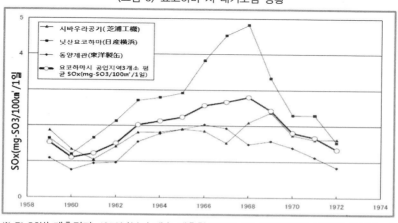

※ PbO2법 계측결과, 1959년부터 계속 계측한 3지점. SOx자동계측은 1965년 오사카, 가와사키, 효고(兵庫)에서 개시, 요코하마는 1966년부터 계측 실시함.
출처: 松本礼史, 「横浜市における社会的環境管理能力の発展モデルの検討」, 『広島大学大学院国際協力研究科21世紀COEプログラム・社会的環境管理能力の形成と国際協力拠点 Discussion Paper Series』, 2004, 11쪽; 横浜市大気汚染調査報告各年版.

그런데 주목해야 할 점은 공해방지협정 이후에도 이 지역의 공해상황이 크게 개선되지 않았다는 사실이다. 〈그림 3〉은 1959~1972년까지 요코하마 시 대기오염에 대한 이산화납법(PbO2, lead dioxide method)에 의한 측정결과의 추이를 보여준다. 협정 이후 제시된 3지점(시바우라, 닛산, 동양)은 오래전 공장들이 입지한 지역인 반면, 최초 공해방지협정의 네기시 지구는 공장(발전소)이 신규 입지한 지역이었다. 본래 '공해방지협정'이란 신규로 입지하는 공장의 공해발생을 미연에 방지하는 선행적인 조치라서 기존 시설들에 대한 규제에는 한계를 보였던 것이다.

요컨대 도쿄전력의 신청(1964년 2월), 일본석유정유소의 조업개시와 공해피해의 발생(1964년 3월), 야스카타 시장의 당선(1964년 4월) 등으로 이어졌다.[37] 1965년 8월 도쿄전력은 기존 시설 개선과 요코하마화력발전소 증설계획과 함께 협정도 체결했으며, 당초 계획인 '중유연소발전'에서 'LNG발전'으로 변경되기도 했다. 특히 협정의 경우, 입회조사권·공해가 발생했을 때 시(市)의 대리집행·사전협의 등을 진행할 수 있기 때문에, 공해 관계 법령들을 보완·활용한 모범적 지자체 행정이라 평가되곤 한다.[38]

4.3. 지바의 사례: 화력발전소 건설 백지화

1960년대 말 도쿄전력은 지바 현 조시 시(銚子市) 나아라이 항(名洗港) 부근 매립지에 중유전소화력발전소 건설 계획을 발표한다. 1950년

---

37) 그러나 1964년 매립지 매매계약에서 '용도변경 시, 요코하마 시의 동의'라는 특약조항은 야스카타 시장이 삽입한 것이 아니었다. 혁신자치체 주역 미노베 도쿄 도정은 3년 후(1967~1979년)였고, 가나가와 현 나가스 가즈지(長州一二) 지사의 당선은 11년 후(1975~1995년)였다. 말하자면 공해반대의 여론이 혁신자치체라는 '정치적 결과'를 낳은 것이라 할 수 있다(松本礼史, 「横浜市における社会的環境管理能力の発展モデルの検討」, 『広島大学大学院国際協力研究科21世紀COEプログラム・社会的環境管理能力の形成と国際協力拠点 Discussion Paper Series』, 2004, 1~15쪽).

38) 安藤保, 「横浜市環境保全協定とその考え方」, 紙パルプ技術協会, 『紙パ技協誌』 56巻 10号, 2002, 1404~1409쪽.

대 초반부터 시(市)는 유사시 선박 피난·정박 항구로서 '피난항 구상'을 시작했다. 그러나 단독 재정으로는 항만건설이 불가능한 시는 '피난항 건설기성동맹회'를 통해 정부에 진정한 결과 1951년 1월 피난항 지정을 받았다. 이후 약 13년에 걸친 방파제 건설과 해역 암초 제거 공사 끝에 1965년 완성한 결과, 1966년 '항만정비계획'에서 3천 톤급 선박과 소형 선박의 접안시설을 건설했다. 1965년 11월부터 1970년 6월 사이 조시 임해지역 토지조성사업은 이미 진행된 상황이었다.

그러나 1970년에도 이 지역은 수산단지로 분양된 일부 용지를 제외하고는 광대한 황무지 상태의 텅 빈 매립지에 불과했다. 이처럼 당시 이 지역의 공업시설 유치 실적은 매우 미비한 상태에서, 도쿄전력이 출력 520만kW, 100ha의 발전소로 당시로써는 세계 최대급의 건설을 발표했다. 1970년 착공·1974년 발전 개시를 목표로 진행된 이 계획 초반부터 시(市)는 막대한 세수 증가를 기대했고, 현(県)도 내심 건설을 인정하는 방침으로 종합개발심의회에서 심의하게 되었다.

이미 지바 현에는 1957년에 개시된 지바화력발전소가 일본 최대(단일발전기) 12만 5천kW의 출력(1959년 8월에는 4호기까지)을 뿜어내고 있었다. 따라서 이 지역에 화력발전소가 증설된다는 계획은 대기오염에 대한 주민들의 공포를 더욱 가중시킬 수밖에 없었다. 특히, 욧카이치 천식의 주범인 미에 현 공장군 전체의 1일 중유 사용량은 약 1만 톤 내외였는데, 조시의 경우는 약 2만 톤 규모로서 일본 국내 사용전력의 1/4에 필적했다. 또한 해수를 냉각수로 2천만 톤가량(도네가와(利根川) 1일분 유수량)을 사용한 뒤, 6~7도 높은 온수를 배출하는 계획 등도 발표되었다. 이러한 바다생태계를 급격히 변화시키게 될 계획들은 연안 어장을 생업의 근거로 삼는 어민들에게 생계의 커다란 위협으로 다가오게 되었다.[39]

8월 3일 '공해로부터 조시(銚子)를 지키는 시민의 모임'에서 시위를 전개했다. 이 시위에는 공해학자 우이 준(宇井純), 콤비나트건설을 비판하면서 '내발적발전론'을 역설했던 경제학자 미야모토 겐이치(宮本憲一), '누마즈미시마(沼津三島) 콤비나트반대' 리더 니시오카 아키오(西岡昭夫) 등이 대거 참여하면서 광역적인 전원입지반대운동으로 확대되었다.[40] 자민당 의원들조차 "이 이상 공업개발을 진행시킨다면 지바 현의 하늘은 매연으로 가득 차게 될 것이다"라는 우려 섞인 의견을 피력하기에 이르렀다.

원래 도쿄전력은 구주쿠리하마(九十九里浜) 해변을 예정지로 했으나, 지바 현의 레저센터화계획 때문에 나아라이 항으로 변경한 것이었다. 삼면이 바다로 둘러싸인 매립지는 매연이 해상으로 배출되는 등 공해방지에 최적의 입지조건이었다. 당시 공해 문제로 고심하던 도쿄전력은 공해대책을 세워 발전소를 만들겠다는 강한 의사를 표명했다. 그러나 1970년대 8월 13일 지바 현이 종합개발심의회에서 심의를 중단했다. 결국 도쿄전력의 당시 세계 최대급 중유전소화력발전소 건설계획은 전

---

39) 「公害反対で白紙に世界一の銚子火力 東電が再検討申出る」, 『朝日新聞』, 1970.
8. 13.
40) 戸石四郎, 『ふるさとを守り抜いた人々: 銚子火力発電反対運動の記録』, 1978, 流山: 崙書房; 戸石四郎, 『もう一つの銚子市史: 戦後の民衆運動五十年史』, なのはな出版, 1998.

면 백지화되었다. 이후 항만정비 방향을 두고 여러 차례 논의가 거듭된 끝에 1989년 4월 리조트 법에 기초한 '조시마린 리조트'가 지정되었다. 1990년에 항만계획이 정비된 후 현재는 '조시 마리나(Choshi Marina)'로 개발되었다.

〈표 3〉 주민운동의 지역별·대상별 집계

분야 / 지역명	발전소	공해종합/일반	자연/사적보호	대기오염	해수오염	하천오염	중금속오염	악취	기지반대	소음소동	인체피해	공공사업반대	쓰레기/분뇨	건축공해	도시재개발	합계
홋카이도	5	8	4	1		3			1	5	1					28
도호쿠	3	15	2	9	2	3	6	1		1			2			44
간토	1	25	25	5	1	7	4	2	5		2	18	1	2	9	107
도쿄	1	42	24	1	2	6	5	1	14	10	4	6	2	10	2	130
호쿠리쿠	13	5	2	3	1	2	3			7				1		37
주부	4	14	9	4	3	6	2	3	2		1	3	1			52
긴키	8	20	8	10	7	10	11	4	2	8	8	6	3	7		112
오사카		13	7	2	3							8			1	37
주고쿠	1	6	3	3	2	3	2	3	1	7						38
시코쿠	3	13	5	6	4	8	2	2				1				44
규슈		18	6	9	4	8	2	1	1	1	19	2				71
오키나와		7														8
합계	39	186	95	57	30	55	38	17	33	25	48	44	9	19	13	706

* 1971년 기준 반대운동단체들의 발행 자료집 등을 재구성한 통계임.
출처: 三辺夏雄ほか, 「電源立地反対運動とその論理構造−内容分析と一対比較法による分析(電源立地問題特集)」, 電力中央研究所経済研究所, 『電力経済研究』5号, 1974, 38쪽.

1970년대 초반 전국공해활동자집회나 전국공해대책연결회의(총평) 등도 확대되었다. 당시 정부는 "공해대책은 경제성장의 범위 내에서 하면 된다", "경제성장조화론"의 입장이었다. 반면 혁신자치체의 '생활환경우선' 정책은 다양한 성과로 이어지는 가운데 공해 문제는 정치현안의 핵으로 떠올랐다. 이러한 심각한 갈등상황에도 불구하고, 정부는 공업지대 증설계획을 지속해 나갔다. 그러나 현재적 관점에서 평가해 보면, 원안대로 콤비나트가 입지한 곳은 미즈시마(水島), 오이타(大分), 가시마(鹿島)에 불과했다. 어쩌면 그토록 과열된 유치경쟁에 비해 상당히 초라한 성과라 할 수 있다.[41]

1971년 당시 주민운동단체들의 총수는 약 700단체가 넘었으며, 주로 태평양공업벨트를 중심으로 나타나는 양상을 보여준다(〈표 3〉). 1950~1960년대 수력발전소 댐 건설 반대운동은 수몰·주변지역 보상비 부풀리기와 토지에 대한 불안감 등처럼 입지지점과 연관된 주민들의 반대운동이었다. 반면 1970년대 초중반 반대운동은 '석유화학콤비나트(전력시설 포함)'라는 '시설 자체를 용납할 수 없다'는 형태로 진행되었다. 요컨대 대기오염의 피해 가능성이 있는 주민 전체의 관심사가 다른 지역들과 광범위한 연대를 도모하는 양상을 낳았던 것이었다.

일본 전체 발전전력량은 60% 이상이 화력발전에 의존하는 구조로 급격히 전환되었다(〈그림 4〉). 그러나 1970년대 2차례 오일 쇼크를 겪으면서 일본 산업계의 석유의존도는 점차 감소해 갔다. 화력발전도 탈석유를 목표로 연료의 다양화와 고효율화를 도모했고, 석유대체전원(원자력, LNG화력 등)의 개발도 적극 모색되었다. 1971년 일본 최초 상업용 원자력발전소로서 도쿄전력의 후쿠시마(福島) 제1원자력발전소 1호기가 운전을 개시했다. 이후 일본의 전력업은 석유 대체 에너지의 점유율

---

41) 물론 전전부터 공업지대가 형성되었던 가와사키(川崎), 아마가사키(尼崎), 기타규슈(北九州) 등은 기존 제철소가 건설된 인접지역에 화력발전소와 석유정제공장이 더해지면서 대기오염이 한층 더 악화되었다(宮本憲一, 『日本の地方自治その歷史と未来』, 自治体研究社, 2005, 140~146쪽).

을 높이면서도, 석탄을 재이용하는 방향도 함께 진행되어 갔다.

<그림 4> 전력회사들의 발전전력량 추이(1951~2000)

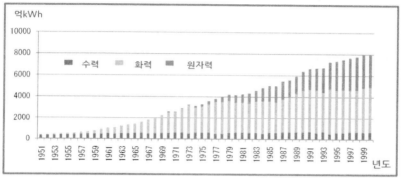

※ 1971년도까지 전력9사의 합계이며, 이후는 오키나와(沖縄)전력을 포함한 10사의 합계임.
출처: 加治木紳哉ほか, 『電力中央研究所報告Y09022: わが国の一般電気事業者の火力発電所における省エネルギーの歴史』, 社会経済研究所, 2010, 1쪽; 電気事業連合会, 『電気事業50年の統計』, 2002를 근거로 작성됨.

물론 정부도 공해방지사업단법(1965년), 대기오염방지법(1968년), 소음방지법(1968년), 공해건강피해구제특별조치법(1969년) 등을 계속 제정해 나갔다. 결국 1970년대 7월 각의결정에 의해 공해대책본부와 함께 공해각료회의가 설치되었다. 12월 공해 문제를 집중적으로 다루기 위한 '(제64임시국회)공해국회'가 소집되면서, '경제와의 조화 조항 삭제'를 포함한 관련 14법안이 가결되었다. 1973년 '공해건강피해보상법'이 제정되었다. 이후 4대 공해재판 모두 원고 측이 승소하는 등 공해를 둘러싼 사회적 인식의 변화는 '환경청'(1971년) 설립의 계기가 되었다.

5. 포스트 3·11, 수도권 화력발전소의 변화

일본에서는 1980년 대체에너지대책을 위한 신에너지·산업기술총합개발기구(New Energy and Industrial Technology Development Organization, NEDO)가 설립되었다. 이후 발전전력량에서 석유화력발전의 비율이 1973년 71.4%에서 2004년 불과 8.2%까지 급격히 저하되었다. 최근 일본은 원유뿐만 아니라 화석연료 전반의 가격 등락이 심화되는 한편, 저탄소사회의 실현을 목표로 중장기적으로 에너지공급구조의 고도화를 과제로 삼고 있다. 단지 '공해제거'만이 아닌 '공해방지대책'으로의 전환을 위해 1980년대에는 '환경영향평가조례'도 전국적으로 제정되었다. 그러나 몇 차례의 입법화 과정에도 불구하고 각 성청의 요강에 따른 부분 실시 형태('각의 결정')에 그친 한계를 여전히 가지고 있다.[42]

태평양벨트지대 콤비나트는 '일관된 마스터플랜'이 아닌, 사회경제적 변화에 대응했던 산물이었다. 수출입에 의존하는 태평양 측 임해부가 가진 공업입지로서의 우위성을 한층 강화시킨 과정이었다. 경제적 파급효과에 따른 주민의 소득과 재산가치 상승이 재정수입을 증대시켜 주민복지를 상승시킨다는 논리였다.[43] 물론 태평양벨트지대와 산요(山

---

42) 일본 수도권(1都3縣2市)은 질소, 인(燐, P)에 대한 통일된 삭감지도 등을 실시하고 있으나 그 효과는 여전히 미비한 상태에 있다. 말하자면 일본에서는 현재도 유해 화학물질과 지하수 오염 등 공해 문제는 여전히 지속되고 있다.

43) 石田賴房, 『日本近現代都市計画の展開: 1868~2003』, 自治体研究社, 209쪽.

陽), 규슈(九州) 등 거점개발에 의한 소재형산업의 비중이 높아지면서 현민 소득의 격차가 약간 완화되기도 했다.

그러나 중화학공업화과정이란 실제로 주요 관리기능은 대도시에 남기면서, 지역격차의 시정을 위해서 생산부문을 지역에 배치시키는 방식으로 진행되었다. 특히 점차 부가가치가 높은 리딩산업이 가공형 업종과 소비 관련 업종으로 변화되는 산업재구조화 과정에서 간토(関東) 내륙, 도카이(東海), 긴키(近畿) 내륙의 집적은 갈수록 심화되었다.[44] 결과적으로 대도시권의 공업출하액은 1960년대 중반부터 점차로 하락하기 시작했다. 이처럼 공간적으로 집중된 공업화 과정은 국토의 균형발전이라는 측면에서 평가해 보면 많은 문제점들을 낳은 정책이기도 했다.

앞서 지적했듯이 생활세계의 관점에서 보면, 태평양벨트 주민들은 자신들의 이해관계와 일치하는 혁신자치체를 선택하는 방식으로 대응해갔다. 그러나 산업 및 고용환경에 따라 각 지역들의 정치적 입장은 서로 달랐다. 가와사키 시의 혁신자치체는 도쿄권의 중심부에 입지해서 오히려 '환경'과 '복지'문제가 양립될 수 있었다. 일정한 공해방지 조례 등처럼 개발에 대한 제동을 거는 방식은 '태평양벨트'만이 가진 특수한 사회경제적 특성을 반영하는 것이었다.[45]

---

44) 丹辺宣彦, 「6 産業の近代化と社会的空間: 工業化, 都市化と現代社会の歴史的位置」, 北川隆吉編, 『講座社会学5 産業』, 東京大学出版会, 1999, 194쪽.

45) 반면 홋카이도(北海道)는 에너지전환이 낮은 석탄산업의 해체로 이 지역의 산업들은 갈수록 쇠퇴해 가게 되었다. 이는 태평양벨트에 대한 일종의 '노동력 공급기지'라는 역할분담을 하게 된 이 지역의 산업적 현실이 가진 구조적 한계를 탈피하지 못했기 때문이었고, 이는 태평양벨트를 제외한 다른 지역

이처럼 전력시설들이 매립사업과 공해를 둘러싼 '사회갈등'을 심화시킨 결과, 도쿄 도심에서 멀어지는 '원거리화'가 가속화되었다.[46] 고도성장기 산업화와 도시화가 낳은 공해 문제는 도쿄 도 외부로 공장들을 이전시킨 원인들 중 하나였다. 게이힌공업지대도 과거 게이힌·게이요권(京浜·京葉圈)에서 사이타마(埼玉)의 내륙부와 미나미간토(南関東) 공업지대로까지 확대된 결과, 도쿄 도심의 공해현상은 점차 개선되었다. 그러나 여전히 다른 산업시설들과 도시기능들의 집중은 지속되면서 현재 도쿄 도의 환경문제는 점차 다양화·복잡화되었다(〈부록〉[47] 참고).

2011년 3·11 동일본 대지진 당시 안전을 위해 일시 중단되기도 했으나, 2013년 9월 현재 15개 내외의 화력발전소가 가동 중에 있다. 3·11 이후 원자력의 안전성에 대한 비판 여론으로 대부분의 원자력발전소는 정지되었다. 전력의 부족분 대부분은 화력발전소가 충당하고 있다. 이처럼 화력발전은 수요의 변동에 따라 비교적 유연하게 대응할 수 있다는 장점이 있다. 따라서 화력발전은 각 지역별로 필요한 전기를 보다 안정

들이 가진 한계와도 상당히 유사한 것이었다(北島滋·鎌田彰仁, 「4 開発·工業化の伸展と地域産業構造の変容」, 北川隆吉編, 『講座社会学5 産業』, 東京大学出版会, 1999, 94~97쪽).

46) 家田仁ほか, 「第14章 エネルギーと情報のインフラストラクチャー」, 中村英夫·家田仁 編, 『東京のインフラストラクチャー: 巨大都市を支える(改訂版)』, 東京大学出版会, 2004, 405~410쪽.

47) 도쿄전력의 화력발전소 총 15개소(+(도쿄 도 연안 도서지역)내연력(内燃力) 발전소 10개소) 중에서 이바라키 현 2개소(鹿島(1971년), 常陸那珂(2003년)), 후쿠시마 현 1개소(広野, 1980년)를 제외한 화력발전소임. 도쿄전력 홈페이지 화력발전소(2013년 9월 1일 현재)와 東京湾環境情報センター(『2006年版数字で見る港湾、2006. 7』, (社)日本港湾協会), '전원개발과 기미쓰공동화력 홈페이지의 내용을 필자가 재구성.

<그림 5> 도쿄 만 해변의 화력발전소와 연료수입기지, 東京電力

출처: http://www.tepco.co.jp/forecast/html/nenryou1-j.html(검색일: 2014. 4. 15.).

적으로 공급하는 매우 중심적인 역할을 담당하고 있는 것이다.

〈그림 5〉와 같이 현재 도쿄 만 해변에는 15개소의 대규모 화력발전소가 입지해 있는 상황이다. 더욱이 이들 화력발전소 시설의 연료는 전용 수송선과 파이프라인을 통해서 공급되고 있는 상황이다. 최근 도쿄도는 도쿄권의 안정적 전력 확보를 위해 '도쿄산 전력 300만kW 창출 프로젝트' 등처럼 송전거리를 축소하는 근접 전력의 확보에도 주력하고 있다. 따라서 '2020년 도쿄' 정책은 화력발전소(천연가스)의 개·증축과 연료수입 기지 등과 같이 에너지 기지로서 도쿄 항과 도쿄 만의 중요성은 재부상하게 될 것이라 생각된다.[48]

---

48) 東京都, 『天然ガス発電所設置技術検討調査報告書』, 東京都, 2012.

<부록> 도쿄 만 임해부 화력발전소 현황(2013년 9월 1일 현재)과 대규모사업장

No.	화력발전소명	최대출력 (천kW)	운전개시 (년/월)	사용연료
0	신도쿄 (현재, 신도요스변전소)△	[4,820] 50만V	[1956/02] 2000/11	[석탄/중유/ 가스터빈]
1	요코스카(横須賀)	2,274 (253.7)*	[1960/10] 1964/05	[석탄] 중유/원유/경유/ 도시가스/경유
2	미나미요코하마(南横浜)	1,150	1970/05	(세계최초)LNG
3	전원개발 이소고(磯子)	1,200	(1967) 2002/03	(석탄) 석탄
4	요코하마(横浜)	3,325	1964/03	중유/원유/ NGL/LNG
5	가와사키(川崎)	[1,050] 2,000 (128)	1961/07 2009/02 (2011/08)	[석탄/naphtha] LNG (LNG)
6	히가시오기시마(東扇島)	2,000	1987/09	LNG
7	오이(大井)	1,050 (209)*	1971/08 (2011/09)	원유 (도시가스)
8	시나가와(品川)	[400] 1,140	[1960/03~1996] 2003/08	[석탄→원유] 도시가스
9	지바(千葉)	[600](동양 최대) 2,880 (1,002)*	[1957/04] 2000/04 (2012/07)	[석탄→원유] LNG (LNG)
10	고이(五井)	1,886	1963/06	[중유/원유]→ LNG
11	아네가사키(姉崎)	3,600 (5.6)	1967/12 (2011~2)	[중유]→중유/원유/ NGL/LNG/LPG(경유)
12	소데가우라(袖ヶ浦)	3,600	1974/08	LNG
13	훗쓰(富津)	5,040	1986/11	LNG
14	기미쓰(君津)공동화력㈜ (제철소)	1,277.9	1969	고로가스, 코크스로가스

* 최대출력량 중에서 [ ]은 운전 개시 당시이며, ( )은 2011년 동일본대지진 이후 긴급 설치 전원임.

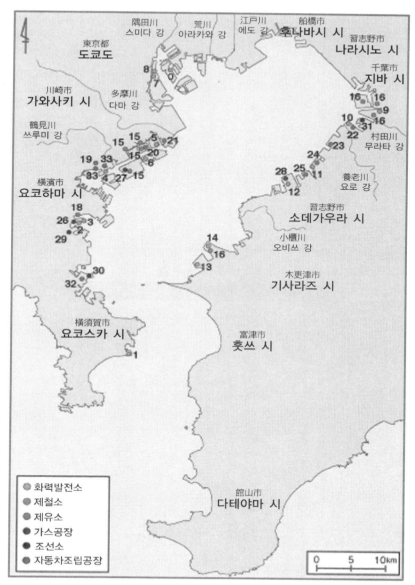

東京都
도쿄도

隅田川
스미다 강

荒川
아라카와 강

江戸川
에도 강

船橋市
후나바시 시

習志野市
나라시노 시

川崎市
가와사키 시

多摩川
다마 강

千葉市
지바 시

鶴見川
쓰루미 강

村田川
무라타 강

養老川
요로 강

橫濱市
요코하마 시

習志野市
소데가우라 시

小櫃川
오비쓰 강

木更津市
기사라즈 시

橫須賀市
요코스카 시

富津市
홋쓰 시

館山市
다테야마 시

● 화력발전소
● 제철소
● 제유소
● 가스공장
● 조선소
● 자동차조립공장

0   5   10km

※ 제철소(15~17), 제유소(18~25), 가스공장(26~28), 조선소(29~31), 자동차조립공장
(32~33). 출처: http://www.tbeic.go.jp/kankyo/sangyo.asp(검색일: 2013. 4. 10.)

현대일본생활세계총서 9

에너지혁명과 일본인의 생활세계

오사카 센리뉴타운과 에너지 소비*

진필수

1. 고도성장과 원자력

　1970년 일본 오사카 센리구릉지에서 개최된 만국박람회에서는 '원자의 등(原子の灯)'이라는 것이 켜졌다. 이 화제의 전시장을 찾은 수많은 관람객들은 첨단의 에너지기술이 인도해 줄 새로운 물질문명의 세계를 예견하면서 박람회의 슬로건이었던 '인류의 진보'에 대해 감동과 환희를 느꼈다. 당시 일본의 대중들 중에는 이것이 원자력에 대한 첫인상이자 첫 경험인 사람들이 많이 있었을 것이다.[1] 후쿠이 현(福井県) 쓰루가(敦

---

* 이 글은『지방사와 지방문화』제17집 1호(2014. 5. 31.)에 게재된「고도성장
기 일본에서의 생활의 진보와 에너지소비의 증대 – 오사카 센리뉴타운의 사
례를 중심으로」를 수정·보완한 것이다.
1) 2014년 2월 8일 방영된 NHK다큐멘터리「후쿠시마·하마도리 원전과 함께
산 지역(福島·浜通り 原発と生きた町)」에서는 1968년부터 후쿠시마제2원자
력발전소의 용지취득을 추진하던 후쿠시마 현 공무원들이 원전건설에 반대
하던 나라하마치(楢葉町) 게가야 지구(毛萓地区) 주민들을 설득하기 위해 주

賀)원자력발전소는 1970년 3월 14일 오사카만국박람회의 개막일에 맞추어 영업운전을 개시하고 원자의 등을 밝히는 전기를 송전하였다. 8월 8일에는 후쿠이 현 미하마(美浜)원자력발전소가 만국박람회장에 시험 송전을 해서 화제가 되었다.

필자는 2011년 3월 11일 도쿄에 체재하다가 동일본대지진의 여파를 체험했다. 다음 날 귀국행 비행기를 타기 위해 온종일 전철을 기다리고 갈아타서 도착한 나리타 공항에서 후쿠시마원전의 폭발 장면을 텔레비전으로 목격했다. 그 장면은 일본인들에게 큰 충격과 공포를 안겨다 주었다. 무엇보다 원전에 대한 일본인들의 인식이 급격하게 전환되는 계기를 마련하였다. 이후 일본의 학계와 전문가들은 현대 일본사회의 구조적 문제와 위기에 대한 담론을 폭발시켰으며, 특히 에너지문제에 대해 뜨거운 사회적 논란을 점화시켰다.[2]

원전문제에 대한 그동안의 논란은 최근 들어 탈원전과 원전재가동을 둘러싼 논쟁으로 귀결되는 듯하다. 과연 일본의 전력업계, 정치경제

민 150명을 모아 1970년 쓰루가원자력발전소와 오사카만국박람회 '원자의 등' 전시장을 견학시킨 일화가 등장한다. 견학을 마친 주민들은 원전의 안전성과 에너지가치를 인정하고 고용보장을 조건으로 용지취득에 응하는 태도로 돌아섰다.

2) 후쿠시마 원전사고를 계기로 한국에서도 원전의 위험성, 안전대책, 반핵운동에 대한 논의가 활성화되고 있지만(이필렬, 「후쿠시마 원전 사고의 성격과 한국 원자력발전의 위험」, 『민주사회와 정책연구』 제20호, 2011, 71~93쪽; 최예용·Akira Suzuki·이상홍·백도명, 「후쿠시마 원전사고와 한국의 원전안전정책」, 『한국환경보건학회지』 제37권 제3호, 2011, 226~233쪽; 서혁준·정주용, 「후쿠시마 원전사고와 반핵활동의 양상변화」, 『아시아연구』 제16권 3호, 2013, 93~124쪽), 정부의 에너지 정책과 원전정책에 대한 근본적 재검토를 요구하는 사회적 여론은 형성되지 못하고 있다.

체제, 사회문화체제는 '원전제로'의 목표를 설정하고 그 방향으로 나아 갈 수 있을 것인가? 2012년 12월 재집권에 성공한 아베 정권이 원전재가 동의 방향으로 나아가고 있는 데 대해 많은 비판이 쏟아지고 있다.[3] 원 전재가동의 주장 속에는 원자력 산업의 경제적 효과, 저비용 에너지에 대한 신화, 원전마을의 지역활성화 문제, 원자력 업계의 기득권, 미국을 비롯한 다른 원자력 대국들의 압력 등이 복합적으로 반영되어 있다. 또 한 현재 일본의 에너지수급 체계에서는 원전의 즉각적인 폐쇄로 나아가 는 데 현실적 난관이 존재한다는 논리도 있다.[4] 그러나 탈원전의 정당성 은 후쿠시마원전사고에서 드러난 위험 통제의 불가능성, 사고 처리의 무능함, 방사능 오염의 공포를 통해 이미 국민적 공감대를 형성하고 있 다. 나아가 탈원전의 주장 속에는 원폭의 참상 위에서 형성된 전후 일본 의 사회체제와 국민정서가 어떻게 '원자력입국'의 에너지 정책을 수용하 게 되었는가에 대해 성찰을 요구하는 목소리가 존재한다.[5]

---

3) J. Kingston, "Abe's Nuclear Energy Policy and Japan's Future," *The Asia-Pacific Journal*, Vol. 11, Issue 34, No. 1, August 19, 2013 참조. 학계와 전문 가의 비판 외에도 2013년 11월 이후 고이즈미 준이치로(小泉純一郎) 전(前) 총리의 탈원전 주장과 아베정권 비판이 일본 언론의 큰 주목을 받고 있다 (http://www.youtube.com/watch?v=QOXsnZiTjwk/, 2014. 3. 10.).

4) 2011년 동일본대지진 당시 54기의 원자로가 일본 전력의 약 30%를 공급하 고 있었다. 원자로를 영구적으로 폐쇄할 경우 신기술 재생가능에너지가 그 30%를 단기간에 대체하기는 힘들며, 당분간 화력발전의 비율을 높이고 석 탄·석유와 같은 화석에너지에 대한 의존도를 높이는 결과를 낳을 것이다. 이로 인해 새로운 공해 문제, 오일 쇼크, 자원 확보 전쟁이 벌어질 수도 있 다는 주장이 있다(R. Dujarric, "Why a Nukes-Free Future Is a False Dream", In J. Kingston(ed.), *Tsunami: Japan's Post-Fukushima Future*, Foreign Policy, 2011, pp.224~229.).

5) G. McCormack, "Building the Next Fukushimas," In J. Kingston(ed.), *Tsunami:*

이 글은 현재 일본의 원전문제나 에너지문제보다 그러한 문제들을 야기한 근원에 대해 질문을 던지는 것이다. 무엇이 원자력을 필요로 했는가? 무엇이 세계 유일의 피폭국 국민의 뇌리 속에서 핵에 대한 공포를 망각시키고 원폭과 원전의 의미 연쇄를 끊어버릴 수 있었던 것일까? 원전 도입을 둘러싼 일본의 정치 과정이나 제도정비 과정에 대한 고찰만으로는 충분하지 않다. 요시미 순야(吉見俊哉)의 지적대로, 일본의 원전문제와 에너지문제는 경제적 고도성장과의 관련성 속에서 검토하지 않으면 안 된다.6) 일본에서 원전 건설이 가장 활발했던 1960~1980년대는 경제성장이 지속된 시기였다. 이 시기 일본사회를 지배했던 진보의 이데올로기와 물질적 풍요에 대한 열망은 원자력을 '저비용'의 신에너지로 이상화시키는 작용을 했다. 원자력발전에 대한 꿈은 영원하고도 제한 없는 에너지에 대한 욕망을 담고 있었으며, 고도성장기의 시대정신과 새로운 생활문화 속에서 자라나고 있었다.

이 글은 고도성장기 일본에서 형성된 물질문명의 생활사를 현재 일본이 직면하고 있는 에너지문제와의 관련성 속에서 검토한 것이다. 이는 현대 일본의 물질문명과 에너지 소비 체계가 구축되는 시발점에 관한 하나의 논의이다. 전후 일본의 경제적 성공과 고도성장의 원인에 대한 논의는 한때 세계학계의 관심사가 되었지만,7) 고도성장에 따른 일본

Japan's Post-Fukushima Future, Foreign Policy, 2011, pp.230~239; 吉見俊哉, 『万博と戦後日本』, 講談社, 2011 참조.

6) 吉見俊哉, 『万博と戦後日本』, 3~22쪽.

7) 일본의 경제적 성공 요인은 역사적·문화적 특수성에서 비롯된 경제제도의 특성, 기업조직의 특성, 발전주의 산업정책을 추진한 국가 관료조직의 역할, 중소기업의 경쟁력 등 다양한 관점에서 분석되었으며, 1970~1980년대 미

인들의 생활 변화에 대한 구체적 논의는 의외로 많지 않았던 것 같다. 1970년대 이후 한국인들도 경험했던 바와 같이, 경제적 고도성장은 대량생산·대량소비의 상품경제체계가 확립되는 과정으로 국민들의 생활수단에 급격한 변화를 초래하였다. 수많은 가전제품의 출현과 보급으로 생활수준 향상에 대한 국민들의 욕구와 물질적 욕망이 충족되었으며, 이는 곧 에너지 소비의 급격한 증대로 연결되었다. 고도성장기 물질생활의 변화는 그동안 일본인들의 생활 경험과 기억을 통해 상식적 수준에서 인식되거나 피상적 통계나 소박한 박물학적 관심에서 이해되어 왔다.[8] 고도성장기 구체적 생활현장에서 일어난 물질생활의 변화를 체계적으로 분석한 작업은 거의 찾아볼 수 없으며, 에너지 소비에 대한 관련성도 상식적으로만 추론되어 왔을 뿐이다.

이 글은 현대 일본의 거대한 에너지 소비 체계를 형성시킨 요인으로서 고도성장기 생활수단의 급격한 변화에 주목하여 그러한 변화가 에

국의 일본학 연구를 주도한 연구주제였다(E. Vogel, *Japan as Number One: Lessons of America*, Harvard Univ. Press, 1979; R. Dore, *Flexible Rigidities: Industrial Policy and Structural Adjustment in the Japanese Economy 1970~1980*, Athlone Press, 1986; R. Samuels, *The Business of the Japanese State: Energy Markets in Comparative and Historical Perspective*, Cornell Univ. Press, 1987 등 참조).

8) 고도성장기 일본인들의 생활변화를 포괄적 사실자료와 통계자료에 의해 재구성한 연구 성과들은 어느 정도 축적되어 있으며(鵜飼正樹·永井良和·藤本憲一, 『戦後日本の大衆文化』, 昭和堂, 2000; 高度成長を考える会, 『高度成長と日本人 3社会編 列島の営みと風景』, 日本エディタースクール出版部, 1986; 高度成長を考える会, 『高度成長と日本人 1個人編 誕生から死まで』, 日本エディタースクール出版部, 2005; 高度成長を考える会, 『高度成長と日本人 2家庭編 家族の生活』, 日本エディタースクール出版部, 2005 등 참조), 본론에서 참조하는 생활도구와 가전제품에 대한 박물학적 연구도 다수 존재하고 있다.

너지 소비에 미친 영향을 검토하는 데 목적이 있다. 이 글은 고도성장기 생활의 진보를 추구했던 이데올로기와 일상생활의 실천이 저비용에너지로서의 원자력에 대한 필요와 환상을 낳았다는 인과관계를 상정하고 있다. 고도성장의 과정에서 고소득을 얻게 된 임금생활자 가정을 중심으로 생활수준 향상에 대한 욕구가 생겨나고, 사회적으로 진보의 이데올로기 내지 시대정신이 창출되었다. 고도성장기 일본인들은 새로운 생활수단의 구입을 통해 생활에서 진보를 구현하고 확인하고자 했으며, 더 많은 에너지를 필요로 하는 생활체계를 탄생시켰다. 이 새로운 물질적 생활체계를 유지시키는 사람들의 의식과 일상적 행위, 한마디로 사회적 관성이야말로 원자력에 대한 환상을 추인하고, 원전의존도를 높이는 에너지 정책의 근원적 기반이 되어 왔다.

이 글은 고도성장기 일본인들의 생활 변화를 살펴보는 축소판으로서 오사카 센리뉴타운의 사례를 분석하고자 한다. 오사카 센리뉴타운은 일본 최초의 주택신도시로서 1970년 오사카만국박람회 개최 장소에 인접한 지역이다. 주지하다시피 오사카만국박람회는 일본의 고도성장이 절정에 이른 시점에서 개최된 일본의 국가행사였으며, 센리뉴타운은 당시 일본인들의 생활의 진보를 상징하는 장소로서 널리 알려졌다. 아파트 단지가 주류를 이루는 일본의 뉴타운은 고도성장기 일본인들의 물질생활의 변화를 주도하거나 일종의 전형성을 보여주는 장소였으며, 새로운 생활시설, 주택양식, 생활수단을 담아내고 집결시키는 용기와도 같은 역할을 했다. 센리뉴타운이 건설되는 시기에 어떠한 생활수단들이 입주민생활에 새롭게 도입되었고, 이 변화가 가정생활의 에너지 소비량을 어떻게 증대시켰는가를 사실적 자료를 통해 검토하는 것이 이 글의 주된 내용이다.

필자는 2010년 11월부터 센리뉴타운에 대한 현지조사를 계속하고 있으며, 2013년 2월까지 총 7회에 걸쳐 평균 3～4일의 방문조사를 실시하였다. 이 글의 자료는 2012년 10월 12～17일과 11월 22～27일, 두 번의 방문조사에서 주로 수집된 것이다. 2012년 9월 15일부터 11월 25일까지 센리뉴타운에서는 입주(まち開き) 50주년 기념행사들이 열렸다. 필자는 이 행사들을 기획하고 실행한 전문가 및 주민들을 인터뷰하여 뉴타운 형성 시기의 생활사에 관해 기초적인 자료를 수집할 수 있었다. 또한 1960년대 생활수단의 변화를 추적하기 위해 센리도서관에서 당시의 지역신문을 검색하였으며, 센리뉴타운 주민들의 에너지 소비에 관련된 자료를 얻기 위해 스이타 시청을 방문하여 1960～1970년대 스이타 시 통계서(吹田市統計書)를 입수·분석하였다.

2. 신생활의 전시장

고도성장(high economic growth)은 대개 경제적 영역에 의해 추동된 단기간의 급속한 물질적 성장을 지칭하지만, 생활사적 의미는 여기에 국한되지 않는다. 고도성장은 사회적·정치적 영역에서 진보(progress)와 발전(development)의 이념을 정당화하는 정책이 추진되고, 국민 생활문화의 변화와 이에 대한 긍정적 추인이 진행되는 과정을 포괄하는 것이다. 국민들이 진보나 발전을 이데올로기로만 받아들이는 것이 아니라, 새로운 문화변동 속에서 체감할 수 있어야만 고도성장은 자기완결적 과정으로서 지속될 수 있다.

요시미 순야(吉見俊哉)는 1960년대 이케다(池田) 내각의 소득배증 계획과 같은 언어정치, 1970년 오사카만국박람회 이후 만국박람회 열풍에 따른 이미지정치를 통해 고도성장기 발전주의 이데올로기가 대중들에게 수용된 것으로 보고 있다.[9] 그러나 이러한 견해는 진보나 발전에 대한 대중들의 의식을 지나치게 조작적이거나 허구적인 것으로 보게 만들 위험이 있다. 필자는 진보나 발전을 국민들로 하여금 생활 속에서 체감하게 만드는 국가의 정책이 시행되었다는 점에 주목할 필요가 있다고 본다. 그것을 잘 보여주는 것이 거대한 규모로 늘어나는 도시 임금 생활자들의 주거안정 대책이다. 아파트 단지로 가득 찬 일본의 뉴타운과 한국의 신도시는 고도성장기 도시 주거안정 대책의 산물이며, '생활의 진보', '생활의 고도성장'을 경험하고 인식하게 만드는 장치였다고 할 수 있다.

---

9) 吉見俊哉, 『万博と戦後日本』, 30~45쪽.

용지구분	면적비율	시설	세부사항
주택용지	44%	아파트	오사카부영주택 10,332호, 오사카부주택공급공사 주택 4,767호, 일본주택공단 주택 9,636호, 기업사택 6,366호, 합계: 31,101호
		단독주택	합계: 6,229호 주택총합: 37,330호
상공업시설 용지	4%	근린센터 13개소, 지구센터 3개소, 서비스시설센터 2개소	
공공시설 용지	6%	관공청시설 및 문화시설	출장소, 파출소, 소방서, 문화센터 등
		교육시설	초등학교 12개소, 중학교 6개소, 고등학교 4개소, 유치원 등
		의료시설	병원 2개소, 진료소 12개소
공원녹지	24%	아동공원, 놀이터, 근린공원, 지구공원, 수로용지, 주변녹지 및 기타	
도로	22%	간선도로 및 구획가로, 세가로, 철도 및 역, 버스터미널, 주차장	
합계	1,160ha	◎기타시설: 상하수도, 가스, 전기, 전화전보, 우편, 쓰레기장 등	

일본의 정부, 지자체, 대규모 건설업 자본은 1950년대 중반부터 콘크리트 구조물로 된 아파트 단지의 건설과 아파트 단지가 집중 배치된 뉴타운 건설의 실험을 시작했다. 이 실험은 1960년대 오사카 센리뉴타운이 전국적으로 명성을 떨치면서 성공을 거두었다. 센리뉴타운은 일본 최초의 대규모 뉴타운(300ha 이상)으로서 1970년 오사카 만국박람회와 연동되어 당시 일본의 번영과 신생활의 동경을 상징하는 장소가 되었다. 센리뉴타운은 아파트 주택양식에 대한 인식이 변화되는 계기를 마련하였으며, 이후 붐을 일으킨 일본 뉴타운 건설에 있어 하나의 성공모델이 되었다.

센리뉴타운은 1962년 9월 주민들의 입주가 처음 시작된 지 50년이

---

10) 大阪府, 『千里ニュータウンの建設』, 1970에서 발췌함.

지난 뉴타운이다. 주민들의 입주는 1962~1970년에 걸쳐 진행되었으며, 오사카만국박람회가 열린 1970년 건설 공사가 완료되었다. 건설주체는 오사카 부 기업국이며, 면적 1,160ha, 계획인구 15만 명, 공급주택 호수 37,330호(아파트 31,101호, 단독주택 6,229호)의 내용으로 건설되었다. 최초 건설 당시의 센리뉴타운 개요는 〈표 1〉과 같다.

일본 국토교통성의 자료에 따르면, 2012년 3월 말 일본 전국의 뉴타운 수는 2,010개소에 이르렀으며, 이 중 300ha 이상 대규모 뉴타운은 63개소였다. 센리뉴타운은 대규모 뉴타운으로서는 일본 최초의 뉴타운이며, 분양 및 임대 과정에서 입주 신청이 쇄도하기 시작한, 최초의 성공한 뉴타운이다. 일본의 대표적 뉴타운으로서 도쿄 근교에 있는 다마(多摩)뉴타운은 1971~2000년까지 개발사업이 진행되었고, 다마전원도시는 1966~2014년 현재까지 개발사업이 계속되고 있다. 센리뉴타운의 성공으로 일본에서는 뉴타운 건설이 붐을 이루게 되었는데, 센리뉴타운은 많은 뉴타운 건설에서 모방의 대상이 되었다. 예를 들어, 1967년~1982년 오사카 시 남쪽 근교에 건설된 센보쿠(泉北)뉴타운과 1968년~1981년 나고야 시 근교에 건설된 고조지(高蔵寺)뉴타운은 공간 배치와 주택 양식이 센리뉴타운과 매우 유사한 양상을 나타내고 있다.

센리뉴타운(千里ニュータウン)은 오사카 시 북쪽 근교에 위치하고 있으며, 행정구역은 스이타 시(吹田市)와 도요나카 시(豊中市) 두 곳에 걸쳐 있다. 〈그림 1〉의 오른쪽 그림을 통해서 보면, 중앙의 굵은 점선이 남북으로 그어진 두 행정구역의 경계를 표시하고 있다. 근린주구 이론에 따라 건설된 센리뉴타운에는 총 12개의 주구(住区)가 있다. 하나의

〈그림 1〉 센리뉴타운의 위치와 12개 주구

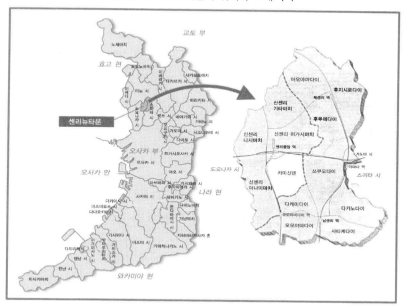

주구는 2,000~4,000호 정도의 주택으로 구성되어 있다. 센리뉴타운의 12개 주구는 각각의 이름을 가지고 있으며, 1962년부터 주민들의 입주 시기에 따라 순차적으로 형성되었다.

　　1966~1970년에 입주가 진행된 신센리 기타마치(新千里北町), 신센리 히가시마치(新千里東町), 신센리 니시마치(新千里西町), 신센리 미나미마치(新千里南町)의 4개 주구는 도요나카 시의 행정구역에 속해 있으며, 센리중앙 지구를 이루고 있다. 지구센터가 있는 센리중앙(千里中央) 역 일대는 센리뉴타운 전체의 중심지이다. 1964~1965년 입주가 진행된 후루에다이(古江台), 후지시로다이(藤白台), 아오야마다이(青山台)의 3

개 주구는 스이타 시의 행정구역으로서 북센리 지구를 구성하고 있으며, 북센리(北千里) 역 일대가 지구센터를 이루고 있다. 1962~1968년에 입주가 진행된 사타케다이(佐竹台), 다카노다이(高野台), 쓰쿠모다이(津雲台), 모모야마다이(桃山台), 다케미다이(竹見台)의 5개 주구는 스이타 시의 행정구역으로서 남센리 지구를 구성하고 있으며, 남센리(南千里) 역 일대가 지구센터이다.

센리뉴타운의 인구는 1970년 3월 말 당시 108,664명을 기록했으며, 1975년 3월 말 당시 129,860명으로 절정을 이루었다. 이후 인구는 점진적으로 감소하여 2010년 3월 말 당시 89,337명을 기록하였다. 2000년대 후반부터는 정주 성향이 강한 주민들의 급속한 고령화와 주택 노후화에 따른 재건축이 지역사회의 주요한 문제가 되고 있다.[11]

센리뉴타운 건설은 1950년대 후반 일본의 고도성장 과정에서 발생한 도시의 주택난을 해결하기 위해 계획되었다.[12] 이촌향도의 사회적 추세 속에서 오사카 지역은 폭발적인 인구 증가가 진행되었다. 이주민들의 주거지를 확보하기 위해 난개발이 성행하였으며, 소규모의 공공주택 공급으로는 늘어나는 인구의 주택 수요를 감당할 수 없었다. 오사카부는 급속한 경제발전에 발맞추기 위한 지역개발 계획을 구상하였으며, 1962년 지역의 균형 발전을 위한 3대 프로젝트를 제시하였다. 사카이

---

11) 진필수, 「일본 신도시의 고령화 문제와 이에(家)제도의 해체 양상 – 오사카 센리뉴타운의 사례」, 『비교민속학』 제50집, 2013a, 225~262쪽; 진필수, 「일본 신도시에 있어 고령화 문제와 지역조직의 양상 및 역할 –오사카 센리뉴타운의 사례」, 『지방사와 지방문화』 제16권 1호, 2013b, 295~345쪽.
12) 片寄俊秀, 「千里ニュータウンの研究: 計画的都市建設の軌跡·その技術と思想」, 京都大学博士学位論文, 1979, 38~40쪽.

(堺)·센보쿠(泉北) 임해공업지대 조성, 센리뉴타운(千里ニュータウン) 건설, 그리고 이 두 지역을 연결하는 오사카중앙순환도로(大阪中央環状線) 건설이 그것이었다.

센리뉴타운 개발사업은 1970년 오사카 만국박람회 개최라는 국가 프로젝트와 연동되었기 때문에 성공할 수 있었다는 지적이 있다. 일본 고도성장의 상징인 1964년 도쿄올림픽의 관서지방판이라고 불렸던 오사카 만국박람회가 센리뉴타운 개발사업의 의미를 국가 프로젝트로 격상시켰다. 센리뉴타운 건설은 오사카 만국박람회장 공사와 세트가 되어 요시미 순야가 말하는 고도성장기 이미지 정치의 핵심자원이 되었다. 1965년 9월 오사카 만국박람회 개최가 결정된 이후 센리뉴타운은 천황가 일족, 수상을 비롯한 정부 고위관료, 국빈 인사들이 시찰을 다녀갔다. 미디어의 이미지 창출도 중요한 역할을 했다. 예를 들어 1965년 7월 개봉된 요시나가 사유리(吉永小百合) 주연의 영화 〈청춘의 거리(青春のお通り)〉에서와 같이, 센리뉴타운은 건설공사가 한창 진행될 때부터 고도성장기 신생활의 풍경을 형상화하는 장소로 미디어에 등장하곤 했다. 센리뉴타운은 당시 일본의 번영과 발전을 상징하는 장소로서 '생활의 진보', '생활의 고도성장'을 국내외에 입증해야 하는 장소가 되었다. 그 결과 최초의 개발계획을 훨씬 뛰어넘는 수준의 생활기반 시설들이 구축되었으며, 주민들은 아파트 단지의 주택양식에 신생활의 꿈을 투영하고 새로운 생활수단의 도입에 따른 변화를 적극적으로 수용하였다.

뉴타운 입주민들은 아파트 주택양식이나 뉴타운의 생활환경에 대해 처음부터 진보적이거나 서구적이라는 식의 긍정적 이미지를 갖고 있지는 않았던 것 같다.[13] 센리뉴타운 주민들은 1960년대 중반까지 통근수단, 탁아소, 목욕탕 등의 부족과 공사현장의 먼지 및 소음으로 인해 많은 불편을 겪었고, 자치회 조직을 통해 다양한 생활개선 운동을 전개하였다.[14] 협소하고 불완전한 설계의 생활공간에 주민들 스스로가 신생활의 욕망과 이미지를 투영하고, 그 생활공간을 변화시켜 나가는 과정 속에서 센리뉴타운은 정계와 미디어가 창출하고자 했던 이미지에 걸맞게 신생활의 전시장으로 탈바꿈했던 것 같다. 이 과정 속에는 다음 장에서 분석할 새로운 생활수단의 활발한 도입과 물질생활의 급격한 변동이 있었다.

---

13) 1962년 9월 사타케다이에 입주했던 2명의 주민은 2012년 11월 필자와의 인터뷰에서 입주 초기 생활의 고충에 대해 많은 이야기를 했다. 77세(인터뷰 당시)의 남성인 TK씨는 오사카 시내의 문화주택(文化住宅)에 살다가 결혼과 함께 센리뉴타운에 입주했다. 그는 단지생활에 대한 동경을 가지고 있었지만, 처음 입주했을 때는 새로운 생활환경에 대한 위화감이 훨씬 컸다고 한다. 무엇보다 출퇴근 때의 교통 불편이 심각했으며, 식사는 방에서 하는 것인데 변소와 부엌 및 식당(dining kitchen)이 가까이 있는 것이 불쾌했다. 특히 아파트에 욕실이 없는 것은 큰 충격이었다. 내집 마련으로 주택난에서 벗어났다는 안도감이 가장 큰 기쁨이었다. 수세식 변소와 베란다는 새로운 생활의 느낌을 안겨다 주는 요소였으며, 아파트의 철근 구조물도 이국적 느낌을 주는 것이었다고 한다. 82세(인터뷰 당시) 여성인 NA씨는 센리뉴타운에 입주하기 이전부터 수세식변소가 있는 1DK의 철근콘크리트 주택에 살았었기 때문에 입주 초기에는 새로운 느낌이 거의 없었다고 한다. 다만 이 진술들은 TK씨와 NA씨가 2DK의 부영주택 입주자라는 점을 감안하고 들을 필요가 있다. 그 수가 많지는 않았지만, 단독주택과 3LDK 아파트 입주자들의 초기 생활경험은 이보다 긍정적인 부분이 더 많았을 것이다.
14) 山本茂, 『ニュータウン再生: 住環境マネジメントの課題と展望』, 学芸出版社, 2009; 진필수, 「일본 신도시에 있어 고령화 문제와 지역조직의 양상 및 역할 오사카센리뉴타운의 사례」 참조.

3. 1960년대 생활수단의 변화

　일본의 고도성장기는 일반적으로 신무경기(神武景氣)라는 호황이 시작된 1955년부터 제1차 오일쇼크가 발생한 1973년까지를 지칭한다. 센리뉴타운이 건설된 1962~1970년은 도쿄올림픽과 오사카만국박람회라는 두 가지의 대규모 국가이벤트를 계기로 일본의 고도성장이 가속화되고 경제발전이 국민생활의 진보로 파급되는 시기였다. 일본에서 1960년대는 도시와 농촌 가릴 것 없이 신생활로의 변화, 새로운 생활도구와 생활수단의 도입이 급진전된 시기라고 볼 수 있다.

　대규모의 종합적 계획에 따라 건설된 센리뉴타운의 공간구조, 주택양식, 주택설비는 새로운 생활수단의 도입을 용이하게 하는 부분이 있었다. 초기 입주민들의 생활 고충에도 불구하고, 센리뉴타운의 설계에는 진보적이고 서구적 이미지의 신생활의 모습을 실현할 수 있는 혁신적 요소가 잠재되어 있었다. 광대한 토지를 이용한 쾌적한 공간 배치와 콘크리트 구조물 중심의 경관이 서구 전원도시의 풍경을 연상시키는 데가 있었다. 도로의 폭이 넓고 바둑판 모양의 도로망이 사방으로 연결되어 자동차 사회로의 전환을 가능하게 했으며, 대형 쇼핑센터를 포함한 상점가의 구성은 대중소비사회의 공간적 면모를 엿볼 수 있게 만들었다. 아파트가 주류를 이룬 센리의 주택공간은 일본주택공단이 보급하기 시작한 2DK나 nLDK[15]의 구조로 구획되었으며, 37,000호가 넘는 가정에

---

15) n은 방의 개수, L은 거실, D는 식당, K는 부엌을 뜻하는 것으로, 1950~1960년대 아파트의 표준화된 주택양식이 보급되면서 주택의 구조와 크기를 표

표준화된 주택설비가 일거에 장착되었다. 가스, 전기, 수도가 원활하게 공급되었으며, 구획된 공간마다 전등이 달렸고 가전제품을 손쉽게 사용할 수 있게 되었다. 또한 80% 이상이 임금생활자 가족으로 구성된[16] 센리뉴타운 주민들은 경제성장에 따른 소득상승과 구매력 확대로 대중소비사회의 유행을 주도하는 입장에 설 수 있었다.

3.1. 입주 초기 아파트생활의 재현

2012년은 센리뉴타운 입주 50주년이 되는 해로 각종 기념행사가 열렸다. 뉴타운의 자치회, 행정, 시민단체의 임원들로 구성된 입주 50주년 기념사업 실행위원회는 2012년 9월 15일부터 11월 25일까지, 스이타시립박물관은 10월 13일부터 11월 25일까지 다양한 기념 이벤트를 개최하였다. 이 글의 논의와 관련하여 두 가지의 흥미로운 이벤트를 소개하고자 한다.

3.1.1. 고베여자대학 가정학부의 생활재현 모형

고베여자대학 가정학부 가지키 노리코(梶木典子) 교수는 센리뉴타

현하는 용어로 일본에서 통용되고 있다. 2DK는 방 2개와 부엌과 식당을 갖춘 주택을 말한다(水牛くらぶ(編), 『モノ誕生「いまの生活」』, 晶文社, 1990, 110~169쪽).

16) 1973년의 한 조사결과에 따르면, 당시 성인남성의 약 80%가 사무관리직과 기술직에 종사하고 있었으며, 자영업과 숙련·단순노무직 종사자는 각각 10%에도 미치지 못했다. 성인여성의 경우에는 전업주부가 70%를 상회하고 있으며, 직장에 통근하는 여성은 10%에도 미치지 못했다(大阪府千里センター, 『千里ニュータウン: 人と生活』, 大阪府千里センター, 1973, 15쪽).

운 50주년 행사의 일환으로 대학원생 및 학부생 약 20명의 도움을 얻어 입주 초기 오사카부주택공급공사 주택과 오사카부영주택의 모형을 제작해서 스이타시립박물관에서 전시하는 활동을 하였다. 제작팀은 과거 생활상을 재구성하기 위해 2012년 7월부터 주민들에 대한 인터뷰 조사와 지금까지 남아 있는 실제 주택에 대한 실측 조사를 실시하였다. 모형은 실물의 15/100 크기로 제작되었으며, 1962년 완성된 2DK 구조의 아파트를 모델로 하되 재현 시점은 1964년 도쿄 올림픽이 열리던 시기로 설정되었다.

〈그림 2〉 공사주택 모형   〈그림 3〉 부영주택 모형

주민들의 기억과 제작팀의 기술적 역량에 따라 생략되거나 강조된 부분이 있을 수 있지만, 이 모형은 1960년대 중반 센리 주민들의 생활상을 파악하는 기초자료로서 활용될 여지가 있다. 첫째, 주방과 식당이 일체화된 다이닝키친(Dining Kitchen, 축약어로 DK)이 등장한 모습에 주목할 필요가 있다. 다이닝키친에서는 입식 생활이 전개되고 있지만, 방에는 다다미가 깔려 있고 좌식 생활이 유지되고 있다. 완전한 입식생활로

의 전환은 일어나지 않았다. 다이닝키친은 1955년 발족된 일본주택공단이 일본 전국의 아파트 단지에 보급한 것으로, 일본의 종래 주거방식에서는 분리되어 있던 주방과 다실(茶の間: 식사장소이기도 함)을 일체화한 것이었다. 일본주택공단의 1950~1960년대 홍보물에는 가전제품으로 가득 찬 다이닝키친의 조리풍경과 식사풍경이 게재되곤 했다. 냉장고는 다이닝키친에서 빠질 수 없는 생활도구로 이미지화되었으며, 취사 및 조리에 필요한 다양한 가전제품이 다이닝키친과 세트가 되어 신생활의 모습을 형상화하였다. 이 모형에서도 다이닝키친의 전화(電化)가 시작되고 있는 것을 확인할 수 있으며, 센리뉴타운에서도 거실공간이 추가된 2LDK, 3LDK의 아파트와 단독주택의 경우에는 가전제품 도입이 더욱 활발하게 진행되었을 것이다.[17]

둘째, 입주 초기의 생활도구와 가전제품으로 기억되는 품목의 수는 많지 않다. 모형을 통해 다리미, 재봉틀, 레인지, 세탁기, 전화, 냉장고, 텔레비전, 토스터, 믹서, 아기침대 등의 생활용품을 확인할 수 있었다. 물질적 생활수단의 측면에서 아직까지는 단출한 살림살이였다는 기억이 지배적이다.[18] 냉장고, 세탁기, 흑백텔레비전은 1950년대 중반부터

---

17) 1950~1960년대 건설된 2DK, nLDK의 아파트 주택양식 및 주택설비와 가전제품 설치의 친화성은 여러 문헌을 통해서 확인할 수 있다(鵜飼正樹·永井良和·藤本憲一, 『戦後日本の大衆文化』, 43쪽; 高度成長を考える会, 『高度成長と日本人 2家庭編 家族の生活』, 36~43쪽).

18) 센리뉴타운의 네이티브 연구자이며, 입주 50주년 기념행사의 실행위원장으로서 이 모형의 제작을 의뢰한 오쿠이 다케시(奥居武)씨는 가재도구의 품목에 있어 제작팀에 의한 가감이 거의 없었다고 평가했다. 1964년 5살의 나이로 부모와 함께 뉴타운에 입주한 오쿠이 씨는 모형에 나온 품목의 수가 당시의 평균적 가정에 비해 많은 편이라는 점과 1960년대 후반부터 가전제품

삼종의 신기(三種の神器)라 불리면서 급속히 보급되었고, 이후 생활수단의 급격한 변화를 알리는 신호탄이었다.[19] 다리미와 재봉틀은 고도성장기 이전부터 일본 가정에 널리 보급되어 있었다. 전화는 1960년대 중반까지 가설적체가 심했기 때문에 1964년경에는 그리 많은 가정에 설치되어 있지 않았지만, 주민들에게는 강렬한 기억으로 남아 있는 것 같다. 모형을 관람한 센리 주민들 중에는 텔레비전 구입에 대한 기억을 이야기하는 사람들이 많았다. 1959년 당시 황태자의 결혼식을 보기 위해 흑백텔레비전을 구입하고, 1964년 도쿄올림픽을 보기 위해 대형텔레비전을 구입하는 사람들이 많았다는 이야기를 들을 수 있었다.

셋째, 수세식변소와 욕실에 대한 주민들의 기억이 강하게 남아 있다. 수세식변소는 센리뉴타운에 입주하기 이전부터 사용해본 사람들이 적지 않았지만, 좌변기가 설치된 서양식 수세식변소는 대부분의 입주민들이 처음 접해보는 것이어서 다른 사람들에게 사용법을 묻는 경우가 많았다고 한다. 센리뉴타운 입주민들에게 있어

〈그림 4〉 바스올

집안에 욕실을 갖게 된 것은 자기 집을 갖게 된 것 이상으로 기쁜 일이었다고 술회되고 있다. 그러나 뉴타운 내에는 욕실이 설치되지 않은 아파트가 다수 존재했다. 〈그림 3〉 부영주택 모형의 좌하부분 발코니에 '바

19) 高度成長を考える会, 『高度成長と日本人 3社会編 列島の営みと風景』, 2쪽.
의 도입이 급속하게 진행된 사실을 지적했다.

스올(バスオール)'이라는 이동식 욕조가 설치된 것을 볼 수 있다. 바스올은 부영주택 주민들이 개별적으로 구입·설치하여 자가욕실로 사용한 것이다. 스이타시립박물관과 센리정보관에는 〈그림 4〉와 같은 실물이 전시되어 있는데, 욕조 내의 샤워기를 수도관에 연결하여 사용하도록 되어 있다. 1960년대 후반 센리에서 유행한 생활용품이므로 1964년 시점을 재현한 모형에 들어가는 것은 실제 사실과 맞지 않다.

3.1.2. 사타케다이 타임슬립관

센리뉴타운 입주 50주년 기념행사 중에는 뉴타운 타임슬립전(ニュータウンタイムスリップ展)이 많은 인기와 주목을 받았다. 뉴타운 타임슬립전은 남센리역 센리정보관(千里情報館)과 사타케다이(佐竹台) 타임슬립관, 두 곳에서 열렸다. 그중에서도 사타케다이 타임슬립관은 현존하는 첫 입주자의 실물 아파트로서 초기 입주민들로부터 과거 생활용품을 수집하여 전시하는 행사를 하였다. 사타케다이 타임슬립관은 〈그림 3〉 부영주택 모형의 실물이기도 하다.

〈그림 5〉 부영아파트의 거실 풍경과 히바치 　　　　〈그림 6〉 부엌의 히바치

사타케다이 타임슬립관에서 주목할 만한 것은 히바치(火鉢)라는 생활도구이다. 히바치는 초기 입주자들이 이전 주거지에서 가지고 온 생활용품인데, 목재로 된 통 안에 숯이나 연탄을 넣어 난방, 급탕, 취사에 사용하는 도구였다. 겨울에는 방, 부엌, 거실의 주거 공간마다 히바치를 설치하여 난방을 하였다. 타임슬립관의 원래 거주자였던 NA씨는 입주 후 1~2년, 즉 1963~1964년까지 히바치가 주변에서 흔히 사용된 것으로 기억하고 있으며, 1966년경 등유를 사용하는 아라진 스토브[20]로 대체되었다고 한다. 1960년대 후반에는 가스식 급탕기가 보급된 것으로 기억한다. 히바치 사용의 쇠퇴는 1960년대 오사카 지역에서 가정용 연료가 목탄이나 석탄에서 석유로 변화하는 양상을 보여주고 있다.

3.2. 지역신문 『뉴타운(ニュータウン)』 기사에 대한 분석

필자는 1960년대 센리뉴타운의 가전제품 보급과정을 좀 더 체계적으로 분석하기 위해 지역신문의 광고와 생활관련 기사를 검토하는 작업을 하였다. 1960년대 센리뉴타운에는 『센리타임즈(千里山タイムス)』, 『센리(千里)』, 『뉴타운(ニュータウン)』이라는 세 개의 신문이 있었다. 이 중에서도 『뉴타운』은 1964년 5월 당시 센리뉴타운의 자치회연합회에 의해 창간된 지역신문으로서 가전제품 관련 광고 및 기사가 가장 많이 실린 지역신문이었기 때문에 필자는 창간호부터 오사카만국박람회가 열린 시점까지 1964~1970년의 기사 내용을 분석하였다.

---

20) 영국의 알라딘(Aladdin)사가 개발한 석유스토브로서 1950년대 말부터 일본에 수입되어 선풍적인 인기를 누렸다고 한다.

광고 내용에 대한 분석에 앞서, 광고의 주체를 파악하는 작업이 선결될 필요가 있다. 1964년 5월『뉴타운』이 창간된 시점에서 센리뉴타운의 가스공급 업체인 오사카가스(大阪ガス)가 서비스대리점을 이미 운영하고 있었다. 쓰쿠모다이가스센터(津雲台ガスセンター)는 남센리지구 상점가에 위치하고 있었으며, 이후 북센리지구 상점가가 개업하면서 북센리가스센터(北千里ガスセンター)가 생겼다. 가스공급 업체의 서비스대리점에서 전기연료의 가전제품과 경쟁하는 가스연료의 생활용품을 판매하고 있었다는 것은 주목할 만한 일이다.

1964년 11월에는 과거 마쓰시타전기산업(松下電器産業)[21]의 가전제품 브랜드, 나쇼날(ナショナル, NATIONAL)의 대리점인 후지야(ナショナルショップ フジヤ)가 개업하였다. 후지야는 남센리지구 상점가에 위치하고 있었으며, 마쓰시타전기가 내세운 유명한 사업전략이었던 애프터서비스의 중요성을 광고 문구에 자주 삽입하였다. 1965년 1월부터는 주식회사 히타치제작소(日立製作所)의 체인대리점들이 광고를 내고 있다. 센리뉴타운 내에 히타치 대리점은 센리야마전화스토어(千里山電化ストア: 사타케다이에 위치함), 다카노다이전화숍(高野台電化ショップ), 쓰쿠모다이전화숍(津雲台電化ショップ), 후루에다이전화숍(古江台電化ショップ)으로 네 군데 있었다. 1965년 9월부터는 아오야마다이(青山台) 근린센터에 위치한 코로나전화(コロナ電化)의 광고를 자주 볼 수 있다. 코로나전화는 오사카 부 모리야마 시(守口市)에 본점을

---

21) 2008년 10월부터 구 마쓰시타그룹은 회사명을 파나소닉(パナソニック, PANASONIC)주식회사로 개칭하였다.

둔 가전제품 체인대리점으로, 나쇼날 제품을 주류로 하면서도 다른 회사의 제품도 함께 판매하고 있었다. 1967년 2월에는 북센리지구 상점가에 센리샤프전화센터(千里シャープ電化センター)가 개업하여 주기적으로 광고를 게재했다. 그 외의 광고주체는 광고 빈도가 매우 낮거나 조명기구, 바스올, 자동차 등 특정 제품에 대한 광고를 게재했다.

1970년대 초반의 한 조사결과이긴 하지만, 센리뉴타운 주민들이 뉴타운 내에서 가전제품을 구매하는 비율은 30~40%로 나타났다.[22] 주민들의 교통수단이 상대적으로 부족했던 1960년대 중반에는 뉴타운 내의 구매비율이 조사결과보다 높았을 것으로 생각되지만, 어차피 지역신문 광고에 등장한 가전제품은 뉴타운 주민들의 구매물품을 나타내는 것이라기보다 새로운 생활수단이 도입되는 경향성을 나타내는 것으로 볼 필요가 있다. 1960년대 중반 센리뉴타운 주민들의 소득수준은 〈표 2〉를 통해 확인할 수 있다. 표에 나타난 월평균소득액을 기준으로 당시 가전제품 및 생활수단의 체감가격을 가늠해볼 수 있을 것이다.

격주로 발간된 약 7년분의 신문기사를 통틀어 볼 때, 뉴타운 주민들의 가전제품 구입에 있어 하나의 전환점을 파악할 수 있게 만드는 기사가 있다. 1967년 6월 25일 자 신문에 게재된 '전기제품 고장발견법'이라는 기사이다. 이 기사는 이미 각 가정에 20종 이상의 전기제품이 보급되어 있다는 것을 전제로 고장의 발견과 대처법을 다루고 있다. 보급된 가전제품으로서, 냉장고, 텔레비전, 세탁기, 다리미, 토스터, 전기밥솥 등

---

22) 大阪府千里センター, 『千里ニュータウン: 人と生活』, 大阪府千里センター, 1973, 29쪽.

<表 2> 1966년 센리뉴타운의 세대주 연령별 월평균소득[23]

세대주 연령	월평균소득
25~29세	37,400엔
30~34세	50,160엔
35~39세	54,690엔
40~44세	65,370엔
45~49세	72,530엔
50~54세	67,100엔
55~59세	62,800엔
60~64세	55,370엔

이 예시되어 있다. 1967년 6월을 기점으로 볼 때 가전제품의 새로운 품목은 대부분 이 시점까지 등장하며, 1967년 6월 이후에는 바겐세일이나 기능이 고도화된 신제품의 광고가 주류를 이루고 있다. 센리뉴타운에서 새로운 생활수단의 품목이 대략적으로 갖추어지는 것은 1967년까지라고 볼 수 있으며, 그 이후에는 컬러텔레비전, 에어컨, 자동차의 이른바 3C와 함께 기존 품목의 새로운 모델이나 부수적 생활편의를 충족시키는 생활수단이 도입된 것으로 보인다.

〈생활용품 광고 및 관련 기사 목록(괄호 안은 게재 연월일)〉
A. 1967년 6월 이전 기사: 전기냉장고 및 얼음냉장고의 가동원리, 전기세탁기(이상 64. 5. 25), 형광등, 수도요금 및 목욕탕 문제, 전화국 신설 계획(이상 64. 7. 5), 수영장(64. 8. 2), 석유스토브, 전자두뇌 라디오, 대형텔레비전, 자동차교습소, 전기청소기, 스테레오, 테이프리코더(이상 64. 10. 4), 선풍기, 가스식 세탁건조기, 카메라(이상 64. 11. 1), 열장고

---

23) 『뉴타운(ニュータウン)』 1966년 8월 7일 기사.

(65. 1. 5), 가스식 전자동밥솥(65. 3. 7), 가스냉장고(65. 4. 4), 가스급탕기(65. 9. 5), 전화가설 및 적체 상황(65. 11), 전기모포, 고타쓰, 전동오르간, 피아노, 스테레오(이상 65. 12. 5), 코인세탁소(66. 2. 6), 형광등스탠드, 연필깎이, 테이프리코더(66. 3. 27), 도어선반부착 전기냉장고, 욕실등, 정원등, 바스올, 리모트컨트롤 스테레오·텔레비전 복합기, 컬러텔레비전, 전자동세탁소, 스테레오·테이프리코더 복합기(66. 5. 22), 2냉식 가스냉장고, 에어컨(이상 66. 6. 5), 자동차 코루토1100(66. 9), 가스식 자동압력밥솥, 가스레인지, 가스식 오븐(이상 66. 10. 2), 자동차 카로라1100(66. 11), 67년형 가스스토브, 자동차소유자 카클럽 결성(이상 66. 11. 27), 67년형 전기냉장고, 조기설치 조건 에어컨 판매(이상 67. 4. 23)

B. 1967년 6월 이후 기사: 주차문제 대소동(67. 7~8), 백열등스탠드(67. 9), 형광등과 백열등의 구분사용법(68. 2. 25), 19인치 컬러텔레비전 바겐세일(68. 5. 5), 헤어드라이어 세일, 전기면도기 세일, 튀김용 전기냄비 세일, 주스기(juicer) 세일(이상 68. 7. 21), 전화 10,000대 돌파(68. 9), 바비큐/중화요리용 곤로, 가스식 적외선스토브 세일, 다코야키제조기 세일(이상 68. 10. 27), 석유스토브 특가세일(68. 12. 1), 69년형 가스식 냉동냉장고(69. 3. 2), 석유, 가스, 전기스토브 보관법(69. 3. 16), 타이머 부착 선풍기 세일, 전 채널 부착 휴대용 컬러텔레비전 세일, 탈수기 부착 세탁기 세일, 환풍기 세일(이상 69. 7. 6), 적외선 건강고타쓰, 전기방석, 족온기(69. 12. 7), 핸디타입 가스식 밥솥(70. 2. 1), 센리중앙지구 일본 최초 건물전체 냉난방급탕시설 설치(70. 3. 8), 식기세척기(70. 3. 22), 70년형 전자동 전기냉동냉장고(70. 7. 5)

다음으로는 다양한 생활수단의 변화 추세와 그 의미를 품목별로 검토해 보고자 한다. 1965년 8월 1일 자 쓰쿠모다이가스센터의 광고에서는 '생활고도화'라는 문구가 등장하는 것을 볼 수 있다. 1960년대 새로운 생활수단의 도입이 '생활의 진보'로 인식되는 것은 당시의 시대적 풍조였으며, 이 글에서는 그 의미를 품목별로 세분해서 살펴보고자 한다.

3.2.1. 주방도구

취사, 요리, 음식저장에 필요한 주방도구는 인간생활에 필수불가결한 생활수단이자 에너지를 사용하는 도구이다. 주방도구에는 인간이 불의 형태로 연료 및 에너지를 사용했던 원초적 생활도구들이 포함되어 있으며, 일본인들의 생활사에서 주방도구의 연료는 목재나 목탄, 연탄, 가스, 등유, 전기 등으로 변해 왔다.[24] 이 글의 사례검토에서는 주방도구를 취사 및 조리 도구와 냉장고로 나누어 살펴본다.

1960년대『뉴타운』기사에서 취사 및 조리와 관련된 새로운 생활도구로는 자동밥솥(炊飯器), 레인지(レンジ), 오븐, 곤로(焜炉)가 등장하고 있다.[25] 센리뉴타운에서는 최초의 주택설비에 가스레인지, 즉 가스

---

24) 山口昌伴,『図説 台所道具の歴史』, 柴田書店, 1982, 55～118쪽.
25) 일본에서 취사 및 조리 도구의 중요한 변천은 가마도(竈)를 이동 가능한 곤로로 대체하면서 시작되었다. 1950～1960년대 일본기업들은 가스곤로에 오븐 원리로 생선을 굽는 가열기구를 탑재하여 가스레인지라는 것을 개발하였으며, 이것을 통상 레인지라고 불렀다. 고주파의 전파를 이용해 오븐 원리로 음식을 조리하는 전자레인지는 일본에서 1959년 처음 개발되어 1970년부터 가정에 보급되기 시작했다. 자동밥솥은 가마도 위의 가마(釜)만을 분리하여 전기나 가스로 밥을 짓는 원리로 되어 있는데, 일본에서는 1955년 전기 자동밥솥이 먼저 발명되었고 1964년 가스 자동밥솥이 시판되었다. 전기 자동밥솥에 보온 기능을 추가한 전자자는 1973년부터 보급되기 시작했다(大西正幸,『生活家電入門: 発展の歴史としくみ』, 技報堂出版, 2010, 73～102쪽). 이러한 도구들은 오븐 중심의 서양식 조리도구와는 계통이 다른 아시아 쌀 문화권 주방도구의 혁신이었다고 할 수 있다.

곤로를 부착할 수 있는 연료장치와 주방공간이 마련되어 있었다. 이 때문인지 석유곤로의 광고가 거의 등장하지 않는다. 서양식 주방도구인 오븐과 바비큐나 중화요리와 같은 특정 용도에 한정된 곤로의 광고가 잠시 등장할 뿐이다. 광고에서 세일가격으로 오븐은 5,900엔, 바베큐 곤로는 1,500엔, 중화요리용 곤로는 1,900엔으로 표시되어 있다. 자동밥솥(炊飯器)의 광고는 비교적 자주 등장하면서 그 성능이 전자동과 휴대 가능한 타입으로 진화되고 있는 양상을 보여주고 있다. 취사 및 조리 도구에 대한 광고는 모두 쓰쿠모다이가스센터와 북센리가스센터가 게재하였고, 가스식 제품이 센리뉴타운에 널리 보급되고 있었음을 나타내고 있다.

가정의 음식저장 능력에 혁명적 변화를 일으킨 냉장고의 보급과 성능 개선은 식생활의 안정성 확보와 수준 향상에 지대한 공헌을 했다.[26] 가정생활에서의 중요도만큼 광고의 빈도도 높았다. 냉장고가 처음 보급될 때는 얼음으로 음식 창고를 냉각시켰던 얼음냉장고와 병존했다는 사실이 흥미롭다. 1965년에는 음식의 보존 및 살균, 맛있는 온도 유지를 내세운 열장고(熱藏庫)의 광고도 등장하였다. 이후 냉장기능과 음식보존 공간의 디자인이 개선된 제품들이 속속 등장하고 있으며, 냉동기능을 장착한 냉장고는 1969년 처음으로 광고에 등장하였다. 냉장고의 가격은 1965년 36,000엔 정도에서 1970년 신제품 전자동냉동냉장고의 경

---

26) 清水慶一, 『あこがれの家電時代』, 河出書房新社, 2007, 25~38쪽. 이외에도 냉장고는 보급과정에서 중상류계급 위세의 상징이나 인테리어의 일부로서 인식되기도 했다(鵜飼正樹・永井良和・藤本憲一, 『戰後日本の大衆文化』, 39~58쪽).

우에는 63,800엔까지 상승했다. 1968년 구형 냉장고의 바겐세일 가격은 31,000엔이었다. 열장고는 1965년 21,000엔에서 1968년 바겐세일 가격으로 2,000엔까지 하락하였다. 1964~1970년에 걸쳐 줄곧 전기냉장고와 가스냉장고가 함께 광고에 등장하였다.

3.2.2. 난방도구

인간이 추위를 견디기 위해 만들어낸 난방도구 역시 생존의 가능성을 제고하는 필수불가결한 생활도구이자 에너지사용 도구이다. 일본에서는 전통적으로 한국의 온돌과 같이 특정 주거 공간 전체를 덥히는 방식의 난방이 발달하지 않았다. 전통가옥의 고정된 난방시설로는 이로리(囲炉裏)라는 것이 있었고 근대 이후 고타쓰(炬燵)가 사용되었지만, 대개는 사람들의 활동공간에 히바치(火鉢)를 설치하는 것과 같이 최소한의 난방만 이루어졌다.[27] 이러한 상황에서 더운물로 사람의 몸을 직접 덥힐 수 있는 후로(風呂)라는 목욕시설과 목욕문화는 난방도구의 취약성을 보완하는 측면이 있었다.

센리뉴타운의 최초 입주민들이 연탄이나 목탄 연료의 히바치를 사용했다는 것은 상기한 바와 같다. 1964년 히타치의 4개 대리점에서는 석유스토브 첫 입하라는 문구의 광고(1964. 10. 4)와 이중안전설계제품에 대한 광고를 게재하였다. 후지야도 1965년부터 석유스토브 광고를 싣고

---

[27] 1950년대 후반부터 일본 가정에는 전기, 가스, 석유스토브가 보급되기 시작했으며, 1960년경부터 비용이 가장 적게 드는 석유스토브의 보급률이 상승하기 시작했다(高度成長を考える会, 『高度成長と日本人 3社会編 列島の営みと風景』, 56~59쪽).

있으며, 1968년에는 여러 상표의 석유스토브에 대해 5,400~6,800엔의 가격으로 바겐세일을 실시했다. 쓰쿠모다이가스센터와 북센리가스센터는 1966년부터 가스스토브 광고를 게재했다. 1969년의 한 생활기사를 보면, 석유, 가스, 전기 3종의 스토브에 대한 보관법을 소개하고 있다. 부수적인 난방도구로서 전기모포와 고타쓰의 광고도 때때로 등장하고 있는데, 1969년에는 전기방석(あんか)과 족온기의 광고도 게재되었다. 1968년 12월 바겐세일된 고타쓰의 가격은 4,950엔이었다. 한편 쓰쿠모다이가스센터와 북센리가스센터는 1965년부터 가스식 급탕기 광고를 게재하였으며, 1966년의 급탕기 가격은 9,980엔이었다.

3.2.3. 조명도구

등(燈)은 인간 활동을 불가능하게 했던 어둠의 공간과 시간을 밝힘으로써 생활영역을 확대하는 데 공헌해 온 에너지사용 도구이다. 전등이 각종 기름등과 가스등을 대체한 이후 조명의 개념 및 도구는 혁신적 변화를 거듭하였다.[28] 백열등과 형광등의 발명 및 보급은 보편적 생활수준의 향상을 가져왔다. 나아가 전등을 주거환경 및 실내장식의 관점에서 바라보게 되면서 조명도구는 취향과 소득 수준을 반영하는 생활도구가 되었다.[29] 일본에서 1960년대는 형광등이 급속하게 보급되는 시기였고,

---

28) 1910년대까지만 하더라도 일본 가정에서 전기를 사용한다는 것은 곧 전등의 사용을 의미했고, 전기를 공급하는 주체도 전력회사가 아니라 전등회사였다. 일본의 전기관련 공문서에는 지금까지도 가정의 전기사용량이 전등사용량으로 표현되는 경우가 흔히 있다(山田正吾, 『家電 今昔物語』, 柴田書店, 1983, 8~10쪽).
29) 高度成長を考える会, 『高度成長と日本人 2家庭編 家族の生活』; 大西正幸, 『生活

37,000호를 넘는 센리뉴타운의 각 가정에는 빠짐없이 표준화된 전등설비가 설치되어 새로운 조명의 개념과 도구를 수용할 수 있게 되었다.

『뉴타운』 기사에서는 오사카 시에 본사를 둔 일본조명주식회사가 1964년 30W, 40W, 60W의 형광등 광고를 낸 것을 볼 수 있다. 1966년에는 욕실 조명의 아이디어를 제안하는 생활기사와 정원등 광고를 볼 수 있으며, 입학 시기에 맞춘 형광등스탠드 광고나 백열등스탠드의 광고도 볼 수 있다. 1968년에는 실내조명 연출법이라는 표제의 기사에서 "1실 2등은 상식, 식당은 백열등, 형광등과 백열등의 구분 사용" 등과 같은 표현을 볼 수 있다. 1970년 조명기구 광고에서는 전구 3개가 120엔의 가격으로 할인 판매된 것을 볼 수 있다.

3.2.4. 수도 사용과 목욕문화

고도성장기 급격한 도시화와 인구집중 속에서 상하수도의 보급은 생활수준 향상을 가늠하는 척도가 되었다. 센리뉴타운은 최초 주택설비에서 상하수도 시설이 100% 완비되었다. 문제는 고도성장기 생활변화 속에서 물 사용량이 급속히 증가한 것이었다. 무더운 여름의 기후조건, 먼지와 공해로 덮인 도시의 생활조건, 전통적인 목욕문화의 발달만이 그 원인이 되었던 것은 아니다. 서구의 문명화된 생활양식에 대한 동경과 모방 속에서 신체의 위생 및 청결에 대한 기대수준이 높아졌고, 물 사용량을 증가시키는 다양한 생활수단이 도입되었다. 전통적인 생활양식

家電入門: 発展の歴史としくみ』, 9~20쪽.

에서 물 사용은 취사, 세탁, 세면 등을 주된 구성요소로 했지만, 가정에 전용 욕실과 수세식 변소가 설치되면서 목욕과 배설물 처리에 많은 물이 사용되기에 이르렀다.[30)

그런데 『뉴타운』의 생활기사는 1960년대 중반 센리주민들이 물 사용에 많은 고충을 겪은 사실을 기록하고 있다. 1964년 목욕탕 소동을 기술한 기사는 아파트에 욕실이 없는 약 4,000세대의 주민들이 3개의 공중목욕탕을 이용하고 있으며, 샐러리맨의 퇴근 시간에는 목욕탕이 콩나물시루의 형상이 된다고 적고 있다. 이런 와중에서 1964년 7월에는 뉴타운 내에 야마토타니풀(大和谷プール)이라는 수영장이 개장하여 성황을 이루었다. 같은 해 9월 기사에는 뉴타운 내 수도요금이 너무 비싸서 1962년부터 주민들이 요금 인하 운동을 전개해 온 사실이 쓰여 있다. 뉴타운에서는 당시 3인 가족이 월 1,000엔, 5인 가족이 1,500~2,000엔 정도의 수도요금을 내고 있었던 데 비해, 오사카 부 다른 지역에서는 200~300엔 정도였다. 수도요금이 비싼 이유는 수원지가 멀기 때문이었다. 같은 해, 목욕탕에서 자리다툼을 한 한 주부는 목욕탕의 무질서를 고발하고 목욕탕 에티켓을 지키자는 기고를 실었다. 센리주민들의 목욕탕 고충은 상기한 다다미 1장 크기의 욕조, 즉 바스올(バスオール)이 발매되면서 해소되기 시작했으며, 바스올의 가격은 23,500엔이었다. 1969년 한 생활기사는 주민들의 바스올 구매가 급증하여 판매업체들이 즐거운 비명을 지

---

30) 일본 국토교통성이 보고한 2006년 도쿄의 가정용수 용도별 비중을 보면, 수세식 변소 28%, 목욕 24%, 취사 23%, 세탁 16%, 세면 및 기타가 9%를 각각 차지하였다(http://www.mlit.go.jp/tochimizushigen/mizsei/c_actual/images/03-03.gif, 검색일: 2014. 3. 13.).

르고 있다는 내용과 함께 바스올이 설치된 아파트 광경의 사진을 싣고 있다. 오사카 만국박람회 기간 중 『뉴타운』은 스이타 수도특집이라는 기사를 싣고 정수장 증설로 뉴타운의 수도사정이 개선된 경위를 서술하고 있다.

3.2.5. 냉방도구

부채에서 선풍기로, 선풍기에서 에어컨으로의 진화가 사람들의 에너지 사용량을 얼마나 증대시켰는가는 여름 전력 사용량이 연중 최대치를 기록하는 일본과 한국의 현재적 상황을 통해 절감할 수 있다. 더위가 추위만큼 인간의 생존에 위협을 주는 요소는 아니라 할지라도, 냉방도구의 보급은 신체의 안락과 활동의 편의를 보장해 주는 점에서 보편적 생활수준의 향상으로 간주할 부분이 있다.[31] 선풍기와 에어컨이 처음 보급될 때는 구매력을 가진 중상층 계급의 위세재의 의미를 가졌다. 일본에서 1960년대는 아직까지 선풍기의 시대였으며, 당시 쿠라(クーラー, cooler)라고 불리던 에어컨은 막 보급되기 시작하는 단계여서 냉방도구가 에너지 사용을 급증시킨 시기는 아니었다.

『뉴타운』에서는 선풍기 광고가 가끔씩 등장하다가, 1966년 후지야와 코로나전화에서 에어컨 광고를 처음 게재하였다. 1967년 코로나전화의 광고는 67년형 선풍기 전시와 함께 에어컨 조기설치를 선전하고 있으며, 센리야마전화스토어는 1969년 에어컨 광고를 실었다. 1969년 코로나전화의 바겐세일 가격을 보면, 30센티 타이머 부착 선풍기가 11,000엔

---

31) 久保允誉, 『家電製品にみる暮らしの戦後史』, ミリオン書房, 1994, 180～185쪽.

이었고, 다다미(畳) 6~8장용 에어컨이 69,800엔이었다. 오사카만국박람회를 앞두고 1970년 3월 11일 중앙지구센터에서 오픈한 '센리상타운' 쇼핑센터는 일본 최초의 지역(건물) 냉난방 설비를 갖추었다. 오사카도시가스의 독자적 에너지 공급시설을 통해 건물 전체의 냉방, 난방(보일러), 온수공급이 가능하고, 냉난방 비용절감, 건설비 절감, 공해 방지의 이점을 가질 수 있다는 점이 대대적으로 보도되었다.

3.2.6. 통신수단의 발달

일본에서 1960년대는 통신수단의 중심이 우편과 전신에서 전화로 바뀌어가던 시기였다. 전화의 보급은 통신수단의 사유화, 개별화, 전화(電化)가 시작된 것을 의미했다. 개인과 가정의 커뮤니케이션 능력을 급격히 신장시켰다는 점에서 전화의 보급 역시 보편적 생활수준의 향상을 의미하는 것이었다. 그러나 전화수요의 급증으로 일본 전국에서 가설적체가 1970년대 중반까지 계속되었다.[32]

『뉴타운』에서도 전화에 관한 기사는 가설적체에 대한 관심이 주류를 이루었다. 1964년 센리전보전화국의 신설계획이 보도되었고, 1966년 12월 쓰쿠모다이에 전화국이 신설되었다. 1965년에는 당시까지 입주한 세대의 전화가설 상황이 보도되었는데, 신청자 4,855세대 중에 개통전

---

32) 전화는 전전(戰前)까지 상류층의 위세를 상징하는 물품이었지만, 1952년 8월 일본전신전화공사(日本電信電話公社)의 설립에 따라 대중화의 길을 걷게 되었다. 가설건수는 1963년 500만 대, 1967년 1,000만 대를 돌파하였지만, 가설수요의 지속적인 증가로 1977년까지 가설적체가 계속되었다(高度成長を考える会, 『高度成長と日本人 3社会編 列島の営みと風景』, 206~212쪽).

화가 1,558세대, 가설적체가 3,297세대였다. 센리전보전화국의 개설을 앞둔 시점에서도 가설적체가 계속되어 신청 후 1년 정도를 기다려야 했다. 1968년 센리뉴타운에서 전화가 10,000대를 돌파했으며, 다음 해 전화 요금이 월 560엔에서 800엔으로 인상되었다. 1970년에는 전화번호가 2개 국번이 신설되고, 매년 전화가 5,000건씩 가설될 예정이어서 전화 보급률이 오사카 부와 전국 평균을 크게 앞지를 것으로 예상되었다.

3.2.7. 대중정보매체(매스미디어)의 발달

일본에서 1960년대는 대중정보매체의 중심이 신문 및 잡지의 인쇄물과 라디오 방송체계에서 텔레비전 방송체계로 전환되던 시기였다. 또한 텔레비전 중에서도 흑백텔레비전이 컬러텔레비전으로 대체되기 시작하는 시기였다. 텔레비전은 실용적 필요 이상으로 문명의 이기 또는 신생활의 상징이라는 이데올로기적 효과를 가진 생활수단이었다.[33] 흑백텔레비전은 1950년대 중반 처음 보급될 때 3종의 신기 중 하나로 불렸고, 컬러텔레비전은 1960년대 중반 새로운 생활수단을 상징하는 3C 중 하나로 꼽혔다. 컬러텔레비전도 처음 보급되기 시작할 때는 에어컨이나 자동차와 함께 계급적 위세재의 의미를 가졌다.[34] 텔레비전은 전기 사

---

33) 久保允誉, 『家電製品にみる暮らしの戰後史』, 109~117쪽.
34) 1955년 한 주간지는 가전제품 구입의 계급적 격차를 이미 지적하고 있었다. 전등만 있는 가정은 제7계급, 여기에 라디오와 다리미가 더해지면 제6계급, 토스트기와 전열기가 더해지면 제5계급, 믹서, 선풍기, 전화가 더해지면 제4계급, 전기세탁기가 더해지면 제3계급, 전기냉장고가 더해지면 제2계급, 텔레비전과 진공청소기가 더해지면 제1계급이었다(山田正吾, 『家電 今昔物語』, 102~103쪽).

용량 증대에 적지 않은 기여를 했으며, 국가 이벤트가 텔레비전 보급에 촉매 역할을 했다는 점도 지적해 둘 만하다.

『뉴타운』에서 텔레비전 광고는 가장 빈도가 높고 지속적이었다. 라디오 광고는 1964년 8,600엔의 전자두뇌 라디오 광고를 끝으로 더 이상 보이지 않는다. 센리야마전화스토어는 1964년 9월 도쿄올림픽을 앞두고 대형텔레비전이 출시되었다는 광고를 실었다. 후지야에서도 개업 직후부터 텔레비전 광고를 싣고 있었으며, 코로나전화는 1966년 리모트컨트롤이 가능한 스테레오·텔레비전 복합기와 '색상 좋은 컬러텔레비전'라는 문구의 광고를 실었다. 1967년부터 컬러텔레비전 광고가 급증하였는데, 당시 가격은 163,000~175,000엔 정도였다. 새로운 제품의 등장과 함께 바겐세일도 활성화되어 119,000엔짜리 컬러텔레비전도 광고에 등장했다. 1968년부터는 19인치 컬러텔레비전의 판매와 바겐세일이 실시되어 1969년에는 120,000엔까지 가격이 떨어졌다. 흑백텔레비전은 1968년 53,800엔으로 가격이 떨어졌고, 다음 해 전 채널 부착 휴대용 텔레비전이 37,500엔, 16인치 흑백텔레비전이 31,000엔의 바겐세일 가격으로 판매되었다. 1970년에는 24개월 할부 160,000엔의 컬러텔레비전이 광고되었다.

3.2.8. 이동수단의 모터리제이션

철도, 선박, 항공기의 교통수단 발달이 인간생활에 미친 영향도 지대한 것이지만, 개인 및 가정생활에서는 자동차의 대중화만큼 중요한 사건도 없다. 개인 이동수단의 모터리제이션은 에너지 소비량 증가에 큰 영향을 미친 것이었다. 일본에서 자동차는 1960년대 후반부터 일반 가정에 본격적으로 보급되기 시작했는데, 실용적 필요성보다는 서구적 생활양식이나 신생활에 대한 동경과 중상계급의 위세를 나타내는 수단으로 보급되었다는 점이 특징적이다. 자동차가 처음 보급될 때는 통근이나 업무보다 주말의 레저나 쇼핑에 주로 사용되었다(각주 27 참조). 자동차의 보급은 도로, 주차장, 연료 공급체계 등의 인프라 건설을 통해 사회 전체에 거대한 변화를 유발하는 동력이 되었다. 그리고 사람들의 라이프스타일에도 다각적인 변화를 일으키기 시작했으며, 이른바 자동차 문화를 생성시켰다.

『뉴타운』에서 자동차에 관한 첫 기사는 센리의 넓은 도로가 무면허 운전자들의 운전연습장이 되고 있다는 고발 기사이다. 1964년 주부들의 운전면허 취득을 권고하는 자동차 교습소의 광고를 볼 수 있다. 1966년부터 자동차 광고가 등장하고 있으며, 카로라(カローラ) 1100 스탠다드의 가격은 432,000엔이었다. 같은 해 사타케다이의 자동차 소유자들은 다른 주민들에게 민폐를 끼치지 않고 주차문제를 해결하기 위해 자동차 클럽을 결성하였다. 그럼에도 불구하고 1967년에는 뉴타운 내 자동차의 급증으로 주차공간을 확보하려는 자동차소유자들의 대소동이 있었다. 다음 해에는 코루토(コルト) 1200과 1500 모델의 전시 및 시승식이 인기를 끌었다는 기사가 실렸다(1968. 6. 23). 오사카만국박람회를 앞둔 시점에서는 박람회에 몰려올 마이카족의 매너를 기대하는 생활기사가 실렸고, 같은 해 뉴타운 세 지구 상가협의회는 쇼핑센터 무료주차권을 제공해서 자동차 쇼핑을 촉진하기 위한 방안을 채택했다.

3.2.9. 가사노동의 모터리제이션

고도성장기 가족생활은 남편은 직장, 아내는 가정이라는 남녀 성별 분업에 기초하는 경우가 많았다. 여성은 육아와 가사를 전담하는 전업 주부로서 가사노동의 부담을 안고 있었고, 직장생활을 하는 남성의 임금 상승은 가정의 구매력을 확대시켰다. 이러한 상황에서 가사노동을 대체하는 다양한 가전제품이 개발되어 보급되기 시작했다.[35]

『뉴타운』에는 다리미, 세탁기, 청소기에 대한 광고가 나타난다. 일본에서 전기다리미는 1960년대 이전에 이미 대부분의 가정에 보급되어 있었기 때문에 광고는 드물다. 1964년 다리미 전시에 대한 광고가 있었고, 1968년 코로나전화의 바겐세일에서 다리미의 가격은 3,480엔이었다. 1964년 『뉴타운』의 한 생활기사에는 전기세탁기의 설명 및 선택요령이 나와 있어, 이미 널리 보급되어 있었음을 알 수 있다. 같은 해 가스식 세탁건조기 광고를 볼 수 있으며, 1966년에는 30분에 세탁 완료라는 문구를 내세운 코인세탁소 광고를 볼 수 있다. 같은 해 한 세탁소의 광고에서는 천황 방문과 박람회 관람객에 대비해 단지 미화를 해야 하니, 가정 빨래를 베란다에 널지 말고 세탁소를 이용하라는 문구가 눈길을 끈다. 1967년 마마톱 세탁기의 가격은 21,500엔이었고, 1969년 탈수기 부착 세탁기의 바겐세일 가격은 19,800엔이었다. 전기청소기의 광고는 의외로 많지 않다. 센리야마전화스토어가 전기청소기를 전시했다는 기사를 볼

---

35) 가전제품이 인간의 노동과 에너지 지출을 대체했고, 그것의 최대 수혜자가 가사를 담당하던 주부였다는 사실은 흔히 지적되어 온 것이다(久保允誉, 『家電製品にみる暮らしの戦後史』, 12~25쪽; 高度成長を考える会, 『高度成長と日本人 2家庭編 家族の生活』).

수 있고, 1969년 쓰레기박스 부착 청소기의 바겐세일 가격은 11,000엔이었다.

3.2.10. 취미와 여가수단의 확대

고도성장기 가전제품 확대는 사람들의 취미와 여가수단의 영역에서 일어났다. 그 대표적인 물품이 대중음악을 듣고 즐길 수 있는 스테레오와 테이프리코더이다. 1964년 센리야마전화스토어의 광고에서는 스테레오 보급이 현저히 늘어났고 테이프리코더가 전시되었다는 기사가 있다. 1966년에는 신입학 시기를 맞이한 테이프리코더 광고와 스테레오·테이프리코더 복합기의 광고를 볼 수 있다. 1968년 스테레오의 세일 가격은 18,500엔이었고, 테이프리코더의 세일 가격은 10,000엔이었다. 1969년 센리야마전화스토어의 스테레오 축제라는 광고에서는 46,300엔, 89,500엔과 같은 고가제품이 월부 판매되는 것을 볼 수 있다.

3.2.11. 새로운 욕구를 생성하는 생활수단

고도성장기 가전제품의 확대와 새로운 생활수단의 도입은 사람들의 욕구를 새롭게 일깨우고 생성시키는 측면이 있었다. 반드시 사람들의 어떤 욕구가 있기 때문에 새로운 생활수단이 만들어지는 것이 아니고, 어떤 생활수단을 사용해 본 후에 그것의 쓰임새에 따라 사람의 감각이나 욕구가 새롭게 만들어지는 경우도 있다. 상기한 생활수단 이외에 인간생활에서 부수적 기능을 갖는 많은 가전제품들의 광고를 볼 수 있다.

『뉴타운』에는 카메라 광고도 게재된 적이 있다. 후지야는 전동오르간과 피아노의 광고를 실은 적이 있으며, 1968년 전동오르간의 세일가격은 19,800엔이었다. 1968년 코로나전화의 광고에서는 소규모 가전제품의 바겐세일이 있었다. 토스트기의 가격은 2,500엔, 헤어드라이어의 가격은 2,760엔, 전기면도기의 가격은 3,900엔, 튀김용 전기냄비의 가격은 3,650엔이었다. 믹서세트와 세일 가격 12,500엔의 주스기(juicer)에 대한 광고도 있고, 세일가격 960엔의 다코야키제조기의 광고도 있다. 1969년 광고에서 환풍기의 세일가격은 4,500엔이었으며, 1970년 식기세척기 광고가 처음 등장하였다.

이상에서 살펴본 1960년대 생활수단의 변화에 대해 우리는 몇 가지 측면에서 그 의미를 정리해 볼 수 있다. 첫째, 새로운 생활수단의 보급은 보편적 생활수준 향상을 가져왔고, 이런 의미에서 고도성장기 생활의 진보는 조작된 이데올로기가 아니라 실제적 현상으로 나타난 것이었다. 주방도구, 난방도구, 조명도구, 수도 사용, 냉방도구, 통신수단, 대중정보매체 등의 측면에서 이러한 현상은 뚜렷하게 나타났다. 둘째, 새로운 생활수단의 보급은 신생활에 대한 동경과 욕구를 충족시키는 물적 증거가 되었으며, 진보의 이념을 사회적으로 확산시키는 이데올로기적 효과도 낳았다. 1960년대에는 3종의 신기라고 불렸던 냉장고, 세탁기, 흑백텔레비전이 이미 폭넓게 보급되어 있었고, 자동차, 컬러텔레비전, 에어컨이 신생활을 상징하는 새로운 생활수단으로 보급되기 시작했다. 셋째, 대규모 가전업체의 활발한 상품개발은 물질적 생활수단에 대한 새

로운 욕구와 수요를 새롭게 창출하고 확대하였다. 가전업체의 상품개발
은 기존의 생활필수품을 대체하는 데 그친 것이 아니라, 가사활동과 여
가 및 취미활동을 비롯해 생활 전반에 새로운 물품을 끊임없이 공급하
는 역할을 하게 되었다. 이 과정에서 임금생활자 가정의 소득 격차는 새
로운 생활수단의 도입에 있어 계급 간 시차와 위세경쟁을 초래하는 측
면이 있었다.[36)]

수십 종에 이르는 새로운 생활수단의 보급은 일본인들의 생활 전반
에 급진적 변화를 가져왔을 뿐만 아니라, 무엇보다 물질적 생활수단의
양적 증대를 초래하였다. 즉 1960년대 일본 가정에서는 가전제품의 질
적 향상 이전에 품목 확대가 현저하게 진행되었다. 생활수단의 양적 증
대는 가정에 가재도구가 그만큼 많아졌다는 것이고, 물적 도구에 의존
된 생활을 하게 되었다는 것을 의미한다. 가정의 이삿짐은 갈수록 많아
졌고, 3·11 이후 피재지에서는 쓰나미에 밀려 나온 쓰레기를 처리하는
데 오랫동안 곤란을 겪었다. 또한 새로운 생활수단의 보급은 그것의 사
용을 가능하게 하는 인프라의 구축을 필요로 했으며, 다음 장에서 논의
할 에너지 사용에 중대한 영향을 미쳤다.

---

36) 1960년대 생활수단의 변화나 당시의 시대 풍조를 미국화라고 지적하는 경우
   도 있지만(高度成長を考える会, 『高度成長と日本人 2家庭編 家族の生活』, 168
   쪽; 鵜飼正樹·永井良和·藤本憲一, 『戦後日本の大衆文化』, 10쪽), 이 글에서 이
   에 관한 논의는 생략한다.

4. 1960년대 에너지 소비의 증대

4.1. 내구소비재 보급률의 추이

1995년 1월 한신·아와지대지진 이후 일본에서는 재해 복구와 관련하여 라이프라인이라는 용어가 흔히 사용되고 있다.[37] 라이프라인이란 사람들의 생명 및 생활 유지에 필수불가결한 기반시설을 의미하는 것으로, 전기와 가스의 에너지공급시설, 수도시설, (휴대)전화, 라디오, 텔레비전과 같은 정보통신시설, 도로 및 철도의 교통시설 등을 지칭하는 것이다. 이러한 기반시설이 말 그대로 생명선이라 불리게 된 것은 고도성장기 이후 일본인들의 생활에서 그것을 이용하는 생활수단이 그만큼 많아졌기 때문이다. 새로운 생활수단의 보급과 그에 상응한 인프라체계 구축이 현대 일본의 거대한 물질문명을 만들었다고 볼 수 있다.

이 장에서는 고도성장기 물질적 생활수단의 증대가 에너지 소비 체계의 변화와 어떻게 상호작용했는가를 검토해 보고자 한다. 센리뉴타운의 사례는 이러한 검토에 있어 생활 기반시설, 즉 라이프라인의 구축이 어떠한 매개변수로 작용하는가를 통찰할 수 있게 해 준다. 센리뉴타운은 무엇보다 지자체와 정부기관이 나서서 이러한 인프라체계를 건설한 계획도시였다. 센리뉴타운의 생활 기반시설과 주택 설비는 당시 일본의 첨단기술과 정책적 지원에 의해 만들어진 것으로 알려져 있다. 센리뉴타운은 오사카만국박람회 직전까지 2개 전철선로와 5개의 자동차도로

---

37) 貝原俊民, 『兵庫県知事の阪神·淡路大震災 — 15年の記録』, 丸善株式会社, 2009; 兵庫県(編), 『伝えてね — 阪神·淡路大震災の教訓』, ぎょうせい, 2009.

및 고속도로가 교차하는 당대 최고 수준의 교통시설을 갖추었다.[38] 전기와 가스의 에너지 공급에서는 관서전력과 오사카가스가 대규모 수요를 선점하기 위한 독점적 경쟁체제를 구축하였다.

〈표 3〉 내구소비재의 보급률[39] 단위: %

연도	전기냉장고	전기세탁기	흑백 TV	컬러 TV	승용차	라이트밴	에어컨	석유스토브	전기청소기	카메라
1961	17.2	50.2	62.5	-	2.8	0.4	7.7	15.4	49.2	
1962	28.0	58.1	79.4	-	5.1	0.7	15.2	24.5	51.8	
1963	39.1	66.4	88.7	-	6.1	1.3	28.6	33.1	56.4	
1964	54.1	72.2	92.9	-	6.6	1.8	40.6	40.8	58.0	
1965	68.7	78.1	95.0	-	10.5	2.6	49.9	48.5	64.8	
1966	75.1	81.8	95.7	0.4	13.5	3.2	57.3	55.3	65.8	
1967	80.7	84.0	97.3	2.2	11.0	7.1	4.3	62.6	59.8	67.4
1968	84.5	86.7	97.4	6.7	14.6	7.1	5.6	69.4	63.0	66.6
1969	90.1	89.8	95.1	14.6	18.6	9.2	6.5	75.0	70.3	69.8
1970	92.5	92.1	90.1	30.4	22.6	9.5	8.4	82.2	75.4	72.1
1971	94.5	94.3	82.2	47.1	25.8	8.5	10.2	83.9	79.9	74.7
1972	93.5	96.3	75.1	65.3	29.3	8.6	13.0	85.3	85.2	76.8
1973	95.6	97.3	65.5	77.9	34.5	8.6	16.5	87.8	88.8	77.7
1974	97.0	97.6	56.2	87.3	37.6	9.3	15.1	89.1	91.5	79.4
1975	97.3	97.7	49.7	90.9	37.4	8.6	21.5	87.5	93.7	82.4

* 인구 5만 명 이상의 도시를 대상으로 함.

38) 북오사카급행전철(北大阪急電鉄)과 한큐센리선(阪急千里線)의 2개 전철노선과 1964년 개통된 메이신고속도로(名神高速道路), 주고쿠자동차도로(中国自動車道), 긴키자동차도로(近畿自動車道), 오사카중앙순환도로(大阪中央環状線), 신미도스지도로(新御堂筋線)가 센리뉴타운이나 그 주변을 통과하고 있다.
39) 高度成長を考える会, 『高度成長と日本人 2家庭編 家族の生活』, 172쪽에서 전재한 것임.

에너지 소비에 대한 논의에 앞서 1960년대 각종 생활수단의 보급률을 잠시 살펴볼 필요가 있다. 〈표 3〉을 통해 1960년대 일본 전국의 내구소비재 보급률을 확인할 수 있다. 일본에서는 1950년대 중반부터 가전제품을 비롯한 새로운 내구소비재의 보급이 진행되고 있었다. 1964년 시점에서 전기냉장고 54.1%, 전기세탁기 72.2%, 흑백텔레비전 92.9%, 전기청소기 40.8%, 카메라 58.0%, 석유스토브 40.6%의 보급률을 기록하였다. 이 외에도 다리미가 약 80%, 선풍기, 고타쓰, 전기밥솥이 40~50%, 전기모포가 10% 미만의 보급률을 기록하고 있었다.[40]

1970년 시점에서는 전기냉장고, 전기세탁기, 흑백텔레비전의 보급률이 모두 90%를 넘었다. 컬러텔레비전(30.4%), 자동차(32.1%), 에어컨(8.4%)이 새로운 생활수단으로 보급되고 있었고, 석유스토브(82.2%)와 전기청소기(75.4%)의 급속한 보급이 이루어지고 있었다. 이 외에 선풍기, 고타쓰가 약 80%, 라디오가 약 70%, 전기모포, 스테레오, 테이프리코더가 약 30%, 환풍기가 약 20%, 전기스토브가 약 10%, 전자레인지가 약 3~4%의 가정에 보급되어 있었다는 보고가 있다. 또 다른 자료에 따르면, 가스급탕기도 약 40%의 가정에 보급되어 있었다.[41]

---

40) 高度成長を考える会, 『高度成長と日本人 2家庭編 家族の生活』, 65쪽.
41) 鵜飼正樹·永井良和·藤本憲一, 『戦後日本の大衆文化』, 8쪽.

연도	인구	세대수	라디오 보유 세대수	흑백TV 보유 세대수	컬러TV 보유 세대수
1961년	128,354	30,118	9,112	20,404(68%)	-
1962년	136,623	32,977	3,316	24,620(75%)	-
1963년	154,009	39,138	2,938	27,890(71%)	-
1964년	172,870	45,525	37,427(82%)	34,436(76%)	-
1965년	196,779	55,298	44,340(80%)	41,425(75%)	-
1966년	211,506	58,383	48,365(83%)	45,329(78%)	-
1967년	230,413	64,525	53,227(82%)	50,278(78%)	-
1968년	241,821	69,766	이하 미조사-	48,438(70%)	5,583(8%)
1969년	252,030	80,114	-	42,301(53%)	14,462(18%)
1970년	257,590	83,174	-	32,438(39%)	26,749(32%)
1971년	268,404	87,787	-	25,017(28%)	36,483(42%)
1972년	274,031	90,528	-	18,165(20%)	45,369(50%)
1973년	280,573	93,405	-	14,187(16%)	50,481(54%)
1974년	289,337	97,449	-	12,566(13%)	54,787(56%)
1975년	296,090	100,465	-	11,043(11%)	59,901(59%)

　　1960년대 센리뉴타운에서의 내구소비재 보급률에 관한 자료는 확보할 수가 없었다. 다만 라디오 및 텔레비전과 자동차 보급에 관한 단편적 자료를 통해 일본 전국의 추세와 비교해 볼 여지는 있다. 〈표 4〉는「스이타 시 통계서」의 자료를 토대로 라디오와 텔레비전의 보급 추세를 나타낸 것이다. 1961~1963년 라디오 보유 세대수는 조사 기준이 불명확해 보급률을 표시하지 않았다. 1964~1967년은 흑백텔레비전의 보급이 절정을 이루던 시기이며, 라디오만을 보유하는 세대수는 약 3,000세대로 유지되고 있다. 컬러텔레비전은 1968년 이후 본격적으로 보급된 것을 알 수 있다. 통계의 수치는 일본방송협회(NHK) 계약 대수를 표시한 것이

라 보급률이 일본 전국 수치보다 낮게 나타나고 있으며, 컬러텔레비전이 흑백텔레비전을 대체해 가는 양상을 보여주고 있다.

〈표 5〉 센리뉴타운의 세대당 자동차 보유 비율 추이[42]   단위: %

연도	세대수	오사카부주택 공급공사주택	오사카부영 주택	일본주택 공단주택	단독주택
1965년	13,571	0.26	0.15	0.16	0.32
1966년	15,356	0.29	0.15	0.22	0.42
1967년	18,647	(0.32)	(0.17)	(0.22)	(0.46)
1968년	20,939	(0.35)	(0.18)	(0.27)	(0.50)
1973년	미상	0.38	0.21	0.27	0.50

〈표 5〉는 1960년대 중반 이후 센리뉴타운의 세대당 자동차 보유 비율을 표시한 것이다. 자료의 구체성이 떨어지지만, 센리뉴타운의 자동차 보급 추세가 일본 전국의 추세보다 빨랐다는 것을 알 수 있다. 센리뉴타운 주변의 편리한 도로망과 가로 상황은 자동차보급을 촉진시키는 요인이 되었던 것 같다. 흥미로운 점은 자동차보유의 계급적 편차가 나타나고 있다는 사실이다. 단독주택 거주자들은 약 100평의 대지를 분양받

42) 1965~1968년 수치는 1966년 7월 오사카기업국의 조사결과에 의거하였으며 (大阪府,『千里ニュータウンの建設』, 109쪽), 1973년 수치는 오사카부센리센터(大阪府千里センター,『千里ニュータウン: 人と生活』, 22쪽)의 조사결과에 의거한 것이다. 1967~1968년의 수치는 1966년 조사시점에서 향후 1~2년 이내에 자동차 구입의 의사를 가진 세대의 수를 가산해서 예측한 결과이다. 자동차 소유형태는 1965년, 1966년, 1973년 모두 피조사자 본인 명의, 다른 가족구성원 명의, 근무처 명의를 포함한 것이다. 1966년 조사결과에 따르면 조사대상 3,488세대 중 665세대(약 19%)가 자동차를 통근에 사용하고 있었으며, 소득수준이 낮은 부영주택 세대는 영업용으로 보유·사용하는 비율이 높았다. 1973년 조사결과에서는 자동차 보유 세대의 약 40%가 가끔씩만 사용한다고 답했으며, 그 대부분은 일요일 레저와 쇼핑에 사용하고 있었다.

아 차고의 공간까지 확보할 수 있었고, 오사카부주택공급공사 주택은 분양아파트이며 3LDK의 넓은 아파트를 포함하고 있다. 일본주택공단 주택은 2DK 14평의 분양아파트가 대부분이며, 오사카부영 주택은 같은 크기의 임대아파트가 대부분을 차지하고 있었다.

4.2. 스이타 시의 가스 및 전기 사용량 변화

〈표 6〉 스이타 시 인구 및 세대수 추이

연도	인구	세대수	세대당 인구	인구 증가율
1961년	128,354	30,118	4.3	6.8%
1962년	136,623	32,977	4.1	6.4%
1963년	154,009(11,352)	39,138(3,440)	3.9(3.3)	12.7%
1964년	172,870(25,347)	45,525(7,505)	3.8(3.4)	12.2%
1965년	196,779(46,207)	55,298(13,571)	3.7(3.4)	14.1%
1966년	211,506(53,485)	58,383(15,356)	3.6(3.5)	7.2%
1967년	230,413(64,518)	64,525(18,647)	3.6(3.5)	8.9%
1968년	241,821(70,342)	69,766(20,939)	3.7(3.6)	5.0%
1969년	252,030(75,183)	80,114(22,614)	3.1(3.3)	4.2%
1970년	257,590(78,090)	83,174(21,037)	3.1(3.7)	2.2%
1971년	268,404	87,787	3.1	4.2%
1972년	274,031	90,528	3.0	2.1%
1973년	280,573	93,405	3.0	2.4%
1974년	289,337	97,449	3.0	3.1%
1975년	296,090(86,501)	100,465(23,868)	2.9(3.6)	2.3%

* 괄호 안은 스이타 시 내의 센리뉴타운 인구, 세대수, 세대당 인구를 표시한 것임.

이제 새로운 생활수단의 도입이 에너지 소비에 어떤 영향을 미쳤는 지 살펴볼 차례가 되었다. 센리뉴타운이 하나의 행정단위를 구성하지 않았기 때문에 뉴타운 주민들의 에너지 소비 상황은 스이타 시의 자료를 통해 검토할 수밖에 없다. 〈표 6〉은 1960년대 스이타 시의 인구 및 세대수 증가 추이를 나타내고 있다. 1962년부터 1970년까지 뉴타운 입주가 진행되었기 때문에 이 기간 동안의 인구 증가율이 매우 높게 나타나고 있다. 1970년 센리뉴타운의 인구는 스이타 시 인구의 약 1/3, 세대수는 약 1/4을 차지하게 되었다. 1969년 스이타 시의 세대수가 일거에 약 1만 세대 증가한 것은 이례적인 것이다. 현재로선 그 원인을 파악하지 못했는데, 이로 인해 가스 및 전기 사용량의 추이에 왜곡이 발생할 수 있음을 지적해 둘 필요가 있다.

1960년대 새로운 주택양식 및 생활수단의 도입과 함께 가스, 전기, 수도는 필수적인 생활 기반시설로 자리 잡게 되었다. 센리뉴타운의 경우, 가스, 전기, 수도시설은 최초의 주택설비와 공급시설을 통해 구비되었다. 이 중에서도 가스사용량 증가는 1960년대 스이타 시 주민들의 에너지 소비 증가를 나타내는 가장 핵심적인 지표가 되었다. 〈표 7〉을 보면, 센리뉴타운 주민들의 입주가 시작된 1962년부터 2~3년 동안에는 가스 소비의 증가폭이 그리 크지 않으며, 뉴타운으로의 대량인구 유입 속에서 호당 사용량은 오히려 감소하고 있다. 가스 소비량 증가는 1965년부터 뚜렷하게 나타나며, 1973년 제1차 오일쇼크의 시기에도 크게 둔화되지 않는다. 1965년과 1973년의 수치를 비교하면, 가스의 절대사용량이 인구 증가와 맞물려 약 3.16배로 증가하였고, 호당 사용량이 약 1.70배로, 인구 1인당 사용량이 약 2.22배(사용자 1인당 사용량은 2.10배)로 증가하였다. 특히 스이타 시가 만국박람회 장소로 결정되어 행사를 치른 1965년부터 1970년까지의 증가폭이 매우 크다는 점이 특기할 만하다. 이

<표 7> 스이타 시 주민들의 가스 사용량 추이

연도	인구	가스 사용 호수	가스 사용량	호당 사용량		인구 1인당 사용량		사용자 1인당 사용량	
1961년	128,354	15,791	7,720,049	489	-	60	-	114	-
1962년	136,623	18,888	9,260,997	490	0.2	68	13.3	120	5.2
1963년	154,009	23,393	11,250,598	481	△1.8	73	7.6	123	2.5
1964년	172,870	29,268	13,828,735	472	△1.9	80	9.6	124	0.8
1965년	196,779	38,496	19,358,646	503	6.6	98	22.5	136	9.7
1966년	211,506	42,107	24,269,641	576	14.5	115	17.3	160	17.6
1967년	230,413	47,565	29,441,189	619	7.5	128	11.3	172	7.5
1968년	241,821	53,075	35,744,535	673	8.7	148	15.6	182	5.8
1969년	252,030	56,144	40,127,538	715	6.2	159	7.4	230	26.4
1970년	257,590	59,711	46,867,459	785	9.8	182	14.5	253	10.0
1971년	268,404	63,441	50,629,007	798	1.7	189	3.7	257	1.6
1972년	274,031	66,326	54,959,296	829	3.9	201	6.3	276	7.4
1973년	280,573	71,361	61,136,379	857	3.3	218	8.5	286	3.6
1974년	289,337	75,036	66,086,679	881	2.8	228	4.6	294	4.2
1975년	296,090	78,188	70,739,289	905	2.7	239	4.8	312	6.1

* 「스이타 시 통계서」의 해당 연도별 자료를 취합하여 계산함 것임. 가스 사용량 단위는 세제곱미터임. 각 사용량의 오른쪽은 증감률을 표시한 것임. 호당 사용량은 가스 사용량을 가스 사용 호수로 나눈 수치이고, 사용자 1인당 사용량은 그것을 다시 매년도 세대당 인구로 나눈 것임. 인구 1인당 사용량은 가스 사용량을 인구로 나눈 수치이며, 보급률이 낮을수록 사용자 1인당 사용량과의 차이가 커짐.

시기 동안 가스를 사용하는 생활수단이 급속히 보급되었다는 것을 알 수 있다.

다음으로 <표 8>을 통해 1960년대 스이타 시 주민들의 전기 사용량을 살펴보면, 1968년이 되어서야 스이타 시 통계에서 전기 사용량이 일관된 기준에 따라 산출되고 있음에 우선 주목할 필요가 있다. 그 이유를 정확하게 밝혀내지는 못했지만, 전기는 1960년대 전반까지 스이타 시

<표 8> 스이타 시 주민들의 전기전력 사용량 추이

연도	인구	세대수	사용 호수	소비량	호당 소비량		인구 1인당 소비량	
1961년	128,354	30,118	-	-	-	-	-	-
1962년	136,623	32,977	-	-	-	-	-	-
1963년	154,009	39,138	-	-	-	-	-	-
1964년	172,870	45,525	-	-	-	-	-	-
1965년	196,779	55,298	62,066	7,186	116	-	36	-
1966년	211,506	58,383	(201,128)	(255,032) ≒74,030	1,268	-	≒350	-
1967년	230,413	64,525	-	-	-	-	-	-
1968년	241,821	69,766	69,102	98,354	1,423	12.2	407	16.3
1969년	252,030	80,114	79,177	120,736	1,524	7.1	479	17.6
1970년	257,590	83,174	82,584	141,378	1,712	12.3	548	14.4
1971년	268,404	87,787	87,658	157,143	1,793	4.7	585	6.8
1972년	274,031	90,528	91,817	177,861	1,937	8.0	649	10.9
1973년	280,573	93,405	96,251	199,276	2,070	6.9	710	9.4
1974년	289,337	97,449	99,713	204,711	2,053	△0.8	707	△0.4
1975년	296,090	100,465	102,957	226,465	2,200	7.2	765	8.2

* 「스이타 시 통계서」의 해당연도별 자료를 취합하여 계산한 것임. 호당 소비량 단위는
kWh, 인구 1인당 소비량 단위는 Wh임. 각 사용량의 오른쪽은 증감률을 표시한 것임.
1966년 사용호수와 소비량은 관서전력 스이타영업소 전체의 통계임. 보정값인 74,030kWh
는 전기보급률을 100%로 가정하고 사용 호수에서 스이타 시 세대수가 차지하는 비율에
따라 소비량을 산출한 것임. 352Wh는 74,030kWh를 인구로 나눈 것임.

주민들의 생활기반 시설로서 그 중요성이 충분하게 인식되지 못했을 가
능성이 있다. 1967년 센리의 일부 상가에서 계획상 오류로 전력부족 현
상이 발생했다는 지역신문의 기사를 볼 수 있는데, 센리뉴타운의 최초
전기설비와 전력공급 계획에서는 가전제품의 폭발적 증가가 예측되지
못했던 것으로 보인다. 1960년대 중반까지 센리뉴타운에서 에너지 소비
의 중심은 전기가 아니라 가스였던 것 같다. 일종의 과도기적 현상이었

을 수 있는데, 센리뉴타운의 주택설비에서 도시가스 시설이 잘 구비되고 가스 사용료가 저렴하여 가스를 사용하는 생활수단들이 먼저 보급된 것이 아닌가 생각된다.[43]

1965년 통계치는 신뢰성이 떨어지는 문제가 있기 때문에, 1966년 통계치를 기준으로 전기 사용량의 증가를 검토할 수 있다. 1966년과 1973년의 스이타 시 전기 소비량을 비교해 보면, 절대 소비량은 2.69배, 호당 소비량은 1.63배, 1인당 소비량은 2.03배 증가하였으며, 가스 소비량의 증가 폭과 비슷하거나 다소 작은 것으로 나타난다. 전기소비량 증가는 많은 열과 동력을 필요로 하지 않는 생활수단인 전기사용 제품이 가스사용 제품을 대체해 나가고, 앞 장에서 본 것처럼 1960년대 후반부터 가전제품의 종류가 급속히 늘어난 것에 기인한다. 그리고 새로운 주택양식의 등장과 함께 가정에서 전등의 수가 늘고, 새로운 조명기구들이 등장한 것도 중요한 요인이 될 것이다. 1973년 제1차 오일쇼크의 영향으로 1974년 호당 소비량과 인구 1인당 소비량이 일시적으로 감소한 것이 특기할 만한데, 이는 당시 전기 사용료의 인상 폭이 매우 컸던 것에 따른 결과라고 해석할 수 있다.[44]

---

43) 오쿠이 다케시 씨는 1960년대 센리의 상황을 가스와 전기 판매를 둘러싼 오사카가스와 관서전력의 결전장이었다고 표현했다. 이후 저렴한 비용에도 불구하고 가스 사용이 줄어들게 된 것은 1970년 덴로쿠(天六) 가스폭발사고와 1995년 한신대진재 등으로 경험된 사고위험이 주된 원인이라고 지적하였다.

44) 전국 평균 도시가스 요금의 변화 추이를 보면, 1970년 천kcal당 4.79엔이던 것이 1973년 5.58엔(16.5% 인상), 1974년 7.34엔(31.5%)을 기록했고, 1977~1979년 동안 10엔대를 유지하다가 1980년 14엔대로 상승된 후 1984년까지 유지되었다(2012년 『エネルギー白書』 214-2-4). 전기요금의 변화에 대해서

4.3. 가스 및 전기 사용과 에너지 소비 구조

일본 전국의 가정용 도시가스 판매량은 1965~1973년 동안 2.55배로 증가했으며, 전기전력 사용량은 2.61배로 증가하였다.[45] 이 수치를 같은 기간의 인구증가분으로 나누어 1인당 사용량 증가율을 산출하면, 각각 2.30배와 2.35배가 나온다. 같은 기간 스이타 시의 1인당 도시가스 사용량과 전기 사용량의 증가율이 각각 2.22배와 2.03배인 것을 감안하면, 스이타 시의 증가율이 전국 평균을 밑돌고 있다는 사실을 알 수 있다. 그 원인을 밝혀낼 수는 없었지만, 1960년대 후반 가정에서 일어난 가스 및 전기 사용량의 높은 증가율이 일본 전국의 현상이었던 것은 확인할 수 있다. 한편 1973~2010년에 걸쳐 가정용 도시가스 판매량은 2.44배로, 전기전력 사용량은 각각 4.16배로 증가했다. 이 수치를 인구 증가율로 보정하면, 1인당 사용량의 증가율은 2.08배와 3.56배가 산출된다. 1973년 이후에도 가정에서의 전기 사용량이 비약적으로 증가하여 2010년에는 전기 중심의 에너지 소비 구성이 나타나게 되었음을 확인할 수 있다.

그런데 한 가정의 에너지 소비는 가스와 전기에 국한되는 것이 아니다. 〈표 9〉를 통해 가정의 에너지 소비 구성을 살펴볼 수 있다. 1973년

는 공공기관의 자료를 확보하지 못했지만, 한 인터넷 홈페이지의 자료를 통해 개략적 상황은 파악할 수 있다(http://shouwashi.com/transition-electricity_prices.html). 1kWh당 전국평균 전기요금은 1950년대 중반 10엔대를 유지하다가 1960년대 중반 12엔대까지 점진적으로 상승하였으며, 1960년대 후반부터 1970년대 초반까지 11엔대를 유지했다. 1973년 11.82엔이었던 전기요금은 1974년 14.89엔(26.0%)으로 상승했으며, 1979년 19.40엔(30.3%)을 기록했다가 1980년 27.54엔으로 급등했다.

45) 2012년 『エネルギー白書』, 214-1-1, 214-2-2.

까지는 일본 전국 가정의 에너지 소비에서 석탄 및 등유와 같은 1차에너지 사용 비중이 40%에 근접해 있었다. 이후 석탄과 등유의 사용 비중이 계속해서 줄어들어 2010년에는 전기가 압도적인 비중을 차지하게 되었고, 전기와 도시가스를 합친 비중이 약 70%에 이르게 되었다.

〈표 9〉 가정부문 에너지원 구성 변화[46]   단위: %

	전기	도시가스	LP가스	석탄	등유	태양열 및 기타
1965년	22.8	14.8	12.0	35.3	15.1	0.0
1973년	28.2	17.0	17.4	6.1	31.3	0.0
2010년	51.0	19.8	10.3	0.0	18.0	0.9

센리뉴타운에서는 전기와 도시가스 중심의 에너지 소비 구조가 일찍부터 정착되었다. 도시가스 시설이 일찍부터 완비된 센리뉴타운에서는 상기한 바와 같이 히바치의 사용이 1965년 무렵 이미 사라져가고 있었다. 단, 뉴타운 밖의 스이타 시 지역에서는 난방과 급탕의 연료로 연탄이 좀 더 폭넓게 사용되고 있었을 가능성이 있다. 센리뉴타운 주민들의 등유 사용은 석유스토브의 난방 연료에 국한된 것으로 보이며, 뉴타운 밖의 스이타 시 지역에서는 취사용 곤로와 급탕 등의 연료로서 등유가 사용되고 있었을 것이다.

일본정부가 발간하는 『에너지백서』를 통해, 〈표 9〉 6개 항목의 에너지원 소비를 모두 합친 일본 가정의 총 에너지 소비량의 변화 추이를 검토할 수 있다.[47] 1973년을 기준으로 볼 때, 1965년에서 1973년에 걸쳐

---

46) 2012년 『エネルギー白書』 212-2-5에서 발췌함.

절대 소비량은 약 2.20배로 증가하였으며, 호당 소비량은 약 1.29배로, 1인당 소비량은 약 1.91배로 증가하였다. 앞에서 살펴본 1965(6)~1973년 스이타 시의 1인당 도시가스 사용량 및 전기 사용량 증가율은 같은 기간 일본 전국의 총 에너지 소비량 증가율과 비슷하거나 약간 높게 나타난 것을 알 수 있다. 한편 1973년에서 2010년까지 일본 전국의 에너지 소비에서 절대소비량이 약 2.18배로, 호당 사용량이 약 1.67배로, 1인당 사용량이 약 2.32배로 증가하였다. 1965~1973년 8년 동안의 에너지 소비량 증가 속도가 이후 37년 동안의 증가 속도를 압축한 셈이었다. 1965~1973년의 에너지 소비 증가는 이 글에서 논의한 바와 같이 가전제품을 비롯한 새로운 생활수단의 양적 증대에 따른 것이었다. 그 이후의 에너지 소비 증가는 가전제품의 에너지 효율이 향상되는 가운데서도 대형화와 다양화가 지속되었기 때문이라고 『에너지백서』는 분석하고 있다.[48)]

47) 2012년 『エネルギー白書』 212-2-3.
48) 가정부문의 에너지 소비 증가가 나라 전체의 에너지 소비 증가에 어느 정도의 비중이나 중요성을 갖는가에 대한 질문이 있을 수 있다. 일본 국민의 총 에너지 소비량은 산업부문, 가정부문, 업무부문, 운수부문의 소비량을 합친 것으로 계산된다. 1965년 총 에너지 소비량에서 산업부문의 소비량이 차지하는 비중은 약 65.2%, 가정부문의 비중은 약 9.9%, 업무부문의 비중은 7.5%, 운수부문의 비중은 17.6%를 차지하였다. 1965년에서 1973년에 걸쳐 일본의 총 에너지 소비량은 약 2.44배로 증가했으며, 이 중 가정부문의 에너지 소비량은 약 2.20배로 증가했다. 이 기간 동안 에너지 소비량 증가는 산업부문이 주도하였다. 1973년에서 2010년에 걸쳐 일본의 총 에너지 소비량은 약 1.35배로 증가했다. 산업부문의 에너지 소비량은 약 0.90배로 감소했으며, 가정부문은 약 2.18배로, 업무부문은 약 2.76배로, 운수부문은 약 1.88배로 증가했다. 2010년 총 에너지 소비량에서 산업부문의 소비량이 차지하는 비중은 약 43.9%까지 축소되었으며, 가정부문의 비중은 약 14.4%, 업무부문의 비중은 18.8%, 운수부문의 비중은 22.9%로 확대되었다. 이 기간 동안 에너지 소

4.4. 가스와 전기의 에너지원 전환

〈표 10〉 도시가스 원료의 비중 변화[49]   단위: %

	석탄류	석유류	국산 천연가스	천연가스 (LNG)
1965년	45.5	43.7	10.7	0.0
1973년	26.9	46.2	8.8	17.9
2010년	0.0	3.4	7.4	89.2

가정부문 에너지 소비 구성에서 전기와 도시가스의 중요성을 확인하였기 때문에, 이제 전기와 도시가스의 1차에너지원이 무엇인가에 대한 질문을 던질 필요가 있다. 1965년 당시 일본 도시가스의 원료는 석탄류 45.5%, 석유류 43.7%, 국산 천연가스 10.7% 등의 비중으로 사용되었다. 1973년에는 그 비중이 석탄류 26.9%, 석유류 46.2%, 천연가스(LNG) 17.9%, 국산 천연가스 8.8%로 변화되었다. 1965~1973년에 걸쳐 석유류의 비중이 늘고 석탄류의 비중은 줄어들었지만, 여전히 석탄류가 에너지 소비의 일정 비중을 차지하고 있었다. 이러한 상황은 가스 사용에 있어 오일 쇼크의 충격을 조금이라도 완화시킬 수 있는 여지를 마련하였다. 1973년 제1차 오일쇼크 당시 가스요금의 인상 폭은 전기요금의 인상 폭보다 낮았으며, 실제로 스이타 시 주민들의 1974년 가스 사용량은 오일쇼크의 영향을 반영하지 않고 계속적인 증가 추세를 나타냈던 사실은 앞에서 확인한 바 있다. 오일쇼크 이후 도시가스 원료에서 천연가스의 비중이 지속적으로 증가하여 2010년에는 96.6%에 이르게 되었다.

비량 증가는 업무부문과 가정부문에 주도되었으며, 에너지 소비에서 가정부문의 비중이 확대되는 경향을 볼 수 있다

49) 2012년 『エネルギー白書』 항목 212-2-3에서 발췌함.

〈표 11〉 에너지원별 전기전력 발전량 비중의 추이[50]　　　　　　　　　　단위: %

	일반수력	양수	석탄	천연가스	석유류	원자력	신에너지
1960년	63.5	0.1	35.7	0.0	0.7	0.0	0.0
1965년	42.0	0.4	26.4	0.1	31.1	0.0	0.0
1973년	16.0	1.2	4.7	2.4	73.2	2.6	0.0
2010년	7.8	0.9	23.8	27.2	8.3	30.8	1.2
2011년	8.1	0.9	25.0	39.5	14.4	10.7	1.4

　　1965년 당시 일본 전기전력 발전의 에너지원은 수력 42.0%, 석탄류 26.4%, 석유류 31.1% 등으로 구성되어 있었다. 1973년에는 석유류의 비중이 73.2%로 사상 최대치를 기록한 가운데, 수력 16.0%, 석탄류 4.7%, 천연가스(LNG) 2.4%, 원자력 2.6%로 다변화되는 양상을 보이고 있었다. 석유에 대한 높은 의존도 때문에 오일쇼크는 일본인들의 전기 사용에 직접적인 타격을 입혔다. 전기요금이 큰 폭으로 오르고 전기 사용량의 증가는 둔화되었다. 앞서 살펴본 스이타 시 주민들의 전기 소비에서는 1974년 호당 전기 소비량과 인구 1인당 전기 소비량이 일시적으로 감소하였다. 1973년 이후 일본전력 업계는 석유 의존도를 지속적으로 감소시켜 2010년에는 에너지원 구성이 석유류 8.3%, 수력 7.8%, 석탄류 23.8%, 천연가스(LNG) 27.2%, 원자력 30.8%, 신에너지 1.2%로 변화되었다.

　　전기전력 발전에서 석유의 대체에너지원으로 각광을 받았던 것은 원자력 에너지였다. 1955년 원자력기본법이 제정된 이후 1966년 도카이(東海)원자력발전소가 처음으로 운전을 개시했으며, 2010년에는 54개

---

50) 2012년 『エネルギー白書』 항목 214-1-6에서 발췌함.

의 원자로에서 총발전량의 30.8%를 담당하게 되었다. 석유의 또 다른 대체에너지원으로 도입된 것은 천연가스였다. 천연가스는 1969년 알래스카 천연가스의 도입이 개시된 이래 안정적이고 저공해의 에너지원으로 주목을 받게 되었으며, 제2의 에너지원으로 발돋움하게 되었다. 2010년 전기전력 에너지원 구성에서 석탄류가 23.8%의 비중을 차지하고 있는 점도 눈길을 끈다. 석탄은 석유와 천연가스의 가격 상승으로 인해 상대적으로 저가의 에너지원으로 자리 잡게 되었으며, 석유에 비해 공급 안정성도 높아 1990년대 이후 그 비중이 지속적으로 확대되고 있다. 주지하다시피 2011년 3월 후쿠시마원전사고로 인해 발전에너지원에 큰 변화가 일어나고 있다. 정기검사를 이유로 대부분의 원자력발전소가 운전을 중지한 가운데, 2011년 천연가스와 석유에 의한 화력 발전량이 급격히 증가하였다.

이 글에서 관심을 가졌던 것은 고도성장기에 발생한 에너지 소비량 증가의 메커니즘과 더 값싼 에너지에 대한 요구를 낳았던 사회적 관성이다. 1960년대 일반가정에서의 에너지 소비 증가는 앞 장에서 살펴본 새로운 생활수단의 도입에 따른 것이며, 에너지공급 체계가 석탄에서 석유로 변화하는 과정에서 발생한 것이다. 센리뉴타운에서 1960년대 가전제품을 비롯한 새로운 생활수단의 도입은 가스와 전기의 사용량을 급격히 증가시켰으며, 가스와 전기의 에너지원은 1973년 제1차 오일쇼크까지 화석에너지 중에서도 석탄에서 석유로 급격히 전환되고 있었다. 고도성장기 가정에서 새로운 생활수단의 도입은 석유 중심의 에너지 소비 체계가 확립되는 과정에서 진행된 것이다.

고도성장기 임금생활자 가족의 생활수준 향상은 고도성장의 사회체제를 안정화시키는 열쇠 중 하나였으며, 석유라는 저비용·저가의 에너지원을 토대로 가능해진 것이었다. 자연의 재생가능 에너지, 인간노동, 축력, 목탄이나 석탄과 같은 고비용의 에너지 토대 위에서는 생각조차 할 수 없는 것이었다. 값싼 에너지 토대 위에서의 물질적 풍요는 인간과 사회의 진보에 대한 믿음을 확산시키는 요인이 될 수 있었고, 1970년 오사카만국박람회는 센리뉴타운 주민은 물론 일본 국민들에게 그 믿음을 확인시키는 이데올로기적 장치가 되었다. 가전제품을 비롯한 새로운 생활수단의 보급은 공해를 내뿜는 공장만이 아니라, 가정의 석유 소비량을 증대시키는 주요한 요인이 되게 만들었다.

역으로 이 과정은 가정생활이 석유에 의존되게 만들었고, 일반화시키면 에너지에 대한 의존도를 높이는 결과를 낳았다. 고도성장기 이후 일본인들은 수많은 가전제품과 전기와 가스의 라이프라인이 공급되지 않는 조건에서는 살 수 없게 되었다. 생활의 편의와 안락을 가져다주는 물질적 생활수단과 에너지에 대한 의존성이 높아졌다. 그러나 석유의 토대 위에서 성립된 진보와 발전의 시대는 그리 오래가지 못했다. 1973년과 1979년 두 번에 걸친 오일쇼크는 향상된 생활수준을 유지하도록 하기 위한 새로운 에너지 대책을 생각하게 만들었다. 저비용·저가의 원자력 에너지에 대한 꿈이 확산되었으며, 진보와 발전의 깃발을 단, '에너지를 먹는' 생활체계의 기차는 원자력이라는 또 다른 궤도로 갈아탈 준비를 하고 있었다.

5. 물질생활의 체계와 에너지

필자는 이 글의 분석내용을 통해 어떠한 결론을 이끌어내야 할지 적지 않은 고민을 했다. 현대 일본의 거대한 물질문명을 떠받치고 있는 에너지 토대의 문제점들이 점검되고 있는 상황에서 어떤 사람들은 이 글의 분석 내용을 가지고 원자력발전의 필요성을 강조할지도 모르겠다. 에너지를 먹는 생활체계의 기차를 멈추게 할 수는 없다고 주장할 것이다. 당장의 원자력발전량을 대체하기 위해 화력발전의 비중을 높여야 한다면, 중동 원유가격의 안정을 위해 군사적·외교적 압력을 강화하고 알래스카의 천연가스와 오스트레일리아의 석탄을 안정적으로 공급받기 위해 자원수출국에 더 고개를 숙여야 하는 상황을 우려할 수도 있다.[51]

이 글의 문제의식은 에너지를 먹는 생활체계의 기차가 계속해서 달리게 하는 방법을 생각하기 이전에 그 기차가 처음 만들어지는 과정에서 그 구조를 뜯어보는 데 있었다. 서두의 표현으로 돌아간다면, 필자가 관심을 가졌던 것은 '원자의 등'을 보고 일본인들이 느꼈던 감동과 환희의 무게이다. 경제성장과 생활의 진보를 추구했던 시대정신이 인간생활에 어떠한 변화를 초래했는가?

에너지를 먹는 생활체계의 구조를 뜯어보면, 몇 가지 주목할 만한

---

51) 에너지 공급의 자주화 문제가 있다. 원자력발전의 원료인 고농축 우라늄은 준국산으로 분류되어 에너지자급률을 높이는 데 중요한 공헌을 해 왔다. 2010년 일본의 에너지자급률은 4.8%였는데, 원자력을 포함하면 19%로 집계되었다(2012년 『エネルギー白書』, 211-4-1).

점이 있다. 첫째, 1960년대 에너지를 사용하는 생활수단의 양적 증대가 가정에서의 에너지 소비량을 증대시킨 결정적 요인이 되었다. 새롭게 보급된 생활수단의 수는 지역신문에 등장하는 것만으로 20~30종에 이르렀으며, 각 품목마다 특정시점부터 새로운 모델로의 계속적인 교체와 질적 개선이 진행되었다. 1970년대 이후에도 새로운 생활품목들이 계속 등장했지만, 에너지 소비에 대한 충격은 완화되었다. 1965~1973년의 에너지 소비량 증가율은 이후 37년간의 증가율을 압축한 것이었다. 기존 가전제품의 질적 개선과 함께 에너지 효율이 상승하였으며, 1960년대만큼 가정의 새로운 생활수단이 한꺼번에 보급된 시기는 없었다. 서구 대부분의 국가들에서는 이 과정이 점진적으로 진행되었으며, 한국에서는 시기를 달리하여 진행되었다.[52]

둘째, 고도성장기 생활의 진보는 물질생활의 재구조화를 의미하는 것이었다. 컴퓨터와 휴대전화 등 정보통신수단 중심의 최근 생활변화와 비교하면, 1960년대 새로운 생활수단의 보급은 하드웨어 측면의 생활변화라는 성격을 띠었다. 1960년대 물질적 생활수단의 변화는 양적으로나 질적으로 변화의 폭이 매우 컸고, 외관상으로 생활양식 전반의 변화를 초래했다. 생활기반시설, 주택양식, 생활수단이 긴밀한 연관관계를 가지면서 변화함으로써 고도성장기의 새로운 생활양식은 표준화와 체계성을 특징으로 나타내게 되었다. 이 체계성 때문에 고도성장기의 생활

---

52) 이 글의 논의로 인해 일본의 가전제품 보급이 戰後의 현상인 것처럼 오해를 해서는 곤란하다. 일본에서 가전제품의 개발과 보급은 1930년대까지 이미 상당한 정도로 진전되어 있었으며, 1960년대 이후 급속한 대중화의 길을 걸었다고 할 수 있다(山田正吾, 『家電 今昔物語』).

변화는 비가역적인 것이 되었으며, 새롭게 탄생한 생활체계는 사회적 관성을 가지고 지속되게 되었다. 인간생활은 물질적 수단에 대한 의존성이 확대되었고, 개인과 가정은 물질적 생활수단을 생산하고 관리하는 자본, 국가, 사회에 점점 더 강하게 의존되고 있다.

셋째, 고도성장기 생활의 진보는 저가의 에너지 토대 위에서 구축된 것이다. 새로운 생활수단의 보급이 보편적 생활수준의 향상을 가져옴으로써 생활의 진보는 시대정신이나 이데올로기를 넘어 실제적 사실이 되었다. 저가의 에너지로 인해 새로운 문명생활이 가능해졌고, 에너지가 저가일수록 생활의 진보의 폭은 더 커질 수 있었다. 고도성장기 저가에너지의 원천은 석유였고, 오일쇼크 이후 원자력의 중요성이 부각되기 시작했다. 생활의 진보를 추구하는 사회적 관성은 저가에너지에 대한 끝없는 필요와 갈증을 낳게 되었다.

현대세계의 에너지원은 석탄과 석유로 대표되는 화석에너지, 원자력 에너지, 자연현상이나 새로운 테크놀로지를 이용한 재생가능에너지로 대별될 수 있다. 세계 각국의 산업발전은 자연(재생가능)에너지의 소비 체계를 화석에너지와 원자력 에너지의 소비 체계로 전환시키는 과정이었으며, 이제 이에 따른 부작용과 폐해 때문에 인류의 최첨단 과학기술을 동원한 재생가능에너지 소비 체계로의 회귀가 모색되고 있다. 그런데 세계 각국의 산업발전이나 고도성장은 그 시기가 다르다. 전후 일본의 고도성장은 에너지 소비 체계가 화석에너지 중에서도 석탄 중심에서 석유 중심으로 변화하고 원자력 에너지가 도입되는 시기에 진행된 것이다. 무한하거나 저렴한 에너지에 대한 염원은 새로운 생활양식의 출현에 따른 시대적 요구가 되었다. 감당할 수 있는 비용에 맞추어 에너지 소비를 줄이는 생활윤리는 점점 약화되고, 더 많은 더 좋은 생산수단과 생활수단을 얻고자 하는 사람들의 물질적 욕망과 사회적 관성이 고도성장의 이데올로기와 함께 에너지 정책과 소비 체계를 지배하게 되었다.

에너지를 먹는 생활체계의 기차가 멈추게 할 수는 없다. 그러나 그대로 달리게도 할 수 없는 상황이 전개되고 있다. 원자력발전의 문제점은 이미 충분히 논의되고 입증되었다고 필자는 생각하고 있다. 원전사고를 생각하면 원자력은 너무 위험하며, 핵폐기물 처리 비용을 생각하면 원자력은 결코 싸지도 않다.[53] 고이즈미 전 총리의 견학으로 일본에서 유명해진 핀란드 온칼로(Onkalo) 핵폐기물 저장소의 사례는 원자로 2기분의 핵폐기물을 최종 처분하는 데 얼마나 많은 노력과 비용이 들어야 하는지를 보여주고 있다. 지진대로 구성된 일본의 땅에는 원자로 54기분의 핵폐기물을 최종 처분할 수 있는 장소가 아직 한 군데도 없다.

이 글에서 제안할 수 있는 것은 기차의 속도를 줄여야 한다는 것이다. 누군가는 가정부문의 에너지 소비가 전체 에너지 소비의 10%밖에 안된다고 지적할지 모르지만(각주 48 참조), 그 에너지 소비 주체들이 산업부문, 운수부문, 업무부문의 에너지 소비와 에너지 정책 결정에 참여하는 주체이기도 하다. 문제는 일본사회를 구성하는 주체들의 생각과 실천의 방향이다. 일본경제의 장기침체 속에서 일본인들에게 경제성장의 꿈이 사라진 지 20년이 넘었다. 이제는 저성장시대에 맞는 사회체제, 생

---

53) Kingston, "Abe's Nuclear Energy Policy and Japan's Future."

활양식, 시대정신, 에너지체계가 구축되어야 할 시점이다. 일본인들에게 경제성장의 환상을 또다시 심어주려는 아베노믹스는 전체 인구의 24.1%가 65세 이상 고령자인 일본사회의 구조적 변동에 역행하는 것이며, 2020년 도쿄올림픽을 통해 과거 경제지상주의의 꿈을 복원하려는 일부 정치세력의 시도는 시대착오적인 것이다. 고도성장 시대에는 거기에 맞는 사회문화의 변화가 진행되었듯이 이제는 저성장시대에 맞는 또 다른 발전의 패러다임을 고안하고 구축해야 한다. 그 성과가 국제사회에서 일본인·일본사회의 성숙도를 보여주는 하나의 척도가 될 것이다.

제3부

철도와
자동차

V 철도 동력의 근대화와 도카이도 신칸센

임채성

1. 에너지혁명과 국철

이 글의 목적은 일본의 에너지혁명에 즈음하여 수송력 부족에 대응하기 위해 추진된 국철의 동력 근대화와 도카이도 신칸센 프로젝트를 검토하고, 새로운 '기술혁명'이 객화수송에 미친 영향을 고찰하는 것이다.

고도성장이 시작되자 수송 수요가 급격히 증가하여, 이러한 수송 부족이 철강, 전력과 더불어 일본경제의 3대 애로로 불릴 지경에 이르러, 그 강화가 긴급 과제로 부상하였다. 여객수송에서는 도시부의 정기수송이 수송 증가의 주요인이었다고 한다면, 화물수송에서는 국내 시장의 확대와 중화학공업화의 진전으로 수송의 대규모화와 장거리화의 진행이 주요인이었다.[1] 이에 따라 열차 내 여객 혼잡이 증가하고 화물체증이 늘었으며 운전사고도 다발하게 되었다. 결과적으로 교통시장에서

철도는 모터리제이션의 진전과 더불어 장기적으로 경쟁력을 상실하고 있었다.[2]

　이와 같은 수송 문제를 해결하기 위해 철도 수송력 증강에 관한 5개년계획이 2회에 걸쳐 추진되었다. 바로 이 시기에 에너지혁명이 이루어져 1차 에너지원이 석탄에서 석유로 전환되고 이를 연료로 대규모 화력발전이 추진되었기 때문에, 일본 국철 또한 이에 맞추어 동력의 근대화를 통해 석탄 소비구조를 탈피하는 동시에, 세계 최초로 신칸센을 도입하여 대규모 전력 소비를 전제로 고속열차 운전을 개시하였다. 이러한 기술혁명(technological revolution)은 기존의 수송 체제에 커다란 변화를 가져오는 동시에, 공간 이동의 시간적 의미에서 일본인의 생활 패턴을 크게 바꾸었다.[3]

　이에 관한 기존연구를 보면, 일본 국철 스스로가 편집한『신칸센십년사(新幹線十年史)』(1975) 등을 비롯해서 관련자들에 의한 많은 개설서가 존재한다. 그러나 이들 사사 및 개설서는 신칸센 도입과 효과 등에 관한 풍부한 정보를 제공하고 있지만, 본격적인 경제사 연구라고 평가하기는 어렵다. 특히 신칸센이 가져온 긍정적인 측면만을 강조하여 그것이 국철 측에 미친 부정적인 측면이 고찰되지 못했다는 점에서 한계가 있다.

---

1) 運輸調査局, 「鉄道貨物の輸送距離に関する一考察」, 運輸調査局 編, 『鉄道の輸送構造: 平均輸送粁の分析』, 1960, 5～37쪽.
2) 林采成, 「国鉄の輸送力増強と市場競争」, 原朗編著, 『高度成長始動期の日本経済』, 日本経済評論社, 2010, 61～94쪽.
3) 有賀宗吉, 『十河信二』, 十河信二傳刊行会, 1988, 145～150쪽.

이러한 가운데 일본의 철도사 연구 발전에 크게 기여해 온 오이카와 요시노부가 주목할 만하다.[4] 그의 연구는 도카이도 신칸센의 개업에 많은 노력을 기울여 온 소고 신지(十河信二) 국철 총재의 활동에 주목하여, 제1차, 제2차 5개년계획기의 국철 경영 추이를 분석하였다. 이를 통해 그는 이 시기 국철이 도카이도 신칸센의 건설을 통해 항공기, 자동차 등 다른 교통수단과의 경쟁에 충분히 대비할 수 있게 되었다고 평가하였지만, 신칸센을 제외한 통근수송 대책, 간선복선화, 전력화 등에 관한 공사비는 대폭 삭감되어 제대로 된 수송력 증강을 달성하지 못했다고 보았다.

그러나 필자로서는 과연 국철이 신칸센을 통해 다른 교통수단에 대해 충분히 대응할 수 있었는가에 관해서는 여전히 의문이다. 전체적으로 보면 교통시장, 특히 화물수송시장에서는 국철의 시장점유율이 급격하게 떨어지고 있기 때문이다. 특히, 에너지혁명기에 즈음하여 전개된 국철의 대응 양식 가운데 동력 근대화와 도카이도 신칸센이 차지하는 의미는 고찰할 여지가 여전히 남아 있다고 본다.

하라 아키라는 고도성장기의 시장경제와 제도 설계에서 차지하는 경제계획의 역사적 의의를 논하면서, 도쿄올림픽 직전에 개업하여 고도성장의 상징으로 주목되어 온 도카이도 신칸센에 관하여 그 건설계획을 검토하고, 그것이 간선수송력 강화를 위해 신장기경제계획에 맞추어 착공되었다고 지적하였다.[5] 그렇지만 국철의 수송력 강화에 관한

---

4) 老川慶喜, 「東海道新幹線の開業: 十河信二と国鉄経営」, 老川慶喜 編著, 『東京オリンピックの社会経済史』, 日本経済評論社, 2009, 189~218쪽.

분석 내용은 극히 적어, 고도성장기 국철 철도수송과 도카이도 신칸센에 대한 경제사적 연구로서 본격적인 분석이라고 말하기는 어렵다.

이러한 점에서 이 글은 분석에 있어서 소고 총재에 중점을 두기보다는 에너지 전환이라는 관점에서 동력의 근대화와 도카이도 신칸센을 소재로 삼아 그 입안 배경과 그 추진 과정을 밝히고, 나아가 그것이 기존 수송 체계에 의미하는 바를 고찰한다. 이를 위해 공간된 자료와 더불어 '동력근대화조사위원회', '신칸센 자료', '국철재정재건추진회의 기록' 등 내부 자료를 사용한다.

이 글의 구성은 다음과 같다. 제1절 에너지혁명과 국철에 이어, 제2절에서는 고도성장기 국철이 직면한 수송력 부족 문제와 이에 대한 조치로 실시된 제1차 5개년계획, 특히 동력 근대화를 검토하며, 도카이도 본선의 수송 문제를 조명한다. 제3절에서는 그 한계에 입각하여 신칸센 부설계획의 입안 과정과 실행 과정을 제2차 5개년계획과의 연관성 속에서 살펴보고, 동력 근대화가 가져올 경비절감 효과를 분석한다. 제4절에서는 도카이도 신칸센 개통이 가져온 국철수송의 변화와 경제적 효과, 국철 경영에 미친 영향, 그리고 그것이 갖는 에너지 효율 면의 의의를 고찰하기로 한다. 마지막으로 제5절에서는 도카이도 신칸센의 역사적 의의와 국철 경영에 대해 요약 및 정리한다.

---

5) 原朗, 「経済計画と東海道新幹線」, 『高度成長展開期の日本経済』, 日本経済評論社, 2012, 31~60쪽.

2. 국철의 수송력 부족과 제1차 5개년계획

전후 국철은 전쟁 중의 혹사와 피해로 인해 심각하게 노후화되었지만, 보수용 자재의 입수가 제대로 이루어지지 못하고, 동력용 석탄의 확보조차도 어려워 겨우 하루하루를 넘기는 상황이었다. 그렇지만 여객은 식민지로부터의 귀국, 군인 복귀, 식량 확보를 위한 인구 이동 등으로 인해 극심한 차내 혼잡을 보였고 운전사고도 속출하여 열차 지연과 차량 고장이 이어졌다.[6] 이러한 혼란도 1947년을 저점으로 회복되기 시작하였다. 1948년 7월 요시다 수상에게 연합군 총사령관 맥아더로부터 서한이 발송되어 철도공사 설립에 관한 명령이 내려지자, 동년 12월에는 일본국유철도법이 공포되어, 국철은 운수성에서 분리 독립되어 공공기업체로 재편되었다.[7] 이후 닷지 라인(1949년 4월)의 추진으로 일본경제의 단기간 안정화가 꾀하여짐에 따라, 국철 경영 또한 경제계의 불황 속에서 불안정하게 되었다.

이러한 가운데 발발한 한국전쟁(1950년 6월)은 일본경제에 전쟁특수를 가져왔고, 미군에 대한 군수품 조달을 중심으로 경기 확장이 이루어졌다. 한반도에서 작전을 전개하는 미군을 위해 국철이 다시 전시 동원되었음은 물론, 수송 수요의 증가에 응하지 않으면 안 되었다. 그러나 1951년 초에는 수송 압박을 피할 수 없게 되었고, 화차 부족이 심각한 사회 문제로서 거론되기에 이르렀다.[8] 〈그림 1〉의 경제성장률에서 알 수

---

6) 運輸省, 『国有鉄道の現状: 国有鉄道実相報告書』, 1947, 3～23쪽.
7) 交通協力会, 『交通年鑑』 1950, 64～66쪽; 交通協力会, 『交通年鑑』, 1955, 20～22쪽.

있듯이, 일본경제가 진무(神武)경기를 시작으로 고성장의 경기순환에 접어들자, 수송 수요는 더욱 증가하게 되었다. 그러나 철도수송은 일본 경제의 고도성장에 제대로 따라가지 못하여, 철도수송의 증가율이 경제 성장률을 밑돌고 있었다. 즉, "국철의 화물수송은 가을에서 겨울에 걸친 수송 집중기에 수송난 현상이 각지에서 발생하여 각 방면의 관심사가 되었고, 새롭게 수송 문제는 철강·전력과 더불어 확대 추세에 있는 일본 경제의 애로로 주목되기"에 이르렀다.[9]

〈그림 1〉 국철수송과 실질GNP의 증가율

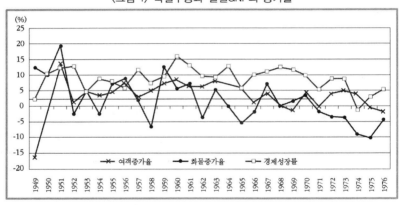

주: 실질GNP는 1934~1936년 평균을 기준으로 한다.
출처: 日本統計協会, 2006; 東洋経済新報社, 2005; 運輸省大臣官房統計調査部編, 各年度; 日本国有鉄道, 各年度.

이러한 수송의 배경인 실물경제(1934~1936년 평균 기준)에 주목

---

8) 交通協力会, 『交通年鑑』, 1952, 166~171쪽; 林采成, 「国鉄の輸送力増強と市場競争」, 原朗 編著, 『高度成長始動期の日本経済』, 日本経済評論社, 2010, 61~94쪽.
9) 交通協力会, 『交通年鑑』, 1956, 66~69쪽; 交通協力会, 『交通年鑑』, 1957, 32쪽.

해 보면, 1955년도 철강업 생산지수는 187.3으로 전년 대비 12%의 증가세를 보였지만, 1956년 4월에는 기준 연도의 2배를 넘었고 그 후에도 계속해서 상승하였다. 또한 농림수산지수는 1955년도 123.5로 전년 대비 17%의 증가를 기록하였으며 1956년도에도 농산물이 상당한 풍작을 기록하였다. 경기의 부침이 있기는 했지만, 이러한 경제의 확대 추세는 1970년대 초까지 이어졌다.

이 때문에 국철수송은 〈그림 1〉과 같이 계속해서 상승하였고, 거의 매년 국철 사상 최고수준을 경신하였다. 1956년도 당초 수송 목표는 1억 6,250만 톤이었지만, 석탄·석회석·목재 등 원재료의 출하가 대단히 활발하게 이루어지면서, 동년의 역내 체화가 7월 80만 톤, 8월 96만 톤, 9월 129만 톤으로 계속 증가하였다. 이 때문에 제3분기인 1956년 10~12월에는 약 330만 톤의 화물이 수송 불가능하다고 예측될 정도였다. 이러한 사태의 원인은 경제성장의 속도가 예상을 뛰어넘어 너무나도 빠른 나머지, 자금 부족으로 철도투자가 지체되고 있던 국철로서는 왕성한 출하 요청에 제대로 응할 수 없었던 것이다. 이로 인해 여러 곳에서 차량 부족, 조차장의 능력 부족, 간선망의 선로용량 한계라는 수송난 문제가 발생하고 있었다. 이러한 수송력 문제는 일본의 고도성장이 계속되는 가운데 더욱 심해지고 있었다.

이와 같이 일본경제가 전후복구를 거쳐 고도성장기로 접어드는 가운데 당시 대표적인 교통수단이었던 국철에서도 철도부흥과 수송력 강화를 위한 대책이 마련되고 있었다. 전후 차량, 시설 등이 장기간의 자금 및 자재 부족으로 인해 1,800억 엔에 달하는 미상각 부분이 포함되어 있는 등 전반적으로 열악한 자본스톡을 어떻게 보전할 것인가가 국철의 최대 관심사였다.[10] 이를 위해 국철은 1954년 5개년계획을 수립하였다. 그 후 경제심의청의 6개년계획 발표에 맞추어, 국철도 이를 6개년계획으로 수정하였다.[11] 이 계획은 국철경영조사회에서 향후 국철 경영을 검토할 때에 이용되었는데, 경제자립 5개년계획의 숫자에 근거하여 5개년계획으로 다시 개정되었다.

〈표 1〉 제1차 및 제2차 5개년계획의 진척률　　　　　　　　단위: 억 엔, %

	제1차 5개년계획			제2차 5개년계획			
	계획 (1957~61)	실적 (1957~60)	진척률	원계획 (1961~65)	수정계획 (1961~65)	실적 (1961~64)	진척률
도카이도 신칸센 증설비				1,735	3,563	3,565	100
신선건설	350	270	77	919	1,159	947	82
통근수송	499	298	60	640	777	443	57
간선수송	1,193	531	45	2,556	3,706	2,609	70
기타				1,637	2,547	1,662	65
전력화·전차화	1,060	507	48	1,330	1,355	629	46
디젤화	604	282	47	588	762	435	57
차량증비	507	295	58				
교체 및 개량	1,423	1,645	116	2,494	2,863	1,734	61
총관리비	350	255	73	407	465	408	88
합계	5,986	4,083	68	9,750	13,491	9,498	70
(도카이도 신칸센 제외)				8,015	9,928	5,933	60

주: 실적에는 전년 이월액을 빼고 차년 이월액을 더하였다.
출처: 日本国有鉄道, 「国鉄輸送の現状と問題点」, 1964. 5., 日本国有鉄道, 『国鉄基本問題懇談会(資料編)』, 1964; 日本国有鉄道監査委員会, 『日本国有鉄道監査報告書』, 1964, 71쪽.

---

10) 交通協力会, 『交通年鑑』, 1953, 47~48쪽.
11) 交通協力会, 『交通年鑑』, 1957, 36~38쪽.

5개년계획에는 다음과 같은 세 가지 사항에 중점이 놓여 있었다. 첫째, 노후시설, 차량을 갱신해서 자산의 건전화를 꾀하고 수송 안전을 확보한다. 둘째, 현재의 수송 한계의 타개와 무리한 수송의 완화를 꾀하는 동시에 증대하는 수송 수요에 응하도록 수송력을 강화한다. 셋째, 서비스 개선과 경비 절감을 위한 수송 방식, 동력 및 설비의 근대화를 추진한다는 것이었다. 여객, 화물 모두 수송량이 대단히 증가하였음에도 불구하고, 수송 설비와 선로는 물론, 차량도 부족하였던 것이다. 이러한 계획을 완수하기 위해 5개년 간에 걸쳐 5,986억 엔의 투자가 필요하다고 판단되었다.[12]

〈표 2〉 석탄, 원유, 중유 가격지수의 추이(1937=1)

	석탄						원유	중유		
	미국	영국	프랑스	벨기에	루르	일본	미국	미국	영국	프랑스
1913	0.78	0.87	0.78	0.87	0.90	0.74	1.00		1.54	
1924	1.10	0.97	0.80	0.96	1.13	0.90	1.06	1.37	1.12	
1937	1.00	1.00	1.00	1.00	1.00	1.00	1.00	1.00	1.00	1.00
1946	1.26	1.54	1.23	0.80		0.74	0.85	0.97	1.11	
1953	1.22	1.29	1.33	1.11	1.30	1.32	1.07	0.99	0.95	0.85
1953/1913	1.57	1.48	1.71	1.28	1.44	1.78	1.07	(0.72)	0.62	(0.85)

주: 1953/1913=1953년 가격지수÷1913년 가격지수. 다만, 중유에서 미국과 프랑스는 각각 1924년, 1937년을 기준으로 함.
출처: 動力近代化調査委員會, 「動力需給と單價の見透し(概要)」, 『第1專門委員會 (線區別動力 分野・資金・要員) 審議經過報告』, 日本国有鉄道, 1959, 30쪽.

---

12) 전후 국철이 실시한 여러 가지 투자계획에 관해서는 林采成, 「国鉄の輸送力 増強と市場競争」, 原朗 編著, 『高度成長始動期の日本経済』, 日本経済評論社, 2010, 61~94쪽을 참조하기 바란다.

이 중 근대화의 대표적인 프로젝트로 상정된 것이 동력의 근대화, 즉 전기기관차, 디젤기관차, 전차의 도입이었다. 이는 이미 전후 철도부흥을 위한 기술체계[13]로 주목을 받아 왔는데, 1950년대 접어들어 본격화되기 시작한 석탄에서 석유로의 에너지혁명에 의해 크게 탄력을 받게되었다. 〈표 2〉는 동력 근대화 프로젝트를 검토하면서 국철 측이 직접 작성해서 사용한 자료이다. 이를 보면 석탄의 가격이 노무비의 상승에 따라 장기적으로 상승해 온 반면, 석유는 상대적으로 저렴하였으며, 중유인 경우는 장기적으로 하락해 왔다. 이러한 점에서 볼 때, 석유는 향후 장기적으로 안정될 것으로 예상되었다. 또한 기관차 1km 혹은 열차 1km당 연료소비 비용(1956년)을 보아도, 증기기관차 96.023엔, 전기기관차 38.498엔, 디젤기관차 34.81엔, 전차 30.806엔이었다.[14] 이에 국철은 디젤기관차를 도입하여 직접 값싼 중유를 원료로 이용하거나 혹은 전기기관차와 전철을 도입하여 석유를 원료로 하는 대규모 화력발전을 통해 생산된 전력을 이용하고자 하였던 것이다.

증기기관차의 운전에는 투탄(投炭) 작업이 필요하기 때문에 평균적으로 2인 이상의 요원이 배치될 필요가 있었지만, 디젤기관차, 전기기관차, 전차의 운전에는 기관사 1인으로도 충분히 가능하였다. 또한 증기기관차의 경우 다량의 석탄과 물이 주입되어야 하기 때문에 구간별로 저탄장, 주수기 등 관련 시설과 탄수부(炭水夫)가 배치되어야만 하였다. 차량수선에서도 기관(汽罐) 관련 각종 작업이 생략되기 때문에 재장일

---

13) 国有鉄道審議会電化委員会, 『経済再建と鉄道電化』, 1949.
14) 日本鉄道鉄道, 『鉄道要覧』, 各年度版.

수(在場日數)와 표준인공(標準人工)이 크게 줄어들었다. 예를 들어 갑종 수선에서 증기기관차는 재장일수 7.7일, 546인공(人工)이지만, 전기기 관차(교류) 6.0일, 350인공, 디젤기관차(대형)는 5.0일, 330인공에 불과 하였다.[15] 견인 능력 면에서도 증기기관차에 비해 전기기관차와 디젤기 관차가 뛰어났다. 이러한 점에서 볼 때 동력의 근대화는 경영합리화를 가져올 뿐만 아니라 쾌적한 승차감과 속도감을 가져와 서비스 개선에 크게 기여할 수 있을 것으로 기대되었다.

　　제1차 5개년계획이 실시되었지만, 당시 수송 수요의 증가를 실제보 다 낮게 잡아 계획규모가 본래 과소하게 책정되었을 뿐 아니라, 물가상 승 및 임금인상으로 사업비의 부담이 증가하였다고 판명되었다. 이로 인해 제1차 5개년계획은 자금 부족을 피할 수 없었다. 그 결과 국민경제 의 성장에 따른 수송 수요의 증가에 제대로 응할 수 없어, 5개년계획에 대한 재검토가 이루어지게 되었다.[16] 〈그림 2〉와 〈그림 3〉에서 이 글이 중시하고 있는 동력의 근대화 추진 정도를 보면, 1950년대 후반부터 전 력화 구간의 증가와 더불어 동력차로서 보유한 증기기관차가 감소하기 시작하였지만, 4년간의 추진에도 불구하고, 전력화·전차화와 디젤화는 50%를 밑돌았다. 즉, 수송력의 확충 및 근대화가 국철에 있어서 여전히 급무였던 것이다.[17]

---

15) 動力近代化調査委員會, 「車輛工場施設費(槪要)」, 『第1專門委員會(線區別動力分野·資金·要員) 審議經過報告』, 日本国有鉄道, 1959, 25~26쪽.
16) 日本国有鉄道監査委員会, 『日本国有鉄道監査報告書』, 1960, 152쪽.
17) 日本国有鉄道監査委員会, 『日本国有鉄道監査報告書槪要』, 1959, 6~7쪽.

〈그림 2〉 국철의 전력화 구간

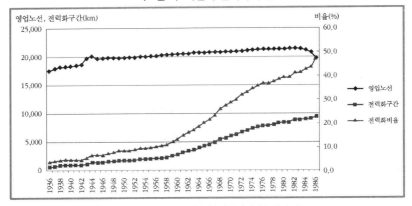

출처: 日本国有鉄道, 各年度; 運輸省大臣官房統計調査部編, 各年度.

〈그림 3〉 국철의 기관차 보유 차량

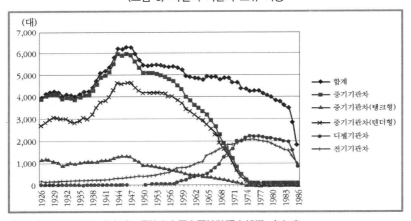

출처: 日本国有鉄道, 各年度; 運輸省大臣官房統計調査部編, 各年度.

경제성장에 따라 주요 간선의 수송 능력은 거의 한계에 달하고 있었기 때문에, 수송 수요의 증가에 대처하기 위해서라도 국철의 최대사명인 간선의 수송 증강에 일단 노력을 경주하지 않으면 안 되었다. 특히

3통근·통학 수송량은 매년 증가 일로를 걷고 있어, 국철에서는 그 대책에 다대한 노력을 기울여 왔지만, 혼잡 완화와 서비스 개선을 위해서는 전력화 및 디젤화를 보다 강력하게 추진할 필요가 있었다.

간선전력화는 다수의 선구(線區)에서 착공되었지만, 1959년도 말 당시 전력화 공사 진척률을 보면 전력화 공사 총연장 1,698.6km 가운데 완성 21%, 공사 중 49%, 미착공 30%로, 전력화 투자의 효과 조기 발휘라는 당초 목표는 달성하지 못하였다. 이에 비해 주요 선구에서 주로 디젤기관을 사용하는 기동차(汽動車)는 1959년 1,790대로 1일 차량km가 46만 1천km에 달하는 등 상대적으로 양호한 성과를 보였다.[18] 전력화를 위해서는 기관차의 동력을 바꿀 뿐만 아니라 전력 공급을 위한 각종 시설이 필요한 데에 비하여 디젤화는 증기기관차를 교체하면 바로 효과를 얻을 수 있었다. 이러한 점에서 전력화가 예정된 구간에 대해서도 경제성의 측면에서 전력화와 디젤화를 신중히 비교해서, 효율적인 근대화의 촉진을 꾀할 필요가 있었다.

지역별 차원에서 보면, 수송력 부족은 도카이도 본선에서 심각하게 나타나고 있었다.[19] 1950년대 전반부터 도카이도의 연선 지역은 〈표 3〉과 같이 면적에서는 일본 전토의 약 17%에 지나지 않았지만, 간토(關東), 주쿄(中京), 간사이(關西) 3대 공업지대가 위치하고 있어, 공장 수는 일본 전체의 약 절반에 달하여 공장 출하액을 기준으로 전국의 68%를

---

18) 日本国有鉄道監査委員会, 『日本国有鉄道監査報告書概要』, 1959a, 6~7쪽; 日本国有鉄道監査委員会, 『日本国有鉄道監査報告書』, 1959, 195~197쪽.
19) 運輸観光技術協会 編, 『事典 東海道新幹線』, 1964.

차지하였다. 당연히 인구에서도 약 4,000만 명으로 전국의 43%를 점하여, 인구밀도가 전국 평균의 2.6배에 달하였다. 인구증가율도 전국 평균보다 높았는데, 지역 내의 자연증가뿐만 아니라 일본경제의 고도성장에 따른 인구집중 또한 현저하였다. 이 지역을 연결하는 수송파이프로서 도카이도 본선은 도쿄·고베 간 589.5km, 국철 전 영업 km의 약 3%에 지나지 않았지만, 그 수송량은 대단히 많았다. 국철 전체의 수송 가운데 도카이도 본선이 점하는 비율을 보면, 여객 약 24%, 화물 약 23%를 차지하여 국철 전체의 4분의 1을 담당하고 있었다. 도카이도 연선 지역을 중심으로 하는 철도수송의 증가율도 여객 7.6%, 화물 4.8%에 달하여, 전국 수치를 웃돌고 있었다.

〈표 3〉 도카이도 지역의 인구 등

	면적	인구 (1960)	인구증가율 (1950~1960)	국민소득 (1959)	공장 수 (1958)	공장 출하액 (1959)
전국	869,082km²	93,419천인	12%	96,659억 엔	455,372	118,888억 엔
도카이도 지역	61,082km²	40,196천인	26%	55,625억 엔	236,097	80,357억 엔

출처: 運輸観光技術協会編, 『事典 東海道新幹線』, 1964, 14쪽.

전국 영업노선의 3%에 지나지 않는 도카이도 본선이 어떻게 이와 같이 큰 수송 비율을 점할 수 있었을까? 이는 여객과 화물의 수송뿐만 아니라 앞에서 언급한 3대 공업지대와 다른 경제거점을 연결하는 대동맥으로서의 역할이 컸기 때문이다. "소위 도쿄라고 하는 수원지로부터 각지의 정수장으로 향하는 상수도"와 같이 도카이도 본선을 통과해서 다른 지역으로 화물과 여객이 보내어졌던 것이다.[20] 바꾸어 말하자면, 만일 도카이도 본선의 수송이 막히게 되면, 그 영향은 도카이도 본선에 머무르지 않고 전국에 미치게 된다는 것이다.

그러나 도카이도 본선의 수송 실태는 심각하였다. 제1차 5개년계획의 실시로 인해 선로 개량, 유효장의 연장, 정차장의 대피선 증설, 조차장의 확충, 노선 전체의 완전 전력화, 차량 증비, 신호보안 설비의 증설, 건널목 개량 등 철도개량 투자가 추진되어 왔다. 이에 더하여 열차운행 다이어그램의 개정을 통해 열차 증설을 꾀하여 현유의 철도시설을 최대한 이용함으로써 고도성장기 수송 수요의 증가에 대응하고자 하였다. 이러한 방식은 제1차 세계대전 이래의 국철 내부에 축적된 철도운용 방식에 입각한 효율적인 방법이었다.[21] 그럼에도 불구하고, 수요 증가로 인해 여객열차의 차내 혼잡과 화물의 체화발생 문제는 해결되기 힘들었다.

열차운행 횟수에서 보면, 국철 전 노선이 1일 69회였던 것에 비해서 도카이도 본선은 거의 300회에 달하여, 더 이상 열차 증설의 여지가 없었다. 서구에서는 열차횟수가 많다고 해도 70~80회로 100회를 넘는 곳이 드물었다. 서구 철도의 주요 구간 열차횟수(상하 합계, 직통만)를 보면, 프랑스의 파리·디종 간 315km 64회, 네덜란드 암스테르담·로테르담 간 헤이그 경유 83km 132회, 동 구간 고다(Gouda) 경유 82km 36회, 미국의 뉴욕·워싱턴 간 362km 51회이었다. 이에 대하여 일본의 경우, 도쿄·나

---

20) 運輸観光技術協会編, 『事典 東海道新幹線』, 1964, 14쪽.
21) 林采成, 「戦前期国鉄における鉄道運営管理の特質と内部合理化」, 老川慶喜 編著, 『両大戦間期の都市交通と運輸』, 日本経済評論社, 2010, 271~298쪽.

고야 간 366km에서 226회를 기록하여 실로 포화점에 달했다고 하지 않을 수 없었다.[22]

그럼에도 불구하고 국민소득배증계획에 입각해서 도카이도 본선의 수송량을 추계해 보면, 1956년을 100으로 하여 1965년에 여객 185, 화물 155, 1970년에 여객 239, 화물 186으로 수송량 증가가 예상되었다. 이에 대응할 수 있는 수송력을 확보하지 않으면 일본의 경제성장에도 차질이 생길 것으로 예측되었다.

3. 도카이도 신칸센의 건설과 제2차 5개년계획

이에 따라 도카이도 본선의 수송력 강화안에 관한 논의가 제1차 5개년계획에 대한 재검토와 더불어 전개되었음은 물론이다. 그 추진의 중심적인 인물이 소고 신지(十河信二) 총재였다는 사실은 널리 알려져 있다.[23] 나가사키 소노스케(長崎惣之助) 총재가 도야마루(洞爺丸) 해난사고와 시운마루(紫雲丸) 조난사고로 인해 책임을 지고 사임하자, 그 후임으로 1955년 5월에 국철에 복귀하였다. 철도원시대부터 '개주건종(改主建從)'의 광궤파(廣軌派)였던 소고 총재는 취임 직후부터 '광궤신

---

22) 日本国有鉄道, 「鉄道知識のいろいろ」, 『御進講資料』, 1962. 5., 10쪽; 十河信二, 「国鉄の現状と将来説明要領」, 『御進講資料』, 1962. 5., 9~10쪽.
23) 그는 도쿄제국대학법학대학(→법학부)을 졸업하고 철도원(鐵道院)에 들어가, 철도 관료, 만철 이사, 홍중공사(興中公司) 사장을 거쳐 전후에는 에히메현 사이조(愛媛県西條) 시장, 철도홍제회 회장으로 재직하였다.

칸센'의 연구 조사를 스태프들에게 명하였다.[24]

〈그림 4〉 소고 신지(十河信二)

그러나 당초 국철 내부의 반응은 냉담했다. 왜냐하면 신노선 건설은 대규모 건설자금을 필요로 하지만, 매년 의회를 통해 예산심의가 이루어져 해당 연도 사업비가 결정되는 방식으로는 광궤 건설이 중단될 가능성이 있었고, 또한 대규모 자금투입은 국철의 자본비용을 증가시키기

출처: http://kameshika.cocolog-nifty.com/235/2007/12/posta789.html(검색일: 2014. 6. 1.)

때문이다. 이에 반하여 기존 노선에 대한 추가적 선로부설은 상대적으로 적은 비용으로 수송력을 즉각적으로 강화할 수 있었던 것이다. 그럼에도 불구하고, 소고 총재의 강한 리더십하에서 1956년 4월 제16회 상무회에서 도카이도 본선의 장래 수송량 상정 및 수송력 증강 방식 등을 검토할 필요성이 인정되어, 그 대책을 심의할 기구로서 동년 5월에 '도카이도선증강조사회'가 본사에 설치되었다.[25]

도카이도선증강조사회는 소고에 의해 기사장으로 스카우트된 시

---

24) 有賀宗吉, 『十河信二』, 十河信二傳刊行会, 1988, 161~170 및 497~623쪽. 일본 철도의 표준궤간(the standard rail gauge)은 1,067mm로, 국제적인 표준궤간인 1,435mm보다 좁은 협궤이다. 이 글에서 논의되는 협궤는 일본 표준궤간인 1,067mm, 광궤는 국제 표준궤간인 1,435mm를 가리킨다.

25) 篠崎四郎, 「新幹線年表稿」, 1965; 有賀宗吉, 『十河信二』, 十河信二傳刊行会. 1988, 161~170 및 497~623쪽; 日本国有鉄道新幹線総局, 『新幹線十年史』, 1975, 5쪽; 原朗, 「十河信二と満鉄·興中·新幹線: 東大と郷里西条市に残された資料を中心に」(日本交通協会講演), 2011. 2. 18.

마 히데오(島秀雄)를 위원장으로 부내 수뇌 23명이 참가하여, 일본경제의 전망에 입각해서 도카이도 본선의 예상수송량의 추계, 수송력의 증강방법(협궤병설안, 협궤별선안, 광궤별선안 등), 소요자금액 등에 관해서 1년 이상 검토하였다. 시마 히데오는 도쿄제국대학 공학부를 졸업하고 철도성에 들어가 C53형, D51형 기관차를 제작하고 전시 중 추진된 탄환열차계획(신규 광궤간선부설계획)에도 참여한 경험을 가지고 있으며, 전후에는 국철 차량국장, 스미토금속공업 고문을 역임한 철도차량 제작의 전문가였다. 동 조사회는 다양한 안을 심의 검토한 결과 소고 총재에게 본선의 증강에 관해 신속히 추진해야 된다는 내용을 답신하였다. 이러한 보고를 받은 소고 총재는 도카이도 본선의 수송력 증강을 근본적으로 해결하기 위하여서는 선로 증설에 의한 것 외에는 없다고 보고, 미야자와 다네오(宮沢胤勇) 운수대신에게 '적절한 배려'를 요청하였다.

미야자와 운수대신은 이러한 요청을 수리하여, 1957년 8월 각의에서 도카이도 본선의 수송력 증강과 근대화를 조사 심의하기 위해, 운수성에 운수대신 자문기관으로서의 일본 국유철도 간선조사회를 설치할 것을 결정하였다. 간선조사회에서는 오쿠라 긴모치(大蔵公望)를 위원장으로 하여, 위원 34명, 간사 10명을 각계의 학식 경험자로 구성하였다. 이 조사회는 방대한 자료를 수집하여, 9월에 제1회 위원회를 연 것을 시작으로 조사 심의를 개시하였다. 심의 도중이기는 했지만, 일찌감치 11월에는 간선조사회의 답신 제1호로 '일본경제의 발전과 함께 현재의 도카이도 본선은 가까운 장래에 그 능력의 한계에 달할 것으로 여겨졌기

때문에, 도카이도 신칸센 계획은 조기에 착공할 필요가 있다'고 운수대신에게 중간 답신도 하였다.[26]

　나아가 간선조사회는 이러한 중간 답신에 이어서 11월 중에 제1분과회(신규 노선의 형태·사용방법·동력·공기·건설비 담당)와 제2분과회(자금·투자계획·운임 담당)를 설치하여 도카이도 신규 노선의 구체적인 계획에 관한 검토를 꾀하였다. 1958년 3월에 이르러 제 1 분과회는 '광궤별선안이 타당하다'는 심의결과를 보고하고, 다음 달에는 제2분과회가 '소요자금은 1,725억 엔, 이자를 포함해서 1,948억 엔으로 장래의 수지는 보상하기에 충분하다'는 결론을 내렸다.[27] 그러나 사실상 이 과정에서 소요자금은 3,000억 엔을 넘어설 것으로 추정되었으나 그렇게 되면 국회에서 반대가 심할 것으로 보고 이를 1,000억 엔 이상 줄여 소요자금이 계산된 것이었다.[28]

　이들 분과회 보고를 종합적으로 심리한 후, 간선조사회는 1958년 7월 7일에 "최종 답신으로 도카이도 신규 노선 건설은 모든 시책에 앞서서 강력하게 추진하도록 정부와 일본 국유철도에 결단과 노력을 요망한다"라고 제출하였다. 이 답신은 1958년 12월에 운수대신으로부터 각의에 보고되어, 내각에 설치되어 있는 교통관계관료협의회에서 검토되어 도카이도 신칸센 계획의 조기 착공이 결정되었다. 이것이 1958년 12월 19일의 각의에서 승인되어 정부의 정책으로 최종 결정을 보게 되었다.

---

26) 運輸観光技術協会 編, 『事典 東海道新幹線』, 1964.
27) 日本国有鉄道新幹線総局, 『新幹線十年史』, 1975, 5쪽.
28) 十河信二傳刊行会, 『十河信二 別冊』, 1988, 544~548쪽.

〈표 4〉 신칸센 개업일지

연월	사항
1957년 8월	일본 국유철도 간선조사회 설치
1958년 7월	조사회장의 건설 필요성과 구체적 실시방책을 운수대신에게 답신
1958년 12월	도카이도 신칸센 계획의 조기착공에 관한 교통관계각료협의회 결정사항이 각의에서 승인
1959년 4월	신칸센 공사 기공식(신단나 터널 동쪽 입구)
1959년 11월	중간역 결정
1960년 1월	시발, 종착역 결정
1960년 4월	신칸센총국 발족
1960년 5월	세계은행조사단 일본 방문
1961년 5월	8,000만 달러의 세계은행 차관 성립 조인
1961년 7월	도쿄역의 계획 결정
1961년 9월	시험제작차량의 계획 결정
1961년 10월	전 구간의 노선계획 결정
1962년 3월	전기 및 궤도공사 착공식(가모미야[鴨宮]기지)
1962년 4월	모델선 관리구 발족
1962년 6월	시험제작차량 완성
1962년 6월	시운전 개시
1962년 9월	신단나 터널도갱 관통
1962년 10월	시속 200km 속도시험 성공
1963년 3월	시속 256km 속도시험 성공
1963년 5월	국철 총재 경질, 시마(島) 기사장, 오이시(大石) 신칸센총국장 사임
1963년 7월	도카이도 신칸센 공사비 부족 문제 특별감사보고서가 운수대신에게 제출
1963년 8월	신칸센총국의 기구를 개정하여 신칸센국을 설치
1964년 1월	본 노선의 용지매수가 완료
1964년 4월	도카이도 신칸센 지사 발족
1964년 4월	모델선 관리구의 발전적인 해소
1964년 4월	도리가이(鳥飼)·마이바라(米原) 간 100km 구간에서 장거리 시운전
1964년 6월	'도카이도 신칸센 철도 열차운전의 안전을 방해하는 행위 처벌에 관한 특례법' 승인
1964년 6월	도리가이(鳥飼)·마이바라 간 시속 200km 운전 성공
1964년 7월	전선 개통 후 전 노선 시운전
1964년 10월	신칸센의 영업운전 개시

출처: 日本国有鉄道広報部, 『国鉄メモ』, 1963, 94쪽; 運輸観光技術協会 編, 『事典 東海道新幹線』, 1964.

〈표 5〉 도카이도 신칸센 계획의 개요

선로연장	515km(복선)
공사기간	1959년 4월~1964년 10월
터널연장	약 65km(64개소)
교량연장	약 44km(50m 이상 100개 합계 18km)
토공	약 4,000만m³
궤간	1,435mm
전력화 방식	교류 25,000볼트(60사이클)
운전보안 방식	연속제어식 자동열차 제어장치(ATC 장치) 채용
차량 한계	높이 4,500mm, 폭 3,400mm
건축 한계	높이 6,450mm, 폭 4,400mm
곡선 반경	2,500m 이상(일반 기준)
최대 칸트(cant)량	200mm

출처: 日本国有鉄道新幹線総局, 『新幹線十年史』, 1975, 5쪽.

이러한 각의 결정에 입각해서 1959년 3월 제31회 국회에서 도카이도 신칸센 증설비가 승인되어, 건설공사는 1959년부터 1964년에 걸친 약 5년간의 계속공사로서 가결된 것이다. 1959년 4월 20일에는 소고 총재 이하 국철 간부의 참석하에 신단나(新丹那) 터널 동쪽 입구에서 도카이도 신칸센의 기공식을 거행하였다.[29] 구체적인 건설계획은 간선조사국(지방에서는 간선조사사무소)과 철도기술연구소를 중심으로 입안되었다. 〈표 5〉와 같은 세부 건설 기준은 국철 내에 설치된 '신칸센 건설 기준 조사위원회'에 의해 결정되었다.[30] 신칸센의 부설에 의해 신칸센의 수송량은 1970년에 전체 여객 468억 인km의 55%, 전체 화물 197억 톤km의 14%, 그 5년 후인 1975년에는 각각 530억 인km의 57%, 197억

---

29) 日本国有鉄道新幹線総局, 『新幹線十年史』, 1975, 5쪽.
30) 鉄道電化協会, 『鉄道電化と電気鉄道のあゆみ』, 1978, 169쪽.

톤km의 23%에 달할 것으로 예상되었다.[31]

신칸센의 공사비는 처음에는 이자 등을 포함하여 총공사비 1,972억 엔으로 책정되어, 그중 1959년도분으로 30억 엔, 채무부담 행위 한도액 60억 엔이 1959년 3월 제31회 국회에서 '도카이도 신칸센 증설비'라는 항목으로 승인되었다.[32] 이와 같은 연도별 국회를 통한 자금확보 방식으로는 국회에서의 논의, 재정 상황 등에 의해 신칸센의 공사비가 언제든지 삭감될 가능성이 있었다. 이러한 점에서 대규모 조달 자금을 안정적으로 확보하기 위해 1959년 10월 대장대신(=재무부 장관)은 세계은행에 1억 달러의 차관을 신청하였다. 이후 세계은행조사단이 1960년 5월에 일본에 도착하여 약 1개월에 걸쳐 신칸센의 기술적 현실성과 그 경제효과에 관한 조사를 실시하였다. 익년 5월에는 연 이자율 5.75%, 3년 6개월 거치, 20년 상환이라는 조건으로 세계은행차관 8,000만 달러가 조인되었다. 이로써 안정적인 자금 조달이 가능하게 되는 동시에, 신칸센의 건설은 국제적으로 주목받는 프로젝트로 부상했다.

이상의 신칸센 부설은 1961년부터 제2차 5개년계획에 통합되어 실시되었다. 즉, 제1차 5개년계획이 교통증가에 맞지 않게 되자, 1960년에 이를 중지하고 〈표 1〉과 같이 국민소득배증계획의 실행에 맞추어 1961년부터 제2차 5개년계획을 실시하였던 것이다. 이를 통해 국민소득배증계획―제2차 5개년계획―도카이도 신칸센 건설계획이 하나의 세트가

---

31) 日本国有鉄道広報部, 『国鉄メモ』, 1963, 95쪽.
32) 篠崎四郎, 「新幹線年表稿」, 1965; 日本国有鉄道新幹線総局, 『新幹線十年史』, 1975, 5쪽.

되어 고도성장기 수송 수요에 대처하기 위해 일본 정부와 국철에 의해 실시되었다. 제2차 5개년계획에서도 동력의 근대화가 강조되었음은 물론이다.[33] 제2차 계획을 입안하면서 검토한 자료(〈표 6〉 참조)에 의하면, 1959년에 4,321대에 달했던 증기기관차를 폐기하고 이를 전기기관차 및 전차 혹은 디젤기관차로 교체하게 되면 1970년 예상 수송량 기준으로 매년 310.3억 엔에 달하는 경비가 절감되고 투자효율이 23.1%에 달할 것으로 추정되었다.[34] 이러한 동력 근대화가 열차의 고속화를 가져오고 대도시권의 통근 문제가 상당히 해결될 수 있을 것으로 예상되었음은 물론이다.

그러나 제2차 5개년계획도 시작한 지 얼마 안 되어 급격한 물가상승, 임금인상이 계속되고 사고발생을 방지할 운전보안 대책의 강화, 그리고 근본적으로 수송 수요가 예상 이상으로 증가함에 따라 부족한 재원을 추가적으로 마련할 필요가 생기게 되었다. 계획의 수정이 불가피해진 것이다.[35] 이러한 상황이 제2차 5개년계획의 최대 프로젝트였던 도카이도 신칸센과 밀접한 연관이 있음은 당연한 사실이다. 현지의 설계 협의 등에서 당초의 계획예산으로는 신칸센의 부설이 어렵다고 판명되어, 1962년 보정예산에 추가적인 공사비 954억 엔을 계상해야만 하였다.

---

33) 動力近代化調査委員會, 「第1專門委員會報告」, 日本国有鉄道, 1959. 6. 3.; 同, 「第2專門委員會報告」, 日本国有鉄道, 1959. 6.; 同, 「第3專門委員會報告」, 日本国有鉄道, 1959. 6.

34) 투자효율=[구동력 방식 연간 경비−신동력 방식 연간 경비]÷[신동력 방식 투자−구동력 방식 투자].

35) 日本国有鉄道, 「国鉄輸送の現状と問題点」, 1964. 5., 日本国有鉄道, 『国鉄基本問題懇談会(資料編)』, 1964. 11., 58쪽.

〈표 6〉 동력 근대화 계획의 경비절감 효과   단위: 억 엔

	1960년 예상 수송량 기준		1970년 예상 수송량 기준		절약 경비	
	증기기관차	근대화	증기기관차	근대화	1960년	1970년
차량상각비	70.9	98.1	105.6	140.2	-27.2	-34.6
전력화 시설 상각보수비	0	24.0	0	30.8	-24.0	-30.8
기타	0	5.8	0	7.5	-5.8	-7.5
소계	70.9	127.9	105.6	178.5	-57.0	-72.9
차량시설 상각보수비	22.4	15.3	31.8	22.4	7.1	9.4
차량보수비	134.5	123.9	217.4	201.8	10.6	15.6
동력비	289.2	108.5	479.1	171.8	180.7	307.3
직접운전비	102.0	65.5	148.0	97.1	36.5	50.9
소계	548.1	313.2	876.3	493.1	234.9	383.2
합계	619.0	441.2	981.9	671.6	177.9	310.3

주: 절약경비의 상단은 경비가 늘어나기 때문에 마이너스로 표시됨.
출처: 動力近代化調査委員會, 「動力近代化計劃の效果(槪要)」, 『第1專門委員會 (線區別動力
分野·資金·要員) 審議經過報告』, 日本国有鉄道. 1959b, 96~97쪽.

〈표 7〉 도카이도 신칸센 공사비   단위: 억 엔

항목별	당초 계획	제1차 증가액	제2차 증가액								개정 계획
			용지	설계 협의	계획 변경	임금 인상	모델 선시시험 결과채용	공사 보상	기타	계	
용지비	146	364	88							88	598
공사비	1,409	438		276	225	136	52	31		720	2,567
노반	1,073	312		271	187	93	7	31		589	1,974
궤도	152	32			4	24	4			32	216
전기	184	94		5	34	19	41			99	377
차량비	100						30			30	130
소계	1,725	858	88	276	225	136	82	31		838	3,295
총관리비·이자	317	154							36	36	505
합계	1,972	954	88	276	225	136	82	31	36	874	3,800

출처: 日本国有鉄道広報部, 『国鉄メモ』, 1963, 98쪽.

이러한 상황은 세계은행에서 조달되는 차관만으로 신칸센 프로젝트를 완성할 수 없게 되었음을 의미한다.

이에 대해 운수대신은 1963년 5월 국철감사위원회에 '공사비 부족 문제에 대한 특별감사'를 명령하였고, 그 결과에 입각해서 동월 이사회의 제2차 예산증가를 전제로 한 소요액 3,800억 엔의 총건설비 수정이 결정되었다. 신칸센의 연도별 공사예산을 보면, 1959년 30억 엔, 1960년 207억 엔, 1961년 569억 엔이었지만, 1962년 872억 엔, 1963년 1,478억 엔으로 증가하였고, 1964년에도 644억 엔을 기록하였다. 계획단계에서 신칸센 소요자금이 과소하게 책정되었던 점에서 고려해 보면, 계획 수정으로 인해 추가적 재원을 확보하기 위해서는 다른 국철건설 개량사업을 포함한 공공경비의 조정이 이루어질 필요가 있었고, 결국 도카이도 신칸센을 제외한 다른 지역으로의 철도 투자가 계획보다 줄어들지 않을 수 없었다.

이에 지역경제 동향에 민감할 수밖에 없는 국회의원들의 불만이 커지게 되었고, 결국 계획 수정에 대한 책임이 중대하다고 판단되어 임기 만료 후 소고 총재의 두 번째 재임은 이루어지지 못하였다. 소고를 대신하여 전 국철감사위원장의 경험을 갖고 있던 이시다 레이스케(石田礼助)가 신임 총재로 임명되었다. 이는 과도하게 국철투자자금이 신칸센에 투입되고 있는 것에 대해 민간인 출신으로 미쓰이물산 사장의 경험을 갖고 있던 이시다에게 국철 경영 합리화를 추진해 줄 것을 요구한 것이다.

이로 인해 소고와 더불어 신칸센 삼총사(新幹線三羽烏)로 불렸던 시마 히데오(島秀雄) 기사장과 오이시 시게나리(大石重成) 신칸센 총국장도 더불어 사임하였다. 시마 기사장과 오이시 총국장은 소고에 의해 스카우트되어 시마 기사장이 차량제작을 비롯한 신칸센 운영기술 전반을 총괄하였고, 오이시 총국장은 전 노선을 걸으며 토지매수를 진두지휘하는 것을 비롯해 신칸센 건설을 지휘해 왔기 때문에, 신칸센 개통을 1년 남짓 남긴 상황에서 소고 총재의 경질은 받아들이기 어려웠던 것이다.

4. 도카이 신칸센의 개통과 국철 수송의 변화

1964년 10월 1일 드디어 도카이도신칸센이 개업하기에 이르렀다. 당시 상황을 아사히신문의 원문 그대로 인용하면, "새로운 일본의 대동맥──도카이도신칸센은 1일, 화창한 날씨 속에서 개업하였다. 탄환열차가 구상된 지 26년, 착공에서부터는 5년 6개월을 거쳐 국철이 3,800억 엔의 공사비와 최신 기술을 결집하여 만들어내었다. 세계에서 가장 빠른 열차 '꿈의 초특급'의 탄생이다. 동서의 양 터미널인 도쿄역과 신오사카역에서는 이날 아침 첫 열차의 출발식이 행해져, 정각 6시 첫 열차 하행선 히카리 1호, 상행선 히카리 2호가 브라스밴드 가운데 환송되어, 서쪽과 동쪽으로 동시 출발하여 도쿄 마루노우치(丸の內) 국철본사에서는 오전 10시 10분부터 천황, 황후 양 폐하를 맞아, 신칸센의 영업개시를 축하하는 개업식이 실시되었다."[36] 당일 오후 호텔 오쿠라에서는 총재

초대로 각계의 명사 약 1,000명이 참가하여, 신칸센 개업 기념파티가 개최되었다.

　이들 기사로부터, 국철이 부설한 고속철도이지만, 세레모니에서는 이시다 총재 등 국철관계자뿐만 아니라 천황 이하 도쿄 도지사, 오사카 시장 등이 참가하여, 신칸센의 개통은 전 국민의 관심이 집중되는 일대 사건이었다는 것을 알 수 있다. 중요한 것은 신칸센의 개통과 동월 10일 개최되는 도쿄올림픽이 하나의 세트가 되어 패전국 일본이 구미와 어깨를 나란히 하는 선진국으로 부활하였음을 전 세계에 알린 것이다.[37] 그러한 만큼, 국민의 관심은 개통 이전부터 비등하였다. 각 매스컴에 의해 신칸센에 대한 앙케트가 행해져 연일 보도되고 있었다. 국철 측이 신칸센 열차의 애칭을 공모한 결과, 응모건수는 55만 8,882통에 달하였고 인도, 한국, 타이완 등 해외로부터의 응모도 있었다. 이 중 1만 9,845통으

36) 「東海道新幹線スタート」, 『朝日新聞』, 1964. 10. 1.
37) 老川慶喜, 「はしがき」, 老川慶喜 編著, 『東京オリンピックの社会経済史』, 日本経済評論社, 2009.

로 가장 많았던 히카리(ひかり)가 초특급의 애칭으로 결정되었고, 고다마(こだま)는 '소리'를 의미하여 '빛'이라는 히카리에 잘 대응한다는 이유에서 특급의 애칭으로 결정되었다.[38]

이러한 관심을 역으로 나타낸 것이 초고속으로 달리고 있는 신칸센 열차에 대한 테러리스트의 공격에 대한 두려움이었다. 이 때문에 정부는 '도카이도신칸센 철도 열차운행의 안전을 방해하는 행위 처벌에 관한 특례법(1964년 6월 22일 법률 제111호)'을 제정하여, 1964년 9월에는 연선지역 관계자 100여 명에게 '신칸센연선 방호 민간협력원'를 의뢰하였다. 개업 전일에는 연선 지역 주민, 히카리, 고다마 명명자, 건설공사 관계자 1만 200명을 초대해서, 도쿄·오다오라(小田原) 간 5,600명, 시즈오카(静岡)·나고야 간 700명, 나고야·시즈오카 간 1,400명, 신오사카·마이바라 간 2,500명의 시승이 실시되었다. 이를 통해, 국철 당국은 신칸센의 부설에 대한 사회적 환기와 함께 계속해서 신칸센 운영에 대한 협력을 기대했던 것이다.

개업 당일, 1일의 수송인원은 3만 6,128명을 기록하였다. 승객으로부터의 반응은 "'안전하고 쾌적하여, 나처럼 시간에 쫓기는 사람에게는 정말 딱이다.'라고 한 가수 야스니시 아이코(安西愛子) 씨는 무조건 기뻐하고 있다. '오사카에서는 11시 결혼식에 참석할 수 있었어요. 아침 도쿄를 떠나서도'라고 어떤 주부는 소박한 기쁨을 누리고 있다."라고 보도된 것에서 알 수 있듯이 속도감 있는 생활방식에 대한 기대가 넘쳐나고 있

---

38) 日本国有鉄道新幹線総局, 『新幹線十年史』, 1975.

었다. 물론 너무나도 빠른 나머지 동승한 기자가 "눈 깜짝할 사이에 현대 감각에 맞는 속도감. 하지만, 이제는 '기적 소리……'라고 하는 여정(旅情)은 자취를 감추게 된 것 같다. 철도의 근대화가 여행을 드라이한 것으로 바꿔버린 것인가"라고 염려할 정도였다.[39) 물론 신칸센의 승객은 여정(旅情)에 관계없이 점점 더 늘어갔다.

그러나 처음부터 제대로 된 신칸센 수송이 가능했던 것은 아니다. 개통 이틀째부터 가공 전선(架空電線)이 늘어지고, 차량도어 불량, 와이어 변압기 불량, 레일 전철기(轉轍機) 파손 등 고장이 계속 발생하고, 기상악화에 따른 피해가 이어졌다.[40) 이로 인해 국철운전사고방지대책위원회에서는 신칸센분과회가 1964년 10월부터 개최되어, 각종 사고와 고장에 대한 대책과 재발방지 조치가 강구되었다. 개통한 지 1년이 지난 1965년 11월이 되어서야 비로소 운전시간을 히카리 4시간에서 3시간 10분으로, 고다마 5시간에서 4시간으로 단축할 수 있었다.

속도 향상에 의한 시간거리의 단축은 승객의 1일 행동범위를 넓히고, 출장 등의 용무 여행을 편리하게 만들었다. 1966년 2~3월에 실시된 실태조사에 의하면, 신칸센이 개통되고 나서부터 출장횟수는 늘었지만, 출장 1회당 기간은 오히려 단축되었다.[41) 승객 1인당 평균 이동거리가 300km를 넘었다는 점에서 알 수 있듯이, 신칸센은 그동안 신체적 피로와 시간부족 등으로 인해 불가능했던 장거리 여행에 대한 국민들의 저

---

39) 「夢でなくなった超特急 ひかり号同乗記」, 『朝日新聞』, 1964. 10. 1.
40) 日本国有鉄道新幹線総局, 『新幹線十年史』, 1975, 5쪽.
41) 運輸省, 『運輸白書』, 1967.

항감을 줄일 수 있었던 것이다. 이러한 시간단축을 "시간생산 효과"라고 부른다면 1964년 10월부터 1968년 3월까지 연인원 1억 4,101만 9,000명에 관한 시간생산 효과는 3억 2,434만 4,000시간에 이른다고 추계되었다.[42] 이를 인구 5만 명 이상의 도시근로자 세대주의 시간당 수입으로 환산하면, 1,404억 엔으로 추산되었다.

그런데 여기서 주의할 점은 에너지 이용의 관점에서 볼 때 신칸센의 운행은 결코 효율적이라고 할 수 없다는 것이다. 기관차 주행 1km 내지 열차 주행 1km당 연료소비 비용(〈그림 6〉 참조)을 보면, 디젤기관차가 가장 저렴했으며, 그다음이 전기기관차, 전차, 증기기관차의 순이었다. 출퇴근 시 정규 여객이 집중하는 도시부를 중심으로는 빈번한 열차운행 서비스(frequency service)의 제공이 대단히 중요했기 때문에 자동열차정지장치(Automatic Train Stop: ATS) 등을 통한 열차 간 운행간격 조정에 편리한 전차운행이 선호되었다. 이에 비해 신칸센의 경우 증기기관차보다도 연료소비 비용이 높았다. 예를 들어 1970년에 전기기관차 62.147엔, 디젤기관차 33.77엔, 전차 74.35엔에 대하여 신칸센은 249.82엔에 달하였다. 물론 이는 의도적으로 속도 향상을 위해 에너지 다소비 열차운행 유형을 선택한 것이었다. 이러한 에너지 효율성의 격차는 석유위기 이후 더욱 확대되어 갔다.

---

42) 運輸調査局, 『新幹線における都市形成の戦略性』, 1968, 65쪽.

〈그림 6〉 기관차 주행 1km 내지 열차 주행 1km당 연료소비 비용

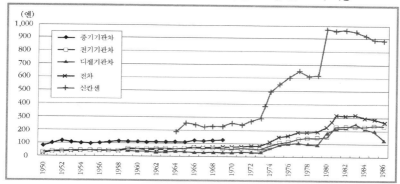

출처: 日本国有鉄道,『鉄道要覧』, 各年度版; 運輸省大臣官房統計調査部,『陸運統計要覧』, 各
年度.

한편 〈그림 7〉과 같이 실제의 수송 인원(A)과 신칸센을 제외할 경우
의 추정 수송 인원(B)을 비교해 보면, 수송 인원의 증가는 도쿄·오사카
간에서는 1964년도 하반기 15%, 1965년도 상반기 14%, 하반기 28%, 도
쿄·나고야 간에서는 1964년도 하반기 24%, 1965년도 상반기 23%, 하반
기 43%이었다. 신칸센의 부설을 통해 도카이도 구간에서 더 많은 인원
을 수송하는 효과가 있었던 것이다. 그러나 이러한 신칸센으로 인한 수
송 증가는 라이벌 교통기관에는 부정적인 영향을 미치게 되었다.

도쿄·오사카 간 항공기 운항시간과 요금은 65~75분, 6,000엔이지
만, 동일 구간 신칸센은 초특급 180분 1등 5,690엔, 2등 2,780엔, 특급 1등
240분 5,030엔, 2등 2,480엔, 일반 1등 300분 4,590엔, 2등 2,280엔이었
다.[43] 항공기의 경우 이에 더하여 공항까지의 시간과 버스비용이 추가

---

43) 関根昇一,「新幹線運賃·料金の考え方」,『運輸と経済』24-8, 1964. 8., 28쪽.

V. 철도 동력의 근대화와 도카이도 신칸센 249

되기 때문에 신칸센의 경쟁력은 그 이상이었다. 신칸센이 개통된 1964년도 하반기에는 도쿄·오사카 간 항공여객이 1963년 하반기에 비해 19%나 감소하였고, 1965년도 하반기에는 신칸센의 수송력 증강과 운전시간의 단축, 그리고 항공사고의 발생으로 1964년 하반기에 비해 14%나 감소하였다(〈표 8〉 참조). 1966년도 하반기에는 상반기에 비해 약간 회복되었다고는 하나, 신칸센 개통 전인 1963년도 하반기의 61.3%에 지나지 않았다. 도쿄·나고야 간의 항공여객에 미친 영향은 더욱 현저했다. 동구간 항공기 운항시간과 요금은 60분, 3,800엔이 소요된 반면, 신칸센은 초특급 120분 1등 4,330엔, 2등 2,120엔, 특급 1등 160분 3,890엔, 2등 1,920엔, 일반 1등 200분 3,450엔, 2등 1,720엔이었다. 도쿄·오사카 간보다 거리가 약 절반에 지나지 않았기 때문에, 공항에 대한 접근, 대기시간 등을 고려할 경우 신칸센의 경쟁력은 더욱 큰 것이었다. 1966년도 하반기의 1일 항공기 수송 인원수는 38명에 지나지 않았고, 수송기관으로서의 존재감은 사라지게 되었다.

〈그림 7〉 도카이도 본선의 구간 여객 수송량의 추이

출처: 運輸省, 『運輸白書』, 1967.

〈표 8〉 국내 항공 여객수송 실적

	도쿄-오사카			도쿄-나고야		
	수송 인원 (천 명)	1일 평균 (명)	전년 동기 대비(%)	수송 인원 (천 명)	1일 평균 (명)	전년 동기 대비(%)
1964년도 하반기	634	3,485	80.5	74	409	65.6
1965년도 상반기	718	3,923	82.0	63	343	43.4
1965년도 하반기	543	2,932	85.6	31	169	41.3
1966년도 상반기	417	2,276	58.0	15	81	23.7
1966년도 하반기	483	2,652	88.9	7	38	22.7

출처: 運輸省, 『運輸白書』, 1967.

〈그림 8〉 신칸센의 영업구간과 수송 인원수

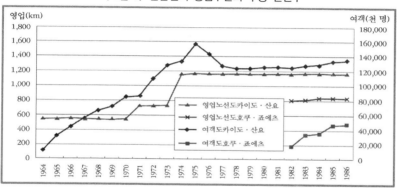

출처: 日本国有鉄道, 『鉄道要覧』, 各年度版; 運輸省大臣官房統計調査部, 『陸運統計要覧』, 各年度

　　이와 같은 과정을 거쳐 신칸센 수송 인원은 급격히 늘어, 신칸센 개통 7년 후인 1970년이 되자, 8,535만 4,000명에 달하였다(〈그림 8〉 참조). 예를 들어 1970년 일본만국박람회가 오사카 센리(千里)에서 개최되자 입장자 수가 약 6,000만 명에 달하였는데, 이 중 약 1,000만 명이 신칸센을 이용하였다고 한다. 국철은 계속해서 열차 다이어그램의 개정과 차량의 증비를 통하여, 12량의 열차편성을 16량 편성으로 바꾸고, 수송력 증강을 꾀하였다. 그 후 〈그림 8〉과 같이 산요선(山陽線) 일부가 개통되어, 1975년에 이르러서는 산요(山陽) 신칸센과 더불어, 연간 수송 인원이 1억 5,721만 8,000명을 기록하기에 이르렀다.

또한 신칸센의 개통에 의한 1일 행동권의 변경은 연선 지역 경제에도 영향을 미치지 않을 수 없었다. 국철 자료에 의한 도카이도 신칸센의 국민경제적 효과를 추계한 결과(지역산업 연관 동태모델)를 보면, 생산액을 기준으로 1970년도에 제1차 산업 3억 엔, 제2차 산업 1,631억 엔, 제3차 산업 634억 엔, 합계 2,268억 엔을 유발하는 것으로 추산되었다. 전국적으로 생산액이 증가한 가운데에서도 도카이도 신칸센 연선에 해당하는 간토·도카이·간사이 지역이 점하는 비중이 더욱 높아지고 있는 것으로 나와 이들 연선 지역에 경제효과가 집중되었음을 알 수 있다.[44] 또한 이들 지역에서 여객의 이동이 용이해짐에 따라 도시화도 가속화되었다고 추정되었다.

이상과 같은 도카이도 구간을 중심으로 나타난 국철수송의 변화는 전국의 철도 투자, 특히 동력의 근대화, 수송 동향, 국철 경영과는 어떠한 연관성을 갖고 있을까? 과연 신칸센의 도입은 국철 경영의 개선과 교통시장에서의 경쟁력 강화를 가져오는 돌파구가 될 수 있었던 것인가?

제2차 5개년계획 기간 중, 도카이도 신칸센을 제외한 철도 투자에서는 1960년도부터 1964년도에 걸쳐 선로증설 554.1km, 복선화율 12.8% →15.5%, 전력화율 13.2%→18.6%라는 성적을 얻었다. 여객차량의 근대

---

44) 日本国有鉄道,「東海道新幹線の地域経済効果」, 日本国有鉄道,『国鉄財政再建推
進会議記録(資料編)』, 1968. 11., 679~686쪽.

화도 진행되어 특급, 급행, 준급의 증설이 이어져, 주요 도시 간의 연락이 편리해졌다. 예를 들어 특급운전 선로구간은 1960년도 말에 6선로 구간에 지나지 않았지만, 1964년도 말에는 25선로 구간으로 늘어 비약적인 증가세를 보였다. 화물수송에서도 컨테이너와 그 전용화차가 증비되어, 1960년도에는 시오도메(汐留)·우메다(梅田) 간에만 취급되었던 것이 1964년도 말에는 도쿄와 오사카에서 지방 주요 도시를 연결하는 44구간으로 늘었다.

그렇지만 제2차 5개년계획의 진척률(〈표 1〉 참조)에 주목하면, 신칸센 건설을 제외하고는 60%에 지나지 않았다. 그중에서도 신선건설의 진척률은 82%를 기록하였지만, 도시부의 통근수송 57%, 전력화·전차화 46%, 디젤화 57%, 교체 및 개량 61%로 낮은 수준이었음을 알 수 있다. 앞에서도 지적하였듯이 신칸센 건설비가 2차에 걸쳐 수정되어 100% 달성되었던 것에 비해 극히 저조한 성적이었을 뿐만 아니라, 제1차 5개년계획의 진척률에 비해서도 8%나 떨어져 기존 노선에 대한 자금할당이 제한되었음을 알 수 있다. 즉, 이는 전반적으로 재래선의 수송력 증강이 진척되지 못했음을 말해준다. 그 중에서도 동력의 근대화는 진척률이 낮아 상대적으로 지체되었다. 이로 인해 동력의 근대화에 따른 경비절감 효과가 지체되었음에도 유의해야 한다. 수송 동향의 측면에서도 국철은 일반철도 노선에서 철도 투자를 통해 수송 수요 증가에 효과적으로 대응할 수 없었다.

이 때문에 수송 수요의 증대에 대처하기 위해서는 기존 시설을 최대한 활용해야만 했다. 그 결과 열차 다이어그램은 조밀해지지 않을 수 없었다. 이로 인해 주요 간선에서 수송력은 탄력성을 상실하여, 수송 안전성이 위협받고 있었다.[45] 1963년 11월에 일어난 쓰루미(鶴見) 대형 사고에서 그 배후 요인으로 '과밀다이어그램'이 지적되었다. 앞의 〈그림 1〉을 보면, 철도수송의 증가율이 경제성장률을 밑돌고 있어, 국철의 수송서비스 공급이 충분하지 못했음을 알 수 있다. 이로 인해 교통시장에서의 경쟁력 상실은 필연적이었다. 전체 교통시장에서 차지하는 국철의 점유율(인km, 톤km 기준)을 보면, 여객시장에서 1955년 54.9%였던 것이 1965년 45.5%, 1975년 30.2%로 매년 저하되었다. 이에 비해 화물시장에서 차지하는 비율은 동기간 중 50.6%에서 30.1%, 13.0%로 보다 급속하게 저하되어 갔다.

이와 같이 장거리 여객수송에서는 신칸센을 통해 대응할 수 있었지만, 그 외의 다양한 수송 수요에는 제대로 대응하지 못함으로 인해 국철은 경영악화를 피할 수 없게 되었다. 〈표 9〉를 보면 국철의 경영상황은 1962년에서 1966년에 걸쳐 개선되기는커녕 총자본수익률과 매상액순이익률에서 알 수 있듯이 악화되었으며, 이자와 인건비의 부담이 커졌음을 알 수 있다. 즉, 신칸센 등 철도 투자의 증가에 따른 자본비용이 크게 증가했기 때문에 영업비용을 고려한 총자본수익률의 경우 마이너스를 기록한 것이다. 신칸센이 개통된 1964년부터 공교롭게도 국철의 경영수지는 적자 상태로 전환되어 국철 민영화가 단행되기까지 그 상태를 벗어나지 못하게 되었다.[46] 반면 도로운송과 해운은 상당히 양호한 경

---

45) 日本国有鉄道監査委員会, 『日本国有鉄道監査報告書』, 1964, 127쪽.
46) 국철 경영의 경영악화는 이후 더욱 진행되어 1987년에 이르러서는 분할 민

<표 9> 국철과 타 업종의 경영성적 비교

		총자본 회전율 (회)	유형 고정자산 회전율 (회)	총자본 수익률 (%)	매상액 순이익률 (%)	매상액 이자부담 비율 (%)	매상액 인건비 비율 (%)	종업원 1인당 매상액 (천 엔)
사철 (17사)	1962	0.32	0.57	2.77	6.93	11.6	36.2	1,454
	1966	0.27	0.53	3.05	8.52	14.4	32.9	2,369
도로운송 (3사)	1962	0.92	2.23	6.80	6.62	3.3	51.0	1,295
	1966	0.96	2.02	6.15	5.70	3.7	40.9	2,114
해운 (13사)	1962	0.45	0.58	0.15	0.29	9.5	12.4	6,410
	1966	0.57	0.77	5.43	7.93	5.3	10.5	12,672
전력 (7사)	1962	0.19	0.21	2.94	9.80	14.2	12.0	4,645
	1966	0.24	0.27	3.25	9.07	11.8	15.5	7,383
철강 (32사)	1962	0.53	1.11	2.10	3.30	6.8	14.6	4,383
	1966	0.64	1.42	5.33	6.63	5.8	12.3	7,833
전화전신 공사	1962	0.32	0.38	5.56	16.90	7.0	29.4	1,500
	1966	0.31	0.36	1.28	4.01	10.8	29.4	2,343
국철	1962	0.30	0.32	2.80	9.39	4.8	39.1	1,169
	1966	0.31	0.35	-2.35	7.57	10.5	43.7	1,690

출처: 日本國有鐵道, 『國鐵再訂再建推進會議記錄 資料編』, 1968, 867쪽.

영 상태를 보여주고 있으며, 사철조차 총자본회전율과 매상액 인건비 비율을 제외한 모든 항목에서 양호한 수치를 보이고 있고, 총자본수익률에서는 훨씬 뛰어난 퍼포먼스를 보이고 있다. 또한 다른 공기업 내지 중공업과 비교해 보아도 국철의 경영 상태는 결코 좋다고 평가될 수 없었다.

이와 같이 신칸센의 부설로 인해 수송력 강화와 국철 경영의 개선을 기대했으나, 오히려 기존 노선에서는 철도 투자가 지체되어 많은 문

영화되어 JR 7개 사로 재편되었다.

제를 낳고 있었으며 국철 경영 또한 개선되기는커녕 악화되고 있었다. 제2차 5개년계획을 결코 달성할 수 없음이 명확해진 것이다. 이에 대해 이시다 총재는 경영합리화를 강조함으로써 새로운 돌파구를 마련하고자 하였다. 1964년 5월 각의에 의해 '일본국유철도기본문제간담회'가 설치된 것이다. 본 간담회는 국철 경영 분석에 입각하여 제3차 장기계획에 관한 의견서를 정리하여 내각에 제출하였다. 이에 따라 제2차 5개년계획도 1964년에 1년 일찍 중지하고 "정부는 일본 국유철도의 신장기계획을 약 2조 9,000억 엔의 투자 규모로 1965년도에서 1971년도에 걸친 7개년 동안 실시한다"는 것이 결정되었다.

이로써 주요 간선의 단선구간 복선화, 대도시 통근수송구간의 객화노선 분리 등의 수송력 강화가 국가의 시책으로 인정되어, 국철의 병근(病根)인 조밀다이어그램을 해소하기 위하여, 수송의 안전성과 수송의 탄력성을 충분히 확보"하고자 하였다.[47] 이와 더불어 운임 인상과 경영합리화를 추진함으로써 철도 투자의 확대에 따른 자본비의 부담을 보전하여, 위험해지고 있던 국철 경영을 안정화시키고자 하였다.[48] 그러나 '5만 명 합리화계획'이라는 요원의 합리화는 노조 측의 반(反) 합리화 투쟁에 의해 실현될 수 없었다. 이로 인해 국철의 경영합리화도 크게 지체될 수밖에 없었다.

47) 日本国有鉄道監査委員会, 『日本国有鉄道監査報告書』, 1964, 127쪽.
48) 林采成, 「国鉄の輸送力増強と市場競争」, 原朗 編著, 『高度成長始動期の日本経済』, 日本経済評論社, 2010, 61~94쪽.

5. 도카이도 신칸센의 역사적 의의와 국철 경영

전후 일본은 1955년부터 내수순환 중심의 고도성장기에 돌입하였다. 이에 따라 수송량이 빠르게 증가한 나머지, 국철은 기존 시설만으로는 대응할 수 없게 되었다. 이에 대해 석탄에서 석유로의 에너지 전환이 이루어지고 석유를 연료로 한 대규모 화력발전이 추진되는 것에 맞추어 동력의 근대화를 비롯한 국철 수송력 증강 5개년계획이 실시되었다. 기존연구에서는 주목하고 있지 않지만, 동력의 근대화는 저렴한 에너지원인 석유와 전력을 이용하면서 운전요원의 정리, 차량수선의 단순화를 통해 경비절감을 비롯한 경영합리화를 실현할 수 있는 프로젝트였다. 그러나 물가상승 등에 의한 재원부족과 더불어 수송 수요의 증가가 예상을 뛰어넘었기 때문에, 국철은 제1차 5개년계획을 1년 앞당겨 마무리하고 국민소득배증계획에 맞추어 제2차 5개년계획을 실시하였다.

이 중 국철 영업노선의 3%에 지나지 않았음에도 불구하고 전체 수송량의 4분의 1을 점하고 있던 도카이도 노선에 대한 신칸센 건설이 최대 프로젝트로서 추진되었다. 신칸센의 개통으로 인해 시간생산 효과가 발생했을 뿐만 아니라 일본인의 1일 행동권이 확대되었다. 그렇지만 기존의 신칸센 연구에서 주목하고 있지 못한 에너지 이용의 관점에서 보면, 전기기관차, 디젤기관차 등에 비해 신칸센은 에너지 다소비형 교통수단이었다. 에너지 사용 비용에서 보이는 일반철도와 신칸센의 격차는 석유위기를 겪으면서 오히려 더욱 확대되었던 것이다.

소고 총재하에서 신칸센에 대한 재원 집중으로 그 외의 제2차 5개년계획은 제대로 추진되지 못하였다. 애초에 신칸센 소요자금이 과소하게 책정되었다는 점에서 이는 대단히 의도적인 것이었다. 동력의 근대화를 비롯한 기존 노선에 대한 철도 투자 프로젝트는 재원부족으로 지체되어, 그만큼 경비절감 등의 효과와 각종 수송 서비스의 질적 제고는 실현되지 못하였다. 그 결과 국철, 특히 화물수송 부문에서의 경쟁력 저하는 불가피하였다. 이러한 점을 신칸센에 관한 기존연구는 그다지 중시하지 않고 있다.

결국 제2차 5개년계획은 1년 일찍 중지되었고, 정부정책으로서 제3차 장기계획이 실시되기에 이르렀다. 에너지혁명에 상응하는 동력의 무연화, 즉 전력화, 디젤화는 5개년계획보다 뒤늦은 1960년대 후반 이후에 크게 추진되었다. 일본 국철은 신칸센 건설이라는 초대형 프로젝트에 주력한 결과, 에너지혁명기에 즈음하여 경비절감을 달성할 수 있는 기회를 놓친 것이다. 신칸센의 개통된 1964년부터 국철 경영이 적자 상태에 빠져 이를 벗어나지 못했다는 점은 소고 총재의 '꿈'의 대가가 아니었을까?

VI 삼륜트럭과 경자동차의 모터리제이션*

여인만

1. 석유시대와 자동차

제2차 세계대전으로부터의 피해복구가 일단락된 1950년대 이후 전 세계적으로 호경기가 이어졌다. 특히 1960년대는 황금의 60년대라고 불릴 정도로 급성장을 이루었다. 일본에서도 1955~1973년에 걸친 기간은 고도경제성장기였다.

이러한 장기간의 성장을 뒷받침한 수요 요인으로서는 세계적으로 나타난 내구소비재 수요의 급증이 있다. 1920년대 미국에서 실현되었던 대량생산, 대량소비가 이 시기에 서유럽 지역에도 파급되었다. 제2차 세계대전 중에 억제되었던 소비수요가 전후 부흥을 주도한 데 비해, 1950년대 중반 이후에는 가전제품, 자동차 등의 내구소비재가 소비를 주도

---

* 이 글의 일부는 『韓日経商論集』 61권(한일경상학회, 2013. 11.)에 「고도성장기 일본자동차산업의 시장 및 수요구조」로 게재되었다.

함으로써, 2차대전 이전과 달리 군수수요 없이도 성장 사이클이 작동하게 되었던 것이다.

그와 함께 장기간 성장을 가능하게 한 공급 요인으로는 기술혁신이 있다. 군용 기술이 2차대전 이후에 실리콘밸리 지역을 중심으로 파급(spin-off)되어 반도체 및 가전제품에 응용된 것은 기술혁신의 대표적인 예이나, 그 외에도 자동차, 조선, 철강 등 전통산업에서도 획기적으로 생산성을 향상시키는 공정혁신이 일어나 제품가격을 저하시킴으로써 대량수요에 대응하는 한편으로 신규 잠재수요를 개발했다.

기술혁신과 함께 공급 요인으로 결정적인 역할을 한 것은 저렴하고 풍부한 에너지의 공급이 가능했다는 점이다. 그것은 단적으로 석탄 시대(coal age)에서 석유시대(oil age)로의 전환, 즉 '에너지혁명'에 의한 것이었다. 석유가 대량으로 안정적으로 공급됨으로써 이를 연료·원료로 사용하는 철강·화학 산업의 비약적 성장과 다시 그것을 이용하는 가전, 자동차 등의 내구소비재산업이 발전하는 중화학공업화가 가능하게 되었던 것이다.

또 한편으로 석유의 안정적인 공급은 이러한 산업구조의 고도화와 국민경제의 성장을 통해서가 아니라, 좀 더 직접적으로 개개인의 생활에 영향을 미쳤다. 가전제품의 급속한 보급은 안정적인 전력공급에 의한 것인데, 이것 또한 석유를 대량으로 이용하는 화력발전에 의해 가능했다. 좀 더 직접적으로는 교통·운송 수단으로서의 자동차가 광범위하게 보급된 것을 들 수 있다. 가솔린의 안정적인 공급 없이는 자동차의 보급과 이용이 불가능하다는 점은 전시기와 부흥기 일본에서 가솔린 부족으로 인해 화물 운송수단으로서 우차·마차가, 여객 운송수단으로서 린타쿠(자전거택시)가 다시금 등장했던 사실을 보아도 알 수 있다.

그런데 자동차의 보급 증가에 의한 생활의 변화는 영업용 트럭, 버스, 택시 등 영업용 자동차에서 발생하는 것과 자가용 자동차의 이용에 의한 것으로 나눌 수 있다. 이 가운데 후자의 변화는 또다시 자영업자가 자가용 트럭을 구입함으로써 얻는 경영상의 변화와 개인이 자가용 승용차를 구입함으로써 얻는 여가·소비 생활의 변화로 나눌 수 있다. 자가용 승용차에 의한 생활상의 변화를 일반적으로 협의의 모터리제이션(motorization), 자가용 트럭 및 영업용 차량까지 포함한 모든 자동차의 이용에 의한 교통, 생활, 경영의 변화를 광의의 모터리제이션이라고 한다.

이상을 전제로 하여, 이 장에서는 광의의 모터리제이션을 염두에 두면서, 고도성장기 일본에서 석탄에서 석유로의 에너지혁명 과정에서 자동차의 이용에 의해 나타난 경영 및 생활의 변화를 살펴보고자 한다. 구체적인 구성은 다음과 같다.

우선 제2절에서는 주요 에너지원이 석탄에서 석유 에너지로 전환되는 과정과 그것을 정책적으로 뒷받침한 '석유업법'의 제정 배경 및 그 효과에 대해 알아본다. 그리고 자동차의 보급과정을 개관하고 외국과 비교하여 그 특징을 알아본다. 이어서 제3절에서는 1950년대 즉 석유 에너지 공급에 제약이 존재하던 시기에 자동차 중 과반수를 차지하던 트럭, 특히 삼륜차에 초점을 맞춰 그 보급과 이용이 자영업자의 경영에 어떠한 변화를 가져왔는지를 확인한다. 구체적으로는 이 시기에 처음으로 자동차가 본격적으로 보급된 농촌지역을 중심으로 살펴본다. 4절에서는 1960년대 중반 이후 자가용 승용차의 보급이 어느 계층·가구를 중심으로, 또한 어떠한 용도로 보급되었는가를 살펴본다. 결론에서는 이상의 모터리제이션의 특징이 고도성장기 일본사회에서 가지는 의미에 대해 검토해보기로 한다.

2. 석유수급체계의 정비와 일본의 자동차 보급과정

2.1. '탄주유종(炭主油従)'에서 '유주탄종(油主炭従)'으로 에너지 정책의 전환

고도성장기에 에너지 사용량은 비약적으로 증가했다. 1955년에 5.6만(100억kcal)이었던 것이 1975년에는 36.6만으로 7배 증가했다. 에너지 원별로는 수력의 정체, 석탄의 미증, 석유의 급증 등 대조적인 양상을 보였다(〈그림 1〉). 즉 석탄은 같은 기간에 2.5배 정도 증가한 데 비해, 석유는 25배 정도 증가했다. 그 결과 석유의 비중이 20%에서 73%로 상승하였고, 석탄은 49%에서 16%로 급락했다.[1]

이러한 변화가 나타난 근본적인 이유는 중동원유의 이용으로 인해 석유의 가격이 석탄에 비해 상대적으로 저렴했기 때문이다. 특히 일본의 경우, 1950년대 초반은 상대적으로 높은 석탄 가격이 제철업 및 기계

---

1) 資源エネルギー庁, 『総合エネルギー統計』, 各年度版.

산업의 고비용을 초래한다는 지적이 많아서 석유로의 전환 필요성도 높았다. 그러나 당시 일본은 그러한 전환을 간단히 이룰 수 있는 상황이 아니었다. 상대적으로 비싸기는 하나 석탄은 당시까지만 해도 일본이 풍부하게 이용할 수 있는 국내자원이었고, 석탄산업이 고용에서 차지하는 비중도 상당히 컸다. 또한 당시의 외화부족 때문에 석유수입이 제한되지 않을 수 없었다.

〈그림 1〉 1차에너지 공급 비중 추이

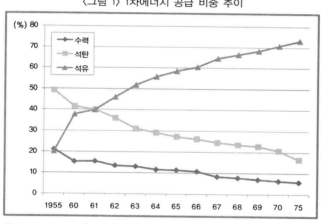

출처: 資源エネルギー庁, 『総合エネルギー統計』, 各年度版.

따라서 1950년대는 전반적으로 '탄주유종' 방침하에서 석탄가격을 상대적으로 낮추기 위한 '석탄합리화'에 정부정책의 초점이 맞춰졌다. 대표적인 예가 '석탄광업합리화 임시조치법(1955. 8.)'이었다. 그리고 석유사용을 가급적 억제하는 정책을 유지했다. 원유에 2%, 중유에 6.5%의 관세가 부과되는 한편, '중유보일러설치제한등에 관한 임시조치

법'(1955. 8.)이 제정된 것도 그 때문이었다.[2]

그러나 중동으로부터의 석유공급이 증대하면서 고체 에너지에서 액체 에너지로의 전환, 즉 에너지혁명이 세계적으로 진전되자, 일본도 1960년 12월 '국민소득배증계획'에서 '유주탄종'의 전망이 수립되고, 1963년 4월부터 원유수입 자유화 방침이 결정되면서 에너지 정책의 기본방향이 확립되었다.

1962년에 제정된 석유업법은 이러한 정책의 방향을 전형적으로 보여준다. 이 법은 1961년 중에 유럽에 파견한 정책조사단의 보고서를 참조한 것인데, 유럽 각국에서는 1958년 이후 석탄의 비중이 급속히 저하하는 가운데 소비자의 자유로운 에너지 선택과 저렴한 에너지 공급을 에너지 정책의 근본방침으로 설정하고 있었다. 입법과정에서는 석유광업연맹, 전국석유업협동조합연합회, 석유연맹 회원사 가운데 주로 중소규모 기업이 이 법안에 찬성했다. 그리고 철강·전력 등 대규모 수요업계와 석유연맹 회원사 중 대규모 기업은 정부의 석유업계에 대한 개입 확대와 가격통제를 우려해 반대했다. 결국 이 법은 약간의 수정을 거쳐 1962년 5월에 법률로 성립되어 7월부터 실시되었다. 이 법의 제1조에서는 "석유정제업 등의 사업 활동을 조정함으로써 석유의 안정적이고 저렴한 공급을 확보하여, 국민경제의 발전과 국민생활의 향상을 목적으로 한다"는 기본이념이 제시되었다. 그리고 그 목적 달성을 위해 석유공급계획의 책정(3조), 석유정제업의 허가(4~6조) 및 신증설 허가(7조)를 주

---

2) 通商産業省, 『通商産業政策史 第8巻』, 1991.

요 정책수단으로 마련해 두었다. 기타 석유제품 생산계획 제출, 석유수입계획 제출, 석유제품 판매업 신고, 판매가격 및 표준액 고시 등을 규정했다.

그런데 실제로 이 법의 운용과정은 초반부터 순탄하지 않았다. 가장 중요한 생산조정이 난항을 겪게 되었기 때문이다. 석유정제업자가 제출한 1962년도 하반기 원유처리 예정량은 공급계획량을 20% 정도 상회했는데, 이러한 수급량의 차이는 주로 시장점유율 확장을 위한 정제회사의 의욕과 과대보고에 의한 것이었다. 더구나 원유의 수입자유화를 앞두고 각사에 대한 생산조정은 원칙적으로 생산실적, 판매능력, 설비능력을 기준으로 설정했기 때문에 기업 간 기존의 시장점유율을 고착시키는 경향이 있었다. 따라서 점유율 확대를 노리는 기업은 강한 불만을 가지고 있었는데, 이데미쓰(出光)의 경우, 신증설분의 제유능력 평가율이 불충분하다는 이유로 1963년 11월에 석유연맹을 탈퇴하고 생산조정을 거부했다. 그 후 석유심의회가 생산조정기준을 새롭게 설정하기로 결정함에 따라 사태는 진전되었다.

생산조정과 함께 가장 중점을 두었던 판매가격에 대해서도 통산성이 표준액을 지시하게 되었다. 과당경쟁으로 인한 출혈판매를 방지하기 위해서였다. 예를 들어 원유의 수입자유화를 앞둔 1962년 5~6월경에 석유제품 평균 도매가격은 9,100엔/kl로 정제 판매원가를 밑돌았다. 이에 통산성은 평균 판매원가 9,850엔을 맞추기 위해 제품별로 표준액을 지시했다. 즉 휘발유 11,300엔, 등유 13,000엔, 경유 12,500엔, A중유 11,400엔, B중유 8,300엔 C중유 6,800엔 등이었다. 그러나 1964년에 일본이

OECD에 가입하고, 물가문제와 관련하여 생산조정에 대한 여론의 비판이 고조됨에 따라 1966년 2월에 표준액 제도는 폐지되었다. 또한 그해 9월에 생산조정 제도도 폐지되었다.

석유업법은 과당경쟁 방지를 위한 설비 허가과정에서 이권이 발생하고 세분화된 허가를 남발함으로써 규모의 경제를 갖춘 국내기업이 육성되지 않았다는 문제점이 지적될 수 있으나, 고도성장기에 공급의 안정성 확보라는 최대의 목적은 대체로 달성했다고 평가되었다.[3] 법의 시행 이전과 비교해서 석유제품 가격이 대체로 하향 안정되었기 때문이다(〈그림 2〉).

〈그림 2〉 석유제품의 물가지수 추이(1975=100)

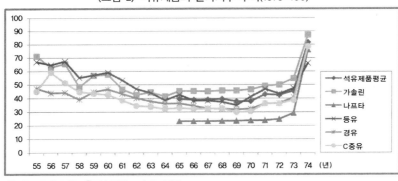

출처 : 日本石油, 『石油便覧』, 各年度版.

다만 그것이 법이 의도했던 외국자본의 제한과 생산 및 판매의 조정에 의한 결과였는지는 확실하지 않다. 이 시기에 국제적으로 원유공

---

3) 通商産業省, 『通商産業政策史 第10卷』, 1990.

급량이 꾸준히 증가하고 원유가격도 장기간 안정되었다는 점이 가장 중요하기 때문이다(〈그림 3〉).

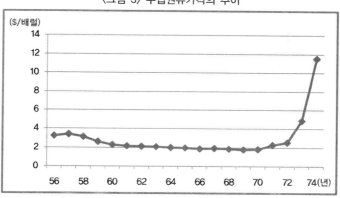

〈그림 3〉 수입원유가격의 추이

출처 : 日本石油, 『石油便覧』, 各年度版.

그렇다고 해서 이 시기의 석유가격의 안정이 이러한 환경적 요인 덕분만이었다고 할 수는 없을 것이다. 예를 들어 가솔린 가격을 국제적으로 비교해보면, 당시 일본의 가격수준은 세전가격으로는 가장 낮았고, 세금을 포함을 포함하더라도 미국 다음이었다(〈표 1〉). 실제로 1960년대 중반 이후 일본의 가솔린 가격은 매년 상승하였으나, 이는 가솔린세의 증세에 의한 것으로 세전 가격은 매년 저하하였다. 이것이 가능했던 이유는 높은 수송비에도 불구하고, 일본 석유기업의 정제 생산성이 매우 높았기 때문이라고 할 수 있다. 어쨌든 석유의 안정된 공급과 함께 국제적으로 볼 때도 낮은 수준의 가솔린 가격이 일본 모터리제이션의 기반이 되었다고 할 수 있다.

〈표 1〉 가솔린 가격의 국제비교(1969년)   단위: 엔/㎘

	세전가격	세금	소매가격
미국	23,839	10,461	34,300
영국	15,837	42,763	58,600
프랑스	16,069	51,331	67,400
서독	15,800	31,500	47,300
이탈리아	16,327	59,073	75,400
일본	11,450	28,700	40,150

출처: 『石油産業の現状』, 1970; 『日本機械学会誌』, 1970. 6., 31쪽.

2.2. 제품별 석유 수요의 추이와 내구소비재의 보급 증가

일본의 석유 소비량은 1937년 당시 세계 7위로, 전 세계 소비량에서 점하는 비율은 1.7%였다. 그런데 1955년은 1.1%로 세계 10위로 하락했다. 1인당 소비량은 세계 평균 0.31리터에 미치지 못하는 0.12리터로 37위였다. 그러나 에너지혁명 이후 1960년대 들어 일본에서도 석유소비가 급속히 증가하기 시작하여 1966년에는 이미 세계 2위로 6.3%나 점유하게 되었다.

1960~1973년 중 석유수요의 증가율을 보면(〈표 2〉), 전반적으로 경제성장률을 상회하고 있음을 알 수 있다. 제품별로 보면 석유화학산업의 성장을 배경으로 나프타의 증가율이 가장 높고, 자동차 특히 승용차용이 대부분인 휘발유의 증가율이 가장 낮다.

<표 2> 제품별석유수요증가율추이   단위: %

	1955~60	1960~65	1965~70	1970~73	1960~73
휘발유	17.1	13.2	14.0	9.0	12.5
나프타		55.9	28.6	9.4	33.4
등유	28.7	22.3	24.8	11.5	20.6
경유	20.8	21.2	16.5	11.8	17.2
중유	26.1	21.1	17.8	5.9	16.2
실질GNP	8.7	10.7	11.1	6.8	10.6

출처: 『戦後エネルギー産業史』, 167쪽.

이러한 증가율의 차이는 전체 석유제품 가운데 각 제품이 차지하는 비중의 추이에도 반영되었다. 1955년의 경우 중유 61%, 휘발유 26%, 경유 8%, 등유 5%였으나, 1973년에는 각각 57%, 11%, 7%, 9%로 되었고 새롭게 나프타가 15%를 차지하였다. 고도성장기에 산업용 연료인 중유가 60% 정도를 차지하는 것에는 변함없으나, 휘발유 비중의 하락과 나프타 비중의 급상승이라는 대조적인 현상이 나타났다. 가정용 연료가 중심인 등유와 디젤 엔진 및 산업용으로 쓰이는 경유의 비중은 중유와 마찬가지로 큰 변화가 없다. 이와 같은 일본의 제품별 구조는 국제적으로 볼 때 이탈리아와 매우 비슷함을 알 수 있다(<표 3>).

한편 이 시기에 가정에서의 석유 소비량은 어떠했을까? 이를 정리한 <표 4>를 보면 1965~1972년간 석유 소비량은 4.6배 증가했다. 이 기간에 실질 개인소비지출 증가율이 1.8배였으므로, 에너지 소비지출 비중이 상승했음을 알 수 있다. 항목별로 보면 자가용 연료의 비중이 7.5%에서 22%로 급상승했고, 가정용 연료와 가정용 전력의 비중은 큰 변화가 없었다.

〈표 3〉 각국의 석유제품 소비구성(1968년)   단위: %

	미국	영국	프랑스	서독	이탈리아	일본
가솔린	39	16	17	14	14	12
나프타	1	13	-	-	-	12
등유/제트연료	7	6	2	2	4	8
경유	18	16	46	44	10	7
중유	14	37	22	23	58	57
기타	21	12	13	17	14	4
합계	100	100	100	100	100	100

출처: 『日本機械学会誌』, 1970. 6., 30쪽.

〈표 4〉 가정에서의 석유 에너지 소비 추이   단위: %, 만kl

연도	도시가스	가정용 전력	가정용 연료	마이카연료	합계(만kl)
1965	19.6	25.5	47.4	7.5	944
1970	10.1	25.6	40.0	24.4	3,103
1972	9.2	28.7	40.5	21.6	4,312

출처: 『国民生活白書』, 1974, 131쪽.

이러한 석유수요 증가는 구체적인 가계 소비지출 품목의 증가율 변화로부터도 확인할 수 있다. 즉 1960~1971년간 소비지출 증가율이 50% 이하로 가장 낮은 품목으로는 곡물·생선 등의 음식료품비, 목탄 등의 주거비, 목욕·영화 등의 잡비, 내구소비재로는 시계가 있었다. 그에 비해 기호식품비, 내구소비재, 부인의류, 화장품류, 레저용품 등의 증가율은 매우 높았다. 구체적으로 가전제품, 가구, 가스비 등은 519% 증가, 자동차구입비, 가솔린 등은 369%나 증가했다.[4] 참고로 1971년의 광고선전비 상위 50개 기업 가운데는 가전메이커 9개 사(559억 엔), 자동차 7개 사

4) 経済企画庁, 『国民生活白書』, 1974, 134~136쪽.

(418억 엔), 화학 10개 사(456억 엔)가 다수를 차지했고, 1967년 데이터이기는 하나 근로가구가 가장 주목해서 보는 광고는 가전제품 51%, 의약품 38%, 승용차 25%의 순이었다.[5]

가정용 전력의 사용 증가는 내구소비재의 증가와 깊은 관련이 있을 것으로 추정된다. 이 점을 염두에 두고 내구소비재의 보급률 추이를 보면 〈표 5〉와 같다. 이를 보면 1960년대 초반에 이미 상당한 보급률을 보인 '3종의 神器(TV, 냉장고, 세탁기)' 외에 이 시기에 3C(컬러TV, 에어컨, 승용차)와 스테레오의 보급률이 급속도로 상승하고 있음을 알 수 있다.

〈표 5〉 내구소비재의 가구당 보급률 추이   단위: %

	흑백TV	컬러TV	스테레오	라디오	냉장고	세탁기	에어컨	재봉기	카메라	승용차	응접세트
1960					10.1	40.6					
1961	68.0										
1962	79.0										
1963	86.0										
1964	89.0										
1965	90.0		13.5	70.3	51.4	68.5		77.4	49.4		
1966	94.0	0.3	16.7		61.6	75.5	2.0	76.6	52.9	12.1	14.1
1967	96.2	1.6	19.8	74.7	69.7	79.8	2.8	81.7	57.3	9.5	16.3
1968	96.4	5.4	24.1	72.1	77.6	84.8	3.9	82.6	59.8	13.1	17.8
1969	94.7	13.9	27.3	72.9	84.6	88.3	4.7	84.6	62.7	17.3	19.1
1970	90.2	26.3	31.2	71.7	89.1	91.4	5.9	84.5	64.1	22.1	22.6
1971	82.3	42.3	33.9	69.8	91.2	93.6	7.7	84.4	67.0	26.8	23.8
1972	75.1	61.1	40.4	71.5	91.6	96.1	9.3	83.9	69.8	30.1	24.8
1973	65.4	75.8	44.4	72.4	94.7	97.5	12.9	84.6	72.7	36.7	27.4
1974	55.7	85.9	47.0	75.6	96.5	99.5	12.4	84.2	75.6	39.8	30.5

출처: 農文協文化部, 1977, 98쪽.

---

5) 自動車工業会·日本小型車工業会, 『乗用車個人需要の動向』, 1967.

그런데 자동차의 보급을 위해서는 가솔린 가격의 안정과 구입의 편의성이 전제되어야 한다. 이 전제조건이 충족되었는가를 살펴보면, 먼저 다른 석유제품과 마찬가지로 가솔린 가격도 이 시기에 안정되었다. 표준가격이 지정되기 이전인 1962년까지보다 1963년 이후의 가격은 좀 더 하락했고 그 추세는 오일쇼크가 도래하기 이전까지 장기간 유지되었다. 예를 들어 휘발유의 1킬로리터당 평균가격은 1955년 17,917엔, 1960년에는 14,492엔이었는데, 1963년에는 11,165엔, 1966년 11,350엔, 1970년 12,507엔이었다.

자동차용 석유의 구입을 위한 가솔린 스탠드의 수도 이 기간에 매우 증가했다. 특히 원유의 수입자유화가 예상되던 1961년 이후 급증했다. 즉 1955년에 전국에 1,729개소였던 것이 1961년 10,825, 1963년 16,430, 1966년 23,712개소로 각각 늘어났다. 그리하여 1962년부터는 가솔린 스탠드 간 과잉경쟁이 표면화됨에 따라 1965년 4월에 통산성의 행정지도에 의해 건설규제가, 그리고 1967년부터는 거리규제가 실시되었다.[6]

2.3. 자동차 보급대수의 급속한 증가와 보급과정의 특징

1955~1975년에는 전반적으로 운송·교통량이 급속히 확대하여, 화물수송량의 경우 적재량(톤) 기준으로 6배, 적재량×거리(톤킬로) 기준으로 4.2배, 그리고 여객수송량의 경우 인원(명) 기준으로 3.3배, 인원×

---

6) 日本石油,『石油便覧』, 1968, 625~628쪽.

거리(인킬로) 기준으로 4.3배나 각각 증가했다. 이러한 증가된 수송량을 담당한 운송기관을 보면, 전반적으로 자동차에 의한 철도의 대체과정, 즉 운송수단의 전환(modal shift)을 확인할 수 있다.

먼저 화물의 경우, 1955~1975년에 자동차에 의한 수송은 적재량×거리 기준으로 7.7배 증가한 데 비해, 철도는 국철과 사철 모두 1.1배 증가에 그쳤다. 여객의 경우에는 인원×거리 기준으로 승용차가 60배 증가한 반면, 철도는 2.4배밖에 증가하지 않았다. 그 결과 수송분담률 면에서 철도의 하락과 자동차의 상승이 명료하게 대비되었다(〈그림 4〉). 즉 적재량 기준으로 볼 때 철도의 화물 수송분담률은 1955년의 24.5%에서 1975년의 3.7%로 하락한 반면, 자동차의 분담률은 68.4%에서 87.3%로 상승했다. 적재량거리 기준으로 보면 철도가 50.8%에서 13.1%로 하락하고, 자동차는 11.2%에서 36%로 상승했다.

〈그림 4〉 수송기관별 화물 수송분담률 추이

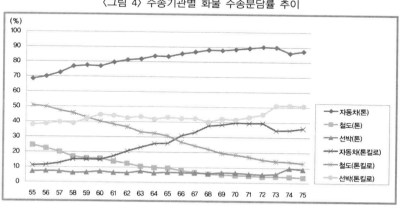

여객수송의 경우도 화물과 동일한 현상이 나타났다. 즉 인원기준으로 볼 때 철도의 수송분담률은 69.3%에서 38.1%로 급락한 반면, 자동차(버스+승용차)는 30.2%에서 61.5%로 배증했다. 인원거리 기준으로 보면 철도가 82.1%에서 45.6%로 하락한 데 비해 자동차는 16.6%에서 50.8%로 급등했다(〈그림 5〉). 한편, 해운과 항공의 비중은 화물과 달리 매우 미미한데, 인원거리 기준으로 볼 때 해운의 경우 1%내외에서 변화가 없고 항공의 경우 70년대 들어서도 2% 정도의 비중에 그쳤다.

〈그림 5〉 수송기관별 여객 수송분담률 추이

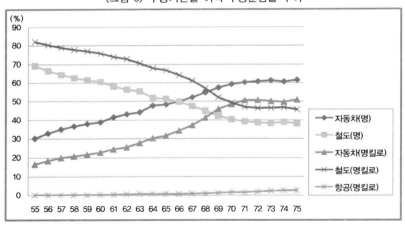

또한 자동차에 의한 철도의 대체과정은 대체적으로 볼 때, 1960년대 초반까지는 화물수송 분야에서 급속하고, 그 이후에는 여객수송 분야가 더 급속하다. 이는 일본에서의 자동차보급이 화물수송 분야인 트럭을 중심으로 먼저 발생하고, 1960년대 중반 이후 승용차 중심으로 변

화했다는 점을 시사한다. 그렇다면 실제로 자동차 보유대수의 변화는 어떠했을까? 미국 및 유럽주요국의 수준과 비교하면서, 일본의 자동차 보급상황을 나타낸 것이 〈표 6〉이다.

〈표 6〉 주요국의 자동차 보급률 추이

		승용차 보유대수(A)	자동차 보유대수(B)	인구C	C/A	C/B	1인당 소득
		대	대	1,000명	명	명	달러
미국	1955년	52,144,739	62,688,792	165,931	3.2	2.6	1,990
	1960년	61,682,304	73,868,682	180,684	2.9	2.4	2,294
	1965년	75,251,386	90,360,721	194,592	2.6	2.2	2,900
	1970년	89,861,000	108,977,000	205,395	2.3	1.9	3,886
	1974년	104,898,256	129,943,087	209,000	2.0	1.6	5,384
	1981년	121,723,650	159,760,000	230,516	1.9	1.4	10,237
서독	1955년	1,747,555	2,415,697	50,168	28.7	20.8	685
	1960년	4,489,407	5,242,942	53,224	11.9	10.2	1,079
	1965년	9,267,423	10,247,217	56,839	6.1	5.5	1,563
	1969년	12,584,564	13,680,184	58,707	4.7	4.3	1,950
	1974년	17,356,276	18,779,556	61,990	3.6	3.3	5,119
	1981년	23,680,911	25,327,082	61,200	2.6	2.4	8,509
프랑스	1955년	2,630,000	3,700,000	43,428	16.5	11.7	603
	1960년	4,872,800	6,340,000	45,684	9.4	7.2	1,006
	1965년	8,777,500	10,687,820	48,758	5.6	4.6	1,528
	1969년	11,670,000	13,770,000	50,320	4.3	3.7	2,210
	1974년	15,100,000	17,351,000	52,000	3.4	3.0	4,372
	1981년	19,750,000	22,466,000	53,900	2.7	2.4	8,036
영국	1955년	3,609,400	4,955,992	51,199	14.2	10.3	840
	1960년	5,650,461	7,300,917	52,352	9.3	7.2	1,107
	1965년	9,131,075	11,024,946	54,436	6.0	4.9	1,474
	1969년	11,504,407	13,219,226	55,534	4.8	4.2	1,509
	1974년	13,948,000	15,858,770	56,900	4.1	3.6	2,736
	1981년	15,632,683	17,512,896	55,901	3.6	3.2	6,577

이탈리아	1955년	861319	1,196,401	48,200	56.0	40.3	360
	1960년	1,976,188	2,431,171	49,642	25.1	20.4	506
	1965년	5,472,591	6,137,012	51,576	9.4	8.4	920
	1969년	9,028,400	9,862,574	53,170	5.9	5.4	1,254
	1974년	15,843,878	17,119,392	55,643	3.5	3.3	2,230
	1981년	18,450,000	19,961,000	57,400	3.1	2.9	5,052
일본	1955년	153,325	471,306	89,000	580.5	188.8	204
	1960년	457,333	1,353,526	93,216	203.8	68.9	343
	1965년	2,181,275	6,300,020	97,952	44.9	15.5	722
	1970년	8,778,972	17,584,843	103,386	11.8	5.9	1,517
	1971년	10,572,122	19,857,877	103,540	9.8	5.2	1,900
	1974년	15,998,751	26,519,122	111,440	7.0	4.2	3,226
	1981년	24,612,270	39,620,957	118,000	4.8	3.0	7,725

출처: 1955~70년은 日産自動車, 『自動車ハンドブック』, 各年度版, 그 외는 日本自動車工業
　　　会, 『主要国自動車統計』, 各年度版.

이를 보면 미국 및 서유럽제국에 비해 자동차의 보급 면에서 낮은 수준에서 출발한 일본은 고도성장기에 이들 국가보다 더욱 빠른 속도로 자동차가 보급되면서 고도성장 말기에는 이들 국가와의 격차를 매우 좁혔음을 알 수 있다. 즉 1955년의 보급대수는 120만 대 수준이었으나, 1967년에 1,000만 대를 돌파하고, 1972년에는 2,000만 대, 그리고 1976년에는 3,000만 대를 각각 넘어섰다. 즉 10년 만에 2,000만 대가 증가한 것으로, 이러한 매우 빠른 보급증가속도는 전 세계적으로 볼 때 1950년대 미국과 유사한 수준이었다.

급격한 자동차보급의 주요 요인은 인구규모 및 소득수준의 변화였다. 일본의 경우 주요 유럽국가들보다 인구가 2~3배 정도 많고, 또한 고도경제성장기에 장기간 높은 경제성장률을 기록하였기 때문에 이와 같은 급속한 보급증가가 가능했던 것이다. 예를 들어 1인당 국민소득은

1960년에 378달러로 2,537달러였던 미국의 15%에 불과했으나(세계 26위), 1965년 719달러(21위), 1970년 1,515달러(19위), 1975년에는 3,635달러(14위)로 장기간 급속하게 증가하였다. 그리하여 일본의 경우 이 기간 동안 자동차 판매대수가 전년보다 감소한 경우는 1974년뿐이었다. 그에 비해 미국은 주기적으로 등락을 반복하였고, 유럽제국도 전반적으로 낮은 증가율을 기록하다가 1970년대 들어서는 감소하는 경향을 보였다.

그런데 〈표6〉에서는 일본의 경우 승용차 보유대수 증가율이 전체 자동차 보유대수 증가율보다 낮다는 점도 확인할 수 있다. 예를 들어 자동차 1대당 인구수 및 승용차 1대당 인구수는 일본의 경우 1955년에 각각 189명, 581명으로 구미 주요국에 비해 매우 낮았다. 그런데 고도성장 말기인 1974년에는 각각 4.2명, 7명으로 외국과의 격차를 매우 좁혔는데, 전체 자동차 기준으로 볼 경우에는 더욱 그러했다. 이는 앞서 소개한 자동차의 수송분담률이 여객보다는 화물에서 급속히 상승했다는 점과도 정합적이다.

이상을 전제로, 이 시기에 보급된 자동차가 생활에 어떠한 변화를 가져왔는지를 먼저 트럭을 중심으로 살펴보기로 하자.

3. 삼륜트럭의 보급과 농업경영의 변화

3.1. 차종별 트럭의 보급 추이

우선 트럭 부문에서 시기별로 어떠한 차종이 대량으로 보급되었는지를 생산대수의 추이로부터 확인해보자(〈표 7〉).[7] 전반적으로 1950년대 말부터 생산대수가 급속히 증가하는데, 차종별로 보면 1950년대는 삼륜차가 중심이었다가 1960년대 이후에는 사륜차 중심으로 변화한 것을 알 수 있다. 삼륜차를 더욱 세분화해서 보면, 1950년대 초중반에는 소형차 중심이었으나 1959년부터 경차를 중심으로 변화한 것을 알 수 있다.[8] 그런데 경삼륜 트럭은 단기간 동안 급증한 후 급속히 감소하기 시작한다. 1960년대 초반에는 경삼륜 트럭의 급감과 함께 경사륜 트럭의 급증이 나타난다. 또한 경삼륜과 경사륜의 합계가 대체로 일정하기 때문에, 전자에서 후자로 대체되었다는 것을 알 수 있다.

이처럼 1960년 초반까지 트럭의 중심은 삼륜차였다고 할 수 있는데, 사실 제2차 세계대전 이전부터 일본에서는 삼륜트럭이 광범하게 사용되었다. 일본에서 삼륜차는 1920년대 말부터 사용되기 시작하여 1930

---

7) 차종별 보급대수의 추이를 확인하기 위해서는 생산대수보다 판매대수의 추이를 검토해야 하는 것이 적당하나, 같은 자료상에서 삼륜트럭과 사륜트럭을 동시에 비교할 수 있는 자료를 생산대수로밖에 입수하지 못했기 때문에 이로 대신한다. 다만 이 시기에는 트럭의 수출입대수가 그다지 많지 않았기 때문에 생산대수와 판매대수의 차는 그다지 크지 않았다고 할 수 있다.
8) 일본에서 자동차는 크기·규격에 따라 보통차, 소형차, 경차로 각각 분류된다. 엔진 배기량 기준으로 보면, 경차는 360cc 이하, 소형차는 360cc~2,000cc, 보통차는 2,001cc 이상을 일컫는다.

년대에는 국산차 중에서 가장 많은 생산대수를 기록하였으나, 전시기에 들어서면서 보통트럭 중심의 생산통제가 이루어지면서 공백기를 맞았다. 이러한 역사적 경험으로 일본에서는 삼륜차의 생산과 이용이 물자가 부족한 전후 부흥기에 일시적으로 나타난 것이 아니라 1960년대 초반까지 상대적으로 장기간 그리고 대량으로 이루어질 수 있었던 것이다.

〈표 7〉 차종별 트럭의 생산대수 추이

	사륜차				삼륜차			트럭
	보통	소형	경	소계	소형	경	소계	합계
1955	22,352	21,505		43,857	87,248	656	87,904	131,761
1956	29,433	43,424	101	72,958	103,926	1,483	105,409	178,367
1957	46,352	80,083	385	126,820	111,352	3,585	114,937	241,757
1958	39,265	90,303	498	130,066	84,875	14,002	98,877	228,943
1959	46,594	129,417	1,474	177,485	74,803	83,239	158,042	335,527
1960	83,709	182,789	41,522	308,020	87,057	190,975	278,032	586,052
1961	107,405	262,753	183,232	553,390	86,230	138,365	224,595	777,985
1962	104,968	345,780	259,968	710,716	68,600	75,567	144,167	854,883
1963	97,996	450,902	313,883	862,781	51,305	65,885	117,190	979,971
1964	115,726	633,938	359,478	1,109,142	37,794	42,254	80,048	1,189,190
1965	114,747	655,969	398,167	1,168,883	21,910	21,034	42,944	1,211,827
1966	135,349	780,883	471,626	1,387,858	18,666	14,698	33,364	1,421,222
1967	184,982	1,026,193	532,193	1,743,368	17,401	9,052	26,453	1,769,821
1968	214,605	1,169,163	607,639	1,991,407	14,810	6,984	21,794	2,013,201
1969	227,888	1,236,528	557,175	2,021,591	13,431	3,651	17,082	2,038,673
1970	258,100	1,253,861	551,922	2,063,883	12,564	1,497	14,061	2,077,944
1971	241,794	1,304,939	511,587	2,058,320	9,364	2,509	11,873	2,070,193
1972	237,056	1,527,154	474,130	2,238,340	3,197	-	3,197	2,241,537
1973	319,047	1,674,566	577,303	2,570,916	2,904		2,904	2,573,820
1974	336,617	1,714,064	523,498	2,574,179	1,020		1,020	2,575,199
1975	288,170	1,610,475	438,987	2,337,632	-	-	-	2,337,632

출처: 日本自動車工業会, 『日本自動車産業史』, 부표.

삼륜차의 대량판매가 가능했다는 것은 삼륜차에 대해 끊임없이 제기되었던 안정성에 대한 소비자들의 우려가 상당히 완화되었다는 것을 의미한다. 일반적으로 전륜이 하나인 삼륜차는 회전할 때 전복될 위험성이 크다고 알려졌고, 더구나 삼륜차의 대형화에 따라 그 위험이 증대되었다고 보았기 때문이다. 이에 대해 삼륜차 메이커는 전문가들을 동원하여 안정성을 어필하였는데, 실제로 삼륜차의 전복사고가 큰 문제로 되지는 않았다. 또한 삼륜차의 엔진은 오토바이와 같은 2기통을 사용하고, 엔진의 탑재위치도 좌석의 바로 밑이었기 때문에 소음과 진동 문제가 심각했다. 그래서 메이커들은 항공기의 충격완화장치 기술을 원용하여 상당 정도까지 문제점을 개선했다. 또한 핸들이 일자형이기 때문에 언덕길을 내려갈 때 위험했으나, 이 시기에는 자동차와 같은 스티어링 핸들로 교체했다.

그런데 삼륜차의 대량판매는 이상과 같은 성능 개선을 전제로 하면서도, 사륜트럭에 비해 가격경쟁력을 유지했다는 점에 의해 가능했다. 예를 들어 1950년 9월에 500kg을 적재할 수 있는 마즈다 삼륜차의 가격은 15.7만 엔이었던 데 비해, 같은 적재량의 닛산의 닷산 4륜트럭은 33.5만 엔이었다. 그런데 1956년 4월에 1톤 적재량의 전자의 가격이 42만 엔인 데 비해 도요타의 도요펫 1톤 적재 사륜트럭 가격은 51만 엔이었다. 즉 대형화와 성능개선에 의해 삼륜차의 가격이 인상되어 사륜차와의 가격 차가 축소되기는 했지만 여전히 20% 이상의 차가 났고, 그 차는 가격 대비 효율 면에서 삼륜차의 경쟁력을 유지시켰다고 할 수 있다.

그렇다면 삼륜차의 주요 수요층은 누구였을까? 삼륜차의 판매처별 비중에 관한 조사에 의하면, 삼륜차의 거의 절반을 상업, 그리고 약 2할을 제조업이 점하고 있다(〈표 8〉). 상업 가운데는 도매업이 절반, 음식료품 소매업이 3할을 차지하고 있고, 제조업 중에서도 식료품 제조가 약 3할을 점했다. 사륜차 중에서 보통트럭의 경우에는 운수통신업이 가장 많고, 제조업과 건설업이 그 뒤를 이었으며, 상업은 약 1할 정도였다. 소형 사륜트럭은 상업이 40%, 제조업이 35% 정도로 상업이 가장 높은 비중을 차지하고 있기는 하나, 제조업과의 차가 삼륜차처럼 크지는 않다. 이점에서 삼륜차는 '상인의 차'였다고 할 수 있다.

〈표 8〉 판매처별 삼륜차의 판매비율 추이   단위: %

	농림어업	건설업	제조업	상업	운수통신업	서비스업
1950	9.0	2.1	24.2	44.9	13.7	2.6
1951	7.5	2.7	24.5	46.2	12.6	2.5
1952	8.3	3.7	21.0	52.9	8.8	2.1
1953	8.2	4.4	21.4	50.7	9.5	2.0
1954	8.2	5.6	21.5	44.2	8.3	
1955	5.5	6.0	24.0	48.6	9.6	
1956	5.8	6.1	20.8	50.8	10.6	
1957	6.1	7.2	18.1	50.2	10.8	1.5
1958	5.7	8.1	17.3	50.8	10.8	1.5
1959	5.3	9.1	15.9	51.4	12.4	1.7
1960	5.7	12.4	15.3	49.4	12.4	1.5

주: 기타 업종을 제외함.
출처: 自動車工業会·日本小型自動車工業会, 『自動車統計年表』, 各年度版.

그런데 이러한 특징은 사실 제2차 세계대전 이전에도 마찬가지였으나, 1950년대에는 그 이전과 달리 삼륜차가 농촌에 많이 보급되었다.

주지하듯이 전후 일본에서는 농지개혁에 의해 농민의 구매력이 향상되었는데, 그에 의해 자동차의 구입은 사륜차보다 삼륜차가 우선했다고 할 수 있다. 예를 들어 1950~1956년의 농촌에 판매된 트럭을 차종별로 보면, 삼륜차가 8할을 점했다. 그런데 〈표 8〉에서는 농림어업의 비중이 그다지 크지 않은 것으로 나타난다. 이는 농촌에는 중고 삼륜차가 다수 판매되었기 때문으로, 실제로 전체 삼륜중고차 가운데 농촌이 점하는 비율은 20%를 넘어섰다.

〈그림 6〉 1950년대 말부터 60년대 초에 큰 인기를 끌었던 경삼륜차. 도시에서 단거리 배달용으로 주로 이용되었다.

출처: 小関和夫, 『国産三輪自動車の記録』, 三樹書房, 1999, 74쪽.

3.2. 농촌에서 삼륜차의 이용에 의한 농가경영 변화

"패전 후 청년의 소영웅 심리를 충족시키는 쓸데없는 물건", "취미와 실리를 겸한 장난감" 등으로 불리던 삼륜차가, 탈곡기, 경운기에 이어 제3차 농업의 근대화 혁명을 주도하고 있다고 주목되기 시작한 것은 1950년대 중반이다. 이 시기에 "농지개혁 후에 새롭게 등장한 근교농촌의 실력자들을 상징하는 것이 삼륜차다. 무슨 무슨 농장 혹은 아무개 농원이라는 가타카나 문자를 차체에 붙인 삼륜차가 질주하는 광경을 요즘 쉽게 볼 수 있"던 것이 그 무렵이다.

1958년 2월 현재 전국 농업용 삼륜차 대수는 63,874대로 1954년에 비해 53% 증가했다(〈표 9〉). 지역별로는 간토(関東), 도카이(東海) 지방에 집중되고, 그 뒤를 이어 긴키(近畿), 도호쿠(東北), 주고쿠(中国) 순이었다. 간토, 도카이 지방은 원예 농업지대에다 근교에 대소비지를 갖고 있는 곳으로, 삼륜차의 도입으로 인한 효과가 가장 큰 곳이라고 할 수 있다. 그런데 증가율을 보면 호쿠리쿠(北陸)와 도호쿠 지방의 상승이 현저했다. 상대적으로 보급률이 낮은 지역에서 보급이 크게 증가했음을 알 수 있다.

〈표 9〉 농업용 삼륜차의 지역별 분포

	1958년2월		1954년2월	
	대수	%	대수	%
도호쿠(東北)	4,324	6.7	2,320	5.6
간토(関東)	25,062	39.2	13,939	33.5
호쿠리쿠(北陸)	3,797	6.0	1,750	4.2
히가시야마(東山)	2,197	3.4	2,343	5.6
도카이(東海)	13,137	20.5	8,363	20.1
긴키(近畿)	4,334	6.8	3,941	9.5
주고쿠(中国)	3,899	6.1	3,440	8.3
시코쿠(四国)	3,604	5.7	2,312	5.6
규슈(九州)	3,520	5.6	3,183	7.6
합계	63,874	100	41,591	100

출처: 田島茂 외, 『農家のための自動三輪車の知識と取扱』, 西東社, 1959.

이하에서는 도쿄 및 그 인근지역을 중심으로 삼륜차의 도입에 의한 농업경영의 변화 사례에 대해 살펴보기로 한다.[9] 먼저 구입동기를 보면 채소를 대량출하하기 위해, 도시에 판매하면 고가격을 받을 수 있기 때문에, 리어카가 불편해서, 우천 시에도 작업이 가능해서 등의 경제적 동기에 관련된 측면과, 친척이 사서, 자녀가 졸라서, 자녀 졸업기념으로 등의 문화·심리적 요인이 있는데, 물론 경제적 동기가 가장 크게 작용했다.

도쿄 도 농업지도소의 조사에 의하면 삼륜차가 도입되는 필요조건 및 지역으로, 경영규모가 1정보 이상이면서 채소원예를 재배하는 농가· 존재, 반경 30~50km 이내에 2~3의 소비도시 존재 등의 요인을 들었다. 거리는 삼륜차의 평균시속 25km로 4시간에 왕복할 수 있도록 상정한 것이었다.

삼륜차의 도입에 의해 가장 먼저 변화된 것은 전체 작업시간 중 운반시간의 비중이 획기적으로 줄어든 점이다. 사이타마 현 기타카쓰시카 군의 오쿠마 농가의 사례에 의하면, 이 지역은 상업적 농업지대로 자택에서 경작지까지 멀기 때문에 운반 작업시간이 전체의 30% 정도를 차지하고 있었다. 그런데 삼륜차를 구입한 결과, 전체 작업시간은 6,175시간에서 7,238시간으로 늘어났지만, 운반 작업시간은 4,020시간에서 1,510시간으로 크게 단축되었다. 그 결과 운반 작업의 비중이 49%에서 17%로 줄어들었다. 그 단축된 시간을 일부는 생산 작업에 추가하고 일부는 여가생활로 돌리게 되었다.

---

9) 이하의 설명은 農耕と園芸·馬越修徳会, 『三輪自動車と農業経営』, 誠文堂新光社, 1956에 의한다.

또한 삼륜차에 의해 시장으로의 출하시기를 선택할 수 있게 되었다. 삼륜차를 도입하기 전에는 근처 마을시장에만 출하했으나, 도입 후에는 도쿄의 청과물시장을 중심으로 인근도시 시장으로 변화시켜 출하가격을 높일 수 있었다. 기존에 사용하던 손수레와 우마차는 각각 6~8km, 12~16km까지가 한계였으나, 삼륜차는 24~40km까지 가능했기 때문이다. 더구나 그 거리에 소요되는 시간은 더욱 단축되었다. 삼륜차로 왕복 4시간 정도 소요되던 거리를 그 이전에 어떻게 이동했는지를 보여주는 다음과 같은 미타카(三鷹) 시 촌로의 증언은 삼륜차의 효과를 단적으로 보여주고 있다.

"손수레를 쓰던 때는 전날 밤 7시에 집을 나서 도쿄의 쓰키지(築地) 청과시장에 오전 3시에 도착. 8시간이나 걸렸다. 도착해서 짐을 정리하고 경매결과를 보고 나서 시장을 나서는 것이 오후 1시경. 신주쿠에서 저녁을 먹고 집에 돌아오면 밤 11시였다."

삼륜차 도입의 효과가 크게 발휘되는 것은 운반 시간의 절감 효과가 극대화되는 상품작물이기 때문에, 결과적으로 삼륜차의 소유농가와 비소유농가 간에는 경영 작물에도 차이가 발생했다. 미타카 시의 경우, 소유농가는 보통작물(쌀, 보리, 콩, 감자)의 비중이 42%, 야채가 58%인데 비해, 비소유농가는 그 비율이 65% 대 35%였다. 또한 삼륜차 도입 후 수년간에 재배면적이 증가한 작물은 두릅(4.8배), 배추(4.2), 토마토(3.6), 수박(3.4), 피망(3.2)으로 모두 상품화율이 높아 현금수입이 큰 작물이었다. 이들 작물은 무나 감자와 같은 조방농업보다는 훨씬 많은 노동력을 필요로 하는데, 삼륜차의 도입으로 운반시간을 생산시간으로 전환함으로써 이러한 노동력 투입이 가능했다고 할 수 있다. 반면에 재배면적이 감소한 작물로는 호박(90% 감소), 고구마(74%), 감자(65%), 사탕수수(50%), 밀(34%) 등이 있었다.

그 결과 미타카 시의 삼륜차 보유농가의 연간소득도 1호당 38.3만 엔에서 51.4만 엔으로 증가했다. 삼륜차의 연간 유지비는 대략 8만 엔이었기 때문에 순수입의 증가는 연간 5만 엔이었다.

4. 자가용 승용차의 보급과 가구별 특징

4.1. 자가용 승용차의 보급 추이

먼저 차종별 판매대수의 추이를 통해 승용차 보급과정의 특징을 살펴보기로 한다(〈표 10〉). 전체적으로 볼 때 1955~1975년간 연간 판매대수는 100여 배 규모로 확대되었는데, 시기별로 보면 1960년대 들어 증가하기 시작하여 1960년대 후반에 그 속도가 매우 급격해진다. 차종별로 보면 트럭과 달리, 고도성장기 초반부터 소형차, 즉 국제적으로 보면 표준적인 규격의 승용차가 모터리제이션을 주도하고 있는 것이 주목된다. 경승용차는 전술한 것처럼 경트럭이 등장하는 1960년대 초반부터 등장하여 상당히 보급되기는 하나, 트럭과 달리 소형차에 비해 상대적으로 비중이 낮은 편이라는 것을 알 수 있다.

이상과 같은 차종별 특징에 이어, 다음으로는 자동차의 사용자별 보급률에 어떤 특징이 있는지를 알아보자. 먼저 자가용 차와 영업용 차,

<표 10> 차종별 승용차 판매대수 추이

	보통	소형	경	합계
1955	4,565	20,819		25,384
1956	5,971	32,176		38,147
1957	7,113	44,785		51,898
1958	3,893	49,602		53,495
1959	5,039	68,232		73,271
1960	5,234	116,177		121,411
1961	6,249	175,408		181,657
1962	7,609	200,091	58,553	266,253
1963	10,441	291,899	77,420	379,760
1964	13,634	406,555	82,191	502,380
1965	13,087	496,127	97,014	606,228
1966	12,458	643,854	115,096	771,408
1967	11,588	888,257	269,593	1,169,438
1968	11,710	1,164,600	441,305	1,617,615
1969	8,783	1,461,616	566,255	2,036,654
1970	9,604	1,652,894	717,170	2,379,668
1971	10,526	1,779,501	612,730	2,402,757
1972	17,704	2,134,916	474,467	2,627,087
1973	34,264	2,501,943	397,385	2,933,592
1974	36,462	1,991,609	258,724	2,286,795
1975	49,125	2,531,396	157,120	2,737,641

출처: 日本自動車工業会, 『日本自動車産業史』, 부표.

즉 차량의 구입 목적별로 보유대수의 추이를 보면, 1955년에 자가용 승용차의 비율은 69%에 불과했으나 1967년에는 96%까지 상승했다. 참고로 트럭의 경우에는 그 비율이 1955년에 이미 87%였고, 1967년에는 96%로 상승했다. 즉 1960년대 말이 되면 승용차도 자가용 차의 비중이 거의 대부분을 차지하게 되었다는 것을 알 수 있다.

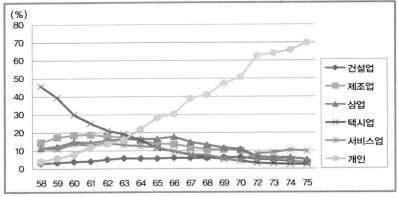

〈그림 7〉 판매처별 승용차 판매비중 추이

주: 1971년은 조사가 이루어지지 않았음.
출처: 日本自動車工業会, 『自動車販売実績調』, 各年度版.

그런데 자가용차란 영업용이 아닌 것을 의미하므로, 순수한 개인용도의 차량뿐만이 아니라 기업(법인)이 소유하는 차량도 포함되어 있다. 자가용차 가운데 순수 개인용의 비율을 보면, 1962년에는 53%였으나, 매년 그 비율이 높아져 1965년 66%, 1967년 69%, 1969년 72%, 1971년에는 82%로 상승했다.

이상의 비율은 보유대수를 기준으로 한 것이나, 판매대수의 판매처별 비중 추이를 보면 매년의 변화를 확인할 수 있다(〈그림 7〉). 이 데이터는 경차를 제외한 것이므로, 경차를 포함시킬 경우, 개인의 비중이 더 높게 나타날 것이다. 이 그림으로부터는, 우선 개인 비중의 상승과 택시업의 급락이 대조적임을 알 수 있다. 1960년대 초까지 최대의 판매처가 택시업이었다는 사실은 전술했던 1960년대 동안 영업용 차의 보유대수 비중이 여전히 높았다는 점과도 정합적이다. 택시업의 비중은 1958년에는

〈표 11〉 지역별 승용차 보유율 분포　　　　　　　　　　　단위: %

	1970년	1972년	1974년
전국	22.1	32.2	40.0
홋카이도(北海道)	16.8	24.9	33.8
도호쿠(東北)	17.1	27.2	36.3
간토(関東)	27.7	37.5	42.6
게이힌(京浜)	20.1	23.5	24.3
고신에쓰(甲信越)	20.2	36.2	50.1
호쿠리쿠(北陸)	24.7	37.0	53.2
도카이(東海)	30.8	45.0	54.5
긴키(近畿)	25.3	35.2	40.6
한신(阪神)	17.4	21.6	29.5
주고쿠(中国)	24.1	36.2	47.9
시코쿠(四国)	21.7	36.1	41.0
규슈(九州)	16.4	27.0	37.9

출처: 『乗用車個人需要の動向』, 各年度版.

46%를 차지하고 있었는데, 1960년에는 30%, 1963년에는 19%, 그리고 1967년부터는 10% 미만으로 떨어졌다. 택시업 이외에 비교적 큰 비중을 차지하고 있는 제조업과 상업은 모두 비중을 상승시키다가 1970년대 들어 비중을 급락시키고 있다. 제조업의 경우에는 1962년의 18%가, 상업은 1966년의 18%가 각각 최대 비중이었다. 한편, 개인의 판매비중은 1958년에 4.1%에 불과하던 것이 1961년에는 12.2%, 1964년에는 22%, 1966년에는 30%, 1967년에는 41%, 1970년에는 51%, 1972년에는 63%, 1975년에는 70%로 일정하게 2년마다 10% 포인트씩 증가하는 경향을 보였다.

한편 지역별 보급률 분포를 보면 도카이(東海), 고신에쓰(甲信越) 지역의 경우가 대도시 지역이 밀집한 간토(関東), 한신(阪神) 지역보다 많이 보급되었음을 알 수 있다(〈표 11〉). 이는 대도시보다 지방소도시의 승용차 보급률이 높았음을 시사하는데, 실제로 1974년 현재 인구밀집도를 기준으로 보급률을 보면 대도시 중심부(28.1%), 대도시 주변부(30.4%), 중소도시 중심부(35.7%), 도시근교 군지역(42.1%), 순수농어촌지역(47.9%) 등의 순으로 인구밀집도와 반비례함을 알 수 있다. 즉 일본은 한국에 비해 현재에도 도시보다 농촌의 자동차보급률이 높은데, 이러한 현상은 모터리제이션 기간에 이미 형성되었던 것이다.

4.2. 승용차 보급의 가구별 특징

그런데 일반적으로 승용차의 보급과정을 나타내는 지표로는 개인이라는 단위보다 세대(가구)를 이용한다. 이는 실질적으로 승용차가 가구 단위로 이용되고, 각종 수요조사가 가구의 특성별로 이루어지기 때문이다.

가구는 샐러리맨으로 이루어진 근로가구, 상공업 자영업자로 이루어진 산업가구, 그리고 농림어업 종사자인 농림어업가구로 구분할 수 있는데, 수적으로 가장 다수를 이루는 가구는 물론 근로가구이다. 근로가구는 다시 관리직(기업체의 부장급 이상), 사무직(회사원, 공무원), 노무직(판매원, 공장노동자, 운전수 등), 자유업(의사, 변호사, 예술가)으로 구분된다. 이 가운데 사무직, 노무직의 비율이 가장 높아 양자가 전체 가구의 약 60% 정도를 차지하고 있다.[10] 그런데 〈그림 7〉에서 개인이란

---

10) 예를 들어 1967년의 경우, 농림어업가구를 제외한 근로가구와 산업가구의 비율은 75% 대 25%였다. 근로가구 중에서는 자유·관리직 7.1%, 사무직 35.4%, 노무직 32.5%였다(日本自動車工業会, 『乗用車個人需要の動向』, 1968).

근로가구뿐만 아니라 각 업종별에도 일부가 포함되어 있을 것으로 추정된다. 예를 들어 상업이란, 유통기업에서 사용되는 승용차 이외에 자영업자의 중소상인이 사용하는 승용차도 포함되어 있을 것이기 때문이다.[11] 그 경우 가구 개념으로 보면 자영업자의 중소상인은 산업가구에 포함된다.

이상을 전제로, 승용차 구입가구와 비구입가구의 차이점을 조사한 내용에 의하면 소득 이외에 매우 흥미로운 요인이 발견된다. 먼저 세대주의 학력과의 관계인데, 구입가구는 비구입가구에 비해 학력수준이 높고 특히 이과계 출신이 많았다. 또한 '양풍(洋風)' 의식과 구입 간의 상관이 높았다. 스테레오 등 고급 내구재 구입비율과의 상관도 높았다.

주택과의 관련에서는 가구유형별로 약간의 차이가 나타났다. 예를 들어 1967년의 조사의 경우, 주택보다 승용차를 먼저 구입 희망하는 비율이 근로세대에서는 14%인 데 비해, 산업세대에서는 31%였다. 또한 주택을 보유하고 있는 경우에 컬러TV보다 승용차를 우선 구입 희망하는 비율은 근로가구 45%, 산업가구 58%였다. 전반적으로 구입순서는 주택, 컬러TV, 승용차 순으로 된다는 것을 알 수 있는데, 다만 산업가구에서는

---

11) 실제로 1971년 자가용 승용차의 사용자별 차량수를 조사한 자료에 의하면, 도소매업·요식업에는 법인 소유가 33.7만 대인 데 비해 개인소유가 28.2만 대나 되었다. 개인소유의 비중이 그보다 작은 업종으로는 제조업으로 전체 승용차 49.2만 대 가운데 법인소유가 34.6만 대, 개인 소유가 14.6만 대였다. 그에 비해 개인소유가 법인소유보다도 많은 경우도 있는데, 건설업은 법인 11.8만 대에 비해 개인 15.6만 대였고, 농림어업의 경우에는 법인 8천 대에 비해, 개인은 30.9만 대로 거의 개인에 의해 보유되어 있었다(運輸省大臣官房情報管理部編, 『産業別自動車数調査表』, 1971).

승용차 구입 순위가 높았다.

　다음으로 가구유형별 승용차 보급률의 추이를 보면 다음과 같다
(〈그림 8〉). 이 데이터는 경차를 포함하고 있는데, 전체적으로 보면 전체
가구의 보급률은 1964년의 4.4%에서 1974년의 40%까지 매우 빠르게 상
승했다. 그러나 여전히 국제적으로는 낮은 수준이었다. 예를 들어 1969
년 현재 미국의 승용차 가구보급률은 80%에 달했고, 프랑스와 영국도 각
각 53%, 51%였다. 미국의 경우 이미 1960년대부터 75%에 달하고 있으나,
프랑스는 1964년에 43%, 영국은 1965년에 41% 수준이었다. 즉 일본의
1974년 수준은 미국에 비해서는 수십 년 이상 뒤처졌지만, 유럽의 주요
국에 비해서는 10년 정도 뒤처진 수준임을 알 수 있다.

〈그림 8〉 가구 유형별 승용차 보급률 추이

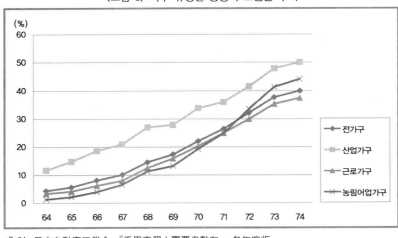

출처: 日本自動車工業会, 『乗用車個人需要の動向』, 各年度版.

승용차 보급률이 가장 높은 것은 가구는 산업가구이고, 1970년대
들어 농림어업가구의 보급률 증가 속도가 매우 빨라 근로가구의 보급수
준을 넘어서고 있는 점이 주목된다. 그러나 수적으로 다수를 차지하는
근로가구의 보급률 추이가 전가구의 보급률 추이를 규정하고 있다는 점
은 부정할 수 없다. 즉 전 기간 동안 근로가구의 보급률 곡선은 전 가구
보급률 곡선과 일정한 차이를 유지하고 있다. 산업가구의 보급률이 근
로가구의 그것보다 모터리제이션 기간 중 일관되게 높은 것이 일본만의
특징인지는 확인할 수 없으나, 앞 절에서 보았듯이 경트럭 수요가 매우
많았다는 점과 관련하는 것으로 보인다.

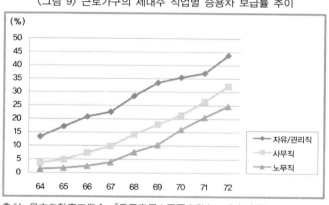

〈그림 9〉 근로가구의 세대주 직업별 승용차 보급률 추이

출처: 日本自動車工業会, 『乗用車個人需要の動向』, 各年度版.

근로가구 가운데서는 수적인 비중은 낮지만 평균소득 수준이 높은
자유·관리직의 보급률이 가장 높고, 노무직이 가장 낮다. 즉 자유·관리
직은 1964년의 13%에서 1972년 44%로 상승한 데 비해 노무직은 같은 기

간 동안 1.4%에서 25%로 상승했다. 사무직은 2.4%에서 32%로 상승하여 양자의 중간 정도에 위치하고 있다. 그리고 근로가구 전체, 그중에서도 특히 사무직과 노무직의 경우에는 1967~1968년 이후의 상승률이 높아지고 있다는 점도 확인할 수 있다(〈그림 9〉).

그런데 가구별 혹은 같은 가구 중에서도 세대주의 직업별로 승용차의 보급률에 차이가 있는 것과 마찬가지로, 보유하는 승용차의 차종에도 유의미한 차이가 있을까? 그 점을 확인하기 위해 대표적인 근로가구와 산업가구의 보유차종을 시기별로 정리한 것이 다음의 〈그림 10〉이다. 여기서 대중차란 시기별로 그 대상이 약간 차이가 나기는 하지만, 배기량 기준으로 보면 361~1,000cc급 승용차라고 할 수 있다. 이로부터는 다음과 같은 사실을 발견할 수 있다.

〈그림 10〉 가구 유형별 보유 승용차의 비중 추이

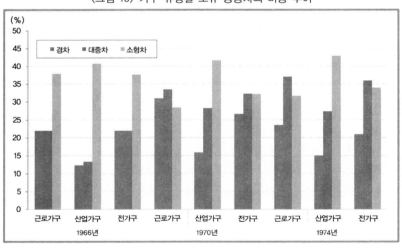

출처: 日本自動車工業会, 『乗用車個人需要の動向』, 各年度版.

〈그림 11〉 1960년대 초반의 대표적 대중차인 도요타 퍼블리카 광고. 왼쪽 위에, "이보다 작은 차는 (가족용으로) '무리', 이보다 큰 차는 '무다(낭비)'"라고 적혀있다.

출처: 高島鎮雄, 『日本車なつかし物語』, 三樹書房, 1999, 116쪽.

전반적인 추세는 차종별 판매대수의 추이와 일치한다. 즉 1960년대 후반에 경차의 비중이 높다가 1970년대 들어 하락하며, 전 기간 동안 소형차가 최대 비중을 차지하고 있다는 점 등이 확인된다. 그런데 가구별로 보면, 근로가구에서는 경차의 비율이 산업가구보다 높고, 시기별로도 유의미한 차이가 지속되고 있다. 즉 근로가구는 산업가구보다 평균적으로 낮은 소득으로 인해, 전술한 것처럼 보급률이 낮을 뿐만 아니라, 보유차량 구성에서도 저가격의 경차 비중이 높은 것으로 나타났다. 그러나 근로가구에서도 이미 1970년경에는 경차보다 대중차의 비중이 높아지는 현상도 발견할 수 있다.

즉 트럭에서의 삼륜차의 역할과 마찬가지로, 승용차에서는 경차의 존재로 인해 소득 수준이 상대적으로 낮은 근로가구에서의 보급이 앞당겨졌다. 그러나 고도성장기 말기가 되면 이들 계층에서도 경차보다는 차상급 차종 즉 대중차를 선호하게 되었다. 그것이 트럭과 달리 승용차 부문에서의 경차비율이 하락하는 원인이 되었던 것이다. 이는 승용차의 용도상, 경트럭과 소형트럭과의 관계와는 달리 상급지향성이 강하다는 것을 시사한다.

그러면 가구별로 승용차의 용도에도 유의미한 차이가 있을까? 이 점을 정리한 것이 다음의 〈그림 12〉이다. 이에 의하면 근로가구와 산업가구의 승용차의 주된 용도는 현저하게 다르게 나타난다. 산업가구의 경우, 자가용 승용차라고 하더라도 그 업무로 사용하는 비율이 압도적으로 높은 데 비해, 근로가구는 통근·통학으로 사용하는 비율이 가장 높다. 그런데 주목되는 것은, 근로가구에서도 통근·통학 이외 업무의 비중이 여가의 비중보다 높다는 점이다. 반대로 산업가구에서는 특히 1960년대의 경우 통근·통학 비중보다 여가의 비중이 높게 나타나고 있다. 이는 산업가구의 경우, 자가용 승용차를 트럭과 비슷하게 거의 업무용으로 사용하고 있었음을 의미하고, 앞에서 보았던 차종 선택에서 경차보다는 차상위 차종을 주로 선호하는 이유가 되었다고 할 수 있다.

이상의 자동차 용도에 대한 비율은 당시 일본인들의 여가 의식과도 관련이 있을 것으로 보인다. 예를 들어 승용차의 사용현황에 관한 1965년의 조사에 의하면, 구입동기로는 여가활용이 증가했고, 실제로 보유가구는 비보유가구에 비해 휴일을 야외에서 보내는 경우가 많은 것으로 나타났다. 그러나 앞서 살펴본 바와 같이 이 당시의 구입자는 산업가구가 많고, 근로가구에서도 자유직 중심이었다.

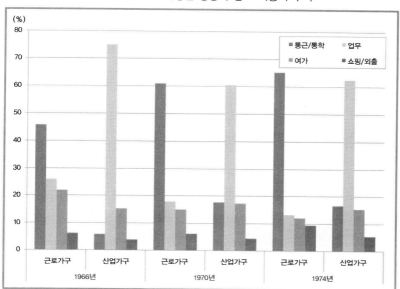

출처: 日本自動車工業会, 『乗用車個人需要の動向』, 各年度版.

　　당시의 일반적인 여가 활용에 관한 조사를 보아도, 이상과 같은 가
구가 매우 소수임을 알 수 있다. 예를 들어 1967년 2월에 실시된 비농가
가구 세대주가 휴일의 여가를 보내는 방법에 관한 조사에 의하면, 1961
년에 비해 레저의 내용이 수동적에서 능동적으로, 무비용형에서 비용수
반형이 증가한 것으로 나타났다. 즉 휴식, 교양오락, 흥행오락, 사행성오
락, 관광·스포츠오락으로 구분할 때, 휴식, 교양오락이 감소하고, 흥행
은 비슷, 사행성과 관광스포츠는 증가했다. 특히 관광스포츠는 7배나 증
가했으나, 그럼에도 불구하고 관광스포츠를 하는 사람의 비중은 10%에
불과했다.[12] 또한 1965년경의 여가활동의 국제비교에 의하면, 일본의

TV시청 시간은 주당 20.4시간(여자 23.4)으로 미국 14(14.9), 프랑스 9.8

(11.5), 서독 8.4(8.9)에 비해 압도적으로 길고, 스포츠, 여행, 극장, 취미

등의 시간이 매우 적은 것으로 나타났다.[13]

〈그림 13〉 1960년대의 대표적인 경차인 스바루 360. 가족이 근교로 드라이브하는 광경이나,
실제로 이 당시에는 자가용 승용차가 여가용으로 사용되는 경우는 매우 적었다.

출처: 小関和夫, 『日本の軽自動車』, 三樹書房, 2000, 58쪽.

5. 소비보다 생산, 여가보다 재화구입이 우선

이상 석탄에서 석유로의 에너지 전환과 함께 자동차의 보급에 어떠

한 변화가 일어났으며 그것이 경영과 소비생활에 어떠한 영향을 미쳤는

12) 経済企画庁, 『国民生活白書』, 1967, 30쪽.
13) 経済企画庁, 『国民生活白書』, 1969, 177쪽.

지에 대해 살펴보았다. 검토 결과를 간단히 정리하고 그것이 갖는 시사점에 대해 언급하고자 한다.

본격적인 석유에너지로의 전환은 1960년대 초반부터이고, 그 이전까지는 수입 원료인 석유의 공급이 제약되어 있었다. 자동차의 보급은 1950년대에 자본재로서의 트럭이 선행하였고 소비재로서의 개인용 승용차가 급증하기 시작하는 것은 1960년대 중반 이후였다. 즉 석유수급체계의 정비와 자동차의 차종별 보급시기가 정합적이었음을 알 수 있다.

1950년대 즉 석유 에너지 공급에 제약이 존재하던 시기에 자동차 중 과반수를 차지하던 트럭, 특히 삼륜차는 주로 중소 상업에 이용되었는데, 제2차 세계대전 이후에는 새롭게 농촌에도 다수 보급되었다. 그 결과 대도시 근교농촌의 경우 운반시간의 단축과 운반거리의 연장으로 상품작물의 재배면적이 증가하고 농가수익이 증대하는 효과를 가져왔다.

1960년대 이후 개인용 승용차 보급은 가구 유형별로 큰 차이를 보였다. 즉 전체적으로 상공자영업자로 이루어진 산업가구가 샐러리맨을 중심으로 한 근로가구에 비해 보급 속도가 빨랐다. 또한 근로가구는 산업가구보다 작은 사이즈의 경차를 구입하는 경향이 강했다. 승용차의 용도 면에서는 근로가구에서도 여가로 사용하는 비중은 그다지 높지 않았다. 이는 당시의 여가에 관한 의식수준을 반영하는 것으로 당시 서유럽 국가들에 비해 상대적으로 승용차 비율이 낮았던 원인이 되었다고도 할 수 있다.

이상에서, 전반적으로 소비보다는 생산이 중시되고, 소비의 내용도 여가보다는 내구소비재의 구입이라는 물적 재화의 소비가 중심이던 고도성장기 일본사회의 특징을 자동차의 이용이라는 측면에서 확인할 수 있다. 그러나 한편으로 사륜트럭보다 저렴한 삼륜트럭과 소형승용차보다 저렴한 경승용차의 대량보급은 자본재든 소비재든 잠재적인 구입욕구를 앞당겨 실현시키는 데 기여했고, 결과적으로 일본의 고도성장을 수요측면에서 견인했다고 할 수 있다. 이러한 의식과 구조에, 전면적이지는 않지만 일부 변화를 가져오는 계기가 된 것이 1960년대 후반부터 발생하기 시작한 환경문제이고, 오일쇼크를 계기로 종언을 맞게 된 고도성장기 이후에는 전면적인 변화가 발생하기 시작했다고 할 수 있다.

제4부

원자력과
대중

원자력 도입의 정치경제와
후쿠시마의 선택*

임은정

1. 일본과 원자력

2014년 4월 16일, 대한민국은 오랫동안 잊을 수 없을 대참극의 현장을 힘없이 목도했다. 한국 사회가 누리고 있는 발전과 번영의 뒷면에는 이렇게도 잔인한 위험 요소들이 도사리고 있었다는 사실에 국민 모두가 경악하지 않을 수 없었을 것이다. 세월호 사고가 우리에게 준 충격만큼, 아니 그 이상의 충격을 줄 만한 사건이 3년 전 일본에서도 있었다. 2011년 3월, 일본 동북부를 휩쓸고 간 거대한 쓰나미의 검은 물결과 쉴 새 없이 연기를 뿜어내며 앙상하게 뼈대만 남도록 파괴된 후쿠시마(福島) 제1원자력발전소의 모습은 일본사회 전체를 그야말로 충격의 도가니에 빠

---

* 이 글은 『일본연구논총』 제39호(2014년 6월 30일 발간)에 게재된 「고도성장기 일본, 그리고 후쿠시마(福島) - 원자력 도입을 둘러싼 정치경제에 대한 고찰」을 수정·보완한 것이다.

뜨리기에 충분했다. 가공할 만한 지진과 거대한 쓰나미가 도화선이 되었다고는 하지만, 이 사고는 자연재해 탓으로만 돌리기에는 분명히 인재적인 측면이 있었기에, 일본인들은 자신들이 살아오던 사회에 대한 깊은 회의감에 사로잡히지 않을 수 없었다.

후쿠시마 사고는 1979년 쓰리마일 아일랜드 사고, 1986년 체르노빌 사고에 이어 원자력 안전 신화에 결정타를 가했던 사고로 꼽히며 일본 정부 및 사업자인 도쿄전력(東京電力)은 아직까지도 국내외적으로 크게 질타를 받고 있다. 이를 계기로 일본 내에서는 전례를 찾아보기 힘든 대규모의 반(反)원전 시위가 전국적으로 일어났으며, 세계적으로도 확산된 반원전 분위기는 급기야 앙겔라 메르켈(Angela Merkel) 보수 정권 이후 원전수명 연장으로 가닥을 잡았던 서유럽의 대표적 산업국가 독일이 탈(脫)원전을 천명하도록 만들었던 것이다.

그럼에도 불구하고 일본의 원자력 정책은 독일처럼 공식적으로 탈원전 방향으로는 가지 못했다. 사고 후 일본의 민주당 정권은 줄곧 전원 확보를 위한 전략과 원자력발전 분야에 대해 일관된 정책을 보이지 못하고 우왕좌왕하는 듯한 모습으로 일본 국민을 실망시켰는데, 2012년 말 아베 신조(安倍晋三)의 자민당 정권이 다시 들어서면서는 원자력으로의 회귀가 아예 노골적으로 드러나기 시작했다. 아베 총리는 재취임 초기부터 터키, 베트남 등의 원자력 신흥 국가에 일본의 원자로를 수출하려는 적극적인 세일즈 외교 행보를 가속화하는 모습을 보이더니 마침내 2014년 4월 11일 각료회의는 원자력 에너지를 "안전성의 확보라는 대전제하에 에너지 수급구조의 안정성에 기여하는 중요한 베이스 로드(base load)

전원(電源)"이라고 규정한『에너지기본계획』을 통과시켰다.[1]

　전례 없는 규모의 대재앙을 겪고, 아직도 복구가 까마득한 후쿠시마의 폐허가 여전함에도 불구하고 왜 일본은 독일처럼, 원자력 정책의 근본적 내지는 극적 전환을 선택할 수 없는 것인가? 이 질문은 마치 왜 전후 일본은 전후 독일처럼 전쟁피해국민들에게 적극적인 사과와 피해보상을 하지 않는가 하는 질문을 연상시킨다. 두 질문은 전혀 다른 분야를 다루고 있지만, 이 두 질문 모두 일본사회가 왜 궁극적으로 변하지 않느냐는 점에 주목하고 있다는 점에서 일맥상통하는 면이 있다고 할 수도 있을 것이다. 이 글은 이렇듯 일본에 대한 가장 근본적인 의문, 즉 일본사회는 왜 이렇게 보수적이고 개혁이 어려운가 하는 회의론의 연장선상에서 출발하고 있다고도 할 수 있겠다.

　사실 일본의 원자력 산업을 발전을 논할 때마다 빠짐 없이 언급되는 것이 바로 인류 역사상 유일의 피폭국가라는 일본 현대사의 깊은 상흔이다. 그럼에도 불구하고 일본은 후쿠시마 사고 이전에는 전국에 무려 54개의 원자력발전소를 가동시키고 있었던, 미국, 프랑스에 이은 세계 제3의 원자력 대국이었다. 일본이 어떻게 이렇듯 극적으로 변모할 수

---

1)『에너지기본계획』은 에너지 정책의 기본적인 방향성을 제시하기 위한 목적으로 〈에너지정책기본법〉에 의거하여 일본 정부(경제산업성)가 책정한 것으로서, 2003년 10월에 최초로 책정된 이래로 2007년 3월에 2차, 2010년 6월에 3차 계획이 책정된 바 있다. 후쿠시마 사고 이후 에너지를 둘러싼 국내외의 큰 상황 변화를 반영하여 새로운 에너지 정책의 방향성을 제시한 것이 바로 이번 4차 에너지기본계획이라고 할 수 있다. 経済産業省,『エネルギ基本計画』, 2014. 4차 에너지기본계획의 세부 내용은 아래 링크 참조. http://www.meti.go.jp/press/2014/04/20140411001/20140411001-1.pdf(검색일: 2014. 4. 15.).

〈그림 1〉 도쿄전력 후쿠시마 제1원자력발전소 사고 발생 전과 후

출처: ㄱ) 사고 발생 전: http://stonelovecom.blogspot.kr/2011/04/blog-post_5682.html
ㄴ) 사고 발생 후: 출처는 내각부 방재정보페이지(http://www.bousai.go.jp/kaigirep
/hakusho/h23/bousai2011/html/ph/ph006.htm, 검색일: 2014. 8. 20.)

있었는지에 대해, 야마모토는 일본의 전후 역사 15년을 "피폭의 기억"과
"원자력의 꿈"을 연관 지어 기술하고 있다. 야마모토는 전후 일본사회에
과학이나 기술이 얼마나 특별한 의미였는지를 계속 강조하고 있는데,
그에 의하면 전후 일본에서는 과학과 그에 동반되는 합리적인 사고야말
로 민주주의 국가 건설의 열쇠라는 이데올로기가 강하게 작동하였다.[2]
이는 결국 과학에 대한 신념이 "피폭의 기억"을 "원자력의 꿈"으로 전환
시키게 하였다는 주장이다. 그러한 합리적 사고에 대한 강박관념이야말
로 전후 일본이 원자력을 도입하게 되는 이념적 수용성을 낳았다고 평
가할 수 있겠다. 한편 권혁태는 1954년에 개봉한 영화 〈고질라(ゴジラ)〉
와 1951년부터 1968년까지 연재되었던 데즈카 오사무(手塚治虫)의 인기

---

2) 山本昭宏, 『核エネルギー言説の戦後史 1945〜1960: 「被爆の記憶」と「原子力の
夢」』, 人文書院, 2012, 36쪽.

만화 〈철완 아톰(鉄腕アトム)〉을 비교 분석함으로써, 일본사회 내에서 통제 불가한 원자력이라는 공포의 에너지가 어떻게 통제 가능한 "꿈의 에너지"로 그 상징성이 변모되었는지를 적고 있다.[3] 이렇듯 전후 일본에서 꿈과 희망적인 미래의 상징으로 탈바꿈하게 된 원자력 에너지 때문에 후쿠시마 사고 이후 3년 이상 지난 지금까지도 약 14만 명의 주민들이 피난생활을 하고 있는 모순을 되새긴다면, 일본의 전후 원자력 역사야말로 현대 사회를 살아가는 우리 모두에게 큰 교훈을 주고 있다고 하지 않을 수 없다.

하지만 이 글의 목적이 이러한 역사적 모순과 일본사회나 원자력 에너지에 대한 회의론을 조명하는 것에 있는 것은 결코 아니다. 이 글은 패전 이후 냉전 구도 내에 급속도로 갇히게 되면서 '고도성장기'[4]를 경험하게 되는 일본이라는 특수한 사회가, 그리고 그 안의 '후쿠시마'라는 지역이 어떻게 해서 원자력 에너지를 끌어안게[5] 되었는지 그 정치경제

---

3) 권혁태, 「두 개의 아토믹 선샤인: 피폭국 일본은 어떻게 원전대국이 되었는가?」, 『황해문화』 72호, 새얼문화재단, 2011.
4) 일본의 '고도성장기'란 1955년부터 1973년까지를 아우르는 시기로 통상적으로는 도쿄 올림픽 직후인 1965년을 기점으로 고도성장기 1기와 2기로 구분한다. 하라에 의하면 이 시기는 다시, 1955년부터 1959년까지의 5년 동안의 "시동기(始動期)", 1960년부터 1969년까지의 10년 동안의 "전개기(展開期)", 마지막으로 1970년부터 1974년까지의 5년 동안의 "수속기(収束期)"로 구분되고 있다(原明 編, 『高度成長展開期の日本経済』, 日本経済評論社, 2012, 1쪽.).
5) '끌어안게'라는 표현은 존 다우어(John Dower)의 책, 『패배를 끌어안고(Embracing Defeat)』의 제목에서 따온 것이다. 가이누마 역시 다우어의 표현을 빌려서 원자력을 '포용한다'는 표현 내지 '원전을 끌어안은 사회'라는 표현을 사용하고 있다(가이누마 히로시, 「원자력발전을 통해 본 전후 일본사회」, 『플랫폼』 32호, 인천문화재단, 2012.).

학적 배경에 대해 분석하는 것을 목적으로 한다. 이 글은 결국 당시 일본에서 폭증하는 에너지 수요를 감당하기 위한 대안으로 급부상하게 되는 원자력 산업이라는 개발지상주의의 상징과도 같은 특수한 에너지 산업의 도입 배경과 중앙정부에 의해서 주도된 일본 전 국토의 개발에 대한 청사진, 그리고 그러한 대전략의 틀 안에서 일본경제의 심장인 도쿄의 배후지역에 해당하는 후쿠시마라는 지역의 정치경제적 이해관계가 어떻게 맞물리게 되는지를 밝힘으로써, 궁극적으로는 지금의 일본사회가 왜 후쿠시마 사고와 같은 대재앙에도 불구하고 앞으로도 도저히 탈원전 사회로 갈 수 없는가 하는 질문에 답하고자 한다.

결국 이 글은 일본 원자력 도입 역사의 국내 정치경제적 요소들을 부각시킴으로써 일본의 원자력 정책이 장기적으로 어떻게 결정될 것인가를 예측하는 데에 기여할 수 있을 것이다. 아울러 이 글의 분석은 이 시대에 원자력 에너지로 산업화와 도시화를 지탱하고자 하는 신흥국가들의 지속가능한 발전을 위한 정책적 함의를 탐구하는 데에도 기여할 수 있으리라 기대해 본다.

2. 고도성장기 에너지 구조의 극적인 변화와 원자력의 도입

패전 이후 미군정의 통치하에 단행되었던 '3대 개혁', 즉 (1) 재벌 해체, (2) 농지개혁, (3) 노동개혁 중에서도 가장 중요시되었던 재벌 해체 정책의 맥락에서 일본의 전기사업은 전후 일대 개혁을 맞이하게 된다.

전쟁 당시에는 총력전을 명분으로 국가의 독점 관리하에 놓여 있던 전력사업이 미군정의 개혁에 의해 일본발송전사와 지역별로 나누어진 9개의 전력회사로 재편되었던 것이다. 이렇게 1951년 5월, 일본에서는 세계적으로도 유사례를 찾아보기 힘든 지역별로 독점적인 권한을 가진 9개의 전력회사가 탄생하게 되는데, 이후 후쿠시마 원자력발전소를 짓게 되는 도쿄전력은 간토(関東) 지방 9개 도현(都県), 즉 도쿄 도(東京都), 가나가와 현(神奈川県), 군마 현(群馬県), 도치기 현(栃木県), 사이타마 현(埼玉県), 시즈오카 현(静岡県), 야마나시 현(山梨県), 이바라키 현(茨城県), 지바 현(千葉県)에 전력 공급을 할당받게 된다.[6]

한편 이러한 거대한 개혁이 진행되고 있던 전후 4~5년간 일본의 경제는 그야말로 참담한 상황이었다. 경제 회복은 고사하고, 전후의 고물가상승률을 잡기 위해 1949년 3월 7일에 실시된 일명 '닷지 라인(Dodge Line)'으로 일컬어지는 긴축정책 때문에 오히려 경기 불황이 초래되었던 것이다. 이렇게 전후 복구 시기에 불황의 늪에까지 빠져버리게 된 일본 경제에 경기 회복의 불쏘시개가 되어 준 것이 주지하고 있다시피 1950년 6월 발발한 한국전쟁이었다. 한국전쟁 시기 일본의 수출은 폭증하게 되는데, 수출액의 추이를 살펴보자면, 전쟁 발발 직후인 1950년 하반기(7~12월)에는 1억 8,300만 달러, 1951년 상반기(1~6월)에는 1억 5,400만 달러, 동년 하반기에는 2억 1,000만 달러에 달하였다. 고작 1년 반 사이 일본의 수출액은 누계 5억 4,700만 달러에 이르렀던 것이다. 이렇게 폭증

---

6) 東京電力 編, 『関東の電気事業と東京電力: 電気事業の創始から東京電力50年への軌跡』, 東京電力, 2002, 634쪽.

한 수출은 고도성장기의 발판이 되며 일본의 당시 평균 경제성장률을 20% 이상으로까지 끌어올린다.[7]

　　호황은 반가운 것이었지만, 필연적으로 급증하게 된 전력수요 덕분에 일본사회는 즐겁지만은 않은 비명을 지르게 된다. 종전 당시였던 1945년 8월 하순 일본 전국의 전력수요는 1년 전의 전력수요의 35% 안팎에 지나지 않을 정도로 급감하였다. 이렇듯 전력수요가 급격히 감소하게 됨에 따라 각 지역에서는 수력발전에 과대한 잉여분이 발생하였고, 자연히 화력발전은 아예 가동조차 필요 없는 상황이 초래된다. 하지만 상술한 바와 같이 1951년 전력사업 개편에 의해 새로운 회사들이 창립되면서 전력수요를 상승시킬 필요가 절실해졌고, 이를 위해 적극 보급이 추진되었던 것이 가정용 전등 및 외부 조명이었다.[8] 아울러 한국전쟁을 계기로 폭증한 수출 덕분에 1950년대 전반에 걸쳐 전력수요는 폭발적으로 증가하게 된다. 〈표 1〉은 이렇게 급증하게 된 일본의 사용전력량의 추이를 나타내고 있다. 역시나 눈에 띄는 것은 산업계를 받쳐주는 대규모 전력소비의 현저한 증가와 전등사용에 의한 전력소비의 급격한 상승이다.

　　이렇게 급증하는 전력수요를 충당하기 위해 고도성장기에 돌입한 일본은 일대 에너지혁명을 단행하게 된다. 우선 주목해야 할 것은 종전 이전까지만 하더라도 전력 생산의 주를 이루던 수력발전에서 화력발전에 무게중심이 옮겨지는, 이른바 수주화종(水主火從)에서 화주수종(火主水從)으로의 구조적 전환이다.

---

7) 東京電力, 『関東の電気事業と東京電力』, 691쪽.
8) 東京電力, 『関東の電気事業と東京電力』, 645쪽.

〈표 1〉 일본 전국의 사용전력량 추이(1951~1960년)   단위: 백만kWh

			1951년	1955년	1960년	연평균 증가율		
						1951~1955년	1955~1960년	1951~1960년
9개 전력회사	전등		6,064	7,759	13,379	6.4%	11.5%	9.2%
	전력	업무용	1,253	1,663	2,911	7.3%	11.8%	9.8%
		소규모	5,257	7,859	14,232	10.6%	12.6%	11.7%
		대규모	16,326	24,703	53,600	10.9%	16.8%	14.1%
		전력계	24,433	36,244	73,509	10.4%	15.2%	13%
	전등/전력계		30,497	44,003	86,888	9.6%	14.6%	12.3%
전기 사업용	전등		6,064	7,759	13,379	6.4%	11.5%	9.2%
	전력		24,433	36,596	74,355	10.6%	15.2%	13.2%
	전등/전력계		30,497	44,355	87,734	9.8%	14.6%	12.5%
자가발 자가소비 전력량			6,493	9,014	11,648	8.5%	5.3%	6.7%
합계			36,990	53,369	99,382	9.6%	13.2%	11.6%

출처: 東京電力, 『関東の電気事業と東京電力』, 표 8–4.
주: 1. 전기사업용은 9개 전력회사 및 그 외 전기사업자의 합계.
　　2. 자가발 자가소비 전력량은 1개 회사 혹은 1계통 500kWh 이상의 설비를 가진 것이 해당됨.

　　화력발전의 증가는 결국 일본의 에너지 수입구조에 대변화를 초래했다. 1950년대 후반에서 1960년대 초반 사이 일본의 원유의존도·수입에너지 의존도는 타국에 비해 월등히 높았을 뿐만 아니라 석유제품의 수입 구성 비율을 보더라도 중유에 급격하게 편중되어 가는데, 이것은 당시 전체 에너지 소비량 가운데 제조업 비율이 높고 가정용 수요가 낮다는 점과 화력발전 분야에서 석탄에서 중유·원유로의 전환, 즉 유주탄종화(油主炭從化)가 이루어졌기 때문이었다.[9] 〈그림 2〉는 도쿄전력이

---

9) 이은경, 「일본 고도성장기 석유의 사회사: 석유사용의 규제와 수요확대의 길항을 중심으로」, 『日本學研究』 39호, 단국대학교 일본연구소, 2013, 148쪽.

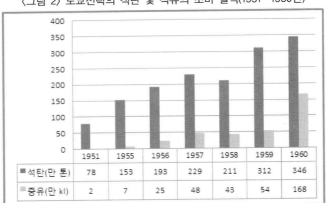

〈그림 2〉 도쿄전력의 석탄 및 석유의 소비 실적(1951~1960년)

	1951	1955	1956	1957	1958	1959	1960
■석탄(만 톤)	78	153	193	229	211	312	346
■중유(만 kl)	2	7	25	48	43	54	168

출처: 東京電力, 『関東の電気事業と東京電力』 표 8-30을 바탕으로 필자가
재구성.

당시 전력 생산을 위해 소비한 석탄과 석유 양의 추이를 보여주고 있다.
1960년까지만 하더라도 절대량으로는 석탄 소비량이 석유 소비량을 웃
돌고 있지만, 전력생산을 위한 석유 소비량의 증가가 매우 빠르게 진행
되고 있다는 것을 알 수 있다.

결국 화주수종 및 유주탄종 구도로의 이양은 원자력 도입의 결정적
인 근거로 작용하게 된다. 전력생산을 위해 원유 소비를 과도하게 늘리
게 된 일본에게 에너지의 수입 의존도가 극적으로 증가한다는 것은 그
만큼 에너지 안보의 부담을 의미하는 것이었다. 더군다나 석유 부존자
원이 전무에 가까운 일본으로서는 탈수입석유 정책이라는 것은 당연히
추구해야 할 방향이었던 것이다. 게다가 1960년대 내내 일본 제조업의
양적, 질적 성장이 더욱 가속화되고, 전등사용 역시 지속적으로 증가하
는 등의 소비생활에 급진적인 변화가 맞물리게 되면서 전력수요는 지속

〈표 2〉 전국의 사용전력량(1960~1973년) 　　　　　　　　　　　　　　단위: 백만kWh

			1960년	1965년	1970년	1973년	연평균 증가율			
							1960~ 1965년	1965~ 1970년	1970~ 1973년	1960~ 1973년
9개 전력 회사		전등	13,379	28,324	51,706	71,853	16.20%	12.80%	11.60%	13.80%
	전력	업무용	2,911	7,550	18,822	30,135	21.00%	20.00%	17.00%	19.70%
		소규모	14,232	22,780	39,882	52,208	9.90%	11.90%	9.40%	10.50%
		대규모	53,600	82,659	144,105	171,509	9.00%	11.80%	6.00%	9.40%
		전력계	73,509	115,724	208,168	263,777	9.50%	12.50%	8.90%	11.00%
	전등/전력계		86,888	144,048	259,874	335,630	10.60%	12.50%	8.90%	11.00%
전기 사업용	전등		13,379	28,333	51,734	72,548	16.20%	12.80%	11.90%	13.90%
	전력		74,355	119,481	221,225	290,821	9.90%	13.10%	9.50%	11.10%
	전등/전력계		87,734	147,814	272,959	363,369	11.00%	13.10%	10.00%	11.60%
자가발 자가소비 전력량			11,648	21,002	46,741	58,399	12.50%	17.40%	7.70%	13.20%
합계			99,382	168,816	319,700	421,768	11.20%	13.60%	9.70%	11.80%

출처: 東京電力, 『関東の電気事業と東京電力』 표 9-6
주: 1. 전기사업용은 9개 전력회사 및 그 외 일반전기사업자와 도매전기사업자의 합계
　　2. 시험운전을 통해 생산된 전력량도 포함됨.
　　3. 자가발 자가소비 전력량은 9개 전력회사와의 계약상 500kWh 이상 내지는 자가발
　　　 전설비가 500kW 이상의 경우를 합계한 것.

적으로 크게 성장하였기에 압박은 더욱 가중되었다. 〈표 2〉는 1차 오일
쇼크 직전까지의 전력사용량의 변화를 보여주고 있는데, 연평균 10%가
넘는 증가가 10년 이상 계속되었던 것을 알 수 있다.

　　이렇듯 폭증하는 전력수요를 근거로 일본 전역에 도입된 것이 바로
원자력발전이다. 한국전쟁의 발발 및 중공군의 개입을 계기로 미국은
연합국과 일본 사이의 강화 조약을 서두르게 된다. 결국 1951년 9월 8
일 미국을 비롯한 연합국과 일본 사이에 강화 조약이 체결되고, 동 조약
이 이듬해인 1952년 4월 28일부터 발효됨에 따라, 일본에서의 6년이

걸친 미군정 통치는 막을 내리게 되었고, 일본 내에서도 그동안 금지되었던 원자력 에너지 관련 기술 연구에 대한 봉인이 해제되었다. 게다가 1951년에 소련이 오브닌스크(Obninsk) 원자력발전소를 짓기 시작하며 원자력발전 분야에서 앞서 나가는 모습을 보이자, 이에 자극을 받은 미국은 1953년 12월 8일 유엔에서 아이젠하워 대통령이 그 유명한 '평화를 위한 원자력(Atoms for Peace) 선언'을 발표한 것을 효시로 원자력 에너지를 이용한 상업용 발전을 공인하였을 뿐만 아니라 관련 기술의 해외수출마저 추진하기에 이른다. 이러한 미국의 변화에 나카소네 야스히로 (中曽根康弘) 당시 개진당 국회의원을 비롯한 일본 지도부는 민첩하게 대응하며 1954년 처음으로 원자력 예산을 도입시킨다. 당시 편성된 원자력 관련 예산은 원자로 예산(원자로 관련 연구보조금) 2억 3,500만 엔, 우라늄 자원 조사비 2,500만 엔, 원자력 관계 도서 구입비 1,000만 엔 등 도합 2억 7,000만 엔이었다. 이 중 원자로 예산 2억 3,500만 엔은 핵분열 물질인 우라늄-235와 관련된 숫자라고 회자되곤 한다.[10] 이후 일본에서 흔히 '원자력의 대부'로 일컬어지게 되는 나카소네 전 총리의 최근 발언 속에 당시 이렇게 일본이 원자력을 도입하게 되는 논리적 근거가 잘 드러나고 있다.

> "전후 일본의 최대의 문제는 에너지였다. 석유는 없고, 석탄도 빈약하고, 가스도 안 나오는 상황. 패전을 딛고 다시 일어서기 위해서는 에너지를 어떻게 확보할 것인지가 가장 큰 문제였다. 눈을 돌리게 된 것이

---

10) 전진호, 「일본의 원자력정책」, 『신동아』 567호, 2006, 111쪽.

〈표 3〉전국의 발전전력량(1960~1973년) 단위: 백만kWh

		1960년	1965년	1970년	1973년
9개 전력회사	수력	45,445	55,335	56,320	49,519
	화력	47,220	88,011	194,131	269,562
	원자력	0	0	1,293	6,211
	계	92,665	143,346	251,744	325,292
전기사업용	수력	53,105	70,099	73,637	66,060
	화력	48,604	97,525	229,370	330,267
	원자력	0	0	4,581	9,705
	계	101,709	167,624	307,588	406,032
가정용	수력	5,376	5,102	6,453	5,618
	화력	8,413	17,499	45,498	58,635
	원자력	0	25	0	2
	계	13,789	22,626	51,951	64,255
합계	수력	58,481	75,201	80,090	71,678
	화력	57,017	115,024	274,868	388,902
	원자력	0	25	4581	9707
	계	115,498	190,250	359,539	470,287

출처: 東京電力, 『関東の電気事業と東京電力』표 9-9
주: 1. 전기사업용은 9개 전력회사 및 그 외 일반전기사업자와 도매전기사업자의 합계.
   2. 시험운전을 통해 생산된 전력량도 포함됨.
   3. 자가발 자가소비 전력량은 1개 사 혹은 1계통 500kWh 이상의 설비를 가진 것의 합계.

원자력이다. 과학기술의 추진이라는 명목과 함께 두 기둥을 세워 추진할 수 있겠다고 생각했다. 아이젠하워 미 대통령이 원자력의 평화적 이용으로 정책 전환을 추진한다는 것을 알고서는, '일본도 져서는 안 되겠다, 이다음은 원자력의 시대가 되겠구나'라고 생각했다."[11]

〈표 3〉은 1960~1970년대 고도성장기를 거치면서 일본에서의 발전

11) 『朝日新聞』, 2011. 4. 26.

전력량의 구조가 어떻게 변화하게 되는지를 보여준다. 요컨대 이 시기 일본에서 전원개발의 특징은 (1) 화주수종 구도의 정착, (2) 원자력발전의 등장이라는 두 가지로 귀결될 수 있겠다.

3. 간토 지방의 과밀화와 국토종합개발계획

일본 전체의 에너지 구조의 변화와 더불어 이 글의 분석을 위해 보다 주의 깊게 다루어져야 할 문제가 바로 간토 지방[12]의 경제 변화이다. 앞 절에서 상술한 바와 같이 일본 국내의 전력수요가 전반적으로 급증하는 가운데, 간토 지방은 이러한 전력수요 급증의 견인차 역할을 하였다고 할 수 있다. 이렇게 된 배경에는 무엇보다 간토 지방의 산업개발과 맞물린 인구 증가를 꼽지 않을 수 없다. 〈표 4〉는 간토 지방 전체적으로 1950년에 비해 1960년에는 인구가 무려 23%가량 증가했다는 것을 보여주고 있다. 이는 전국 평균인 12.3%에 비해서도 월등히 높은 수치로서, 전후 일본의 인구가 간토 지방으로 쏠리고 있는 현상을 알 수 있게 한다. 간토 지방 내에서도 수도인 도쿄 도의 인구는 10년 사이에 무려 50% 이상 폭증했다. 도쿄 도의 인접 현인 가나가와 현 역시 40%에 육박하는 증

---

12) 간토 지방이란 일본 혼슈(本州) 태평양 연안 지역을 중심으로 하는 동부 지방을 일컫는데, 일반적으로는 도쿄 도와 6개 현, 즉 이바라키 현, 도치기 현, 군마 현, 사이타마 현, 지바 현, 가나가와 현이 포함된다. 하지만 이 글에서는 도쿄전력의 관할지역인 시즈오카 현과 야마나시 현까지 포함하여 9개 도현을 간토 지방으로 분류하여 분석을 진행한다.

〈표 4〉 간토 지방의 도현별 인구 변화(1950년, 1960년 비교)　　　　　　　　　단위: 명

	1950년		1960년		증가율
	인구	구성비	인구	구성비	
도쿄 도	6,277,500	29.20%	9,683,802	36.50%	54.30%
가나가와 현	2,487,665	11.60%	3,443,176	13%	38.40%
사이타마 현	2,146,445	10.00%	2,430,871	9.20%	13.30%
시즈오카 현	2,471,472	11.50%	2,756,271	10.40%	11.50%
지바 현	2,139,037	9.90%	2,306,010	8.70%	7.80%
도치기 현	1,550,462	7.20%	1,513,624	5.70%	2.40%
이바라키 현	2,039,418	9.50%	2,047,024	7.70%	0.40%
군마 현	1,601,380	7.40%	1,578,476	5.90%	-1.40%
야마나시 현	811,369	3.80%	782,062	2.90%	-3.60%
간토 지방 전체	21,524,748	100.00%	26,541,316	100.00%	23.30%
전국 합계	83,199,637		93,418,501		12.30%

출처: 東京電力, 『関東の電気事業と東京電力』 표8-9를 필자가 재구성.

가율을 보이고 있으며 또 다른 인접현인 사이타마 현과 시즈오카 현, 지바 현 등의 증가율이 간토 지방 내의 타 현의 증가율에 비해 월등히 높은 것으로 보아, 당시 타 지역으로부터 도쿄 도를 중심으로 하는 메트로폴리탄 지역으로 인구가 급격하게 유입되고 있는 현상을 짐작할 수 있게 한다.

　　이러한 도쿄 메트로폴리탄 지역으로의 급격한 인구유입에 이어 급속한 도시화 역시 급속도로 진전되었는데 이는 게이힌(京浜)공업지대의 발전과 그 궤를 같이하는 것이었다. 1950년과 1960년 사이 불과 10년 만에 간토 지방에서는 농업이나 임업, 어업 등 1차 산업의 비율이 급감하고, 대신 2, 3차 산업의 비율이 빠르게 증가하였는데, 간토 지방의 제조업 중 높은 비율을 차지하고 있었던 식료품제조업, 섬유공업, 화학공업

<표 5> 간토 지방의 도현별 제조업 출하액(1950년, 1960년 비교)　　　단위: 백만 엔

	1950년			1960년		
	출하액	구성비	전국 내 구성비	출하액	구성비	전국 내 구성비
도쿄 도	297,333	44.50%	13%	2,415,562	43.80%	15.80%
가나가와 현	142,126	21.30%	6.20%	1,400,500	25.40%	9.20%
시즈오카 현	84,128	12.60%	3.70%	599,230	10.90%	3.90%
사이타마 현	45,261	6.80%	2.00%	347,700	6.30%	2.30%
지바 현	23,143	3.50%	1%	205,498	3.70%	1.30%
이바라키 현	18,886	2.80%	0.80%	185,909	3.40%	1.20%
군마 현	25,667	3.80%	1.10%	158,631	2.90%	1.00%
도치기 현	23,718	3.50%	1.00%	158,868	2.90%	1.00%
야마나시 현	8,329	1.20%	0.40%	39,801	0.70%	0.30%
간토 지방 전체	668,591	100%	29.10%	5,511,697	100%	36%
전국 합계	2,294,333		100%	15,293,704		100%

출처: 東京電力, 『関東の電気事業と東京電力』, 표 8-11.

이나 정밀기계제조업이나 전기기계제품제조업 등의 비율은 특히나 높아서, 전국적으로 비교하였을 때 무려 과반 이상이 간토 지방에 자리 잡고 있는 과도한 집중현상을 보이게 되었다.[13] 〈표 5〉는 10년 사이에 간토 지방의 제조업이 얼마나 대규모로 성장하였는지를 보여주고 있다. 출하액을 비교해 보았을 때 10년 사이 무려 7~8배의 성장을 이뤘다는 것을 알 수 있다.

　급속한 산업화와 더불어 전력수요가 폭증하게 된 것은 앞 절에서 분석한 대로인데, 〈표 6〉에서 보다시피 간토 지방에서 역시 화주수종과 유주탄종 구도로의 이양이 나타남과 함께, 원자력의 도입이 진행된 것

---

13) 東京電力, 『関東の電気事業と東京電力』, 701쪽.

<표 6> 간토 지방의 발전전력량(1950~1973년)

		1951년	1955년	1960년	1965년	1970년	1973년
도쿄 전력	수력	8,110	9,527	9,269	10,028	11,062	9,725
	화력	784	2,544	13,762	30,522	65,230	83,520
	원자력	0	0	0	0	311	2,486
	계	8,894	11,801	23,031	40,550	76,603	95,731
전기 사업용	수력	8,338	9,737	11,213	13,799	15,113	14,003
	화력	784	2,544	13,762	33,281	73,449	102,903
	원자력	0	0	0	11	1,227	3,512
	계	9,122	12,280	24,975	47,091	89,789	120,418
자가용	수력	1,238	2,018	1,584	820	845	814
	화력	289	895	1,681	3,233	8,356	11,406
	원자력	0	0	0	25	0	2
	계	1,528	2,914	3,265	4,078	9,201	12,222
합계	수력	9,576	11,755	12,797	14,619	15,958	14,817
	화력	1,074	3,439	15,443	36,514	81,805	114,309
	원자력	0	0	0	36	1,538	3514
	계	10,650	15,194	28,240	51,169	99,301	132,640

출처: 東京電力, 『関東の電気事業と東京電力』, 표 8-14와 9-14를 토대로 필자가 재구성.
주: 1. 시험운전 시의 전력량을 포함.
  2. 전기사업용에는 전원개발㈜이 도쿄전력에 판매한 전력량과 히메가와(姫川)전력의
    생산량을 포함한 것.
  3. 자가용은 1개 사 혹은 1계통 500kWh 이상의 설비를 가진 것.

을 알 수 있다. 후쿠시마의 원자력 도입 과정은 다음 절에서 보다 상세히 기술하도록 하겠다.

이렇듯 간토 지방의 과밀화가 급속히 진행되는 것을 좌시할 수만은 없었던 당시 이케다 하야토(池田勇人) 내각은 1962년 10월, 『전국종합개발계획』을 각료회의에서 통과시킨다. 이후 이 계획은 1969년에 『신(新)전국종합개발계획』으로 발전되는데, 이러한 중앙정부 주도의 전 국토

개발계획은 이에 앞서서 1960년 12월에 이케다 내각이 10년 내에 완전고
용 달성과 국민 생활수준의 증진을 목적으로 하여 각료회의에서 통과시
킨 바 있는『국민소득배증계획』및『국민소득배증계획의 구상』과 그 궤
를 같이하는 것으로, "도시의 과대화를 방지하고 지역 간 격차를 축소할
것을 고려하면서" 결국 일본 내의 "자연자원의 유효한 이용 및 자본, 노
동, 기술 등의 모든 자원을 적절히 지역에 분배함으로써 지역 간의 균형
있는 발전을 꾀할 것을 목적"으로 삼고 있었다.[14] 이 계획은 이러한 구상
을 기반으로 전국을 과밀지역, 정비지역, 개발지역으로 삼분하고 있는
데, 게이힌 공업지구는 한신(阪神) 공업지구, 나고야(名古屋) 공업지구
와 함께 '과밀지역'으로, 간토 지방 전체는 계획적으로 공업을 분산시켜
유치하기 위한 기반정비를 필요로 하는 '정비지역'으로, 그리고 후쿠시
마 현이 속한 도호쿠(東北) 지방은 적극적인 개발을 촉진할 필요가 있는
'개발지역'으로 구분하고 있다. 향후 도호쿠 지방의 개발은 이러한 대전
략의 틀 안에서 진행되게 된다.

4. 도쿄의 배후지역, 후쿠시마의 선택

　　근대 국민국가의 출현에 의해 지방의 정치경제 역시 전근대 때와는
매우 다른 모습으로 변모하였다. 전근대적인 정치경제 구조하에서는 각
지방들이 농림이나 어업 등의 1차 산업을 중심으로 자급자족적인 경제

---

14)『全国総合開発計画』, 1962, 5쪽.

구조를 운영해 왔다면, 산업화와 더불어 근대 국민국가가 완성되고 마침내는 영토의 확장을 위해 외부로 그 힘을 돌려 제국주의 전쟁을 일으키게 되면서 지방은 점차 중앙의 경제에 예속되는 국면을 맞이하게 되었다. 심지어 제국주의 전쟁이 끝난 후에 평화의 시대가 와도 이러한 일종의 지배 구도는 달라지지 않았다. 오히려 세계화의 진전이 가속화됨과 동시에 도시화가 급물살을 타게 되면서 지방이 중앙에 예속되는 구조가 더욱 심화되는 현상은 비단 일본 안에서만 벌어지고 있는 것이 아니며, 전 지구적으로 여타 산업국가들 사이에서도 공통적으로 나타나고 있는 현실이라고 할 수 있다.

일본 내에서의 이러한 현상을 두고 가이누마는 종전 이전, 즉 1945년까지는 일본이 자원의 획득과 경제팽창을 위해 '외지(外地)'를 식민지화(colonialization)하는 '바깥으로의 식민지화' 전략을 펼쳤다면, 종전 이후에는 외지 대신 일본 국내에서 낙후한 '지방'을 식민지화하는 '안으로의 식민지화', 혹은 "신식민지주의"적인 전략을 구가했다고 평가하고 있다.15) 이렇듯 지방과 중앙 도시의 관계를 착취적이라고 비판하고 있는 고전 중에 레이먼드 윌리엄스(Raymond Williams)의 『시골과 도시(The Country and the City)』는 널리 알려진 책이다.

그렇다면 우리는 후쿠시마의 현재진행형인 비극을 어떻게 받아들여야 하는가? 무엇보다도 '후쿠시마'라는 현명, 비록 이 현의 이름이 어떻게 이렇게 굳어졌는지에 대해서는 여러 가지 설이 있어서 그 기원은 불

---

15) 開沼博, 『フクシマの正義－「日本の変わらなさ」との闘い』, 幻冬舎, 2012, 69쪽.

확실하지만,16) 문자 그대로의 의미가 '복(福)된 섬(島)'이란 걸 생각하면 그 이름이 너무도 야속하게 느껴질 만큼 작금의 상황이 참담하기에, 가이누마나 윌리엄스의 비판적 관점이 틀리지 않았다는 인상을 받지 않을 수 없다. 결국 후쿠시마는 도쿄에 전력을 공급해 왔고, 그 끝에 이런 비극을 맞이하게 되었다는 탄식이 이는 것도 당연할 만하기 때문이다. 그렇다면 과연 후쿠시마는 중앙의 일방적인 결정에 굴복할 수밖에 없었고, 그래서 착취당하기만 했었던 것일까?

후쿠시마 현은 도호쿠(東北) 지방17)에서도 수도권에 가장 가깝게 위치하고 있으며, 면적은 13,782.75km²로 홋카이도(北海道), 이와테 현에 이어 전국 세 번째로 큰 현이며, 인구는 후쿠시마 원전 사고 이전인 2010년 1월을 기준으로 2,041,051명을 기록하고 있었다. 후쿠시마 현은 태평양 연안의 하마도오리(浜通り) 지역, 중앙 부분의 나카도오리(中通り) 지역, 그리고 가장 내륙에 속한 서부 아이즈(会津) 지역으로 구분하는데, 메이지(明治) 이후의 후쿠시마 현민들은 대체적으로 중앙, 즉 도쿄의 변화에 가장 민감하게 반응했던 것으로 평가받고 있다.18) 현 내에서 사고가 있었던 후쿠시마 제1원자력발전소가 위치한 곳은 후타바마치

---

16) 丸井佳寿子, 伊藤喜良, 吉村仁作, 工藤雅樹 共著,『福島県の歴史(県史)』, 山川出版社, 1997, 7쪽.
17) 도호쿠(東北) 지방은 일본 혼슈에서 간토 지방보다 북쪽의 6개 현을 묶는 표현이다. 6개 현은 아오모리 현(青森県), 이와테 현(岩手県), 미야기 현(宮城県), 아키타 현(秋田県), 야마가타 현(山形県), 그리고 후쿠시마 현(福島県)이다. 9개 전력회사 중 도호쿠 전력의 관할 영업 지역에는 니가타 현(新潟県)이 포함된다.
18) 丸井 외 3명,『福島県の歴史(県史)』, 5쪽.

(双葉町)와 오쿠마마치(大熊町), 그리고 제2원자력발전소가 위치한 곳
은 도미오카마치(富岡町)와 나라하마치(楢葉町), 이상 네 지역으로 〈그
림 3〉에서도 보다시피 모두 하마도오리 지역에 속한다.

〈그림 3〉 후쿠시마 현 내에 원자력발전소가 위치한 지역

출처: 후쿠시마 현 홈페이지에 등재된 지도를 필자가 재구성.
주: 동그라미로 표시한 곳이 원전 유치 지역.

후쿠시마는 도호쿠 지방에서도 최남단에 위치하였기에, 기후 조건
상 최북단의 아오모리 현(青森県)이나 아키타 현(秋田県) 등에 비해서는
1차 산업에 극단적으로 불리한 지역은 아니다. 하지만 전통적으로 후쿠
시마 현 역시 '데카세기(出稼ぎ)', 즉 '외지에 나가 경제활동'을 하는 인구
가 상당히 높은 비율을 보이는 지역이었다. 〈표 7〉은 고도성장기 정점기

인 1965년을 기준으로 전국에서 농가세대 구성원 중 외지 돈벌이 인구 비율이 가장 높은 10개 현에서 외지 돈벌이 인구가 차지하는 비율을 보여 주는 표이다. 여기에서 보다시피 후쿠시마 현은 전국 43개 현 중에서도 홋카이도와 나란히 7번째로 외지 돈벌이 인원 비율이 높은 지역이었다.

〈표 7〉 농가세대 구성원 중 외지 돈벌이 인원 비율 상위 10개 지역(1965년)

순위	전국 평균	9.7%
1	아키타 현(秋田県)	32.7%
2	아오모리 현(青森県)	30.2%
3	야마가타 현(山形県)	27.2%
4	이와테 현(岩手県)	26.3%
5	니가타 현(新潟県)	21.1%
6	미야기 현(宮城県)	14.5%
7	홋카이도(北海道)	14.3%
7	후쿠시마 현(福島県)	14.3%
9	효고 현(兵庫県)	9.2%
10	가고시마 현(鹿児島県)	8%

출처: 原明, 『高度成長展開期の日本経済』 표 8-4를 바탕으로 필자가 재구성.

〈표 8〉은 상기한 바와 같이 1965년을 기준으로 농가세대 구성원 중 외지 돈벌이 인원이 차지하는 비율이 가장 높았던 상위 10개 지역에서, 1960년에서 1975년 사이 15년간 외지 돈벌이 인원이 어떻게 증감하였는 지를 보여주고 있다. 후쿠시마의 경우 다른 현들과 비슷하게 고도성장기 정점기인 1965년에 가장 많은 인원이 외지 돈벌이를 나갔고, 이후 차츰 줄어드는 추이를 보이고 있다.

〈표 8〉 농가세대 구성원 중 외지 돈벌이를 제1의 겸업으로 하는 인원의 추이
(1960~1975년)

단위: 명

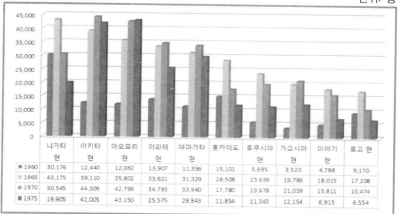

	니가타 현	아키타 현	아오모리 현	이와테 현	야마가타 현	홋카이도	후쿠시마 현	가고시마 현	미야기 현	효고 현
■ 1960	30,176	12,440	12,062	13,907	11,336	15,101	5,695	3,520	4,788	9,170
■ 1965	43,175	39,110	35,802	33,621	31,329	28,508	23,639	19,786	18,015	17,208
■ 1970	30,545	44,309	42,799	34,793	33,940	17,780	19,678	21,039	15,811	10,474
■ 1975	19,905	42,005	43,150	25,575	29,843	11,854	11,343	12,154	6,915	6,554

출처: 原明, 『高度成長展開期の日本経済』 표 8-4를 바탕으로 필자가 재구성.
주: 고도성장기 정점인 1965년을 기준으로 외지 돈벌이 인원이 가장 많았던 상위 10개 지역을 왼쪽에서부터 오른쪽 순서로 배열. 니가타 현이 1965년을 기준으로 전국에서 가장 외지 돈벌이 인원이 많았다는 것을 의미하며, 후쿠시마 현은 7번째.

　일본은 고도성장기를 거치면서도 외국인 노동자를 적극적으로 도입하지 않았기에, 이 시기 저임금이면서도 단순 비숙련 노동업무에 종사하며 산업화의 역군 역할을 감당한 것은 바로 비도시 지역, 즉 지방으로부터의 외지 돈벌이 근로자들이었다. 후쿠시마 현은 간토 지방에 가장 가까운 비도시 지역으로서 공업화가 급속도로 진전되고 있는 간토 지방에 노동력을 조달하는 배후지역의 역할을 감당했던 것이다. 이렇듯 후쿠시마가 노동력 조달처의 역할을 감당하게 된 데에는 후쿠시마 내에서의 경제적 변화가 큰 몫을 했다. 전쟁 시기는 물론 종전 직후까지 일본의 중앙 경제를 뒷받침하는 주요 탄전으로 역할을 해 오던 후쿠시마 현 내의 주요한 산업기반인 조반(常磐) 탄전이 앞서 분석한 대로 에너지 구

조의 변혁, 즉 유주탄종화의 추세에 의해 쇠퇴하게 됨에 따라,[19] 현의 경제 상황 및 현 내 노동창출 효과도 현저히 악화되며 후쿠시마 현의 과소화(過疎化)가 가속화되었던 것이다. 이렇듯 인구의 과소화가 지속적으로 진행되고 있던 지역의 입장에서 보면, 새로운 노동을 일거에 창출할 수 있는 원자력발전소와 같은 대규모 산업 시설의 입지는 더 이상 외지 돈벌이에 의존하지 않아도 된다는 희망을 낳기에 충분했다고 말할 수 있다.[20]

　결국 도쿄전력 최초의 상업용 원자력발전소인 후쿠시마 제1원자력발전소는 1971년에 가동을 시작하게 되는데, 해당 발전소의 착공이 시작된 것은 1967년, 입지를 둘러싼 논의가 본격화되어 입지가 결정된 것은 그 이전인 1960년대 초반이었다. 이는 고도성장기의 태동이 시작된 지 얼마 되지 않은 시기부터 후쿠시마에서 원전 건설 논의가 시작되었다는 것을 의미하는데, 제1발전소가 들어서게 된 후타마마치와 오쿠마마치는 후쿠시마 현 내에서도 '후쿠시마의 티베트'란 별명이 있을 정도로 가장 낙후하고 소득 수준이 낮은 지역이었다. 후타바마치의 1953년 당시 정(町) 내 거주인구는 고작 8,152명에 불과했으며, 오쿠마마치 역시 1954년 인구가 8,815명을 기록하는 데 그치고 있다. 심지어 게이힌 공업지구를 위시로 간토 지방의 공업화가 급진전되면서 외지 돈벌이 인구의 증가로 인해 정 내 인구는 지속적으로 감소하여, 후타마마치의 경우

---

19) 이 탄전은 1976년에 비로소 폐광하게 된다.
20) 德間書店出版局 編, 『この国はどこで間違えたのか: 沖縄と福島から見えた日本』, 德間書店, 2012, 184〜185쪽.

1968년에는 6,968명으로까지 감소, 오쿠마마치의 경우 1967년에 7,405명까지 떨어졌다.[21]

이 지역이 원전후보지로 언급되기 시작한 것은 1960년, 당시 사토 젠이치로(佐藤善一郎) 후쿠시마 현지사가 현의회에서 "후진지역인 후타바 군(双葉郡)[22]의 개발을 위해서, '가장 새로운 산업'을 이 지역에 유치하고 싶다"라고 언급함으로써 논의가 본격화되었다.[23] 이듬해인 1961년에 10월 22일에 후타바마치는 원전유치를 정의회에서 결의하였고 오쿠마마치 역시 과소지 대책으로써 현과 도쿄전력에 입지를 진정하여, 도쿄전력은 용지취득을 결정하였다.

결국 1961년 후쿠시마 제1원자력발전소의 유치가 결의되면서부터 그것이 실행에 옮겨지기까지의 과정은 비교적 매우 매끄러웠다고 할 수 있다. 이것은 지역 내 구성원이 만장일치로 찬성한 것은 아니었지만, 그렇다고 반대운동이 정책 결정을 뒤집을 정도의 파괴력을 가진 형태로 발전하지도 못했다는 것을 의미한다. 후쿠시마의 원전 입지 결정 과정이 어떻게 이러할 수 있었는가라는 것은 연구자들의 흥미를 유발시키기에 충분할 것이다. 이러한 맥락에서 흔히 언급되는 것이 이른바 동향인맥이다. 입지를 결정할 당시 후쿠시마 현지사였던 사토 젠이치로, 국회의원 출신으로 1964년에 사토 현지사의 급거 사망 이후 그 후임

---

21) 山川充夫,「福島県原発地帯の経済現況について」,『東北経済』82호, 1987, 6쪽.
22) 후타바마치, 오쿠마마치가 속한 군
23) 伊藤元修,「第2部の2: 候補浮上も過疎ゆえ: 知事 '最新産業へ'」, 共同通信連載企画,『日本を創る: 原発と国家/復興への道』, 2012.
   http://www.47news.jp/47topics/tsukuru/article/post_20.html.(검색일: 2014. 4. 16.)

에 당선되는 기무라 모리에(木村守江), 입지 결정 당시 도쿄전력의 사장이었던 기카와다 가즈타카(木川田一隆) 3인방은 모두 후쿠시마 현 출신이다. 이러한 개인들 간의 정치 네트워크의 작동 역시 입지 결정 과정에서 매우 중요한 부분이겠지만, 이렇게까지 미시적인 분석은 이 글의 논지에서 다소 벗어나는 것이기에 여기에서는 더 이상 다루지 않도록 하겠다.

그렇다면 실제로 이 두 지역은 원전 유치 이후 기대할 만한 결과를 얻게 되었을까? 결론부터 말하자면 그렇다고 할 수 있다. 우선 두 정(町)의 인구는 원전건설을 기점으로 증가세로 돌아섰다. 후타바마치의 경우 원전 건설이 시작된 1967년 9월 이후로 인구가 점차 증가하여, 1983년에는 과거 최고치인 8,257명에 달하게 되었다. 오쿠마마치의 경우 후타바마치보다 1년 늦은 1968년부터 원전 건설이 진행되었는데, 과소화에 브레이크가 걸리면서 원전 건설이 한창 진행되는 1969~1970년에는 인구가 증가하면서 원전 건설 현장에서 종사하는 등의 겸업을 가진 농가의 수도 증가하였다. 아울러 주민의 소득수준도 크게 향상되었다. 후타바마치의 경우 후쿠시마 현 개인소득 평균을 100%로 정하였을 때, 원전 도입 직전인 1966년에는 96%였으나, 1975년에는 113%, 1980년에는 142%로 상승, 후쿠시마 평균을 웃도는 수치를 기록했다.[24]

재정상태의 호전도 당연히 빼놓을 수 없는 긍정적 효과이다. 개인 및 법인에게 징수하는 정민세, 고정자산세, 그리고 전기세 등으로 두 지

---

24) 山川充夫, 「福島県原発地帯の経済現況について」, 6~7쪽.

역의 재정지표는 크게 호전되었다. 후타바마치의 경우 예산규모가 원전 가동 직후인 1972년에는 1억 엔이었던 것이 1974년에는 3억 6천만 엔, 1979년에는 16억 6천만 엔, 그리고 1982년에는 무려 23억 엔으로까지 크게 성장하였으며, 1980년 이후에는 재정력지수[25]가 1을 넘어서 1982년에는 2.02까지 호전되었다. 이러한 재정을 뒷받침한 것은 무엇보다 원전 관계의 세수로서, 원전 가동 직후인 1972년에는 전체 세수에서 8.2%에 불과하던 원전관계 세수가 1974년에는 27.1%, 1979년에는 84.9%, 1982년에도 84.4%를 차지하였다. 오쿠마마치 역시 비슷한 양상을 보이고 있다. 이 지역의 예산 규모는 원전 착공 직후인 1969년만 하더라도 2억 8천만 엔이었는데, 1974년에는 8억 2천만 엔, 1975년에는 21억 2천만 엔, 1981년에는 42억 6천만 엔으로 10년 안팎의 시간 동안에 무려 15배가량 증가하였다. 1975년의 경우 오쿠마마치의 세수의 90.7%는 원전 관련 세수였다. 게다가 1974년부터는 〈전원 3법〉[26]에 의해 각종 교부금마저 수령하게 됨에 따라 지역 내의 각종 공공시설들이 개선되기도 하였다. 후타바마치의 경우 1983년 청사를 15억 엔을 들여 신축하였고, 오쿠마마치도 1974년 이래 10년 동안 무려 25억 엔의 교부금이 유입되면서, 도로 정비

---

25) 재정력지수라는 것은 지방공공단체, 즉 도도부현(都道府県), 시구정촌(市区町村)의 재정력을 나타내는 지수이다. 재정력지수의 계산 방법은 기준재정수입액÷기준재정수요액이므로, 1이 될 때에 지출과 수입이 같음을 의미하며, 따라서 재정력지수가 1을 넘는 지역은 부유한 곳으로 분류될 수 있다(総務省 홈페이지 참조).

26) 〈전원 3법〉이란 1974년에 제정된, 〈전원개발촉진세법〉, 〈전원개발촉진대책특별회계법〉, 〈발전용시설주변지역정비법〉을 통칭하는 것으로, 이것은 입지 지역에 발전소의 이익이 충분히 환원될 것을 목적으로 하는 제도라고 할 수 있다(電気事業連合会 홈페이지 참조).

나 스포츠센터 등의 주민편의시설 확충을 위해 사용되었다.[27)]

　결론적으로 말하자면, 후쿠시마 내에서도 이들 원전 유치 지역은 중앙에 의해 일방적으로 착취되었다기보다는, 중앙에 전력을 공급함으로써 일본 전체 혹은 후쿠시마 내의 다른 어느 지역들보다 비교적으로 매우 윤택한 경제를 누려왔다고 보는 것이 타당하다. 가이누마 역시, 후쿠시마가 원전을 유치하게 된 것은 국토개발정책에 의해 별 다른 도리가 없이 토지를 양도하고 위험한 것을 떠안게 되었다기보다는 경제적으로 윤택해지고픈 행복감에 도취되었었기 때문이라고 지적하고 있다.[28)] 하지만, 결국은 지역의 경제활동 자체가 기형적이라 할 만큼 중앙과 원전에 의존적으로 발전됨으로써, 마침내는 원전 없이 살아가기가 힘들어진 '함(陷)원전 사회'가 되어버렸다는 현실 역시 부정할 수 없다.

5. 함원전 사회 후쿠시마, 그리고 일본 원자력의 향방

　패전 후 일본은 미군의 점령 기간 동안 이른바 '위로부터의 개혁'을 통해 사회 전반적으로 혁명에 가까울 정도의 개혁을 겪고 있었으나, 그 효과는 한국전쟁 이전까지는 극적으로 드러나고 있지 못했다. 한국전쟁의 발발과 전쟁 기간 3년 동안 폭등한 미군으로부터의 수주로 견인된 폭발적인 수출이 있었기에 일본은 비로소 고도성장기의 발판을 마련할 수

---

27) 山川充夫, 「福島県原発地帯の経済現況について」, 8~11쪽.
28) 開沼博, 『「フクシマ」論 : 原子力ムラはなぜ生まれたのか』, 青士社, 2011, 382쪽.

있었다. 하지만 이러한 급속한 경제성장과 생활수준의 급변은 당연히 공급 능력을 훨씬 웃도는 전력수요의 폭발적 상승으로 이어졌고, 전력수요의 극적인 변화는 당시 일본 에너지 소비 구도의 획기적인 변화, 즉 수주화종에서 화주수종, 그리고 탄주유종에서 유주탄종 체제로의 이양을 초래했다. 이러한 변화의 소용돌이 속에서 국내 부존자원이 취약한 일본으로서는 미국의 원자력발전 진흥정책을 적극적으로 끌어안음으로써 고도성장기의 경제를 지탱하기 위한 에너지 수급을 해결하려고 했었다고 평가할 수 있다.

후쿠시마 현은 이렇게 수력에서 화력으로, 석탄에서 석유로 에너지 구도의 중심이 옮겨가는 소용돌이 가운데 점차적으로 그 중요도가 쇠퇴하고 있었던 도쿄의 배후지역이었다. 메이지유신 이후 일본이 근대국가화하는 과정에서 중앙을 위해 배후지로서 충실한 역할을 해 오던 후쿠시마가 조반 탄전의 폐광 등에서 나타나듯이 에너지 수급 구조의 변화에 휩쓸려 그 중요도가 현저히 떨어지게 된 것이다. 대신 값싼 노동력을 제공하는 지역으로 전락함으로써, 후쿠시마 현은 과소화의 과정을 겪게 된다. 하지만 근본적으로 중앙 의존적인 구도에 함몰되어 있는 지방으로서 중앙에 있어 그 지방의 중요도가 떨어지고 있다는 사실은 곧 그 지역 전체의 쇠락을 의미하는 것이었기에, 중앙과의 단절은 후쿠시마 입장에서 무엇보다 두려운 일이 아닐 수 없었다. 아울러 과소화와 동전의 앞뒷면과도 같은 외지 돈벌이 인구가 증가한다는 현실은 후쿠시마 현의 지역경제가 자체적으로 자립자족 구도에 있지 못했다는 것을 의미하는 것이었기에, 외지 돈벌이에 의존하지 않는 고용 창출을 기대했던 것이 원자력을 '끌어안게' 되는 중요한 동기였다고 할 수 있겠다. 하지만 모순적이게도 이렇게 끌어안게 된 원자력 에너지 덕분에 후쿠시마는 원자력 산업 없이는 좀처럼 살아갈 수 없는 '함원전 사회'가 되어버리고 만 것이다.

이러한 일본의 중앙과 지방의 관계의 변화를 기쿠치는 "역코스(逆コース)"라고 지적하고 있다. 전후 '지방자치'라는 개념이 헌법에 처음으로 명기되며 민주화나 분권화를 추구하였지만, 오히려 지방재정위기 등을 거치며 지방이 중앙에 의존하게 되는 현상이 심화되면서, '역코스'라 불릴 만한 중앙집권화가 다시금 번복되었다는 것이다. 더구나 『전국종합개발계획』이나 『신전국종합개발계획』 같은 중앙주도의 국토계획 내지는 지역개발정책들이 실행되면서 이러한 '역코스'는 더욱 가속화되었는데, 결국 지방 입장에서는 중앙주도의 계획에 편승할 수 있는 기회를 놓치지 않으려고 필사적으로 유치 경쟁을 펼치게 되면서, 결국 중앙주도의 공업개발의 목적을 위해 이용되어, 각 지방의 개성이나 자연조건, 경제사회적인 조건 등에 입각한 자립적인 개발은 달성하지 못하는 결과가 초래되었다는 것이다.[29]

결국 일본사회 전체가 후쿠시마 사고 같은 대재앙에도 불구하고 탈원전으로 급선회할 수 있는 동력을 상실하게 된 배경에는 국가 안전보장 측면에서의 전략이나 에너지 안보 차원에서의 계산, 원자력 산업을 둘러싼 복잡한 국제관계나, 국내 이익집단들의 정치적 영향력 행사 등

---

29) 菊地裕幸, 「地域開発政策の論理と帰結: 一全総·新全総を中心に(上)」, 『地位総合研究』 39(1)호, 2011, 48쪽.

의 이유 이외에도 이렇듯 중앙과 지방간의 긴밀한 상호의존적 이해관계가 작동했었다는 것을 강조하고자 한다. 이러한 이 글의 분석은 앞으로도 일본의 원자력 에너지 정책이 어느 특정 세력에 의해 극적으로 개혁될 수 없을 것이라는 전망을 함의하고 있다고 할 수 있다.

이 글의 분석처럼 일본의 중앙 역시 지방으로부터 자유로울 수 없고, 지방으로부터의 요구가 중앙의 정책 방향을 결정짓는 기제로 작동되고 있는 사례는 이미 심심치 않게 관찰되고 있다. NHK방송문화연구소가 2013년 3월에 실시한 〈원전과 에너지에 관한 의식조사〉에 의하면, 원전의 증설과 감축을 묻는 문항에 대하여, 응답자 중 "증설해야 한다"는 의견이 1.8%, "현상유지 해야 한다"는 의견이 25.2%인 데 반해, "감축해야 한다"는 의견이 40.5%, "전부 폐기해야 한다"는 의견이 27.6%에 달함으로써, 원전 반대 의견이 찬성 내지 중립 의견에 압도적인 우세로 나타났다.[30] 하지만 이렇듯 전국적인 여론 조사로는 반원전이 단연 우세임에도 불구하고, 막상 원전 유치 지역 주민들은 조기에 원전이 재가동하기를 강력하게 바라고 있는 현상이나[31] 후쿠시마 원전 사고 이후 불투명해졌던 핵연료주기 정책이 핵연료주기 유치 지역인 아오모리 현 롯카쇼무라(六ヶ所村)의 주장에 의해 다시 적극 재검토된 사실들을 보면, 이제는 오히려 일본 중앙의 에너지 정책이 지방의 여론을 수렴하는 듯한 양상마저 보이고 있다.[32]

---

30) 기타 문항에 대한 답변 등은 다음 링크 참조. http://www.nhk.or.jp/bunken/
summary/yoron/social/pdf/130523.pdf(검색일: 2014. 4. 18.).
31) 『四国新聞』, 2014. 4. 16.; 『河北新聞』, 2014. 4. 22.
32) 임은정, 「일본의 포스트후쿠시마 핵연료주기정책의 향방에 관한 연구: 아오

이러한 일본의 중앙주도적 경제개발모델이 현시대의 화두인 이른 바 '지속가능한 발전'을 위해서 시사하는 바는 과연 무엇일까? 분명히 이런 중앙주도적 경제개발은 이른바 일본의 전후 기적과도 같은 경제성장의 작동 기제로서 대호평을 받았을 뿐 아니라, 한국을 포함한 여타 주변 국들로부터 발전 모델로 여겨져 모방되어졌던 것이 사실이다. 하지만 이러한 포드주의적 경제개발의 한계에 부딪힌 21세기 일본의 경제나, 폐허가 되어버린 후쿠시마의 현재를 되돌아 볼 때 이런 중앙주도적 개발 모델이 초래한 비용이 결코 적었다고는 말 할 수 없게 되었다. 결국 지역 간의 보다 균형 있는 발전을 공유하기 위해서는, 지방이 단지 중앙의 배후지로서가 아니라 어떠한 형태로 보다 자립적인 경제활동을 구가할 수 있을 것인지에 대한 진지한 정책적 고민이 산업국가 모두에게 필요해진 시대라고 여겨진다. 향후 후쿠시마의 재건 역시 그 이름의 본래 의미에 걸맞게 이 지역의 진정한 번영을 위한 방향으로 유도되기를 바라 마지 않는다.

모리 현 롯카쇼무라 개발역사를 통한 진단」, 『일본논총』 36호, 현대일본학회, 2012.

원자력의 도입과 대중의 인식

서동주

1. 피폭국에서 원전대국으로

1970년 3월 1일, 일본 최초로 경수로 방식을 채택한 쓰루가(敦賀) 원자력발전소가 그날 개막한 오사카만국박람회에 송전을 실시하면서 가동을 개시했다. 1년 후인 1971년 3월에는 2011년 3월 11일 발생한 동일본대지진에 의해 폭발을 일으킨 후쿠시마 제1원자력발전소가 가동을 시작했다. 이후 1973년의 이른바 '오일쇼크'를 기점으로 전후 일본은 본격적인 '원전대국'의 길로 들어서게 된다. 석탄에서 석유로의 에너지 전환 위에 가능했던 전후 일본의 고도성장기(1955~1973)는 그 황혼기에 원자력으로의 '제2의 에너지 전환'을 시작했던 것이다. 물론 이러한 전환을 촉진한 것은 원자력이 자원으로 유한하며 공해를 유발하는 기존 화석에너지를 대체할 새로운 미래 에너지가 될 것이라는 '국민적' 기대감이었다.

그러나 '핵=원자력'에 대한 전후 일본인의 태도가 '호의'와 '기대'로 일관된 것은 아니었다. 잘 알려진 것처럼 '핵무기'로 대변되는 핵=원자력은 일본인들에게 '공포'와 '불안'의 상징이기도 했다. 무엇보다 전후 일본에서 '히로시마'와 '나가사키'의 피폭체험은 악몽으로 기억되었고, 더욱이 1954년 3월 비키니환초에서 조업 중이던 참치어선 '제5후쿠류마루(第五福竜丸)'의 피폭사건은 일본인들의 의식 속에 존재하는 방사능 피폭에 대한 공포를 재차 환기시켰다. 그리고 이 사건을 계기로 1955년부터 '원수폭금지운동'이 초국가적 연대 속에서 전개되었다.

피폭의 집합적 기억에 의해 지탱되는 핵=원자력에 대한 전후 일본인들의 뿌리 깊은 부정적 인식과 감정에도 불구하고, 고도성장기를 통해 '국책'의 차원에서 추진된 원자력 개발은 어떤 결정적인 도전에도 직면하지 않았다. 오히려 핵=원자력의 '군사적 이용'과 구분되는 '평화적 이용'의 가능성은 고도성장기를 통해 광범위하게 지지받았다. 즉, 많은 경우 원자력의 평화적 이용은 '문명의 필연'이고, 군사적 목적과 분리된 원자력은 '생활과 산업상의 혁신'을 가져다줄 새로운 에너지로 받아들여졌다. 그런 의미에서 고도성장기 원자력 개발의 '성공적' 제도화는 국책의 형태로 전개된 '위'로부터의 공세와 (그런 공세의 영향으로만 환원할 수 없는) 원자력에 '평화'와 '풍요'를 의탁했던 '아래'로부터의 호응이 맞물리며 빚어낸 정치적 산물이라고 할 수 있다.

이 글은 전후 일본의 고도성장기와 중첩되는 원자력발전의 여명기에 초점을 맞춰, 원자력의 평화적 이용을 명분으로 '위'로부터 시작된 전후 일본의 원자력발전이 어떻게 대중적 동의를 획득하며 제도화에 '성공'하게 되었는가를 살펴본다. 물론 이러한 질문은 피폭의 기억, 즉 핵=원자력에 대한 부정적 인식이 원자력발전의 도입 과정에서 유효한 제약 요인으로 작용하지 못했다는 것을 전제로 한다. 후술하는 바와 같이, 실제로 당시 원자력 관련 담론에서 피폭의 기억은 제약 요인은커녕, 핵=원자력의 평화적 이용을 정당화하는 논거로 활용된 경우가 적지 않다. 그런 맥락에서 이 글은 후쿠시마 원전의 방사능 유출사태를 계기로 촉발된 다음과 같은 질문, 즉 '일본은 세 번—'히로시마', '나가사키' 그리고 '비키니'—에 걸친 방사능 피폭체험에도 불구하고, 왜 적극적으로 원자력발전을 받아들이게 되었는가'라는 질문에 대한 나름의 대답을 찾아보는 작업이기도 하다.[1]

---

1) 이 질문에 관해 기존의 논의는 『요미우리신문』을 필두로 한 일본의 미디어가 미국의 정보기관과 연계된 형태로 추진했던 원자력의 평화적 이용에 관해 '선전활동'의 효과에 공통적으로 주목하고 있다. 즉 고도성장기의 원자력에 대한 대중적 관심은 본질적으로 일본의 미디어자본과 미국 정보기관의 합작에 의해 '창출'된 현상이라는 것이다(주로 有馬哲夫, 『原発·正力·CIA』, 新潮新書, 2008; 田中利幸, 「「原子力平和利用」と広島—宣伝工作のターゲットにされた被爆者たち」, 『世界』, 2011. 8.; 吉見俊哉, 「放射能の雨のなかをアメリカの傘さして」, 『3·11に問われて』, 岩波書店, 2012). 이와는 달리 전후 일본인들이 갖고 있었던 원자력의 평화적 이용에 관한 자생적 욕망에 초점을 맞춘 논의들도 존재한다. 주로 피폭체험자의 담론에 대한 분석에 기초하고 있는 이런 논의의 핵심은 피폭체험이 원자력의 '선의의 사용'을 갈망하는 심정으로 이어졌다는 것에 있다. 즉 원자력의 평화적 이용에 관한 담론의 대중화는 미디어의 선전효과의 일방적 효과가 아니라 패전 직후부터 존재했던 원자력의 의미(가치) 전환을 요구하는 대중심리의 사후적 표출이라는 것이다(加藤典洋, 『3·11 死に神に突き飛ばされる』, 岩波書店, 2011; 山本昭宏, 『核エネルギー言説の戦後史1945~1960』, 人文書院, 2012; 川村港, 『原発と原爆—「核」の戦後精神史』, 河出書房新社, 2011). 그리고 권혁태는 핵과 원자력 혹은 군사적 이용과 평화적 이용을 분리해서 사고하는 대중의식을 지적하며 그 문제를 '고질라'와 '아톰'라는 대중문화의 상징과 관련하여 논하고 있다. 즉

이 글의 구성은 다음과 같다. 우선 나카소네 야스히로(中曾根康弘)가 중심이 되어 1954년부터 시작된 원자력발전과 관련한 정책과 제도의 변천을 개괄적으로 살펴본 후, 요미우리신문사 사주 쇼리키 마쓰타로(正力松太郎)가 원자력의 평화적 이용의 대중적 확산을 목표로 실시했던 대중이벤트를 검토하여, 평화, 선의(善意), 미래와 같은 가치와 결합된 핵=원자력의 관념이 전후 일본인들의 생활세계에 어떻게 침투해 들어갔는가를 고찰해 보고자 한다. 이어서는 분석의 초점을 바꿔, 피폭자의 수기와 대중문화(특히 SF장르)를 사례로 피폭 이후를 살아가는 전후 일본의 집합의식 속에 내재했던 핵=원자력의 평화적 이용에 대한 자생적인 '욕망'과 '논리'를 가시화하여, 고도성장기의 원자력 평화이용에 관한 '열풍'은 피폭체험에 의해 형성된 전후 일본의 독특한 대중심리가 미디어자본의 선전활동에 촉발되어 표출된 사회적 현상이라는 점을 밝히고자 한다.

일본이 원전대국이 된 것을 거론하며 당시 일본인들은 원자력을 통제 가능한 '아톰'이지 통제 불가능한 '고질라'로 인식하지 않았고, 오히려 원자력이 고질라일 수 있다는 것을 애써 부정하려 했다고 지적한다(권혁태, 「두 개의 아토믹 선샤인 – 피폭국 일본은 어떻게 원전대국이 되었는가?」, 『황해문화』, 2011 가을호). 여기에 고도성장기에 원자력이 건강과 풍요 상징, 즉 전후 일본의 '이상'으로 받아들여졌던 측면에 대한 논의도 덧붙여 둘 필요가 있다(大澤真幸, 「原発はノンアルコール・ビールか?」, 『THINKING O』, 2011. 10).

2. 전후 일본의 원자력개발사

전후 일본의 원자력개발은 1954년 3월 2일, 당시 개진당 소속 의원이었던 나카소네 야스히로 등이 원자력 연구 개발을 위한 예산을 의회에 제출하면서 시작되었다. 나카소네에 의해 계상된 개발예산(원자로 건설기초조사비)은 2억 3,500만 엔이었는데, 이것은 원자력발전의 원료가 되는 '우라늄235'에서 따온 것이다. 예산 제출 전날인 3월 1일에는 남태평양 비키니환초에서 조업 중이던 참치어선 '제5후쿠류마루'가 미국의 수폭실험에 의해 방사능 피폭을 당하는 사건이 일어났다. 잘 알려진 것처럼 제5호 후쿠류마루 피폭사건은 히로시마와 나가사키의 피폭체험을 상기시켰고, 이를 계기로 원수폭금지운동이 일어났다.[2]

나카소네는 일찍부터 원자력에 관심을 갖고 있었는데, 1951년 1월 강화조약문 작성을 위해 미국을 방문했을 때 미국의 특별대사 J. F. 댈러스와 만나 원자력 연구 및 항공기의 제조와 보유를 금지하는 조치의 해제를 요청한 적이 있었다. 특히 1953년의 미국체험은 원자력개발의 필요성을 자각하는 데 결정적인 계기였다. 그해 7월 헨리 키신저의 초청으로 그가 주최하는 하버드대학 인터내셔널 세미나에 참석하게 되는데, 이때 미국의 원자력 관련 시설을 견학하는 기회를 가질 수 있었다. 그리

---

2) 피폭국이기 때문에 원폭반대가 필연적일 것 같지만 비키니 사건 이전에 원폭반대운동은 거의 조직되지 않았다. 또한 전전부터 원자력 연구가 시작되었음에도 불구하고, 패전 이후 10년이 지나서 공식적으로 재개되었다. 그것은 GHQ가 점령통치 기간 동안 원자력 관련 연구와 표현을 엄격하게 규제했기 때문이다. 그러한 규제조치는 1951년 강화조약이 발효되면서 해제된다.

고 귀국 길에 샌프란시스코의 로렌스연구소에 재직하고 있었던 일본인 물리학자 사가네 료키치(嵯峨根遼吉)와 만나 원자력개발에 관한 의견을 나누었다. 나카소네의 회상에 따르면 그 만남에서 사가네는 정부가 예산과 법률에 의해 원자력 연구를 보장할 것을 제안했다고 한다.[3]

전후 일본 원자력개발시대의 개막에 결정적인 사건은 1953년 12월 미국의 대통령 아이젠하워가 유엔총회에서 행한 원자력의 평화이용에 관한 연설이었다. 'Atoms for peace'란 제목으로 행해진 이 연설은 핵물질의 평화이용을 위한 연구를 장려하는 한편, 핵병기를 삭감하며, 국제적인 원자력 관리기구(후일 이것은 IAEA로 구체화되었다)를 설치한다는 내용을 골자로 하고 있었다. 결국 1954년의 원자력개발에 관한 나카소네의 '선제적' 움직임은 앞서 언급한 그의 개인적 체험이 아이젠하워의 새로운 원자력 정책을 배경으로, 그것에 호응하는 형태로 표면화된 것으로 이해할 수 있다.

이렇게 미국의 핵전략 전환을 배경으로 시작된 일본의 원자력개발은 1955년부터 빠른 속도로 전개되었다. 우선 1955년 12월 19일에는 '원자력기본법'이 성립되어 원자력 연구 개발을 위한 법적 제도가 마련되었다. 원자력기본법은 원자력 연구 개발의 기본방침으로 '원자력의 연구, 개발 및 이용은 평화의 목적에 한정하며, 안전의 확보를 취지로 하여 민주적인 운영 아래서 자주적으로 이것을 행하고 그 성과를 공개한다'고 규정하여 '민주·자주·공개'라는 '원자력 삼원칙'을 분명히 하는 한편, 원

---

3) 山本昭宏, 『核エネルギー言説の戰後史 1945～1960』, 102쪽.

자력을 핵병기 등의 군사적 목적으로 이용하는 것을 금지했다. 원자력기본법은 핵물질의 관리, 원자로 건설상의 규제, 방사선 피해 방지와 보상 등의 사항과 더불어 원자력위원회 및 원자력개발기구 등의 설치에 관한 사항이 규정되어 있었는데, 이에 따라 1956년 1월 1일에 총리부의 부속기관으로 '원자력위원회'가 설치되었다.

〈그림 1〉 쇼리키 마쓰타로

출처: http://bluenote0303. blogspot.kr/2012/04/ blog-post.html#!/2012 /04/blog-post.html (검색일: 2014. 8. 18.)

원자력위원회의 초대 위원장에는 당시 요미우리신문사 사주였던 쇼리키 마쓰타로(正力松太郎)가 취임했다. 쇼리키는 나카소네와 함께 전후 일본에서 원자력개발정책을 주도하는 역할을 담당했으며, 특히 자신이 소유한 요미우리신문사를 활용한 각종 원자력 관련 미디어 이벤트를 통해 원자력 평화이용에 대한 대중적 관심을 불러일으킨 장본인이기도 했다. 이런 활약 덕택에 그는 당시부터 일본 '원자력의 아버지'로 불렸다.

요미우리신문사와 일본TV의 소유주였던 쇼리키를 원자력에 접근시키는 것은 그의 정치적 야망이었다. 총리대신을 꿈꾸는 정치적 야심가였던 쇼리키는 1955년 중의원에 당선되지만 정치권 안에 거의 기반이 없었다. 그때 정치적 구심력을 확보할 수 있는 수단으로 그가 선택한 것이 바로 원자력이었다. 물론 여기에 자신이 소유한 미디어를 활용함으로써 원자력을 대중적으로 이슈화하는 것이 가능하다는 생각이 배경에 있었음은 두말할 나위도 없다. 여기에 제5후쿠류마루의 피폭사건으로 고양된 일본 내 반미감정에 우려를 느끼고 있었던 미국이 '반공주의자'인 쇼리키의 후원에 나선 것도 그가 1950년대 원자력을 둘러싼 담론장의 주역이 되는 데 기여했다.[4)]

1955년 이후 일본의 원자력 도입과 평화이용 담론의 대중화에서 그의 활약은 대단한 것이었다. 그해 미국의 원자로 제작사인 제너럴 다이나믹스(GD)의 회장 존 J. 홉킨스가 포함된 미국의 원자력평화사절단을 일본에 초청하였고, 12월에는 요미우리신문사와 미국대사관이 공동으로 주최하는 '원자력평화이용박람회'를 히비야 공원에서 개최하였다. 후술하는 것처럼 이 박람회는 1950년대 후반 원자력 평화이용 담론의 대중화에 결정적인 영향을 미친 미디어 이벤트였다. 한편, 그는 1955년 11월에 발족한 제3차 하토야마 내각에서는 원자력담당 대신으로 입각했고, 이듬해 신설된 원자력위원회 위원장에 취임하게 된다. 1957년에는 각계에 원자력개발의 필요성을 호소하기 위해 원자력평화이용간담회를 직접 조직하기도 하였다.

이 시기 일본의 원자력개발 체제의 구축 과정을 살펴보면, 우선 1956년 6월에는 원자력기본법이 정하고 있는 원자력개발을 위한 연구기구로서 '일본원자력연구소'가 이바라키 현 도카이무라(東海村)에 설치되었다. 1963년 10월 26일에 일본원자력연구소의 동력실험로(Japan Power Demonstration Reactor, JPDR)가 발전에 성공하면서 일본의 원자력연구개발은 첫 결실을 보게 되었다. 이듬해인 1964년 정부는 이날의

---

4) 有馬哲夫, 『原発・正力・CIA』, 新潮新書, 2008, 32~35쪽 참조.

성공을 기념하여 10월 26일을 '원자력의 날'로 제정하였다.

한편, 1960년에는 일본원자력발전주식회사에 의해 도카이무라에 일본 최초의 상업용 발전로를 갖춘 도카이무라 원자력발전소 건설이 시작되었다. 도카이무라 원자력발전소는 1965년 11월 10일 영국에서 수입한 '흑연감속가스냉각로'를 이용해 첫 발전에 성공하였고, 이듬해 7월 25일 영업을 개시하면서 상업용 원자력발전의 시대를 열었다. 이렇게 1960년대를 통해 도카이무라는 전후 일본의 원자력연구개발에서 거점 역할을 하였다.

도카이무라 원자력발전소의 운영주체인 일본원자력발전주식회사는 1957년 11월 일본전기사업연합회에 가맹되어 있는 9개의 전력회사와 준국영 전기사업자인 '전원개발주식회사(電源開発株式会社)'의 공동출자로 설립되었다. 당초 원자력개발의 주체를 둘러싸고 민간에게 맡겨야 한다는 쇼리키 마쓰타로(당시 과학기술청 장관)와 국가주체론을 주창한 가와노 이치로(河野一朗, 경제기획청 장관) 사이에 대립이 있었는데, 최종적으로 가와노의 의견을 받아들이는 형태로 종결되었다. 그 결과 일본원자력발전주식회사는 9개의 전력회사가 80%, 그리고 전원개발주식회사가 20%를 출자하는 방식으로 설립되었고, 쇼리키는 과학기술청 장관직을 사임하게 된다.

1960년대 일본의 원자력개발은 원자력 에너지의 실용화를 염두에 둔 조직의 개편과 새로운 에너지 정책의 추진을 그 특징으로 한다. 먼저 1960년 4월에는 통상산업성 산업합리화심의회 안에 '원자력산업부회'가 설치되었다. 원자력산업부회는 그해 12월 '원자력발전개발의 장기전망과 원자력 산업의 육성진흥대책'을 통상산업성 대신에게 제출했는데, 그것에 근거하여 1961년부터 통상산업성은 원자력발전의 기술 및 경제성의 조사, 원자로·동기구의 국산화체제의 정비 및 추진, 발전소건설의 적지선정과 입지주변지대의 정비 등의 원자력 산업 육성진흥을 위한 시책을 추진해 가게 된다. 이어서 1965년 6월에는 의회에서 '종합에너지조사회설치법'이 통과되었다. 이 법의 제정에 따라 종합에너지조사회 안에 '종합부회', '석유부회', '석탄부회'와 함께 '원자력부회' 설치가 이루어지는데, 이것은 정부의 종합적인 에너지 정책에서 원자력의 비중이 석탄, 석유 등과 대등해졌다는 것을 의미했다.

그리고 1960년대 후반에는 원자력발전소 건설이 본격적으로 추진된다. 우선 1966년 1월에 일본 상업용 발전소의 경수로 제1호가 되는 쓰루가(敦賀) 원자력발전소가 착공되었다. 그 해 4월에 열린 제42회 전원개발조사심의회는 1966년도 원전개발기본계획을 결정하고, 신규 원자력발전소로 도쿄전력의 후쿠시마 1호기와 간사이전력의 미하마(美浜) 1호기(출력 32.5)의 건설을 승인했다. 참고로 간사이전력은 미하마 원자력발전소 1호기의 원자로로 미국 WH(Westinghouse Electric)사의 가압수형원자로(pressurized water reactor, PRW)를 결정했고, 도쿄전력은 GE사의 비등수형원자로(boiling water reactoe, BWR)를 후쿠시마원자력발전소 1호로에 채택하였다. 1967에는 도쿄전력이 후쿠시마 2호기 건설을 결정했고, 1970년에는 규슈전력이 겐카이(玄海) 원자력발전소 1호기 건설을, 도호쿠전력이 오나가와(女川) 원자력발전소 1호기를, 그리고 중부전력이 하마오카(浜岡) 원자력발전소 1호기 건설을 결정하였다. 이렇게 해서 미국제 경수로를 중심으로 하는 전후 일본의 원자력발전체제가 구축되었다.

3. 고도성장기 원자력 열풍

원자력개발 체제가 구축되는 1950∼1960년대는 또한 일본에서 원자력의 평화적 이용 담론이 대중적으로 확산되는 시기이도 했다. 이 시기에 원자력 평화이용 담론의 대중화에 결정적으로 기여한 사건으로 우선 1955년에 개최된 '원자력평화이용박람회'를 들 수 있다. 요미우리신문사와 미국대사관이 공동 주최자로

〈그림 2〉 원자력평화박람회

출처: http://www.hiroshimapeace
media.jp/?p=28372
(검색일: 2014. 8. 18.)

이름을 올렸던 이 박람회는 1955년 11월 1일부터 12월 12일까지 6주간 히비야 공원에서 열렸다. 박람회 개최 전날인 10월 31일 자『요미우리신문』은 '원자력평화박람회의 의의'라는 제목의 사설을 통해 박람회 개최의 목적을 다음과 같이 적고 있다. 즉 '원자력의 평화이용은 세계의 대세'이고, '국내원자력공업의 추진은 지상명령'과 같은 것으로 '지금 이와 같은 원자력평화이용박람회가 열려 정확한 실물을 통해 원자력에 대한 정확한 인식과 친근함을 국민에게 제공할 수 있다면, 그 시대적 의의는 매우 크다'는 것이다. 실제로 박람회에는 미국에서 가져온 실물의 원자로

〈그림 3〉 원자력평화박람회에서 가장
인기를 끌었던 〈매직핸드〉

출처: http://www.hiroshimapeacemedia.
jp/?p=28372(검색일: 2014. 8. 18.)

와 각종 모형이 전시되는 등, 전시물의 구성은 당시로써는 미지의 대상이었던 원자력의 원리와 그 응용에 대한 이해를 돕기 위한 '계몽적' 성격을 띠고 있었다.[5]

전시내용은 이렇게 '원자 과학'의 역사에서 시작하여 원자력의 원리 설명, 원자로와 각종 장치 그리고 동위원소(isotope)의 응용 사례 등을 보여주고, 마지막에 원자력이 가져올 미래상을 제시하는 순서로 배열되어 있었다. 무엇보다 실물, 모형, 그리고 영상물을 적극적으로 활용하여 관람객이 미지의 원자력에 대해 구체적인 이미지를 가질 수 있도록 배려한 구성이었다. 여러 전시물 가운데 특히 관람객의 관심을 모은 것은 흑연원자로의 모형과 '매직 핸드'였다. 원자로 모형이 첨단기술인 원자력의 시각적 재현의 상징이었다면, '젊은 여성이 TV를 보면서 조작하는 매직 핸드'는 아이들에게 인기가 높았다.[6]

42일간 열린 원자력평화이용박람회는 총 36만 7,669명의 입장객을 동원하는 '대성과'를 거두었다. 예컨대 주최자였던 『요미우리신문』은 조금은 자화자찬식의 과장된 어조로 박람회에 나타난 원자력의 평화이용

---

5) 井川充雄, 「原子力平和利用博覧会と新聞社」, 『戦後日本のメディア・イベント』, 世界思想社, 2002, 251쪽.
6) 佐野真一, 『巨怪伝―正力松太郎と影武者たちの一世紀』, 文芸春秋, 1994, 537쪽.

에 대한 대중적인 관심과 열기를 다음과 같이 전하고 있다.

> 박람회에 출품된 물건들은 모두 고도의 과학적인 것뿐으로 이해하기
> 어려웠다는 비판도 있었지만, 과학적 이론은 몰라도 원자력의 평화이
> 용이 얼마나 인류의 복지향상에 기여하고, 우리들의 생활에 커대한 복
> 음을 가져다줄 것인가라는 인식을 일반국민층으로 확대시킨 공적은 크
> 며, 본사가 실시한 앙케트에서도 원자력 평화이용의 강력한 추진이야
> 말로 일본을 구할 수 있는 최상의 길(最高の道)이라는 목소리가 압도적
> 이었다.[7]

실제로 히비야 공원에서 '성공'을 거둔 원자력평화이용박람회는 이
듬해인 1956년의 시작과 함께 지역 신문사가 새로운 주최자로 참여하는
가운데 전국 주요 도시를 순회하는 방식으로 그 열기를 이어갔다.[8] 나고
야, 오사카, 후쿠오카를 거쳐 도미야마 현 다카오카시의 10개 도시를 순
회하면서 2년에 걸쳐 지속된 원자력평화이용박람회에는 연 260만 명이
넘는 입장객을 동원했다.[9] 이렇게 요미우리신문사라는 미디어 자본에
의해 시작된 원자력평화이용박람회는 지방의 유력 신문사와의 연계를

---

7) 『読売新聞』, 1955. 12. 13.
8) 물론 이 박람회에 대한 비판의 목소리가 없었던 것은 아니다. 홋카이도에서
   는 폐기물 처리의 안전성에 관한 의문을 제기하는 주장이 나왔고, 히로시마
   에서는 박람회가 원자력의 긍정적인 면만을 보여주고 피해의 측면을 전혀
   다루고 있지 않은 점을 꼬집는 목소리가 있었다. 하지만 그런 주장은 극히
   예외적인 경우에 속했으며, 박람회에 대한 대체적인 반응은 미래에너지로
   서의 원자력에 대한 강한 기대감이었다(吉見俊哉, 『夢の原子力』, ちくま新書,
   2012, 165~167쪽).
9) 상세 내용은 井川充雄, 「原子力平和利用博覧会と新聞社」, 253~255쪽 참조.

통해 흥행을 이어가면서, 원자력의 평화이용에 대한 열기를 전국적 현상으로 창출해 냈다.[10]

원자력을 둘러싼 대중적 열기는 박람회장 밖에서도 나타났다. 당시 원자력에 대한 대중적 관심이 높아지는 가운데, 일본 국내의 우라늄 광산 탐사가 유행했다. 여기에는 나카소네가 제출한 2억 3,500만 엔의 원자력연구개발지에 더해 우라늄 광산조사비 1,500만 엔이 계상된 것도 한 몫을 했다. 이때 아즈마 젠사쿠(東善作, 1893~1967)라는 인물이 전국적으로 불어 닥친 우라늄 광산 탐사 열기를 주도했는데, 우라늄에 관한 그의 특별한 '관심'과 '애정'은 사람들로 하여금 그를 '우라늄 할배(ウラン翁)'로 부르게 만들었다.[11] 그는 통산성 지질조사실의 차량을 몰래 추적하는 등의 방법을 동원한 끝에 결국 오카야마 현과 돗토리 현의 경계를 이루는 닌교고개(人形峠)에 매장된 우라늄 채굴권을 획득하여, 우라늄 판매로 부를 축적할 수 있는 기회를 얻게 되었다.[12]

---

10) 한편, 국내 신문사가 이 박람회의 개최를 릴레이 방식으로 수용한 것은 왜일까? 그 배경에는 당시 원자력에 대한 기대감이 일반적이었다는 점을 들 수 있다. 『아사히신문』 전 과학부장인 시바타 데쓰지(柴田鉄治)는 원자력에 큰 역할을 행한 신문인으로서 『요미우리신문』의 사주 쇼리키 마쓰타로와 『아사히신문』 논설위원인 다나카 신지로(田中慎次郎)의 두 사람을 들어, "원자력에 대한 기본적인 자세에서 양지 사이에 그다지 차이는 없었고 당시 신문은 거의 일치해서 '평화이용은 적극적으로 해야 한다'는 것에 한 목소리를 내었다"고 말한 바 있다.

11) 여기서 소개하고 있는 아즈마 젠사쿠에 관한 사항은 권혁태, 「두 개의 아토믹 선샤인 – 피폭국 일본은 어떻게 원전대국이 되었는가?」, 『황해문화』, 2011 가을호; 大澤真幸, 「原発はノンアルコール・ビールか?」, 『THINKING O 제10호』, 2011. 10.의 내용을 참고하였다.

12) 아즈마의 생애는 원자력의 매력이 일본인에게 있어서 미국의 매력과 불가분했다는 점을 보여주는 사례로서 흥미롭다. 그는 졸업 후 신문기자가 되었을

아즈마에 쏠린 대중적 관심은 그의 이러한 경제적 성공 때문만은 아니었다. 그가 '우라늄 할배'로 불리게 것은 오히려 방사능과 원자력의 매력을 유별난 방법으로 연출했던 그의 엽기적인 행보에서 비롯된 바가 컸다. 예컨대 그는 건강에 좋다는 이유로 우라늄 광석을 섞어 넣은 목욕물에서 목욕을 즐겼다. 또한 채소의 성장에 도움이 된다고 하여 우라늄 광석 가루가 섞인 비료로 채소를 키우고, 그렇게 직접 키운 채소를 상식하기도 했다. 그뿐만 아니라 그가 발굴한 우라늄 광산이 자리한 닌교고개에서는 우라늄 분말이 들어간 '만두'와 '도자기'가 지역특산품으로 팔렸다.

이런 일들은 닌교고개에서만 일어난 것이 아니었다. 나에기(苗木, 기후 현 나카쓰가와 시) 우라늄 광산의 채굴권을 소유하고 있던 '히비미코(日々美子)'라는 이름의 여성은 '방사능 술(放射能酒)'을 팔아 유명해졌다. 예컨대 마이니치신문이 발행하는 주간지 『선데이 마이니치』는 1954년 8월 1일 자 기사에서 우라늄 술을 '쌀이나 보리를 쓰지 않은 비밀

때 미국인 파일럿의 곡예비행에 감동하여 파일럿이 되고자 전 재산을 털어 단신으로 미국으로 건너갔다. 미국에서는 항만 등에서 아르바이트를 하면서 비행학교에 다닌 끝에 결국 비행사 자격을 획득하고, 제1차 세계대전 때에는 일본인으로 유럽전선에서 공군비행사로 참전하기도 했다. 전후에는 미국에서 익힌 영어실력을 이용해 GHQ 관계자에게 도자기 등을 팔아 재산을 모았다. 아즈마가 우라늄 광산 탐사에 뛰어든 것은 우연히 손에 넣은 『리더스 다이제스트』에서 비행학교 시절의 동료인 조 브롯사가 우라늄 광산을 발견해 거액의 부를 쌓았다는 기사를 접한 것이 결정적인 계기였다고 한다. 이와 같이 아즈마의 인생에서 '미국-비행기-부-원자력'은 등가적 연쇄를 이루고 있다. 아즈마 젠사쿠와 미국의 관계에 관해서는 鈴木明, 『ある日本男児とアメリカ』, 中公新書, 1982 참조.

스러운 술'로 소개하기도 했다.[13] 한편, 그녀는 방사능 술 외에도 라듐이 들어간 부적과 온천용 라듐 가루 등을 판매하여 화제가 되었는데, 그녀가 특별히 라듐의 '매력'에 빠진 이유는 라듐 가루가 들어간 탕에 입욕한 후 지병이었던 결핵이 완치되었던 개인적 체험에서 비롯되었다고 알려졌다.[14]

한편, 1956년 원자력연구소가 입지한 이바라키 현의 도카이무라는 원자력의 매력에 열광했던 대중들의 관심이 집중되는 상징적 장소였다. 1956년 6월에 원자력연구소 건설이 결정되자 지역산업진흥의 기대감을 등에 업고 미토 시(水戸市)가 먼저 연구소 홍보에 나섰다. 예를 들어 도카이무라의 입구부터 깔린 도로는 '원자력길'이라는 이름이 붙여졌고, 미토시 내에서는 '원자력 양갱'이 발매에 들어갔다. 이듬해 7월 연구소가 완공된 이후에는 연구소를 견학하려는 인파가 줄을 이었다. 연구소 완성 직후 1일 견학자는 700명을 넘었는데, 이것은 하루 수용 가능 인원을 초과한 탓에 종종 입장이 제한될 정도였다. 이어서 1957년 8월 27일 원자력연구소의 실험용 원자로가 임계실험에 성공하면서 도카이무라의 원자력에 대한 열기도 절정에 달한다. 그해 9월 18일에 개최된 '제1호실험원자로완성기념축하식' 때에는 도카이무라의 모든 가정에 일장기가 게양되었으며, 도로에는 제등이 걸리고 하나비가 쏘아졌다. 한편, 이러한 열기를 이어받아 1958년 4월 1일에는 미토역에서 도카이무라에 향하는

---

13) 권혁태, 「두 개의 아토믹 선샤인-피폭국 일본은 어떻게 원전대국이 되었는가?」 참조.
14) 大澤真幸, 「原発はノンアルコール・ビールか?」 참조.

길목에 이바라키 현립 원자력관이 개관하여 연구소 견학에 나선 사람들의 발길을 잡았다.

'도카이무라 붐'은 여기에 그치지 않았다. 무엇보다 1950년대 후반 도카이무라는 새로운 수학여행지로 각광을 받았다. 예를 들어 일본수학여행협회가 발행하는『수학여행』1959년 2월호에 게재된「원연중심의 이바라키의 과학관광 코스를 말하다(原研中心の茨城の科学コースを語る)」라는 제목의 좌담회를 보면, 원자력연구소가 소재한 도카이무라는 나라와 교토와 같은 구래의 수학여행에서는 경험할 수 없는, 근대산업의 모습을 학습할 수 있는 새로운 수학여행지로서 거론되고 있다. 덧붙여 좌담회 기사에는 '원자력관'에서 영화와 슬라이드 그리고 원자로의 모형 등을 사전학습한 후에, 도카이무라의 원자력연구소로 향하는 순서로 수학여행 코스가 소개되고 있다.

이상에서 서술한 것처럼 1950년대 후반의 일본에는 원자력이 하나의 열풍(fever)처럼 불어 닥쳤다. 그렇다고 이 시기에 원자력에 대한 기대와 호의만이 존재한 것은 아니었다. 1954년 '제5호후쿠류마루'의 방사능 피폭사건을 계기로 일어난 원수폭반대운동은 죽음을 불러오는 파멸의 힘이라는 원자력의 부정적 측면을 부단히 일본사회에 상기시키며 1960년대 중반까지 진행되었다. 하지만 원수폭반대운동의 참가자들도 원자폭탄과 수소폭탄과 같은 원자력의 이른바 '군사이용'에는 반대했지만, 그것의 '평화적 이용'에는 기대감을 갖고 있었다. 1955년에 열린 원수폭금지세계대회 선언문에는 '본 대회는 원수폭 금지가 반드시 실현되어 원자전쟁을 기도하는 힘을 깨부수고 그 원자력을 인류의 행복과 번영을 위해 이용하지 않으면 안 된다'고 되어 있다. 원수폭반대운동의 지지자들도 원자력에서 인류의 평화와 건강과 번영을 기대하는 심정을 공유하고 있었다. 이렇게 아이젠하워의 'Atoms for peace'가 발단이 되어 원자력평화이용박람회를 통해 확산된 원자력의 평화적 이용에 대한 기대감은 전후 일본인들의 집합의식 속에 일종의 절대선(絶對善)처럼 자리 잡고 있었던 것이다.

1960년대에도 이러한 분위기는 지속되었다. 반핵운동의 일각에서 '반원전'을 주장하는 목소리가 표출되기도 했지만, 시대의 '대세'에는 영향을 주지 못했다. 이른바 '반원전운동'이 주민운동의 형태로 본격화된 것은 1970년 이후의 일이었다.[15) 적어도 고도성장기를 통해 대다수의 일본인들은 평화적으로 이용된 원자력이 자신들에게 번영과 풍요의 미래를 선사할 것에 대해 거의 의심하지 않았다. 1964년 7월에는 그에 앞선 1963년 10월 26일에 있었던 도카이무라 원자력발전소가 동력실험로를 이용하여 발전에 성공한 것을 기념하여 '원자력의 날(原子力の日)'이 제정되었다. 또한 1970년 3월 14일 개막한 오사카만국박람회의 회장과 전시장을 밝혔던 빛은 쓰루가(敦賀) 원전과 미하마(美浜) 원전에서 보내온 전기로부터 태어났다. 원자력은 국가적으로 기념해야 할 축복이자, 미

---

15) 예를 들어 1973년에는 원전의 안전성을 문제로 에히메 현의 이카타(伊方)원전의 건설중지를 요구하는 소송이 있었고, 그 후 도카이무라 제2원자력발전소와 후쿠시마 제2원자력발전소에 대한 소송이 뒤를 이었다. 무엇보다 1974년에 일어난 원자력선 '무쓰(むつ)'의 방사능 유출 사건은 일본인들에게 10여 년 전의 제5후쿠류마루의 악몽을 상기시키며, 원자력의 평화적 이용에 대한 자성을 촉구했다.

래를 전시하는 이벤트의 감춰진 주역이었다.

여론의 동향도 이런 분위기를 그대로 보여준다. 예를 들어 1968년 총리부가 실시한 여론조사에 따르면 '원자력의 평화이용을 추진하는 것은 국민생황 향상에 기여한다'고 생각한 사람이 전체 응답자의 68%였고, 그렇지 않다고 응답한 사람은 2%에 불과했다. 또한 같은 조사에서 '화력, 수력, 원자력의 세 가지 발전 가운데 금후 10년 혹은 20년 안에 가장 급속히 증가할 것은 무엇인가'라는 질문에 대해 원자력이라고 답한 사람은 55%로 가장 높았다.[16]

원자력을 둘러싼 이러한 당시의 분위기는, 이를테면 2011년에 발생한 후쿠시마원자력발전소 폭발사건 이후 반원전의 목소리를 내고 있는 오에 겐자부로조차도 이 시기에는 '핵병기'와 분리된 '핵개발', 즉 원자력 평화이용에 대한 지지자의 한 사람이었다는 사실에서도 확인할 수 있다. 다음과 같은 오에의 글은 전후 일본의 가장 예리한 비판적 지성조차 매료시켰던 고도성장기 원자력 평화이용 담론의 위세와 파장을 확인하는 데 부족함이 없다.

현재 도카이무라의 원자력발전소에서 나온 전류는 지금 시민이 생활하는 장소로 흐르고 있습니다. 그것은 분명히 새로운 에너지원을 발견한 결과임이 틀림없습니다. 그것은 인간 생명의 새로운 위력을 보여줄 것입니다. … 핵개발은 필요하다는 것에 대해 나는 전적으로 찬성합니다. 이 에너지원을 인간생명의 새로운 요소로 받아들이는 것에 반대하고 싶은 생각은 추호도 없습니다. 다만 그 핵개발을 우리나라에서 추진하

16) 吉見俊哉, 『夢の原子力』, 193~194쪽에서 재인용.

려는 인간은 핵병기의 살육에 관계되는 측면, 핵병기로서 인류의 죽음에 관계되는 측면을 부정하는 인간이지 않으면 안 됩니다.[17]

4. '피폭'의 대중심리

그렇다면 전후의 일본인들이 고도성장기를 통해 원자력의 평화적 이용에 더할 나위 없는 기대감을 표출하게 된 배경은 무엇일까? 바꿔 말해 히로시마, 나가사키, 그리고 제5후쿠류마루로 이어지는 세 번의 피폭 체험을 통해 핵에너지의 위험성을 분명하게 인지하고 있었음에도 불구하고, 일본인들이 핵에너지의 평화적 이용 가능성에 자신들의 미래를 기꺼이 의탁할 수 있었던 이유를 묻지 않을 수 없다.

예를 들어 다나카 도시유키(田中利幸)는 이 문제에 관해「원자력평화이용과 히로시마―선전공작의 타겟이 되었던 피폭자들」이란 글에서 다음과 같은 두 가지 요인을 들고 있다.[18] 그 두 가지 요인이란, 하나는 원자력의 파괴력에 희생을 강요받은 사람들, 즉 피폭자들이 그것을 인류의 미래의 '행복'과 '번영'의 힘으로 '반전'시키고 싶다는 갈망을 품고 있었다는 점이고, 다른 하나는 1953년 12월 아이젠하워가 천명한 'Atoms for peace' 선언에 따라 미국이 동맹국을 대상으로 추진한 '핵연료 및 핵에너지 개발 관련 기술의 제공 정책'과 그것에 호응하는 형태로, 특히 쇼

---

17) 大江健三郎, 『核時代への想像力』, 岩波書店, 120쪽.
18) 田中利幸, 「「原子力平和利用」と広島―宣伝工作のターゲットにされた被爆者たち」, 『世界』, 2011. 8.

리키 마쓰타로의 요미우리신문사가 주도한 '여론조작활동'의 효과이다.

분명 1950년대 후반의 원자력 평화이용에 대한 대중적 기대감과 원자력에 대한 '페티시즘'에 가까운 열기의 형성에 신문 자본은 주도적인 역할을 하였다. 또한 원자력평화이용박람회가 요미우리신문사와 미국 대사관의 공동주최로 열렸다는 사실은 다나카가 지적하는 것처럼 원자력의 평화이용에 대한 호의적인 여론형성과정에 미국이 전략적으로 개입했음을 시사한다. 실제로 원자력평화이용박람회의 개최에는 제5후쿠류마루호 피폭사건으로 끓어오른 일본 내 반미여론을 잠재우려는 미국 측의 의도가 작용하고 있었다.[19]

그런데 여기서 간과할 수 없는 사실은 아이젠하워의 'Atoms for peace' 제안이 나오기 전부터, 정확히 말하면 시기적으로 1953년 이전에 이미 일본인들 사이에 핵 에너지(원자력)이 장래에 '번영'과 '행복'을 가져다 줄 것이라는 기대감이 존재하고 있었다는 점이다. 특히 피폭자들 사이에서 이러한 인식은 뚜렷하게 나타난다. 예를 들어『나가사키의 종(長崎の鐘)』으로 유명한 나가이 다카시(永井隆, 1908~1951)는 1945년 8월부터 10월 사이의 피폭자 구호활동의 체험을 기록한『원자폭탄구호보고서(原子爆弾救護報告書)』에서 원자력 에너지의 이용에 관한 기대감을 다음과 같이 드러내고 있다.

원자폭탄의 원리를 이용하여, 그것을 동력원으로 하여 문화에 공헌할

---

19) 이에 관해서는 권혁태,「두 개의 아토믹 선샤인-피폭국 일본은 어떻게 원전 대국이 되었는가?」; 有間哲夫,『原発·正力·CIA』참조.

수 있도록 더한층 연구를 진행하고 싶다. 전화위복. 세계의 문명형태는 원자 에너지의 이용에 의해 크게 전환될 것임이 틀림없다. 그렇게 새로이 행복한 세계가 만들어진다면, 나가사키의 희생자들의 영혼도 또한 위로받을 것이다.[20]

즉 나가이는 원자력을 폭탄과 같은 군사적 용도가 아니라 '문화'를 위한 '동력원'으로 활용함으로써 인류문명의 발전만이 아니라, 무엇보다 원자폭탄에 의해 희생당한 사람들의 영혼까지 위로할 수 있다고 주장하고 있다. 나가이는 원자력의 평화이용에서 인류의 번영과 희생자 위령의 가능성을 발견하고 있다고 할 수 있는데, 이러한 논리는 1950년대 후반 원자력 평화이용을 지지했던 원수폭반대운동 참가자들의 그것과 결코 다르지 않다. 그런 의미에서 원수폭반대운동 내부에서, 특히 피폭자들이 표명했던 원자력 평화이용에 대한 지지의 심정을 1950년대 각종 미디어들의 '여론조작활동'의 결과로 간주하는 것은 사태를 지나치게 단선적으로 파악한 것이다. '원수폭반대'와 '원자력의 평화이용'의 결합=접속이라는 현상은 오히려 패전 직후부터 존재했던 '죽음의 원자력'을 '생명의 원자력'으로 '전환'시키고 싶다는 피폭자의 원망(願望)에 뿌리를 두고 있었다.

원자력의 평화적 이용에 대한 갈망은 비단 피폭자들의 심리 속에만 존재하지 않았다. 특히 패전 직후부터 예를 들어 'SF소설'의 영역에는 원자력의 평화적 이용에 관한 상상력이 구체적인 모습으로 표현되고 있었

---

20) 加藤典洋, 『3·11 死に神に突き飛ばされる』, 106쪽에서 재인용.

다. 예를 들어 일본 SF문학의 개척자로 불리는 운노 주조(海野十三, 1897~1949)는 패전 직후에 발표한 「원자폭탄과 지구방위(原子爆弾と地球防衛)」(1945. 10.)라는 작품에서 외계 혹성으로부터의 침략에 대비한 '지구방위문제'를 언급하며, 원자폭탄이 아닌 평화이용의 방향성으로서 '원자력 우주정'의 제작을 묘사하고 있다. 또한 이이다 유키사토(飯田幸郷)라는 작가는 「소년과학소설 원자력우주선(少年科学小説 原子力宇宙船)」(1948), 「괴기모험 성괴광선(怪奇冒険 星怪光線)」(1949) 등의 작품에서 원자력을 인류에게 비약적인 진보를 가져다줄 '꿈의 기술'로 그려내고 있다.[21]

본격적인 원자력개발 이전의 SF적 상상력 속의 원자력에 주목할 때, '아톰'이란 존재를 우회하기란 불가능하다. 일반적으로 심장부에 '초소형 원자력엔진'을 장착하고 있는 '마음씨 착한 과학의 아이(心優しい科学の子)'인 아톰은 전후의 일본인들에게 원자력의 평화적 이용을 상징하는 문화적 아이콘으로 받아들여졌으며, 아톰의 출현은 일본의 원자력개발이 시작된 1954년보다 3년 앞서 1951년 4월 『소년』이라는 잡지를 통해 이루어졌기 때문이다.[22] 아톰의 이름 'ATOM'이 '원자'에서 유래한 것임은 잘 알려져 있다. 후에 아톰에게는 부모와 동생들이 생기는데, 남동생의 이름은 '코발트'이고 여동생에게는 '우란(우라늄)'이라는 이름이

---

[21] 長山靖生, 『戦後SF事件史―日本的想像力の70年』, 河出ブックス, 2012, 19~22쪽 참조.

[22] 1951년 4월부터 연재가 시작된 만화의 제목은 『아톰 대사(アトム大使)』였다. 그것이 『철완 아톰』으로 연재되기 시작한 것은 1952년 4월부터이다. 한편, 아톰이 TV 애니메이션으로 제작된 것은 1963년이다.

붙여진다.

핵폭탄과 관계 깊은 원소명에서 유래하는 이름을 가진 아톰 형제들이 예외 없이 '착하고(優しい)', '바른(正しい)' 아이로 설정되고 있다는 점은 이 만화가 원자력의 평화적 이용의 메시지와 무관하지 않음을 드러낸다. 실제로 작가 데즈카 오사무는 그의 자서전에서 핵실험에 사용되는 '과학기술을 평화이용할 수 있다면 하고 근심하던 중, 원자력을 평화적으로 사용하는 가공의 나라의 이야기를 써야겠다는 생각에'[23] 만화 아톰을 창작하게 되었다고 밝히고 있다. 아이젠하워의 'Atoms for peace'가 나온 것이 1953년이니, 그것보다 2년 이상 앞선 시기에 데즈카는 원자력의 평화적 이용에 관한 개인적인 염원을 아톰이란 가공의 인물로 표현해 낸 것이다.

전후 일본의 원자력 평화이용에 관한 담론의 형성에서 특징적인 현상으로 거론할 수 있는 것은 그러한 담론의 기원이 패전 직후까지 거슬러 올라간다는 사실과 더불어, 평화이용의 담론이 피폭의 기억과 적극적으로 '접속'하고 있다는 점이다.[24] 앞서 피폭자의 기록 등에서 확인했던 것처럼, 원자력의 평화적 이용에 대한 기대는 피폭체험이라는 일종의 '악몽'을 '배제' 혹은 '억압'하지 않고, 오히려 의식적으로 그것과 '접속'되는 방식으로 정당화되고 있었다. 달리 말하면 이것은 전후의 일본인들이 원자력의 평화이용이 약속하는 미래상을 가시화된 피폭체험과의

---

23) 『ぼくはマンガ家』(川村港, 『原発と原爆——「核」の戦後精神史 河出書房新社, 2011에서 재인용).
24) 山本昭宏, 『核エネルギー言説の戦後史1945~1960』, 170~173쪽 참조.

대비 속에서 수용했다는 것을 의미한다.

'원자력평화이용박람회'에 앞서, 요미우리신문사가 1954년 8월 12일부터 열흘간 신주쿠의 이세탄(伊勢丹)백화점에서 개최한 '누구나 알수 있는 원자력전(だれにもわかる原子力展)'은 원자력의 평화적 이용의 정당화가 군사적 이용이 가져오는 비참함과의 대비 속에서 제시되는 방식에 관한 호례(好例)라고 할 수 있다. 이 전람회에서는 '피폭의 비참한 광경을 보여주는 사진 120장을 편집한 환등 슬라이드 〈히로시마〉를 비롯해, 폭심지로부터 170킬로미터의 지점에서 한순간 지붕의 기와와 함께 녹아버린 모자의 유골, 원폭투하 시간인 오전 8시 15분을 가리킨 채 멈춰버린 자명종, 타다 남은 피복, 녹아버린 유리와 도자기 등' 원폭피해의 처참함을 그대로 보여주는 전시품이 진열되어 있었다.[25] 그뿐만 아니라 제5후쿠류마루에서 가져온 실물의 키(舵)와 로프를 비롯해 수폭피해의 사진, 비키니 실험 전후로 비에 함유된 방사능 통계와 방사능 구름의 궤적, 방사능의 인체에 미치는 영향에 관한 해설 등, 평화이용이 가져오는 긍정적 미래보다 원수폭의 피해, 즉 원자력의 부정적 측면을 일부러 강조하는 전시방식을 취하고 있었다.

그러나 이러한 전시물과 함께 전람회는 원자력발전, 원자력배, 원자력열차, 원자력비행기, 방사능의 농업과 공업 그리고 의학 분야에의 응용사례 등도 전시하고 있었다. 원자력은 군사적으로 이용하면 위험하지만, 평화적으로 이용하면 유효한 에너지원이 될 수 있음을 강조하는

---

[25] 『読売新聞』, 1954. 8. 8.

전시였다고 할 수 있다. 개최고지문의 '원폭의 재난과 수폭의 피해를 세계에서 처음으로 경험한 일본 국민은 장래의 원자병기의 무제한적인 발달과 우리들의 운명을 생각할 때 근본적인 원자병기의 폐기와 … 원자력의 평화적 이용을 촉직하지 않으면 안 된다'는 선언에서 알 수 있듯이, 이 전람회는 대중적으로 존재하던 원수폭에 대한 공포를 원자력의 평화이용에 대한 '예언적 약속'에 접속시키는 재현의 전략을 구사하고 있었다.[26]

원자력 평화이용을 피폭의 기억과 접속시키는 담론편성의 문제를 생각할 때, 원자력 평화이용에 관한 일대 캠페인이 진행되는 시기에 수폭과 방사능의 위험성을 다룬 영화 '고질라'가 900만 명이 넘는 관객을 동원하는 공전의 히트를 기록했다는 점은 흥미로운 현상이 아닐 수 없다. 1954년 11월에 개봉된 영화 '고질라'는 남태평양의 심해에서 서식하던 공룡 고질라가 수폭실험으로 서식지를 잃고 그 후 일본에 상륙하여 도시를 폐허로 만들게 된다는 이야기이다. 고질라가 수폭실험에 의한 방사능 피폭으로 변이가 일어나 입에서 방사능 화염을 뿜게 된다는 극중 설정은 이후 고질라를 원수폭의 공포와 위협을 상징하는 존재로 만들었다. 그런데 여기서 중요한 것은 고질라의 흥행이 원자력 평화이용에 대한 대중적 열기와 동시적으로 진행됐다는 점이다. 아톰과 결부시켜 말하자면, 이것은 '아톰(선으로서의 원자력)'과 '고질라(악으로서의 원자력)'가 적어도 전후의 일본인에게는 선택의 문제가 아니라, 공존 가

---

26) 吉見俊哉, 「放射能の雨のなかをアメリカの傘さして」, 『3・11に問われて』, 岩波書店, 2012.

능한 문화상징으로 간주되고 있었음을 보여주는 것은 아닐까?

5. 피폭체험과 '선한' 일본인

원자력에 대한 전후 일본인들의 집단심리(집단의식)에서 특징적인 것은 앞서 살펴본 바와 같이 '평화이용(원자력발전)'과 '군사이용(원자폭탄)'을 철저하게 구분하는 태도이다. 이러한 구분이 평화이용과 군사이용을 애초부터 다른 것으로 의미화하는 담론상의 효과를 발휘할 수 있음은 분명하다. 하지만 당시 일본인들은 두 가지를 완전히 별도의 것으로 생각하지는 않았다. 예를 들어 '파괴와 사멸의 방향으로 향할 우려가 있는 원자력을 인류의 행복과 번영의 방향으로' 전환시켜야 한다는 피폭자들의 말에서 '파괴와 사멸의 원자력'과 '행복과 번영을 가져오는 원자력'이 결코 다른 것은 아니다. 양자의 차이는 사용자가 어떠한 목적(용도)로 원자력을 사용하는가에 달려 있는 것이다. 1950~1960년대의 원자력 군사이용과 구분되는 평화이용이란 이처럼 그 원천(기원)이 아니라 원자력의 목적과 용도의 수준에서 구분되어 인식되고 있었다.

여기서 원자력의 평화적 이용은 '주체'의 문제와 연결되고 있음을 알 수 있다. 즉 최종적으로 평화이용의 가능성을 결정하는 것은 원자력을 어떤 주체가 사용하는가에 달려 있다. 전후 일본의 원자력 평화이용 담론에서 보이는 또 다른 특징은 일본인을 원자력의 평화이용에 관한 가장 유의미한 주체로 상정하고 있는 점이다. 때때로 그것은 다음의 인

용에서 보는 바와 같이, 일본인만이 원자력의 평화적 이용을 주장할 수
있는 '권리'를 갖고 있다는 표현으로 나타나기도 했다.

> 우리들은 원폭의 피해국이기 때문에 그 점을 외국에 호소하여 원폭의
> 피해국은 가장 공정하게 원자력의 연구를 수행할 권리가 있고, 필요량
> 의 플루토늄을 평화이용에 한정하여 무조건적으로 입수할 수 있는 편
> 의를 보장받을 의무를, 제외국은 가져야 한다고 주장해야 한다는 것이
> 다.27)

> 히로시마의 사람들은 세계를 향해서 가장 원자력의 평화이용을 호소할
> 권리가 있다. 우리들은 이 업화(業火)를 새로운 문명의 불로 전환할 것
> 을 히로시마 사람들 앞에서 맹세하지 않으면 안 된다. 일본에서는 원자
> 력의 문제는 아직 이런 슬픔과 영탄의 시로 다루어져 왔지만, 이 슬픔을
> 발전을 향한 원동력으로 하여, 즉 기쁨으로 바꿔가겠다는 민족적 기력
> 과 용기를 지금이야말로 일본인은 갖지 않으면 안 된다.28)

두 개의 인용은 모두 원자력의 평화적 이용을 지지하는 논조의 글
로서, 앞의 것은 물리학자 다케타니 미쓰오(武谷三男)의 1957년 논문 속
의 일절이며, 뒤의 것은 나카소네가 신문에 기고한 글에서 인용한 것이
다. 두 글은 일본인이 세계에서 유일하게 원자력의 평화이용을 주장할
'권리'를 갖고 있음을 주장하고 있으며, 동시에 어떤 경우에도 일본인은

---

27) 武谷三男, 「原子力」, 『自然』, 1957. 1.(山田昭宏, 『核エネルギー言説の戦後史
　　1945~1960』, 10쪽에서 재인용).
28) 中曽根康弘, 「広島原子力平和利用博に期待する」, 『中国新聞』, 1956. 5. 15.(山田
　　昭宏, 『核エネルギー言説の戦後史 1945~1960』, 172쪽에서 재인용).

원자력을 결코 '오용'할 리 없다는 확신을 드러내고 있다. 중요한 점은 양자 모두 이러한 자기 확신이 '피폭체험'에서 비롯되고 있다는 것이다. 달리 말하면 여기에 표명된 것은, 일본은 원자력의 군사이용이 가져오는 폐해와 위험을 체험을 통해 인식하고 있기에, 오직 일본만이 원자력의 평화이용을 실현할 수 있는 신뢰할 만한 주체가 될 수 있다는 확신이라고 할 수 있다. 피폭체험이 일본을 원자력의 평화이용을 담보할 '선의의 주체'로서 만들어 내고 있는 것이다.[29]

그런 점에서 원자력전지를 탑재하고 10만 마력의 위력을 가진, 원자력 평화이용의 문화적 상징인 아톰이 '마음씨 착한 과학의 아이'로 설정되고 있음은 의미심장하다. '아톰'에 대한 수용자의 역설적인 태도 가운데 하나는 아톰이 위력적인 힘을 갖고 있음에도 불구하고 그것이 전혀 위협적으로 인식되지 않는다는 점이다. 아톰의 파워가 위험으로 연결되지 않는 이유는 극중에서 아톰이 무엇보다 '마음씨가 착한 아이'로 묘사되고 있는 것과 무관하지 않다.

실제로 아톰 시리즈의 제1화는 이러한 아톰의 성격을 잘 보여준다. 거기서 아톰은 자신을 만든 덴마 박사에게 '성장하지 않는다'는 이유로

---

29) 예를 들어 비키니 피폭 사건 이후 여성잡지에 실린 다음과 같은 글은 피폭의 체험을 통해 일본을 원자력 평화이용을 실현할 주체로 정위하는 사고의 극한적 표현으로 간주된다. "서구의 진보에 대한 전통적 신앙이 그 은혜를 받아야 할 인간을 파멸에 빠뜨리고 있다는 사실을 체험한 것은 우리들 뿐 … 원자력의 바른 이용법에 관해 우리는 '십자군의 기사'가 되어야 한다." 坂西志保,「アンケート原水爆問題についての考え方」,『婦人公論』, 1954. 6.(이은경,「전후 일본 여성과 '평화'」,『전후일본의 생활평화주의와 포스트3·11 발표자료』, 2012. 11. 14.에서 재인용).

로봇 서커스단에 팔리게 된다. 또한 팔려간 로봇 서커스단에서는 단장의 학대에 시달린다. 그러나 아톰은 자신을 버린 아버지(덴마 박사)는 물론, 자신을 학대한 서커스단장에게 어떠한 원한의 감정도 드러내지 않는다. 오히려 아톰은 서커스극장에 화재가 일어나 단장이 위험에 처했을 때, 그 위력적인 파워를 이용해 단장의 목숨을 구해주는 극한의 용서를 실현한다. 물론 극중에서 자신의 힘을 '평화적'으로 행사하는 아톰의 모습은 결과적으로 아톰이 선천적으로 선한 존재라는 설정을 사후적으로 보증하는 역할을 하고 있다.

이렇게 '아톰'은 위험한 에너지의 활용에 안전을 담보할 수 있는 것이 결국 '주체의 마음'이라는 극히 심리적인 문법에 의지하고 있다. 그리고 이러한 문법은 그대로 원자력의 평화적 이용에 대한 일본인의 태도에도 적용될 수 있다. 앞서 본 것처럼, 일본인들은 평화이용의 실현이 주체의 태도=마음에 달려 있으며, 무엇보다 일본인은 피폭체험을 갖고 있기 때문에 원자력을 군사적으로 오용하지 않을 것이라는 확신을 드러냈다. 결국 피폭체험(피폭의 기억)은 원자력의 평화이용을 가능케 하는 주체형성이라는 매개를 통해 원자력의 평화적 이용 담론과 '접속'하고 있는 것이다.

일본의 전후 고도성장기에 나타난 원자력 평화이용 담론의 대중적 확산은 미국을 배후로 둔 '보수권력'과 '언론자본'이 기획한 '선전공작'의 결과, 혹은 장래에 예상되는 화석 에너지의 고갈에 대한 위기의식에 의한 것으로 간주되고 있다. 여기에 일본인이 피폭체험을 근거로 자신을 원자력의 평화이용을 실현할 수 있는 선의의 주체로 상정했다는 점을 덧붙여 둘 필요가 있을 것 같다. 그런 의미에서, 서두에서 던졌던 질문은 다음과 같이 수정되어야 한다. 즉 전후 일본은 피폭체험에도 불구하고 원전대국으로 나아간 것이 아니라, 피폭체험이 있기 때문에 원전대국이 되었다고.

현대일본생활세계총서 **9**

에너지혁명과 일본인의 생활세계

주요 참고문헌

서문: 에너지혁명과 고도성장 그리고 대중소비사회

한영혜 편, 『현장에서 바라본 동일본대지진: 3·11 이후의 일본 사회』, 한울, 2013.

50周年事業企画推進委員会五十年史編さん事務局編, 『日本原子力発電五十年史』, 日本原子力発電, 2008.

高度成長期を考える会編, 『高度成長と日本人 1: 個人篇 誕生から死まで』, 日本エディタースクール出版部, 1985.

_____, 『高度成長と日本人 2: 家庭篇 家族の生活』, 日本エディタースクール出版部, 1985.

_____, 『高度成長と日本人 3: 社会篇 列島の営みと風景』, 日本エディタースクール出版部, 1986.

吉川洋, 『高度成長: 日本を変えた6000日』, 読売新聞社, 1997.

老川慶喜編, 『東京オリンピックの社会経済史』, 日本経済評論社, 2009.

武田晴人, 『高度成長期の日本経済: 高成長実現の条件は何か』, 有斐閣, 2011

_____, 『高度成長』, 岩波書店, 2008.

三和良一·原朗, 『近現代日本経済史要覧』, 東京大学出版会, 2007.

西尾漠文, 『脱原発しかない: バクとマサルのイラスト·ノート 2011·3·11のあとで』, 第三書館, 2011.

小堀聡, 『日本のエネルギー革命: 資源小国の近現代』, 名古屋大学出版会, 2010.

矢田俊文, 『戦後日本の石炭産業: その崩壊と資源の放棄』, 新評論, 1975.

新エネルギー·産業技術総合開発機構, NEDO活動報告 アニュアルレポート 2014』, 2014.

_____, NEDO実用化ドキュメント』, 2013.

原朗編, 『高度成長始動期の日本経済』, 日本経済評論社, 2010.

_____, 『高度成長展開期の日本経済』, 日本経済評論社, 2012.

日本統計協会, 『日本長期統計総覧』, 2006.

通商産業大臣官房調査統計部編, 『エネルギー生産·需給統計年報』, 通商産業

調査会, 各年度版.

経済企画庁, 『経済白書』, 1956.

経済産業省経済産業政策局調査統計部, 経済産業省資源エネルギー庁資源・燃
　　　料部編, 『資源・エネルギー統計年報』, 通商産業調査会, 各年度版.

総理府統計局編, 『日本の統計』, 各年度版.

総務省統計局, 「統計データ」(http://www.stat.go.jp/data/)

Williams, James L., "Oil Price History and Analysis," http://www.wtrg.com/
　　　prices.htm, May 2014.

정진성, 「산탄지역대책에 대한 한미일 비교」, 『통합인문학연구』 제5권 2호, 한국방송통신대학교 통합인문학연구소, 2013.

_____, 「에너지혁명기 일본석탄산업의 노동운동 ― 석탄정책전환투쟁을 중심으로」, 『韓日經商論集』 第56卷, 2012.

_____, 「일본의 산탄지역진흥정책: 산업구조조정정책에서 지역개발정책으로」, 『일본비평』 제8권, 서울대일본연구소, 2013.

_____, 박기주, 『사양산업의 구조조정정책: 석탄산업의 사례를 중심으로』, 기획재정부, 2013.

高橋伸一編, 『移動社会と生活ネットワーク―元炭鉱労働者の生活史研究』, 高菅出版, 2002.

光本伸江, 『自治と依存 ― 湯布院と田川市の自治運営のレジーム』, 敬文堂, 2007.

九州大学産炭地問題研究所, 『産炭地域住民の生活実態調査 報告書(1)』, 謄写版, 1964.

九州経済調査協会, 『旧炭鉱住宅の実態と産炭地域の生活環境整備に関する調査研究』, 1988.

大同通信社, 『石炭年鑑 1959年版』, 大同通信社, 1962.

島西智輝, 『日本石炭産業の戦後史 ― 市場構造変化と企業行動』, 慶応義塾大学出版会, 2011.

武田晴人編, 『高度成長期の日本経済 ― 高成長実現の条件は何か』, 有斐閣, 2011.

福岡通商産業局, 『九州産炭地域の現況』, 1974.

産炭地域振興事業団, 『産炭地域振興事業団十年史』, 産炭地域振興事業団, 1972.

杉山伸也・牛島利明編, 『日本石炭産業の衰退 ― 戦後北海道における企業と地域』, 慶応義塾出版会, 2012.

石岡克俊, 「産炭地域振興臨時措置法の形成と展開」, 杉山伸也・牛島利明編, 『日本石炭産業の衰退 ― 戦後北海道における企業と地域』, 慶応義塾出版会, 2012.

石炭地域振興審議会資料(PDF)

石炭経済研究所, 『石炭鉱業の諸問題 ― 新石炭政策の背景』, 1962.

石炭鉱業合理化事業団編, 『団史(整備・近代化編)』, 石炭鉱業合理化事業団, 1976.

石炭鉱業合理化政策史研究会, 『石炭鉱業合理化政策史』, 石炭鉱業合理化政策

史研究会, 1990.

小堀聡, 「エネルギー供給体制と産業構造」, 武田晴人編, 『高度成長期の日本経済 ― 高成長実現の条件は何か』, 有斐閣, 2011.

_____, 『日本のエネルギー革命』, 名古屋大学出版会, 2010.

矢田俊文, 「構造不況と地域政策 ― 戦後日本の石炭産業の衰退と産炭地域政策」, 『産業学会年報』第10号, 1995.

岩本直, 「産炭地域政策の政策効果に関する研究」, 『第32回土木計画学研究・講演集』, 2005. http://www.jsce.or.jp/library/open/proc/maglist2/00039/200511_no32/index.html.

若林良和, 「閉山に伴う地域社会の変貌」, 高橋伸一編, 『移動社会と生活ネットワーク ― 元炭鉱労働者の生活史研究』, 高菅出版, 2002.

田浦良也, 「石炭産業の崩壊と筑豊経済の変貌」, 平兮元章・高橋薫・内海洋一編著, 『旧産炭地の都市問題―筑豊・飯塚市の場合』, 多賀出版, 1998.

丁振聲 「高度経済成長期の石炭産業調整政策 ― 生産維持と雇用調整を中心として」, 『社会経済史学』第72巻第2号, 2006.

澤口恵一, 「石炭産業の衰退と漸進的撤退の戦略 ― 常磐炭田の事例から」, 『大正大学研究紀要』第96輯, 2011.

平兮元章・高橋薫・内海洋一編著, 『旧産炭地の都市問題 ― 筑豊・飯塚市の場合』, 多賀出版, 1998.

布施哲治編著, 『地域産業変動と階級・階層 ― 炭都・夕張/労働者の生産・労働 ― 生活史・誌』, 御茶の水書房, 1982.

Dublin, Thomas and Walter Licht, *The Face of Decline: the Pennsylvania Anthracite Region in Twentieth Century*, Ithaca: Cornell University Press, 2005.

정진성, 「일본의 산탄지역 진흥정책」, 『일본비평』 8, 서울대 일본연구소, 2013. 2.

한국석유공사, 『석유산업의 이해』, 한국석유공사, 2010.

岡部彰, 『産業の昭和社会史3 石油』, 日本経済評論社, 1986.

山崎時男, 『マルチ石油学入門』, 大空社, 1994.

石油連盟 編, 『戦後石油産業史』, 石油連盟, 1985.

小堀聡, 『日本のエネルギー革命』, 名古屋大学出版会, 2011.

毎日新聞社 編, 『高度成長の軌跡: 昭和35年-39年 一億人の昭和史 〈7〉』, 毎日新
　　　　聞社, 1976.

青山芳之, 『産業の昭和社会史4 家電』, 日本経済評論社, 1991.

『朝日新聞』(東京/1945～1970).

『読売新聞』(1945～1965).

나카무라 마사노리 저, 유재연 역,『일본 전후사 1945-2005』, 논형, 2006.

다케다 하루히토 저, 최우영 역,『일본근현대시리즈8 고도성장』, 어문학사, 2013.

쓰루 시게토 저, 조홍섭·이필렬 역,『공해의 정치경제학』, 풀빛, 1983.

이시재,「환경오염개선에 있어서 일본의 혁신자치체의 역할에 관한 연구: Kawasaki, 川崎市의 사례연구」,『국제지역연구』6(1), 1997.

이은경,「일본 고도성장기 석유의 사회사: 석유사용의 규제와 수요확대의 길 항을 중심으로」,『일본학연구』39, 2013.

임채성,「일본의 경기순환과 경기대책: 고도성장기 경험의 시사점」,『동북아 경제연구』22(2), 2010.

홍성태,「일본 반공해주민운동의 전개와 성과: 1960년대 고도성장기를 중심 으로」,『경제와 사회』19, 1993.

家田仁ほか,「第14章 エネルギーと情報のインフラストラクチャ-」, 中村英 夫·家田仁編,『東京のインフラストラクチャ-: 巨大都市を支える』, 東京大学出版会, 2004.

加治木紳哉ほか,『電力中央研究所報告Y09022: わが国の一般電気事業者の火 力発電所における省エネルギーの歴史』, 社会経済研究所, 2010.

江東区編,『江東の昭和史』, 江東区, 1991.

岡部彰,『産業の昭和社會史3 石油』, 日本經濟評論社, 1986.

堀一郎,「新東京火力発電所の建設と送電」,『動力』5巻 24号, 1955.

宮本憲一,『日本の地方自治その歴史と未来』, 自治体研究社, 2005.

橘川武郎,「経済成長のエンジンとしての設備投資競争: 高度成長期の日本企 業」,『社會科學研究』55(2), 2004.

_____,『日本電力業の發展と松永安左門』, 名古屋大學出版會, 1995.

丹辺宣彦,「6 産業の近代化と社会的空間: 工業化, 都市化と現代社会の歴史的 位置」, 北川隆吉編,『講座社会学5 産業』, 東京大学出版会, 1999.

東京都,「第4部 環境行政の展開: 過去から未来へ」,『東京都環境白書2000』, 東 京都, 2000.

_____,『東京の都市計画百年』, 東京都, 1989.

_____,『天然ガス発電所設置技術検討調査報告書』, 2012.

東京都港湾局,『図表でみる東京臨海部』, 港湾振興協会, 1987.

東京都港湾振興協会, 『東京港貨物専用鉄道のあゆみ』, 2013.

──────────, 『写真でみる『豊洲埠頭─きのう・今日・あした』, 2008.

東秀紀, 「浅野総一朗と京浜工業地帯」, 『東京人』編集室編, 『都市のプランナーたち 江戸・東京を造った人々1』, 都市出版, 1993.

蓮香悌二, 「発電所における荷役設備, 荷役および運搬機械特集」, 『日本機械学會誌』 58, 1955.

北島滋・鎌田彰仁, 「4 開発・工業化の伸展と地域産業構造の変容」, 北川隆吉編, 『講座社会学5 産業』, 東京大学出版会, 1999.

山崎志郎, 「第9章 石油化学工業における投資調整」, 原朗編, 『高度成長始動期の日本経済』, 日本経済評論社, 2010.

山本昭宏, 『核エネルギー言説の戦後史 1945〜1960: 「被爆の記憶」と「原子力の夢」』, 人文書院, 2012.

三辺夏雄ほか, 「電源立地反対運動とその論理構造-内容分析と一対比較法による分析(電源立地問題特集)」, 電力中央研究所経済研究所, 『電力経済研究』 5, 1974.

石田頼房, 『日本近現代都市計画の展開: 1868〜2003』, 自治体研究社, 2004.

石塚裕道・成田龍一, 『県民100年史13 東京都の百年』, 山川出版社, 1986.

小堀聰, 『日本のエネルギ-革命: 資源小國の近現代』, 名古屋大学出版會, 2010.

小内透, 『戦後日本の地域社会変動と地域社会類型: 都道府県・市町村を単位とする統計分析を通して』, 東京: 東信堂, 1996.

松本礼史, 「横浜市における社会的環境管理能力の発展モデルの検討」, 『広島大学大学院国際協力研究科21世紀COEプログラム・社会的環境管理能力の形成と国際協力拠点Discussion Paper Series』, 2004.

柴田茂紀, 「世界銀行の対日火力発電借款」, 同志社大学人文科学研究所, 『社会科学』 64, 2000.

神奈川県内務部編, 『川崎方面ノ工業』, 神奈川県, 1916.

安藤保, 「横浜市環境保全協定とその考え方」, 紙パルプ技術協会, 『紙パ技協誌』 56(10), 2002.

若林敬子, 『東京湾の環境問題史』, 有斐閣, 2000.

庄司光・宮本憲一, 『恐るべき公害』, 岩波書店, 1964.

──────────, 『日本の公害』, 岩波書店, 1975.

井口治夫, 「鮎川義介の戦後電源開発構想と米国: 1950年〜1952年」, 同志社大

学アメリカ研究所，『同志社アメリカ研究』37.

中岡哲郎，『コンビナートの労働と社会』，平凡社，1974.

川崎図書館編，『京浜工業地帯公害史資料集: 明治43年-昭和16年』，1972.

清水嘉治，『現代日本の經濟政策と公害』，汐文社，1973.

八木正，「2 戦後日本の産業・職業構造の転換と社会生活の変容」，北川隆吉編，
　　　『講座社会学5 産業』，東京大学出版会，1999.

戸石四郎，『ふるさとを守り抜いた人々: 銚子火力発電反対運動の記録』，崙書
　　　房，1978.

＿＿＿＿，『もう一つの銚子市史: 戦後の民衆運動五十年史』，なのはな出版，
　　　1998.

清水嘉治，「特集4-京浜工業地帯の現状と問題点」，横浜市政策局政策課，『調査
　　　季報』，25, 1970.

清水嘉治ほか編，『京浜公害地帯』，新評論，1971.

舩橋晴俊，「第2章 環境問題の社会学的研究」，飯島伸子ほか編，『講座環境社会
　　　学1 環境社会学の視点』，有斐閣，2001.

＿＿＿＿，飯島伸子編，『講座社会学12 環境』，東京大学出版会，1998.

「(特集)公害防止へ新しい道 東大井火力発電所の場合」，『朝日新聞』，1968. 9.
　　　11.

「重油専焼発電ぞくぞく大容量化東電二基，近く 火入れ」，『朝日新聞』，1962.
　　　4. 29.

「公害反対で白紙に世界一の銚子火力 東電が再検討申出る」，『朝日新聞』，1970.
　　　8. 13.

서혁준·정주용, 「후쿠시마 원전사고와 반핵활동의 양상변화」, 『아시아연구』 제16권 3호, 2013.

이필렬, 「후쿠시마 원전 사고의 성격과 한국 원자력발전의 위험」, 『민주사회와 정책연구』 제20호, 2011.

진필수, 「일본 신도시에 있어 고령화 문제와 지역조직의 양상 및 역할 - 오사카 센리뉴타운의 사례」, 『지방사와 지방문화』 제16권 1호, 2013b.

_____, 「일본 신도시의 고령화 문제와 이에(家)제도의 해체 양상 - 오사카 센리뉴타운의 사례」, 『비교민속학』 제50집, 2013a.

최예용·Akira Suzuki·이상홍·백도명, 「후쿠시마 원전사고와 한국의 원전안전 정책」, 『한국환경보건학회지』 제37권 제3호, 2011.

高度成長を考える会, 『高度成長と日本人 1個人編 誕生から死まで』, 日本エディタースクール出版部, 2005.

_____, 『高度成長と日本人 2家庭編 家族の生活』, 日本エディタースクール出版部, 2005.

_____, 『高度成長と日本人 3社会編 列島の営みと風景』, 日本エディタースクール出版部, 1986.

久保允誉, 『家電製品にみる暮らしの戦後史』, ミリオン書房, 1994.

吉見俊哉, 『万博と戦後日本』, 講談社, 2011.

大西正幸, 『生活家電入門: 発展の歴史としくみ』, 技報堂出版, 2010.

大阪府千里センター, 『千里ニュータウン: 人と生活』, 大阪府千里センター, 1973.

兵庫県(編), 『伝えてねー阪神·淡路大震災の教訓』, ぎょうせい, 2009.

山口昌伴, 『図説 台所道具の歴史』, 柴田書店, 1982.

山本茂, 『ニュータウン再生: 住環境マネジメントの課題と展望』, 学芸出版社, 2009.

山田正吾, 『家電 今昔物語』, 柴田書店, 1983.

水牛くらぶ(編), 『モノ誕生「いまの生活」』, 晶文社, 1990.

貝原俊民, 『兵庫県知事の阪神·淡路大震災ー15年の記録』, 丸善株式会社, 2009.

片寄俊秀, 「千里ニュータウンの研究: 計画的都市建設の軌跡·その技術と思想」, 京都大学博士学位論文, 1979.

清水慶一, 『あこがれの家電時代』, 河出書房新社, 2007.

鵜飼正樹・永井良和・藤本憲一, 『戦後日本の大衆文化』, 昭和堂, 2000.

Dore R., *Flexible Rigidities: Industrial Policy and Structural Adjustment in the Japanese Economy 1970~80*, Athlone Press, 1986.

Dujarric R., "Why a Nukes-Free Future Is a False Dream," In J. Kingston(ed.), *Tsunami: Japan's Post-Fukushima Future*, Foreign Policy, 2011.

Kingston J., "Abe's Nuclear Energy Policy and Japan's Future," *The Asia-Pacific Journal*, Vol. 11, Issue 34, No. 1, August 19, 2013.

McCormack G., "Building the Next Fukushimas," In J. Kingston(ed.), *Tsunami: Japan's Post-Fukushima Future*, Foreign Policy, 2011.

Samuels R., *The Business of the Japanese State: Energy Markets in Comparative and Historical Perspective*, Cornell Univ. Press, 1987.

Vogel E., *Japan as Number One: Lessons of America*, Harvard Univ. Press, 1979.

交通協力会, 『交通年鑑』, 1950.

_____, 『交通年鑑』, 1952.

_____, 『交通年鑑』, 1953.

_____, 『交通年鑑』, 1955.

_____, 『交通年鑑』, 1956.

近藤圭三, 「新幹線の誕生日迎えて」, 『朝日新聞』, 1965. 10. 1.

動力近代化調査委員會, 「動力近代化計劃の效果(槪要)」, 『第1專門委員會(線區別動力分野・資金・要員) 審議經過報告』, 日本国有鉄道, 1959.

_____, 「動力需給と單價の見透し(槪要)」, 『第1專門委員會(線區別動力分野・資金・要員) 審議經過報告』, 日本国有鉄道, 1959.

_____, 「車輛工場施設費(槪要)」, 第1專門委員會(線區別動力分野・資金・要員) 審議經過報告, 日本国有鉄道, 1959.

_____, 「第1專門委員會報告』, 日本国有鉄道, 1959. 6. 3., 1959.

_____, 「第2專門委員會報告』, 日本国有鉄道, 1959. 6., 1959.

_____, 「第3專門委員會報告』, 日本国有鉄道, 1959. 6., 1959.

東洋経済新報社, 『経済統計年鑑』, 2005.

老川慶喜 編著, 『東京オリンピックの社会経済史』, 日本経済評論社, 2009.

林采成, 「国鉄の輸送力増強と市場競争」, 原朗 編著, 『高度成長始動期の日本経済』, 日本経済評論社, 2010.

_____, 「戦前期国鉄における鉄道運営管理の特質と内部合理化」, 老川慶喜 編著, 『両大戦間期の都市交通と運輸』, 日本経済評論社, 2010.

篠崎四郎, 「新幹線年表稿」, 1965.

十河信二, 「技術革命と新幹線」, 1964. 4. 25., 十河信二傳刊行会, 『十河信二 別冊』, 1988.

_____, 「国鉄の現状と将来説明要領」(御進講資料, 1962. 5.).

十河信二傳刊行会, 『十河信二 別冊』, 1988.

運輸省, 『運輸白書』, 1967.

運輸省, 『国有鉄道の現状: 国有鉄道実相報告書』, 1947.

運輸省大臣官房統計調査部編(各年度), 『陸運統計要覧』.

運輸調査局, 「鉄道貨物の輸送距離に関する一考察」, 運輸調査局 編, 『鉄道の輸送構造: 平均輸送粁の分析』, 1960.

_____,『新幹線における都市形成の戦略性』, 1968.

運輸観光技術協会編,『事典 東海道新幹線』, 1964.

原朗,「十河信二と満鉄・興中・新幹線: 東大と郷里西条市に残された資料を 中心に」, 日本交通協会講演, 2011. 2. 18.

____,「経済計画と東海道新幹線」,『高度成長展開期の日本経済』, 日本経済 評論社, 2012.

有賀宗吉,『十河信二』, 十河信二傳刊行会, 1988.

日本統計協会,『日本長期統計総覧』, 2006.

日本国(1968a),「東海道新幹線の地域経済効果」, (日本国有鉄道,『国鉄財政再建推進会議記録(資料編)』, 1968. 11.

_____(1968b),『國鐵再訂再建推進會議記録 資料編』, 1968.

_____,「国鉄輸送の現状と問題点」, 1964. 5., 日本国有鉄道,『国鉄基本問題懇談会(資料編)』, 1964. 11.

_____,『鉄道要覧』, 各年度.

日本国有鉄道,「鉄道知識のいろいろ」, 御進講資料, 1962. 5.

日本国有鉄道監査委員会,『日本国有鉄道監査報告書概要』, 1959.

_____,『日本国有鉄道監査報告書』, 1959.

_____,『日本国有鉄道監査報告書』, 1960.

_____,『日本国有鉄道監査報告書』, 1964.

_____,『新幹線十年史』, 1975.

日本国有鉄道広報部,『国鉄メモ』, 1963.

日本鉄道鉄道,『鉄道要覧』, 1957.

朝日新聞社,『朝日新聞』, 1964. 10. 1.

国有鉄道審議会電化委員会,『経済再建と鉄道電化』, 1949.

鉄道電化協会,『鉄道電化と電気鉄道のあゆみ』, 1978.

関根昇一,「新幹線運賃・料金の考え方」,『運輸と経済』24-8, 1964. 8.

NHK放送文化研究所 編,『日本人の生活時間』, 日本放送出版会, 1963.

＿＿＿＿＿＿＿＿＿＿,『国民生活時間調査』, 日本放送出版会, 1975년, 1980
　　　년, 1985년판.

NHK世論調査所 編,『日本人の意識―NHK世論調査』, 至誠堂, 1975.

＿＿＿＿＿＿＿＿＿,『第2 日本人の意識―NHK世論調査』, 至誠堂, 1980.

＿＿＿＿＿＿＿＿＿,『図説 戦後世論史』第2版, 日本放送出版会, 1982.

＿＿＿＿＿＿＿＿＿,『現代日本人の意識構造』, 日本放送出版会 1979.

高橋猛夫,「自動車ガソリンの動向」,『日本機械学会誌』73-617, 1970. 6.

農耕と園芸・馬越修徳会,『三輪自動車と農業経営』, 誠文堂新光社, 1956.

農文協文化部,『石油文明と人間』, 農山漁村文化協会, 1977.

呂寅満,『日本自動車工業史―小型車と大衆車による二つの道程』, 東京大学出
　　　版会, 2011.

運輸省(各年度版),『陸運統計要覧』.

運輸省大臣官房情報管理部編(各年版),『産業別自動車数調査表』, 日本自動車会
　　　議所.

日本石油(各年度版),『石油便覧』, 石油経済研究会.

日本自動車工業会(各年度版),『自動車統計年表』.

＿＿＿＿＿＿＿＿＿(各年度版),『主要国自動車統計』.

＿＿＿＿＿＿＿＿＿,『日本自動車産業史』, 1985.

日本エネルギー経済研究所,『戦後エネルギー産業史』, 東洋経済新報社, 1986.

日産自動車,『人とクルマの明日のために』, 日産自動車, 1974.

自動車工業会・日本小型車工業会(各年版),『乗用車個人需要の動向』.

資源エネルギー庁(各年度版),『総合エネルギー統計』.

田島茂 外,『農家のための自動車三輪車の知識と取扱』, 西東社, 1959.

秋山一郎,「モータリゼーション考」,『国民経済雑誌』141-1, 1980. 1.

通商産業省,『通商産業政策史 第10巻』, 通商産業調査会, 1990.

＿＿＿＿＿,『通商産業政策史 第7巻』, 通商産業調査会, 1991.

＿＿＿＿＿,『通商産業政策史 第8巻』, 通商産業調査会, 1991.

経済企画庁(各年度版),『国民生活白書』, 大蔵省印刷局.

가이누마 히로시,「원자력발전을 통해 본 전후 일본사회」,『플랫폼』32, 2012.

권혁태,「두 개의 아토믹 선샤인: 피폭국 일본은 어떻게 원전대국이 되었는가?」,『황해문화』72, 2011.

이은경,「일본 고도성장기 석유의 사회사: 석유사용의 규제와 수요확대의 길항을 중심으로」,『日本學硏究』39, 2013.

임은정,「일본의 포스트후쿠시마 핵연료주기정책의 향방에 관한 연구: 아오모리현 롯카쇼무라 개발역사를 통한 진단」,『일본연구논총』36 2012.

전진호,「일본의 원자력정책」,『신동아』567, 2006.

NHK放送文化研究所,「原発とエネルギーに関する意識調査」, 2013.
　　　　　http://www.nhk.or.jp/bunken/summary/yoron/social/pdf/130523.pdf

開沼博,『フクシマの正義─「日本の変わらなさ」との闘い』, 幻冬舎, 2012.

菊地裕幸,「地域開発政策の論理と帰結──全総・新全総を中心に(上)」,『地位総合研究』39(1), 2011.

東京電力 編,『関東の電気事業と東京電力─電気事業の創始から東京電力50年への軌跡』, 東京: 東京電力, 2002.

山川充夫,「福島県原発地帯の経済現況について」,『東北経済』82, 1987.

原明 編,『高度成長展開期の日本経済』, 東京: 日本経済評論社, 2012.

伊藤元修,「第2部の2: 候補浮上も過疎ゆえ─知事「最新産業へ」, 共同通信連載企画,『日本を創る─原発と国家/復興への道』, 2012.
　　　　　http://www.47news.jp/47topics/tsukuru/article/post_20.html.

丸井佳寿子・伊藤喜良・吉村仁作・雅樹 共著,『福島県の歴史(県史)』, 山川出版社, 1997.

徳間書店出版局 編,『この国はどこで間違えたのか─沖縄と福島から見えた日本』, 徳間書店, 2012.

経済産業省,『エネルギ基本計画』, 2014.
　　　　　http://www.meti.go.jp/press/2014/04/20140411001/20140411001-1.pdf

『新全国総合開発計画』, 1969.
　　　　　http://www.kokudokeikaku.go.jp/document_archives/ayumi/23.pdf
　　　　　(검색일: 2014. 4. 16.).

『全国総合開発計画』, 1962.

http://www.kokudokeikaku.go.jp/document_archives/ayumi/22.pdf
(검색일: 2014. 4. 16.).

『朝日新聞』

『河北新聞』

『四国新聞』

권혁태, 「두 개의 아토믹 선샤인―피폭국 일본은 어떻게 원전대국이 되었는 가?」, 『황해문화』, 2011 가을호.

加藤典洋, 『3·11 死に神に突き飛ばされる』, 岩波書店, 2011.

吉見俊哉, 「放射能の雨のなかをアメリカの傘さして」, 『3·11に問われて』, 岩波書店, 2012.

大江健三郎, 『核時代の想像力』, 岩波書店, 2007.

大澤真幸, 「原発はノンアルコール·ビールか?」, 『THINKING O』, 2011. 10.

鈴木明, 『ある日本男児とアメリカ』, 中公新書, 1982.

武谷三男, 「原子力」, 『自然』, 1957. 1.

山本昭宏, 『核エネルギー言説の戦後史1945~1960』, 人文書院, 2012.

有間哲夫, 『原発·正力·CIA』, 新潮新書, 2008.

長山靖生, 『戦後SF事件史―日本的想像力の70年』, 河出ブックス, 2012.

田中利幸, 「「原子力平和利用」と広島―宣伝工作のターゲットにされた被爆者たち」, 『世界』, 2011. 8.

井川充雄, 「原子力平和利用博覧会と新聞社」, 『戦後日本のメディア·イベント』, 世界思想社, 2002.

佐野真一, 『巨怪伝―正力松太郎と影武者たちの一世紀』, 文芸春秋, 1994.

中曽根康弘, 「広島原子力平和利用博に期待する」, 『中国新聞』 1956. 5. 15.

川村港, 『原発と原爆―「核」の戦後精神史』, 河出書房新社, 2011.

Abstract

Ⅰ. Impoverished Coal-Mining Areas and Government's Revitalization Policies

Chung, Jinsung

The Japanese government introduced revitalization policies for coal-mining areas from 1961 to 1962, due to the depopulation and impoverishment of the coal-mining areas as the industry declined. The revitalization policies during the 1960s' aimed to adjust the industrial structure of coal-mining areas, i.e. to change the dominant industry of the areas from a coal-mining industry to a manufacturing one. Building infrastructure, the invitation of manufacturing companies and financial aids to the municipalities of the areas were the important measures. A huge amount of financial aids was poured into the coal-mining areas, however, the success of the revitalization policies is dubious.

Key words: coal-minung indusrty, coal-mining areas, declining industry, revitalization policy

II. Problems and Choices that Firms and Households Encounter Revolving Petroleum

Lee, Eun-gyong

In this article, we tried to have a glance at the aspects of social changes in the period escaping from the poverty and going towards high growth by reviewing conflicts and phenomena surrounding the use of petroleum in Japan after the war. For this, in the first half, we overviewed the history of petroleum in Japan from a macro perspective and in the second half, we delt with the development of oil policy and the responses of corporate and the general public were reviewed in the articles of ⟨Asahi Shimbung⟩.

After being defeated in the war, Japan adopted 'Refining in the place of consumption' policy in which Japan imported crude oil, refined, and then sold the refined oil in domestic market. Although the authorities established policies to regulate the use of petroleum to protect coal industry, and to save dollars, it was difficult to coerce the demand of companies that preferred diesel oil over coal as well as the demand of the general public who wanted kerosene for stoves and ranges. The expansion of usage of petroleum brought big changes to manufacturing activities of companies and home economics, the details of which can be confirmed through newspaper articles of the time. Although conflicts arising from the use of oil have been there for more than 10 years after the war, petroleum became the main energy source surpassing coal from 1962 and onwards.

Key words: petroleum, refining in the place of consumption, diesel oil, kerosene, oil stove, kitchen range

III. The Keihin Coastal Industrial Belt and Thermal Power Plants

Kim, Eunhye

This paper analyzes the socio-economic change of thermal power plants and the Keihin Coastal Industrial Belt during Japan's high growth period (1955 ~ 1973) from a historical perspective. The demand for power during Japan's high growth period has increased drastically upon the industrialization of heavy chemical industry and transition into a mass consumption society. The construction of heavy oil-burning power plants aimed for high-capacity and high efficiency. This process was combined with the construction on the petrochemical complex (kombinat). This spatial accumulation of principle in the nodal system development has brought about complete changes in the life-world. The growth-oriented state and industry set importance on the advantage of agglomeration (the expansion of the plant), while reformist local governments and civil society brought out the disadvantage of agglomeration (pollution issue). Two spheres have polarized on the cause and problem-solving processes on pollution issues. The specific cases were Tokyo Memorandum on pollution control and Yokohama Pollution Control Agreement in the mid-1960s, and the withdrawal of Chiba's plant construction in the early 1970s. The three cases in the Keihin Coastal Industrial Belt help us to know the aspects of conflicts caused by power plants of Tokyo Electric Power Company (TEPCO). These plant facilities have intensified the social conflicts, and accelerated to move out of the core area in Tokyo. Thermal power plants will be much more important post 3.11 since nuclear power plants have stopped. Likewise, the changes of energy source in thermal plants help us understand the change of collective consciousness on the power industry.

Key words: Japan's high growth period, thermal power plants, the Keihin coastal industrial belt, pollution, Tokyo Electric Power Company (TEPCO)

IV. Energy Consumption of Senri Newtown, Ōsaka

Jin, Pilsu

This study examines how the rapid change in the means of living affected energy consumption during the period of high economic growth in Japan.

During that time, Senri Newtown was known as a district that exhibited a new way of life. The data shows that, in the 1960s, a significant number of new means of living was introduced to Japanese households in a very short period of time. 'Progress of Life' was not simply an exploited ideology or the spirit of the time that manipulated most wage-earners into the new social order, but it was also a reality in which people experienced improvements of living standards. The quantitative increase of gas- or electricity-operated equipments in everyday life led to a rapid increase in energy consumption.

The inertia of 'energy-eating' lifestyle brought about a strong desire for low-price energy, through which 'Progress of Life' was to be realized. Throughout the 1960s, energy production depended on fossil fuels, yet after experiencing oil shocks in the 1970s, such desire for cheap energy resources was complemented by the potential which nuclear power entailed. The 'illusion' of nuclear power stems from the spirit and culture of material progress made in the period of high economic growth, a nostalgia that has lingered on to this day.

Key words: high economic growth, progress, history of everyday life, material culture, energy, Senri, planned city, nuclear power

Ⅴ. Modernization of Japanese National Railways's Motive Power and the Tōkaidō High-Speed Railway.

Lim, Chaisung

This report examined the transport capacity reinforcement of Japanese National Railways (JNR) and the construction process of the Shinkansen (Japanese high-speed railway) and considers the socioeconomic influence that this "technique revolution" brought during the high-speed economic growth period of Japan. Postwar Japan experienced the domestic demand circulation-centered high-speed growth from 1955. With it, the railroad transport volume increased remarkably. To cope with this situation, JNR carried out the railroad capacity reinforcement five-year plan which will keep step with the national income doubling plan. Among the projects of JNR, the construction of the Tokaido Shinkansen was promoted as the biggest project. The opening of the Tokaido Shinkansen brought the time production effect, the expansion of the one day travelable area, and the regional concentration of economic power, that is, the acceleration of regional disparity. However, the deterioration of the competitiveness was unavoidable in the non-Shinkansen route and the freight transport sector. The construction of the Shinkansen was not able to guarantee the stabilization of JNR management itself.

Key words: energy revolution, high-speed railway, the Tokaido Shinkansen, technological revolution, the railroad capacity reinforcement five-year plan

VI. Motorization of Three-Wheel Trucks and Mini-Cars

Yeo, Inman

This chaper is to examines the relation between petroleum supply system and motorization during the high-speed economic growth period. Petroleum for domestic demands such as industries and transportation could be supplied stably at a low price after the enactment of 'Petroleum Industry Law' in 1962.

Until the 1950s, petroleum supply was limited. At that time, motorization progressed mainly by three-wheel trucks, which were the majority of the vehicles produced. Three-wheel trucks were mostly used for transportation of small quantity and short distance in the urban and rural areas. According to the usage of three-wheel trucks in the farm villages in the suburbs of the big city, village transformed to increase of vegetable areas and agricultural income.

From the mid-1960s, cars for individual were rapidly sold. The speed of car sales was higher in small scale businessmen household than in employee household. And, while the former household preferred to buy popular-car in which engine displacement was around 1,000cc, the latter household brought mini-cars in which displacement was below 360cc. However, the main usage of both households was the same, where cars were mostly used for business and commutation rather than for leisure and shopping.

Key words: energy revolution, petroleum industry law, motorization, three-wheel truck, mimi-car, popular-car

VII. The Political Economy of Nuclear Energy and Fukushima's Decision

Lim, Eunjung

Japan already readmitted the significance of nuclear energy in spite of on-going nuclear disasters at Fukushima Daiichi, and it is very likely that it will start reoperation of stopped nuclear power plants and adhere to its original stance on nuclear fuel cycle-related policies. The nuclear disasters at Fukushima caused tremendous burden of physical cost and brought a climate of mistrust and fear of nuclear energy to the majority of Japanese people. Nevertheless, the Japanese government did not choose "phase-out." Why can't Japan phase-out nuclear and what energy policies will Japan take for its future? In order to seek for answers to these questions, this paper shows an unusual angle, analyzing domestic political economies of nuclear energy in Japan and Fukushima during the period of rapid economic growth rate. This study will prove that interests of the center have been closely intertwined with interests of nuclear host communities, which implies that neither side can take the initiative for fundamental reform of Japan's energy policy. It is also expected that the findings of this study will suggest some useful policy implications for sustainable development of other developing countries who want to follow the Japanese path in this 21st century.

Key words: post-Fukushima, phase-out nuclear, the period of rapid economic growth rate of Japan, Japan's economic development model, sustainable developmentsustainable development

VIII. Introduction of Nuclear Power and Public's Awareness

Seo, Dongju

This article focuses on the way in which the government's nuclear power policy became institutionalized as the result of public consent in post-war Japan. The investigation was based on the following preconditions; the memory of prior exposure to the effects of nuclear energy was not a valid restriction factor when it came to accepting the peaceful uses of nuclear energy, acceptance of which is viewed by Japanese people to depend on the personal opinion of the subject. Most of all, the Japanese were found to be convinced that nuclear power would not be misused on purpose because of the experience of exposure. The research established that the memory of prior exposure contributed to the discourse relating to the peaceful uses of nuclear energy and that it enables subjects to accept the peaceful uses of atomic energy.

Key words: nuclear power policy, peaceful uses of nuclear energy, experience of exposure, public's awareness

필자약력

임채성

현재 서울대학교 일본연구소 부교수. 도쿄대학대학원 경제학연구과 박사(2002), 귀국 후 현대경제연구원 연구위원, 대통령자문정책기획위원회 전문위원, 배재대학교 일본학과 조교수를 거쳐, 현직에 근무 중이다. 주된 관심 분야는 동아시아 전시경제의 전개, 인프라스트럭처의 형성과 성장 등에 관한 연구이며, 최근에는 한중일 3국의 철도 부문 생산성, 노동위생, 노사관계에 주목하여 분석을 진행하고 있다. 주요 업적은『戰時経済と鉄道運営:「植民地」朝鮮から「分断」韓国への歷史的経路を探る』, "The Development of Labor Hygiene in Colonial Korea, 1910-1945: The Health Conditions of Korean National Railways (KNR) Employees", 『중일전쟁과 화북교통: 중국 화북에서 전개된 일본제국의 수송전과 그 역사적 의의』등이다.

정진성

현재 한국방송통신대학교 일본학과 교수(일본경제론 담당). 서울대학교 경제학과와 동 대학원을 졸업했으며, 쓰쿠바대학대학원 역사·인류학연구과 박사과정을 수료하고 문학박사 학위를 받았다. 한국개발연구원(KDI) 연구위원과 배재대학교 조교수를 거쳐 현직에 근무 중이다. 주로 일본 근대의 경제사·경영사, 일본재벌사, 일본 석탄산업사 등을 연구 주제로 삼아왔다. 주요 저서로는『일본의 기업과 경영』(공저),『일본인의 경제생활』(공저),『현대일본경제의 이해』(공저)가 있으며 역서로는『일본경영사』가 있다. 주요 논문으로는「재벌비판을 통해 본 일본의 반기업정서」,「高度経済成長期の石炭産業調整政策 ― 生産維持と雇用調整を中心に」,「노사관계에서 본 아메리카나이제이션-일본생산성본부의 활동을 중심으로-」등이 있다.

이은경

현재 서울대학교 일본연구소 조교수. 서울대학교 동양사학과에서 학사와 석사를, 도쿄대학대학원 총합문화연구과에서 일본지역연구로 박사학위를 받았다. 최근의 주된 연구주제는 일본 근현대사 중에서도 여성의 운동과 생활, 근현대를 관통하는 문화의 형성 등에 관한 것으로, 근대 여성잡지와 신문 텍스트 등을 주된 자료로 사용하고 있다. 연구로『일본사의 변혁기를 본다』,『현대일본의 전통문화』,『전후 일본의 지식풍경』등의 공저와,「근대 일본 여성과 '제도부흥(帝都復興)'」,「다이쇼기 일본 여성운동의 조직화와 노선갈등」등의 논문이 있다.

김은혜

현재 서울대학교 아시아연구소 선임연구원. 전북대학교 사회학과에서 학사, 한국학중앙연구원 석사, 서울대학교 사회학과에서 박사를 받았다.

주된 관심 분야는 세계도시와 메가 이벤트, 그리고 문화산업에 관한 연구이며, 최근에는 도시-문화연구의 관점에서 동아시아 개발주의의 전개와 시각적 재현에 대한 비교연구를 진행하고 있다. 주요 업적은『도쿄 메트로폴리스』(공저)가 있으며, 논문으로는「도쿄 도시레짐과 에다가와조선학교의 역사」,「2016년 도쿄올림픽의 좌절과 도시의 정치경제」,「도쿄만 매립지의 경관과 표상: 1980-90년대 집합의식의 양가성」,「아시아 개발주의 원(原)풍경: 수풍댐 이미지」,「1980년대 에도도쿄학과 도시정체성의 재구성」등이 있다.

진필수

현재 서울대학교 일본연구소 HK연구교수. 서울대학교 인류학과에서 학사와 석사, 박사학위를 받았으며 최근에는 오키나와. 일본, 한국에 대한 비교문화론적 연구와 함께 섬과 해양을 통해서 보는 동아시아 연구로 관심을 확대하고 있다. 저서로『오키나와 문화론: 미군기지와 촌락공동체』(공저)『기지의 섬 오키나와』,『경계의 섬 오키나와』,『나무를 껴안아 숲을 지킨 사람들』등이 있다. 최근의 논문으로는「오키나와의 무라아스비(村遊び)와 전통예능의 전승양상」,「하토야마 내각에 있어 후텐마기지 반환문제와 미일안보체제의 재인식 - 오키나와 주민들의 시점」등이 있다.

여인만

　현재 강릉원주대학교 국제통상학과 부교수. 서울대학교 경제학과를 졸업하고 도쿄대학대학원 경제학연구과에서 석사와 박사과정을 마쳤으며(경제학박사), 도쿄대학 경제학부 조수(助手)를 역임했다. 전공은 일본 근현대 경제사·경영사로 특히 자동차산업을 비롯한 일본 주요 산업의 역사적 변화에 대해 관심을 가지고 있다. 주요 저작으로는 『日本自動車工業史─「小型車」と「大衆車」による二つの道程』, 『高度成長期の日本経済』(공저), 『일본의 기업과 경영』(공저), 『국제경영사』(공역) 등이 있다.

임은정

　현재 미국 존스홉킨스 대학 고등국제학대학원(School of Advanced International Studies) 한국학 객원조교수. 일본 도쿄대학 총합사회과학과 국제관계론분과에서 학사, 컬럼비아대학에서 국제학 석사, 존스홉킨스 대학에서 국제관계론 박사학위를 취득하였다. 주요 연구분야는 한일 비교 정치경제와 동북아시아의 에너지 안보로, 최근에는 동남아시아의 에너지 문제 및 동남아에서의 한국 경제 성장 모델의 적용 가능성 분석에도 관심을 확대하고 있다. 주요 논문으로는 「일본의 포스트 후쿠시마 핵연료주기정책의 향방에 관한 연구─아오모리현 롯카쇼무라 개발역사를 통한 진단」, "Who is the Strongest in Washington D.C.?: A Comparative Study on the Korean-American Comfort Women Movement and the Japanese-American Redress Movement" 등이 있다.

서동주

　현재 이화여자대학교 이화인문과학원 조교수. 고려대학교 일어일문과에서 학사와 석사를, 쓰쿠바대학 인문사회과학연구과에서 박사학위를 받았으며, 서울대학교 일본연구소 HK연구교수를 거쳐 2014년 3월부터 현직에 근무 중이다. 전공분야는 일본근현대문학, 표상문화연구이다. 주요 업적으로는 『전후의 탄생』, 『전후 일본의 보수와 표상』 등의 공저와 「1938년 일본어연극 〈춘향전〉의 조선 '귀환'과 제국일본의 조선 붐」, 「새로운 전쟁과 일본 전후문학의 사상공간」 등의 논문이 있다.

◯ IJS 서울대학교 일본연구소

현대일본생활세계총서 **9**

에너지혁명과 일본인의 생활세계

초판1쇄 인쇄 2014년 10월 22일
초판1쇄 발행 2014년 10월 29일

저 자 임채성 외
발행인 윤석현
발행처 도서출판 박문사
등 록 제2009-11호
전 화 (02)992-3253(대)
전 송 (02)991-1285
주 소 서울시 도봉구 우이천로 353 3F

편 집 자 주은혜
책임편집 김선은
전자우편 bakmunsa@hanmail.net
홈페이지 http://www.jncbms.co.kr

ⓒ 서울대학교 일본연구소, 2014. Printed in Seoul KOREA.

ISBN 978-89-98468-41-5 93320   **정가** 22,000원

본 저서는 정부(교육과학기술부)의 재원으로 한국연구재단의 지원을 받아 출판되었음.
(NRF-2008-362-B00006)